es 1068

edition suhrkamp

Neue Folge Band 68

W0209303

Das Hauptinteresse jener Autoren, die sich auf eine Aufforderung Hans Peter Duerrs hin im Band 1 der *Versuchungen* (es Neue Folge 1044) mit den Vorstellungen Paul Feyerabends beschäftigten, galt Feyerabends Ausführungen zu Wissenschaft und Politik. Das Thema des zweiten Bandes ist auf den ersten Blick ein spezielleres: Im Mittelpunkt steht Feyerabends wissenschaftstheoretische Konzeption. Da diese Konzeption Feyerabends jedoch die Voraussetzung für seine allgemeineren Überlegungen ist, steht in diesem Band die Vertretbarkeit der Feyerabendschen Positionen zur Debatte. Mit der Konsequenz der Feyerabendschen Überlegungen für die Erkenntnistheorie, mit dem Verhältnis von wissenschaftlichen Methoden und Feyerabends Plädoyer für den Anarchismus, mit Feyerabends Kritik des kritischen Rationalismus, mit den Fallbeispielen, mit denen Feyerabend seine Position belegt, beschäftigen sich verschiedene Wissenschaftstheoretiker. Der letzte Beitrag dieses Bandes ist von Feyerabend selbst: Er befaßt sich mit den sowohl in dem ersten als auch in dem zweiten Band vorgebrachten Angriffen und Verteidigungen seiner Positionen und beendet seine Ausführungen mit einem Dank an alle Autoren: »Ich danke allen jenen Damen und Herren, die versucht haben, mit Geduld und manchmal sogar mit Freundlichkeit mich über meine Irrtümer zu belehren, und ich kann ihnen versichern, daß ihre Mühe nicht vergeblich war: Ich denke an sie und erinnere mich an ihre Ermahnungen (das gilt auch für Dich, Opa Albert). Die weniger kompetenten und zornigeren Kritiker werden es mir aber vergeben, wenn ich sie, im Namen derselben Wahrheit, die sie so zäh verteidigen, nicht intelligenter gemacht habe, als sie sind.«

Versuchungen
Aufsätze zur Philosophie Paul Feyerabends

Herausgegeben von Hans Peter Duerr

2. Band

Suhrkamp

edition suhrkamp 1068
Neue Folge Band 68
© Suhrkamp Verlag, Frankfurt am Main 1981.
Erstausgabe. Alle Rechte vorbehalten, insbesondere das
des öffentlichen Vortrags sowie der Übertragung durch Rundfunk
und Fernsehen, auch einzelner Teile.
Druck: Georg Wagner, Nördlingen.
Umschlaggestaltung: Willy Fleckhaus.
Printed in Germany.

Inhalt

2. Band

Wulf Rehder
Unterwegs zu einer neuen Erotik der Wissenschaft? 13

Hans Lenk
Feyerabend oder Feierabend für die Erkenntnistheorie? 26

Joseph Margolis
Wissenschaftliche Methoden und Feyerabends Plädoyer für den Anarchismus 42

Ulrich Erckenbrecht
Anstiftung zur Heterodoxie 65

Anthony N. Perovich, Jr.
Inkommensurabilität – ihre Unterarten und ontologischen Konsequenzen 76

Noretta Koertge
Ideologie, Wissenschaft und eine freie Gesellschaft 95

Karl-Heinz Brendgen
Anders sein, ohne deshalb in die Berge zu gehen oder gehen zu müssen
Ist Feyerabend ein Anarchäologe? 116

Ian Hacking
Spekulation, Berechnung und die Erschaffung von Phänomenen 126

Gunnar Andersson
Feyerabends Kritik des kritischen Rationalismus 159

Grover Maxwell
Feyerabends Materialismus 175

Mariano Bianca
Einige Betrachtungen zur Epistemologie und zur Methodenfrage 188

John Kekes
Vernunft und Praxis 200

Rolf Herken
»Erkenntnistheorie« 224

Alan Musgrave
Der Mythos vom Instrumentalismus in der Astronomie 231

Dwight Van de Vate Jr.
Das Turmexperiment unter neuem Blickwinkel 280

Willy Hochkeppel
Paul K. Feyerabend und die Wahrheit 284

John Worrall
Feyerabend und die Fakten 298

Paul Feyerabend
Rückblick 320

Bio-bibliographische Hinweise 373

Namenregister zu Band 1 und 2 385

1. Band

Hans Peter Duerr
Vorwort 11

Jerome R. Ravetz
Ideologische Überzeugungen in der Wissenschaftstheorie 13

Helmut F. Spinner
Gegen Ohne Für Vernunft, Wissenschaft, Demokratie etc. . . .
Ein Versuch, Feyerabends Philosophie aus dem Geist der modernen Kunst zu verstehen 35

Gonzalo Munévar
Die Wissenschaft in Feyerabends freier Gesellschaft 110

Michael Franz
Katerfrühstück 138

Joseph Agassi
Wie es Euch gefällt 147

Barbara Ebert, Rolf Gehlen, Bernd Wolf
zur verteidigung von hans peter duerr und paul feyerabend 158

Hans Albert
Sylvester-Faselei 159

Flossie Lewis
Die Graffiti in Tolman Hall 165

Hans Peter Duerr
Zürcher Geschnetzeltes
Ein Interview mit Professor Feyerabend 178

Arne Naess
Paul Feyerabend – Ein Held der Grünen? 184

Alastair Hannay
Unvoreingenommen *und* radikal kritisch? 200

Christiane van Briessen
Psychogramme der Erkenntnis 225

Erich Jantsch
Die Geburt der Freiheit im Schnittpunkt von Sein und Werden 245

Lothar Baier
Feyerabends Folklore
Randnotizen eines nichtwissenschaftlichen Lesers 273

Margherita von Brentano
Brief an einen antiliberalen Liberalen 284

Herbert Schnädelbach
Against Feyerabend 299

Ulrich Steinvorth
Auch so einer, der sein Taxi nicht abbestellt
Aufzeichnung einer Diskussion über Feyerabend 315

Bodo von Greiff
Another brick in the wall – Kritik an Paul Feyerabend 330

Werner Diederich
Nachruf auf den »Anarchisten« Paul Feyerabend 341

Vine Deloria
Wahrnehmung und Reife:
Überlegungen zu Feyerabends Auffassung 354

Harald Pilot
Glück aus moralischer Autonomie 367

Hans-Georg Flickinger
Zur Kunst der Wissenschaft in der Wissenschaft der Kunst
Plädoyer für eine Erkenntnistheorie des Fragmentarischen 395

Bio-bibliographische Hinweise 407

Kann man denn nicht auch lachend sehr ernsthaft sein? Lieber Major, das Lachen erhält uns vernünftiger als der Verdruß!

Lessing, *Minna von Barnhelm*

Wulf Rehder
Unterwegs zu einer neuen Erotik der Wissenschaft?

1. Kater Murr und unempfindliche Rezensenten*

»Sollte jemand verwegen genug sein, gegen den gediegenen Wert des außerordentlichen Buches einige Zweifel erheben zu wollen, so mag er bedenken, daß er es mit einem Kater zu tun hat, der Geist, Verstand besitzt und scharfe Krallen.«

Nicht Prof. Feyerabend hat diese Warnung in sein Vorwort geschrieben, sondern ein anderer homme de lettres très renommé, E. T. A. Hoffmanns Kater Murr, versuchte sich derart selbstbewußt bei seinen Lesern einzuführen. Allein, sein Vorwort wurde unterdrückt und abgeändert in eine bescheidene Vorrede eines étudiant en belles lettres: »Schüchtern, mit bebender Brust, übergebe ich der Welt einige Blätter des Lebens (...). Werde. kann ich bestehen vor dem strengen Richterstuhl der Kritik? Doch ihr seid es, ihr fühlenden Seelen, ihr rein kindlichen Gemüter (...), für die ich schrieb, und eine einzige schöne Träne in eurem Auge wird mich trösten, wird die Wunde heilen, die der kalte Tadel unempfindlicher Rezensenten mir schlug.« *Wider den Methodenzwang*, die erweiterte deutsche Fassung des berühmt-berüchtigten Essays *Against Method*, enthält zwar nicht die Lebensansichten, aber doch die zugespitzte Quintessenz Feyerabendscher Gedanken zur Wissenschaft(stheorie), und bis heute hat er kaum ein Jota aus dem Vorwort zurückgenommen. Ein Abschwören aus Schüchternheit ist auch nicht zu befürchten, selbst wenn schon mehr als ein unempfindlicher Rezensent seinen kritischen Griffel gewetzt hat an diesem unbequemen Buch. So mancher Vorwitzige wurde denn auch einer mit Geist, Verstand und scharfen Krallen abgefaßten Replik gewürdigt. Dabei – der Autor sagt doch selbst (Seite 52): »Man habe stets vor Augen, daß meine Demonstrationen und Rhetorik keinerlei ›tiefe Überzeugung‹ ausdrücken. Sie zeigen lediglich, wie leicht es ist, die Menschen im Namen der Vernunft an der Nase herumzuführen.«

Das ist starker Tobak, und sein Ernst? Nicht unbedingt, denn

* Die Zahlen in den Klammern beziehen sich auf die Seiten von *Wider den Methodenzwang* (Anm. d. Hrsg.).

»meine Interessen wechseln von Woche zu Woche, von Tag zu Tag« (302), ja, »ich habe gewöhnlich vergessen, was ich früher geschrieben habe, und wer sich meiner früheren Argumente bedient, tut das auf eigene Gefahr« (187).

Dann hätten wir kindlichen Gemüter zu erwarten »nichts weiter als die lose, lockre Ausführung einer scherzhaften Idee«[1] des anything goes: mach, was du willst? Und verfehlt die Rezension, in der dieser »leicht hingeworfene Scherz mit ernsthafter wichtiger Miene zergliedert und sorgfältig jeder Quelle erwähnt wurde, aus der der Autor geschöpft haben sollte«[1]? So ist denn dieses Buch nicht »für Leute, die alles gern ernst und wichtig nehmen«[1], sondern für den »geneigten Leser, der etwa willig und bereit sein sollte, auf eine Stunde dem Ernst zu entsagen und sich dem kecken, launischen Spiel eines vielleicht manchmal zu frechen Spukgeistes zu überlassen«[1]?

Statt »Spukgeist« darf ich hier »leichtsinniger Dadaist« sagen, der angeblich[2] keiner Fliege, geschweige denn einem Menschen etwas zuleide tut; den ernste Unternehmungen nicht beeindrucken und der Verdacht schöpft, »wenn die Leute nicht mehr lachen« (34). Nun, auch im gegenteiligen Fall ließe sich hinreichend Verdacht schöpfen, und Spaß muß ja nicht sein.

»Was hier geboten wird, ist nur eine Piece ›auf eigene Faust, eigenen Namen, eigene Rechnung‹«, doch nicht »ohne allen Anspruch auf Teilnahme am wissenschaftlichen Streben«, wie Prof. Feyerabends Vorbild Sören Kierkegaard es ironisch-bescheiden gegen die Hegelianer seiner Zeit im Vorwort der Philosophischen Brocken behauptet. Prof. Feyerabend hat sich Ziele gesetzt, die darüber hinausgehen, »intellektuellen Mist« (25) wegzuräumen, denn »andererseits enthält der Essay auch Bausteine zu einer neuen Theorie der Entwicklung unserer Ideen« (25) und gerade dieser Anspruch, »nach welchem ein ganzes Arsenal an Ungereimtheiten und Spukereien nicht hinreicht, dem Märchen Seele zu schaffen, die es erst durch den tiefen Grund, durch die aus irgendeiner philosophischen Ansicht des Lebens geschöpfte Hauptidee erhält«[3] – gerade dieses Suchen nach einem tiefen Grund, einer Hauptidee, einem Mythos, durch den die Wissenschaft Seele erhält, ist ein Hauptanliegen des Autors.

Hören wir, was unempfindliche Rezensenten dazu sagen. Da ist zuerst Prof. Gellner von der LSE[4]. Nicht direkt ein »Knappe Poppers«[5], aber einer von denen, »die Poppers Ideen bewundern«[6], fühlt er sich aufgerufen, Sir Karl in Schutz zu nehmen gegen die ungerechten Anwürfe des ehemaligen Popper-Schülers Paul und, »aus Fairness gegenüber dem Andenken Imre Lakatos'«[7], diesen gegen Prof. Feyerabends Wertung zu verteidigen, Lakatos' Position sei ein »verkleideter Anarchismus« (252, 300): privat ja, öffentlich nie![8].

Mit scharfem Blick für die ungezogenste Pikanterie im Feyerabendschen Buch spießen Profs. Gellner und Agassi[9] jene frivole Fußnote (70, n2) auf, wo Poppers angeblich puritanische Philosophie »nur ein schwacher Abglanz von Mill« genannt und dies zurückgeführt wird auf: »In Poppers Leben gibt es keine Harriet Taylor.« Hatte Prof. Feyerabend gerade Gertrude Himmelfarbs *The New Reader* vom 10. Mai, 1965, (29)[10] gelesen?

Gymnasiasten wissen bereits, wie wichtig Susette Gontard für Hölderlins Diotima-Gedichte war, wieviel Sophie v. Kühn bedeutete für Novalis' Hymnen, und daß die blutjunge Konfirmandin Maria Dorothea Stechard dem Physiker Lichtenberg beim Experimentieren half, daß Charlotte v. Stein, Christiane Vulpius ... und kein Ende – jetzt also Harriet Taylors prägender Einfluß auf Mills *On Liberty*. Prof. Watkins war es, der Prof. Feyerabend riet, Mill zu studieren[11]. Die bei der Lektüre herausgekommene Deutung nennt Prof. Agassi kurz Feyerabends »Nonsense über J. St. Mill«[12], und hält mit seiner Enttäuschung über die wirklich eher eigenartige als originelle Vereinnahmung Mills nicht zurück. Doch dieser schwache und witzlose Passus der Fußnote ist nur nebensächlich.

Das Rückgrat des Buches faßt Prof. Gellner in sieben Punkten zusammen, die für viele Leser das Feyerabend-Verständnis repräsentieren dürften[13]. Kurz gesagt, gehe Feyerabend aus von der Diskrepanz zwischen dem Fortgang der aktualen Wissenschaft und den sie angeblich begleitenden und hervorbringenden Methodologien. Da jedoch nie *eine* universelle Methode den Fortschritt hervorbringe, ja einige wie das Falsifikationsprinzip den Fortschritt sogar unmöglich machen, seien *alle* Methoden zu verwerfen. Proliferation sorge zwar stets für neue und auch wohl gute Ideen, aber eine Rangordnung für ihre Güte auf Grund zeitunabhängiger Regeln sei prinzipiell unmöglich. Wem jede Position gleichgültig sei, dem werde alle Wissenschaft entweder gleichgültig: das wäre epistemologischer Skeptizismus; wer jedoch dem Rummel gar nicht entsagen mag, der verteidige je nach Temperament und Geschmack die »trivialste oder empörendste Aussage« (262), und lasse im übrigen tausend Blumen blüh'n – und werfe auch noch ein paar Blumensamen auf Nachbars Rasen[14].

Die Meinung, der Slogan *Anything goes* – »mach, was du willst«, sei die Zusammenfassung einer Beweisführung, daß es überhaupt keine Regeln zur Anleitung wissenschaftlicher Arbeit gebe, findet sich, mit wenig Zustimmung, bei vielen Rezensenten. Prof. Agassi[15] bemerkt noch: Wenn Feyerabend an einer Stelle die anthropologische Methode des Einfühlens in Sprache und Gewohnheiten, der Internalisierung gewisser Schlüsselideen (343 bis 346) für »die richtige Methode (...) für die Untersuchung der Struktur der Wissenschaft (und überhaupt jeder Lebensform)« hält und von der Notwendigkeit anthropologischer Falluntersuchungen (348, 356) spricht, dann scheint der Autor seinem Buchtitel *Wider den Methodenzwang* selbst zu widersprechen. Tatsächlich sind aber seine Argumente nur gegen allgemeine Regeln (wie die der Falsifikation) gerichtet, wenn diese kontextunabhängig als Verwerfungsprinzip angewendet werden[16]. Als »Faustregeln« sind sie zugelassen – mehr nicht.

Wie physikalische Experimente und Techniken ändern sich nach Prof. Feyerabend auch unsere intellektuellen Werkzeuge und Methoden je nach Umstand und Ziel – sogar die Sprache wandelt sich mit einer neuen Erfahrung. Doch während der Übergangszeit, ohne Leitparadigmen und ohne die Möglichkeit, »das Neue als Spezialfall des bereits Bekannten« (352) zurückführen zu können, bedeute revolutionäre Forschung die »konsequente Produktion von Unsinn, bis so viel Material vorliegt, daß die Aufständischen neue universelle Prinzipien aufzeigen und alle sie erkennen können (370)«. Tycho Brahes mühsames Zusammenstellen seiner astronomischen Tafeln und die jahrelange Auswertung durch seinen Assistenten Kepler nun gerade »konsequente Produktion von Unsinn« zu nennen, ist Feyerabendscher Nonsense. Für Brahe, Kepler, Galilei gab es nichts Sinnvolleres: diese Aufständischen besaßen bereits ihr neues Paradigma, für sie hatte dieser »Unsinn« Methode. Wegen eines Unsinns werden keine Scheiterhaufen errichtet oder Inquisitoren berufen.

In einer irrationalen, paradigmenlosen Zeit müsse man lernen, »mit unerklärten Begriffen zu argumentieren und Sätze zu verwenden, für die noch keine klaren Gebrauchsregeln bekannt sind« (352). True, but trite: Jede, auch die normalste puzzle-solvingactivity, fällt unter diese Beschreibung.

Das sinnverleihende Prinzip werde erst nachher entdeckt. Prof. Feyerabends Paradebeispiel hierfür ist eine Bemerkung aus Mills Autobiographie über die Erklärungen seines Vaters zu logischen Fragen: »Die Erklärungen machten mir damals die Sache keineswegs durchsichtig; doch sie waren darum nicht nutzlos; sie blieben ein Kristallisationskern für meine Beobachtungen und Überlegungen; die Bedeutung seiner allgemeinen Bemerkungen erschloß sich mir an den Einzelfällen, auf die ich erst später stieß« (39 n2, 223). Muß man für diese Erkenntnis wirklich die Autorität Mills bemühen?

Angesichts des oben erwähnten kontextrelativierten Regelpluralismus' verliert das Anarchismus-Gespenst viel von seiner schokkierenden Aufmacher-Wirkung und wird beinahe auf den sicheren wenn auch fast trivialen Satz reduziert: Keine Form rationalen Handelns *garantiert* dem Forscher Erfolg, und kein noch so lächerliches irrationales Verfahren *muß* scheitern[17].

»Weder will ich die Regeln abschaffen, noch ihre Wertlosigkeit nachweisen. Meine Absicht ist vielmehr, das Regelinventar auszuweiten, und ich schlage einen neuen Gebrauch derselben vor:«[17] Jede Forschung ist gleichzeitig Anwendungsfeld wie auch ein Test von Regeln; der Forscher ist frei, selbst naheliegende Regeln aufzugeben, auch ohne Grund und nur weil vage Hoffnung und Träumereien die Möglichkeit offenhalten, eine ganz neue Form der Rationalität, ein neues Weltbild zu entdecken.

Die durchaus umstrittene Frage, »ob es zuvor einer perfekten Methodologie bedarf, um dann erst Forschungs-Praxis zu betreiben, oder ob nicht umgekehrt aus der Forschungspraxis – mit dem Stock im Finsteren sich vorantastend – später Methoden abzuleiten sind«[18], hat für Prof. Feyerabend eine klare Antwort: mit dem Stock der Kontrainduktion durch Finsternis und Propaganda zum Licht. Dies bringt uns zum Hauptteil des Buches, der Frage: Wie ist Galilei vorgegangen?

2. Das Turmargument und Galileis Tricks

Nach Prof. Feyerabend ist Galilei kontrainduktiv verfahren in seiner Forschung und propagandistisch bei der Verbreitung der neuen Lehre. Beginnen wir mit dem zweiten Punkt, für den als konkretes Beispiel das sog. Turmargument genannt wird, mit dem die Aristoteliker die Erdbewegung widerlegten. Galileis Überredungskunst habe zwei Aspekte: Er ersetzt die Aristotelische »natürliche Interpretation« des Experimentes durch eine neue Interpretation und schafft dadurch neue Fakten; und er ändert zweitens den »sinnlichen Kern« der Beobachtungsaussagen, also Wahrnehmungen, indem er einerseits widersprechende Sinneserfahrungen nicht beachtet und andererseits behauptet, mit dem neuerfundenen Fernrohr stützende Beobachtungen machen zu können. Prof. Feyerabend unterscheidet hier (allerdings ungern) zwischen einer bloß sinnlichen theorieunbeladenen Wahrnehmung und jenen nach Francis Bacon »›geistigen Operationen, die sich so eng an die Sinne anschließen‹ und mit ihren Reaktionen so fest verbunden sind, daß eine Trennung nur schwer möglich ist« (113). Diese »Gesamterscheinung Eindruck-plus-Aussage« (111) wird natürliche Interpretation genannt.

Galilei widerspricht nicht dem sinnlichen Gehalt der Beobachtung, daß »schwere Körper (...), die aus der Höhe herabfallen, eine senkrechte Gerade auf die Erdoberfläche« (110) beschreiben, wohl aber der Folgerung, dieses sei »ein unwiderlegbares Argument dafür, daß sich die Erde nicht bewegt« (109). Vielmehr gehe es, laut Feyerabends Galilei, darum, die sinnliche Erscheinung neu zu sehen und die naive natürliche Interpretation des operativen Charakters jeder Bewegung zu ersetzen durch die neue Beobachtungssprache der relativen Bewegung und der Trägheit der Kreisbewegung (134), was insofern revolutionär sei, als man jetzt die vielversprechende Hypothese der Erdbewegung ernst nimmt und Theorien (Unsinn?) erfindet, die den Widerspruch beheben könnten (118). Galilei zeige dadurch eine neue Wirklichkeit der Sinneswahrnehmung, und die alte Beobachtung des senkrecht fallenden Steines beweist nichts weiter als daß sich Turmspitze und Erde nicht relativ zueinander bewegen.

Außer guten Vernunftsgründen für die ungewohnten, abstrakten und spekulativen neuen Prinzipien führe Galilei aber auch »psychologische Tricks« (123) ins Feld, indem er etwa den laut Alltagsdenken operativen Charakter der Fallbewegung eines Steines als nicht-operativ wegargumentiert: »Nur die geradlinige Bewegung [des Steines] ist wahrnehmbar, denn um ihr zu folgen, muß man seine Augen abwärts bewegen« (127). Bewußt verwische Galilei die Grenzen zwischen operativer und nicht-operativer Bewegung, um das Publikum vorzubereiten, die neue Beobachtungssprache zu akzeptieren und allmählich die neue natürliche Interpretation auf alle Fälle anzuwenden. Mit seinen Verschleierungsmethoden wolle Galilei uns einreden, »es habe keine Veränderung stattgefunden, das zweite Denksystem sei bereits allgemein bekannt, wenn auch nicht allgemein gebräuchlich« (130). Was den sinnlichen Kern der Beobachtungen durch das neuerfundene Fernrohr betrifft, so konnte Galilei seinen jahrelangen Glauben an die Sache des Kopernikus – obwohl bekannte Tatsachen Kopernikus genauso widerlegten wie andere den Ptolemäus – erst viel später untermauern durch die Teleskopbeobachtungen über die Helligkeitsänderung der Planeten, die Kopernikus' Voraussagen bestätigten. Andererseits galt ihm diese Bestätigung auch als Argument für die Brauchbarkeit des Fernrohrs: So stützen sich eine noch mangelhafte Theorie und zweifelhafte Himmelsbeobachtungen gegenseitig, und diese möglicherweise falsche Münze bucht Galilei als Guthaben für seine neue Dynamik.

3. Tests, Kontrainduktion und Optimismus

In der Frage, ob und wann eine Theorie oder Hypothese H durch eine rivalisierende K ersetzt werden müsse, herrscht ein sehr allgemeiner konservativer Grundsatz, ein melior-est-conditio-possidentis-Prinzip:[19] Für die Einführung einer neuen Theorie K ist nicht nur nicht hinreichend, daß K durch dieselben Tatsachen wie H gestützt wird, sondern es wird K verworfen, wenn K der Theorie H logisch widerspricht (Konsistenzbedingung 53, 54). »Damit wird der noch ungeprüfte Teil dieser Theorie H zum Gültigkeitskriterium erhoben« (54) und die Chance des möglicherweise über H hinausgehenden Teils von K von vornherein verringert. Für die (klassische) Physik ist dieses Beharrungsprinzip bereits in Newtons Regel 4 der Principia (zitiert 56, n4) aufgestellt worden.

Ihren klarsten formalen Ausdruck findet eine solche vorsichtige Ideologie in der Testtheorie von Neyman-Pearson (NP). Bezeichnen H die alte Hypothese oder traditionelle Theorie und K eine Alternative zu H, sowie $d(X) = d_H$ und $d(X) = d_K$ die Entscheidungen des Forschers für H bzw. K auf Grund der Daten X, so nennt man die Menge der Daten, die zur Entscheidung für K führen, den kritischen Bereich

$$S = \{X; d(X) = d_K\},$$

und das Komplement

$$A = \{X; d(X) = d_H\}$$

den Annahmebereich des Tests. Da die Entscheidungen grundsätzlich Stichprobenexperimente sind und nicht auf der Kenntnis aller möglichen Versuchsausgänge beruhen, können Fehler auftreten. Die Wahrscheinlichkeit $P_H(S)$ heißt Fehler I. Sie gibt die (Fehler-)Wahrscheinlichkeit an, sich irrtümlich für K zu entscheiden, obwohl H die richtige Theorie ist. Dual wird $P_K(A) = 1 - P_K(S)$ der Fehler II genannt, der die (Fehler-)Wahrscheinlichkeit angibt, sich irrtümlich für H zu entscheiden, obwohl in (unbekannter) Wirklichkeit K den Daten zu Grunde liegt. Die NP-Testtheorie verlangt, Tests oder, gleichwertig, kritische Bereiche zu finden, die bei vorgeschriebenem Höchstfehler I $= \alpha$ den Fehler II minimieren, oder wie man sagt, die die Schärfe oder Güte $P_K(S)$ maximieren: Finde einen kritischen Bereich S^* mit

$$P_K(S^*) = \sup \{P_K(S); P_H(S) \leq \alpha\}.$$

Der Tester soll sich also mit möglichst großer Wahrscheinlichkeit für die Alternative K entscheiden, wenn K richtig ist. Zugelassene Entscheidungen sind jedoch von vornherein nur diejenigen, die den Fehler I α nicht überschreiten. In der letzten Einschränkung liegt das konservative Element: Die kritischen Bereiche werden zuerst einer Vorauswahl nach der alten Theorie H unterzogen. Prof. Feyerabends Vorstellungen von Kontrainduktion scheinen mir dagegen eine Entscheidungsstrategie nahezulegen, die der Alternative K einen Vorteil gibt: untersuche zuerst kritische Bereiche für K, deren Güte groß, mindestens $1 - \beta$ ist, und minimiere dann unter diesen Entscheidungen den Fehler I. Finde also S_* mit

$$P_H(S_*) = \inf \{P_H(S); P_K(S) > 1 - \beta\},$$

oder äquivalent für die entsprechenden Annahmebereiche geschrieben: finde A_* mit

$$P_H(A_*) = \sup \{P_H(A); P_K(A) \leq \beta\}.$$

Maximiere somit die Annahmewahrscheinlichkeit für H, wenn H richtig ist, unter allen Entscheidungen, die den Fehler β nicht überschreiten, sich für H zu entscheiden, obwohl K richtig ist. Hierin liegt ein optimistisches Element: K hat offenbar den Vorteil, den oben H hatte. Aus Symmetriegründen (S, α, H entsprechen A, β, K) bleiben die Sätze der NP-Testtheorie gültig. Insbesondere lautet das NP-Fundamentallemma jetzt: es gibt zu vorgegebener Schärfe $1 - \beta$ einen besten Test, der zwischen einer Hypothese H und endlich vielen Alternativen $K_1, K_2, \ldots, K_n$ entscheidet.

Während Sir Karl Popper stets sehr besorgt ist um den Fehler II[20] und vorsichtig mit der Einführung neuer, alternativer Hypothesen K, empfiehlt Prof. Feyerabend, Alternativen – auch ad hoc – zu erfinden und auszubauen, die der alten paradigmatischen Theorie H und/oder Tatsachen widersprechen, um so durch Kontrast und Phantasie »die schwächere Sache zur stärkeren zu machen« Dies ist das Verfahren der Kontrainduktion. Sie spielt eine Hauptrolle bei der Entdeckung von natürlichen Interpretationen, wie etwa Galileis Deutung des Kopernikanischen Modells. Unter dem Blickwinkel der alten aristotelischen Interpretation der Beobachtungstatsachen »ist der Gedanke der Erdbewegung ausgefallen, widersinnig und offensichtlich falsch« (118). Galileis Interpretation, zusammen mit den theoretischen Bestandteilen Relativitäts- und Trägheitsprinzip, bilden »ein Argument, das die Kopernikanische Auffassung nicht mehr gefährdet, sondern zu deren teilweiser Stützung benutzt werden kann« (134). Durch das Prinzip der Kontrainduktion erhält die neue Theorie zunächst einen Vertrauensbonus gegenüber den Fakten und wohlwollende Berücksichtigung trotz eklatanter logischer Widersprüche mit H. Ausgestattet mit diesem Vorschuß, benutze der Forscher bereits versuchsweise die neue, noch weitgehend ungetestete, vielleicht sogar falsifizierte Theorie: »dazu behaupten wir zunächst die Erdbewegung und untersuchen dann, welche Veränderungen den Widerspruch beheben können (...) Ideologische Bestandteile unserer Erkenntnis, insbesondere unserer Beobachtungen, werden mit Hilfe von Theorien entdeckt, durch die sie widerlegt werden. Sie werden auf kontrainduktive Weise entdeckt« (118).

4. Mythen, Pathos und Erotik

Galileis Anti-Methode und Propaganda seien einerseits zu loben (123, 144, 213 et passim), denn sie zeugen von Genius und Voraussicht – und sie sind erfolgreich. Andererseits jedoch »verschleiern [seine Tricks] die neue Einstellung gegenüber der Erfahrung« (123), und seine irrationalen Stützungsmethoden machen »es fast jedermann sonst unmöglich, auf seinen Bemühungen eine kritische Philosophie aufzubauen« (225). Trotz seiner geschickten Schachzüge, die »bloßgestellt werden« müssen (133), »darf man sich nicht über die revolutionäre Entwicklung täuschen lassen, die tatsächlich stattfindet« (131), nämlich eine »Änderung unseres Denksystems« (132). Prof. Feyerabend unterscheidet also in seiner Kritik Galileis durchaus zwischen der Bedeutung der Forschung und den Mitteln zu ihrer Verbreitung in einer geschichtlichen Situation, in der die neue Kosmologie auf Grund der Daten nicht verteidigt werden kann. »Die abstrakte Argumentation ist notwendig, (...) denn sie verleiht unseren Argumenten Durchschlagskraft« (224). Dies gilt für Galileis »illustrierte Metaphysik« (137) ebenso wie für Prof. Feyerabends Wissenschaftstheorie[21]. Auf den Mythos nun führt uns Prof. Feyerabend mit der Gretchenfrage: »Was ist die Wissenschaft wert? Ist sie besser als die Kosmologie der Hopi, die Wissenschaft und Philosophie des Aristoteles, die Lehre vom Tao? Oder ist sie ein Mythos (...)?« (11). Vorausgesetzt, wir wüßten, was »Wissenschaft« ist, da wir mit ihr unser Geld verdienen: Siedeln wir sie deshalb im Kernschatten des Logos an; aber was ist nicht alles »Mythos«!

Mythos als »fundamentale Lehre« und »mehr (...) als eine rein intellektuelle Einsicht (...) eine Weltanschauung (...) eine Religion«, die einen neuen »theoretisch umfassenden und emotional befriedigenden« Standpunkt beinhalten soll und »die vielen Strömungen, die vielen widersprüchlichen Errungenschaften, Hoffnungen, Dogmatismen (...) zähmen und zu einer harmonischen Entwicklung zusammenführen« (25, 27) kann. Einheitswissenschaft ist tot, es lebe der Einheitsmythos?

Da Mythos und Wissenschaft so viele Stärken und Schwächen teilen: analytisches Denken, Spekulationen, Erklärungen, Resultate und Vorhersagekraft (24, 407, 393) – aber auch Tabus, heilige Kerngedanken und »fast nie ein Eingeständnis der Unwissenheit« (395) aus Kreisen der Eingeweihten – auf Grund dieser Gemeinsamkeiten ist für Prof. Feyerabend die Wissenschaft nur ein Mythos, »eine der vielen Formen des Denkens, die der Mensch entwickelt hat (...). Sie ist laut, frech und fällt auf« (392).

Eine hinreichende Bestimmung von Wissenschaft durch die wissenschaftliche Methode – das haben wir gesehen – ist für Prof. Feyerabend ausgeschlossen. Um sie nicht zu verlieren, wird Wissenschaft subsumiert unter das emotional befriedigendere

Konzept des »Mythos«. Doch nirgends sagt der Autor deutlich genug, was er unter Mythos und Wissenschaft verstanden haben will – eher nur, was Mythos für ihn nicht ist (394 f). Es gibt, so könnte der nicht überzeugte Rezensent dagegensetzen, eben auch andere Wege, noch warmen mythischen Funken in der Asche der Geschichte nachzuspüren und aus ihnen das Feuer faszinierender Vorträge über unsere wissenschaftliche Einäugigkeit zu schlagen: Geschehen im Mythos-Kolloquium an der TU Berlin.

An anderer Stelle sieht Prof. Feyerabend seine »Rationalität« in der anspruchsvollen Tradition von Kierkegaards Subjektivität und Pathos (auch 39, 244). Wie allerdings diese bei Kierkegaard an die Auseinandersetzung mit dem Christentum gebundenen Begriffe im Feyerabendschen Sinne verwandt werden können, wird nicht klar. Mit Recht hält auch Prof. Agassi ähnlich vage Anspielungen auf Hegel und Lenin allenfalls für Reizworte, die nichts beweisen, sondern den Leser nur in die gewünschte Stimmung bringen sollen – wie meine Hinweise auf Kater Murr.

Einigen Rezensenten (Gellner, Agassi) kann man den Vorwurf kaum ersparen, sich durch negativ beladene Wörter wie Propaganda, List, Täuschung, Lüge[22] blenden zu lassen und die besten Kapitel über Kontrainduktion, die Galilei-Fallstudie und die interessante (wenn auch nicht ganz neue) Darstellung des Wechsels vom archaischen Weltbild zur hohen Zeit griechischer Klassik – der vielbesprochenen Wiege der Modernität – fast ganz zu übersehen.

Ihnen (und Machamer und Curthoys-Suchting) meint darüber hinaus Prof. Feyerabend vorwerfen zu müssen, seiner feinsinnigen Argumentation nicht folgen oder ganz einfach nicht lesen zu können. Dabei liegt ein Grund für viele Mißverständnisse sicherlich bei des Autors manchmal recht flotter Schreibe, die wohl auch einmal zu witzig und originell sein will, und wirkt nicht zuviel Lausbübisches kindisch?

Doch sollte der Leser nicht vergessen, die versteckten Perlen von Witz und Ironie, z. B. im Register, recht zu würdigen, die soviel amüsanter sind als sein oft zynischer Humor (siehe übrigens unter »Fortschritt, Hilfsmittel für«). Diese persönlichen Eigenwilligkeiten mögen selbst wohlwollende Kritiker verleiten, dem Buch lieber »einige nicht zu ernst zu nehmende Betrachtungen«[23] zu widmen, als die Herausforderung durch die Thesen wirklich anzunehmen.

Mut und Bescheidenheit, so hat Prof. Feyerabends verstorbener Freund Imre Lakatos einmal geschrieben[24], seien die besten Eigenschaften eines Menschen. Den Mut eines Einzelgängers hat Prof. Feyerabend in vielen, immer anregenden Beiträgen zur Wissenschaftstheorie bewiesen und für viele seiner Philosophie-Kollegen, denen »eine naive Gewißheit verlorengegangen ist«[25], dem Unbehagen an der Allmacht der Wissenschaft krassen Ausdruck gegeben, »Ausdruck eines gebrochenen wissenschaftlichen Legitimitätsbewußtseins«[25]. Bisher scheint dies vorzüglich ein Problem für Philosophen, weniger für Wissenschaftler[26], denn die Wissenschaftsphilosophen haben nur ihr Wortgeklingel, und die Physiker haben ihr Lachen[27]. Kann Prof. Feyerabend Naturforscher und Philosophen wieder zusammennähen zu Menschen, die die Grazie haben und die Kraft und den Intellekt jener radschlagenden androgynen Geschöpfe aus Aristophanes' Mythos in Platons Gastmahl? Die *Einführung in die Naturphilosophie* ist angekündigt, und als Leitmotiv für die Suche nach dem versprochenen Mythos schlage ich vor, frei nach Susan Sontags Essay *Against Interpretation*:[28]

»Statt neuen Methoden brauchen wir eine neue Erotik der Wissenschaft!«

Anmerkungen

1 Aus dem Vorwort zu E. T. A. Hoffmanns *Prinzessin Brambilla*.

2 Vgl. dagegen TIME, Feb. 6, 1978, S. 44: »Had not André Breton, the pope of surrealism, announced 50 years ago that the ultimate surrealist acte gratuit would be to fire a revolver at random into a crowd on the street? (...) Dada promised, in the words of its mercurial chatterbox poet, Tristan Tzara, ›to destroy the drawers of the brain, and those of social organization; to sow demoralization everywhere‹.« S. auch DIE ZEIT vom 10. 2. 1978, S. 37: »Man (gemeint sind Surrealisten und Dadaisten) stand mit einem Fuß im Zirkus und mit einem Bein im Traum und glaubte daran, aus dieser Position die Welt verändern zu können.«

3 *Prinzessin Brambilla,* Vorwort.

4 *Beyond Truth and Falsehood,* in: *Brit. J. Phil. Sci.* 26 (1975), S. 331-342.

5 So betitelt Prof. Feyerabend (406) den Nobelpreisträger Sir J. C. Eccles.

6 Gellner, a.a.O. (s. Anm. 4), S. 332.

7 Ebenda, S. 331.

8 Ebenda.

9 *Philosophia* 6 (1976), S. 165-191.

10 Einen Überblick über Einschätzungen ihres Einflusses auf Mill gibt J. M. Robsons Buch *The Improvement of Mankind,* S. 50-68.

11 Vgl. diese und andere persönliche Bekenntnisse über die Lehr- und Wanderjahre des berühmten Professors in dem Anarchismus-Bändchen *Unter dem Pflaster liegt*

der Strand, Bd. 4, S. 88, n44, und S. 60 ff. Damals ergab sich die Gelegenheit, Produktionsassistent Brechts zu werden. Aber: »Ich lehnte ab. Das war, glaube ich, einer der größten Fehler meines Lebens (. . .). Wenn heute nur ungefähr 20 % meiner Fähigkeiten entwickelt sind, dann ist das die Schuld dieser falschen Entscheidung mit 25 Jahren.«

12 Agassi, a.a.O. (s. Anm. 9), S. 168. Im ursprünglichen Essay *Against Method* werden einige Aspekte Feyerabendscher Mill-Rezeption ausführlicher besprochen; vgl. auch die Antwort auf Agassi, ebenda, esp. 182 f.

13 Gellner, a.a.O. (s. Anm. 4), S. 333 ff. Die folgende Kurzfassung berücksichtigt einige der Erwiderungen Prof. Feyerabends in *Logic, Literacy, and Professor Gellner*, in: *Brit. J. Phil. Sci.* 27 (1976), S. 381-391.

14 Vgl. Dr. N. Koertge: »The slogan ›Let a thousand flowers bloom‹ now seems to condone throwing dandelion seed on your neighbour's lawn.« *Feyerabend's Against Method*, in: *Brit. J. Phil. Sci.* 23 (1972), S. 285.

15 Agassi, a.a.O. (s. Anm. 9), S. 173.

16 Feyerabend, a.a.O. (s. Anm. 13), S. 387 f.

17 *Brit. J. Phil. Sci.* 28 (1977), S. 368, n1; auch *Unter dem Pflaster*, a.a.O. (s. Anm. 11), S. 46.

18 Willy Hochkeppel, *Mythos Philosophie*, S. 151 f.; vgl. auch S. 42-46.

19 Kant, *Kritik d. r. Vernunft*, A 777.

20 So z. B. W. Stegmüller, *Das Problem der Induktion* . . ., S. 41, in H. Lenk (Hrsg.): *Neue Aspekte der Wissenschaftstheorie*, Braunschweig 1971.

21 Für einige Kritiker sind Prof. Feyerabends historische Beispiele nur Illustrationen seiner philosophischen Argumente. So etwa J. G. McEvoy: »Thus, it is only the obstinacy of his philosophical colleagues that ›makes it necessary to combine abstract argument with the sledge-hammer of history‹. Even in his ›mainly historical‹ publications, history is restricted to the illustration of philosophical points.« *Phil. Sci.* Vol. 42, S. 51. Dem schließen sich J. Curthoys und W. Suchting an, in *Inquiry* 20, S. 243-397. Diese Kritik ist lang, detailliert und ein wenig langweilig, aber nicht nur Märchen, wie der Angegriffene uns glauben machen will in seiner Replik: ›Marxist Fairytales from Australia‹. Neben diese 150 Seiten Verriß aus Australien halte man die bisher m. E. in Form und Inhalt treffendste 1seitige Verteidigung von H. P. Duerr in *Inquiry* (1974).

22 »Es besteht aber auch ein Hang zur Verstellung, zur Täuschung, zur Lüge«, sagt Kepler über sich in den *Selbstzeugnissen* (ed. F. Hammer), und ähnlich kritisch über Kopernikus (vgl. A. Koestlers *The Watershed*, chap. 2). Über Galileis Propaganda sprechen auch S. Drake, Koyré u. a.

23 W. Stegmüller, *Probleme und Resultate* . . ., Bd. II, E, S. 301-311.

24 *Proofs and Refutations*, S. 30.

25 K. Hübner, *Erfahrung und Wirklichkeit im griechischen Mythos*, S. 73; in W. Becker, K. Hübner (Hrsg.), *Objektivität in den Natur- und Geisteswissenschaften* (1976).

26 S. das pessimistische obengenannte Buch von W. Hochkeppel und dagegen W. Stegmüllers optimistische *Probleme und Resultate* . . . auch ders. in *Hauptströmungen* . . ., Bd. II, Einleitung XIV.

27 »Vater sagt: die Theologen haben ihr Glockenläuten, und die Physiker haben ihr Lachen.« Dies sind Virginias Worte in der ersten Fassung, 8. Szene, aus Brechts *Galilei*.

28 Dort heißt es im Schlußsatz: »In place of a hermeneutics we need an erotics of art.«

Hans Lenk

Feyerabend oder Feierabend für die Erkenntnistheorie?

> »Wenn ich eine Arbeit schreibe, dann habe ich gewöhnlich vergessen, was ich früher geschrieben habe, und wer sich meiner früheren Argumente bedient, tut das auf eigene Gefahr.«[1]

Anarchismus oder Dadaismus als Schreib- und Lebensstil? Angesichts des obigen Mottos muß man fragen: »Warum schreibst du überhaupt (noch), Paul?« *Pour épater le bourgeois scientifique* – ganz gleich mit welchem Argument, mit welcher nichtargumentativen schriftstellerischen Maßnahme? Feyerabends anarchistisch-dadaistische Methodologieschelte hat zweifellos die Szientisten unter den Wissenschaftstheoretikern provoziert – wenn auch weniger hartgesottene Naturwissenschaftler, die sehr oft – ich weiß das von Kollegen meiner Universität, mit denen ich ein feierabendliches Feyerabend-Seminar über das vom Klappentext seines eigenen Buches so genannte »enfant terrible des Kritischen Rationalismus« durchführte – entrüstet reagierten, kaum bereit waren, sich in die historisch differenzierten und detaillierten Gedankengänge des Autors über die Entwicklung der Naturwissenschaften einzulassen, wenn sie die mißverständlichen »anarchistischen« Schlagworte wie: *Anything goes (Mach, was du willst!*[2]*)* oder: *Bürgerinitiativen statt Erkenntnistheorie*[3], *Bürgerinitiativen statt Staatstheorie und Philosophie!*[4] hörten.

Immerhin: Die methodologische Imperialismus- und Chauvinismuskritik am selbststilisierten Hochmut der Epistemologen vor den Fall gebracht zu haben, sie von der Spiegelfechterei der Selbstbespiegelung zur Selbstreflexion veranlaßt zu haben – wenn auch manchmal selbst mit dem leichten Florett der Spiegelfechterei: Dies ist schon eine kleine historisch-methodologische Tat –, der Harlekinade eines Shakespeareschen Narren würdig.

Wie sagte doch Feyerabend, als er verspätet vom Flugplatz kommend an der Freien Universität Berlin zum Antritt seiner Gastprofessur aufs Katheder stieg und seine Krücke in die Ecke warf, die Ärmel aufkrempelte und in weniger ideologiekritischen als kritisch-ideologischen Zeiten einen Begeisterungssturm bei den sich echt dünkenden (nicht nur Erkenntnis-)»Anarchisten« entfesselte, nachdem der amtierende Dekan, der Religionswissenschaftler und Hermeneutikphilosoph Taubes, ihn mit den Worten: »Habemus papam!« empfangen hatte: »In der Wissenschaftstheorie gibt es keine Päpste – und wenn es welche gäbe, müßten sie gestürzt werden!«

Aber wenn man Päpste von einem hohen Kothurn, der sich als Luftschloß erwiesen hat, stürzt, sollte man sich dann flugs jeder Regelung, Regelgeleitetheit oder Beurteilung anhand von Regeln und Standards entledigen – also das Kind »Regelhaftigkeit« und »argumentative Ordnung« gänzlich mit dem Bade ausschütten?

Feyerabend zieht sicherlich mit Recht gegen manche Varianten des Szientismus zu Felde:

gegen den methodologisch-naturalistischen Szientismus, der exaktwissenschaftliche Methoden der Naturwissenschaften und nur diese in den Humanwissenschaften angewendet wissen will;

gegen den moralischen Szientismus, der, verwandt der Technokratiethese von der »Normativität technologischer Möglichkeiten«[5] oder dem technologischen Imperativ (Lem), behauptet: »Der Mensch soll das, was er verstanden hat, anwenden . . . und sich dabei keine Grenze setzen . . . Was man verstehen kann, das soll man auch anwenden«, wie es der berühmte sogenannte »Vater der Wasserstoffbombe«, Edward Teller, in *Bild der Wissenschaft* (1975) ausgesprochen zynisch formulierte (diese geradezu klassischreine »Can implies ought«-Ideologie meint, man müsse und dürfe den Menschen, Gruppen und Institutionen bzw. Gesellschaften ebenso dem objektivierenden, erklärenden und experimentalwissenschaftlichen Zugriff unterwerfen wie ein physikalisches oder chemisches Gemisch oder System);

gegen eine szientokratische oder besser »epistemo(logo)kratische« Variante des Szientismus, nämlich die Behauptung, menschliche Beziehungen und menschliche Gesellschaften könnten auch ausschließlich nach wissenschaftlichen Ergebnissen und Methoden, Effizienzkriterien und nach wissenschaftstheoretischen Regeln und Begründungsweisen organisiert werden, und man solle dies auch tun (es hat sogar – ebenso zirkuläre wie restriktive – Begründungsversuche der Ethik aus den Regeln der wissenschaftlichen Forschung gegeben).

Sowohl gegen den methodologischen wie den epistemologokratischen Szientismus und dessen »unheilige Allianz von Wissenschaft und ›Rationalismus‹« erhob Feyerabend den Imperialismusvorwurf: Es habe sich ein »Chauvinismus der Wissenschaft«[6] ausgebreitet, der zu einer gewissen Prestigestellung der Wissenschaftler geführt habe, die der von Schamanen und Priestern ähnele und in sogenannter wissenschaftlicher »Freiheit«, einer »Freiheit zur Indoktrination« unter ideologischer Unfehlbarkeitsdeklaration, zu einem imperialistischen, geradezu totalitären »Würgegriff einer ideologisch erstarrten Wissenschaft« auf nahezu allen Gesellschaftsgebieten geführt habe, menschliche Beziehungen als solche verdränge, vergesse oder nur restriktiv-wissenschaftlich-objektivierbar manipuliere, indem man den Menschen ausschließlich »als objektives System« unter verallgemeinerbaren Gesetzen, den Menschen als Fall sieht, beobachtet, überprüft.[7] Die ebengenannten Versionen des Szientismus sind also stets in Gefahr, in den moralischen Szientismus und in eine Diktatur der Wissenschaftlichkeit zu münden.

So pointiert, so überpointiert Feyerabend seine Kritik an der szientistischen Expansions- und Imperialismustendenz formuliert, tendenziell ist zweifellos mehr als ein Körnchen Wahrheit – und nicht nur wissenschaftlicher Wahrheit – an dieser Kritik – zumal in einem informations- und systemtechnologischen Zeitalter, das wissenschaftliche und technische Verfahren der Informationsverarbeitung, der Systemorganisation, der technologischen Manipulation auf nahezu alle Bereiche auszudehnen sucht. Die zitierte rückwärtige Selbstrechtfertigungsstrategie Tellers tut ein übriges, um einen zweifellos noch nicht im statistischen Sinne repräsentativen, aber doch in exponierten Einzeläußerungen gefährlichen technokratischen Impuls bei manchen technischleistungsmäßig hervorragenden Naturwissenschaftlern zu dokumentieren. Und Tendenzen einer sich ankündigenden *Systemtechnokratie,* der Gefahr einer systemtechnologisch vereinnahmenden, manipulierenden, organisierenden, kontrollierenden Beherrschung (aller) humaner Bereiche ist nicht nur in der Datenschutzproblematik einsichtig.

Epater le bourgeois, le bourgeois scientifique! Provozieren kann man nur pointiert – auch eine Gesetzmäßigkeit unseres medienorientierten Lebens unter der Informationslawine im systemtechnologischen Zeitalter. Man muß anscheinend auffallen, weit über das Ziel hinausschießen, ins geradezu Groteske übertreiben, um überhaupt noch gehört zu werden und auch um letztlich seriöse Argumente in die Öffentlichkeit bringen zu können. Gilt dies auch schon für die Öffentlichkeit der »Scientific community« – in vermehrtem Maße als zuvor? Drängen sich auch Gesetze der Publizitätsgesellschaft der universitären und der wissenschaftlichen, zumindest der interdisziplinären Diskussion auf? Das Phänomen der Jet-set-Professoren, der Handlungsreisenden in Wissenschaftsideologie und/oder in deren Kritik (denn die kritische Attitüde macht die Schickeria erst schick), von Koestler köstlich in seinem *Die Herren Callgirls* ironisiert, spricht allzu deutlich für diese Tendenz – besonders in manchen sogenannten sozialwissenschaftlichen öffentlichen Zirkusveranstaltungen, seien diese nun in summer-college-artigen Grundlagenarbeitsgemeinschaften oder in Podiumsdiskussionen durchexerziert. Wie erfreulich, erfrischend wirkt dann ein rhetorisch exzellenter Harlekin, der den Kollegen auf Schulter und Nase tippt, sie ein bißchen an der Nase herumführt und auch nicht vergißt, sich selbst an seine Nase zu fassen – eben ein wenig burlesk, grotesk, ironesk: »Spaß möt sien bi de Beerdigung«, sagt ein weniger plattes als plattdeutsches Sprichwort. Narren und Kinder: Soll man mit den ersteren auch die letzteren baden – und mit dem Bade ausschütten?

Sollte Feyerabends sturmgeläutete Feierabendglocke für den Szientismus sich als dünnes, helles Glöckchen erweisen, kaum gehört, erhört, um so leichter aber gestört, überhört? Ist die Fe($^{i}_{y}$)erabendglocke des Szientismus als eine solche für die kritische Vernunft überhaupt, für den Kritischen Rationalismus insbesondere gemeint?

Feyerabend meint, *Erkenntnis für freie Menschen* propagierend, sein Traktat *Wider den Methodenzwang* sei von theologischen Sonntagslesern, kritisch-rationalistischen Analphabeten und kritisch-rationalistischen Propagandisten völlig mißverstanden worden. Es sei (nur?) seine Absicht gewesen, mit seiner anarchistisch-dadaistischen Erkenntnis-»Theorie«, Erkenntnisprophetie, Erkenntnisperipetie »Rationalisten zu belehren«[8] – besonders die Kreise der Zauberkünstler zu stören, die mit den »Epizyklen der rationalistischen Religion« beschäftigt sind: Hitler sei »intelligenter als die meisten kritischen Rationalisten« gewesen[9]. Denn Rationalisten, »Ratiofaschisten« und Ratiopropagandisten – und

»fast alle kritischen Rationalisten, die sich mit der einen oder anderen Zeile von AM befaßt haben« (will sagen: »Von *Against Method* = Feyerabends *Wider den Methodenzwang*) hätten die Vernunft mißinterpretiert als einen externen, geradezu überirdischen, »außerhalb aller Traditionen stehenden Maßstab«, während sie doch selbst nur »eine Tradition« sei[10]. Das *Anything goes* als »eine etwas scherzhafte Darstellung der Situation des Rationalisten« verbleibe angesichts des von Feyerabend gesammelten historischen Materials dem »Rationalisten« als »der ›einzige Grundsatz‹«[11] für eine fruchtbare Erkenntnisheuristik.

Feyerabend meint, sich selbst sekundär interpretierend, er habe in seinem Traktat *Wider den Methodenzwang* »zu zeigen versucht, daß Rationalität und Wissenschaft einander oft ausschließen, daß der Konflikt nicht zufällig ist und daß ein Bestehen auf den Maßstäben und Regeln der Rationalität die Wissenschaften oft schwer geschädigt hätte«; »genauer« ergab die historische Selbsterforschung Feyerabends, daß er zwei Behauptungen aufgestellt habe: »Nämlich (a) *Regeln und Maßstäbe werden oft de facto verletzt*« – »und zwar sowohl im Kontext der Entdeckung als auch im Kontext der Rechtfertigung« –, »und (b) *man muß sie verletzen*, um in den Wissenschaften vorankommen zu können«[12].

In der Tat: Feyerabend hat gezeigt, daß in der Wissenschaftsgeschichte tatsächlich Regeln und Maßstäbe oft verletzt wurden, daß erkenntnistheoretische Regeln (wie etwa die berühmte Regel 4 der Newtonschen *Principia*: »In der experimentellen Philosophie soll man nicht aufgrund von Hypothesen gegen Aussagen argumentieren, die induktiv aus den Erscheinungen abgeleitet sind, denn sonst könnten Induktionen, auf denen die gesamte experimentelle Philosophie fußt, jederzeit durch Gegenhypothesen umgeworfen werden«[13]) faktisch oft verletzt worden sind – etwa durch Galileis Ad-hoc-Verteidigung des Kopernikanischen Systems oder durch Einsteins Widerlegung der herkömmlichen Theorie der Brownschen Bewegung durch Aufstellung einer neuen Theorie. (Man mag im zweiten Falle aufgrund der physikalischen Begriffsdefinitionen eines »Perpetuum mobile 2. Art« anderer Meinung sein als Feyerabend, daß nämlich ein »Brownsches Teilchen« kein Perpetuum mobile 2. Art sei, weil es keine »Maschine« darstellt, die Energie aus der Umgebung aufnimmt, dennoch ist die grundsätzliche Einsicht Feyerabends, daß Kritik durch eine theoretische

Alternative ausgeführt werden kann und demgemäß möglichst viele theoretische Alternativen entwickelt werden müßten, zweifellos ein fruchtbares erkenntnistheoretisches Plädoyer für einen »theoretischen Pluralismus« – übrigens ein Plädoyer, das schon der frühe Feyerabend, als noch halb-»braver Empirist« aufgestellt hatte.[14])

Feyerabends früheres Plädoyer für den theoretischen Pluralismus wird in *Wider den Methodenzwang* zu einem *methodologischen* Pluralismus, zu einem Plädoyer für eine unbegrenzte Vielfalt methodologischer Beurteilungsmöglichkeiten *(Anything goes)* erweitert, angehoben, ausgedehnt. Die These sowohl des theoretischen als auch des methodologischen Pluralismus gilt nicht nur historisch-faktisch für viele Übergänge in der Wissenschaftsgeschichte, sondern verspricht auch heuristisch brauchbar zu sein, Perspektivenwechsel, alternative Ansätze zu ermöglichen, die sich sonst dem kritischen Auge entziehen würden oder könnten. Feyerabend meint, dies gelte nicht nur für den Entdeckungszusammenhang, sondern auch für den Begründungszusammenhang, für die Beurteilung von Theorien und deren Beurteilungsstandards.

Heuristisch ist er zweifellos im Recht, obgleich man die pauschale Schlagwortformulierung des *Anything goes,* diese ungeschützte, überdehnte Formulierung eines total-anarchistischen methodologischen Ansatzes für die Beurteilung nicht so wörtlich nehmen kann. Feyerabend selbst wehrt sich später dagegen, er habe mit dieser kritisch-»scherzhaften« Meta-Regel zur Ironisierung rationalistischer Forschungslegitimationsstrategien und mit »zwei, drei Beispielen« schon »das Ende der Rationalität« verkündet: »Es ist schon wahr, daß zwei oder drei irrationale Schwalben noch keinen irrationalen Sommer machen, aber sie entfernen doch Regeln und Maßstäbe, die in rationalistischen Gebetsbüchern an prominenter Stelle auftreten.«[15]

Auch in dieser – eingeschränkten – Hinsicht hat Feyerabend zweifellos recht, aber schließlich gilt auch für erkenntnistheoretische Ansätze, auch für Feyerabends pluralistische Methodologie: »Schließlich ist der Ausdruck ›Regellosigkeit‹ nur sinnvoll, wenn es eine Regel gibt«[16]. Wieso, wann eine Theorie besser ist als eine andere, etwa ihre Vorgängertheorie, läßt sich in der Tat nicht ohne jedes methodologisches Beurteilungskriterium ermessen. Wenn überhaupt wissenschaftlicher Fortschritt als solcher anerkannt wird, wenn behauptet wird, daß es möglich ist, wissenschaftlichen Fortschritt festzustellen – und das tut Feyerabend auch.[17] Wer von »Fortschritt« spricht, Fortschritt anerkennt, erkennt auch irgendwelche Regeln und Kriterien zur Bestimmung des Fortschritts an – möglicherweise in verschiedenartiger, jedoch äquivalenter Formulierung. So regel- und methodologiefeindlich, wie Feyerabend sich anscheinend gibt, ist er zweifellos nicht – übrigens auch nach späterem eigenen Eingeständnis. Vielleicht wurde er nicht nur mißinterpretiert, fühlte sich nicht nur – zum Teil sicherlich mit Recht – mißinterpretiert, sondern vielleicht mißinterpretierte er sich selbst ein wenig – wie wohl auch den von ihm zum Abschuß freigegebenen methodologie-ideologischen Popanz des sogenannten Kritischen Rationalismus, dessen Herz, wenn auch vielleicht nicht dessen Hirn und Bauch, Feyerabend wenigstens zum Teil als eine Art methodologischen Strohmann etabliert, um ihn dann umso leichter unter die Breitseite eines anarchistischen (Schein-) Feuers nehmen zu können.

In der Tat, wenn Feyerabend meint: ». . . Es zeigt sich, daß die Grundsätze des kritischen Rationalismus (nimm Falsifikationen ernst; vermehre den Gehalt; vermeide Ad-hoc-Hypothesen; ›sei ehrlich‹ – was immer *das* auch heißen möge; usw.) und umso mehr die Grundsätze des logischen Empirismus (sei genau; gründe deine Theorie auf Messungen; vermeide unklare und schwankende Gedanken; usw.) eine unrichtige Darstellung der Entwicklung der Wissenschaften der Vergangenheit geben und die Wissenschaften der Zukunft nur behindern können«[18], so muß man dem Strohmannkünstler Feyerabend sicherlich entgegenhalten, die Funktion einer sinnvollen, beurteilenden Wissenschaftstheorie mißverstanden zu haben. Die Methodologie etwa des kritisch modifizierten, nicht etwa des sektiererisch betriebenen dogmatischen Kritischen Rationalismus kann und sollte nicht als Beschreibung der historischen Entwicklung der Wissenschaften noch als selbst angemaßte Zensorfunktion des Wissenschaftstheoretikers mißverstanden werden: Der Wissenschaftstheoretiker kann dem empirischen Wissenschaftler nicht Vorschriften machen, was der zu tun habe. Es geht nicht um Anweisungen und Vorschriften, sondern um eine Grundlage für Beurteilungen, um unter Umständen abstrakte und *ex post* rekonstruierte Beurteilungskriterien dafür, was es heißen kann, daß eine Theorie »besser« ist als eine andere, was wissenschaftlicher »Fortschritt« etwa auch angesichts eines tiefgreifenden theoretischen Pluralismus bedeuten könne usw. Diese Rekonstruktion von Beurteilungskriterien, die als idealtypische Leitorientierungen für Beurteilungen dienen können, aber nicht im Einzelfall als Vorschriften aufoktroyiert oder gar eingeklagt werden sollten, sind nicht nutzlos, selbst und gerade auch wenn sie gelegentlich gebrochen werden (müssen). Feyerabend selbst meint später[19], »die gelegentliche Verletzung einer Regel« verdamme »sie noch nicht zur Nutzlosigkeit«. Schließlich ist auch eine heuristisch fruchtbare Regelverletzung und überhaupt nur deren Beurteilung als solche lediglich möglich und sinnvoll, »wenn es eine Regel gibt«[20]. Nicht als Spiegelbild der historischen Entwicklung, nicht als Vorschrift des Zensors für den voranschreitenden Wissenschaftler, sondern als in idealisierter Purifikation rekonstruierter Beurteilungsmaßstab für den Fortschritt und die Qualität von Theorien, als Leitvorstellung dessen, was »Fortschritt«, »Bessersein« von Theorien überhaupt bedeuten können – insbesondere dann, wenn direkte Gehaltsvergleiche von grundsätzlich inkommensurablen Theorien kaum oder gar nicht möglich sind[21] – sind methodologische Beurteilungsregeln in der einen oder anderen, flexibel formulierten, aber annähernd äquivalenten Fassung unerläßlich. Um Regeln zu brechen, muß man welche haben, muß man ideale Beurteilungsstandards voraussetzen; um voranzuschreiten, muß man über Vergleichsmöglichkeiten verfügen – wenigstens grundsätzlich und möglicherweise im Rückblick, keineswegs in einer Art explizit-bürokratisch übertriebener zensorischer Kleinkariertheit, sondern damit überhaupt Beurteilungen und Vergleiche möglich werden. Nichts gegen Feyerabends, wenn auch pointiert ausgewählte Beispiele und seine daraus gezogenen Schlüsse über die heuristische Notwendigkeit von Ad-hoc-Hypothesen, über die Abweichung von methodischen Vorgehensregeln und Vorschriften, über die Kritik an oft autoritär durchgesetzten wissenschaftlichen Traditionen, über die nötige ständige Suche nach theoretischen Alternativen, über die Notwendigkeit von Konstruktion und Kritik, von konstruktiven Mißtrauensvoten und Alternativentwürfen im Wissensfortschritt usw. usw. Es steht hier ähnlich wie mit der logischen Widerspruchsfreiheit von formalen Theorien: Um Widersprüche zu vermeiden, muß man sie heuristisch nach Möglichkeit zunächst einmal erzeugen, um dann die Theorie modifizieren zu können. Ähnliches gilt für die Ad-hoc-Hypothesen und ihre heuristische Notwendigkeit: Theorien ohne Ad-hoc-Hypothesen sind eben systematisch besser; man macht Ad-hoc-Hypothesen (dingfest), um durch ihre Erzeugung auf theoretische Möglichkeiten zu ihrer Vermeidung zu kommen; man erzeugt, sucht, findet Widersprüche, um sie zu vermeiden: Darin u. a. besteht theoretischer Fortschritt. Feyerabend verwechselt leicht die heuristische und die methodologische Perspektive. Die letztere bezieht sich auf ideal-rekonstruierende Beurteilung. Feyerabend verwechselt methodologische Beurteilungsregeln und methodische Vorgehensregeln bzw. Vorschriften, wenn er »das Auseinanderfallen von Wissenschaft und Methodologie« und der wissenschaftshistorischen Beschreibung der Wissenschaftsentwicklung global konstatiert, wenn er die Historisierung der Wissenschaft und ihrer Methodologie zu einer umfassenden Entsystematisierung und Entrationalisierung, zu einem totalen Regelrelativismus fortführen will. Feyerabend verwechselt manchmal Fragen einer Rekonstruktion historischer Entwicklung der Wissenschaft bzw. deren Beschreibung mit der normativen Beurteilung und insbesondere der Konstruktion des Beurteilungskriteriums dafür, wann und wodurch eine Theorie »in the long run« »besser« ist als eine andere. Methodologie im Sinne der kriterien(re)konstruierenden beurteilenden Wissenschaftstheorie ist aber keine historische Beschreibung, Explikation und Aufarbeitung dessen, was die Wissenschaftler getan haben, wie sich Theorien entwickelt haben und entwickeln. Sie besteht auch nicht in der Ausübung einer Zensorfunktion, besonders nicht einer Mikrozensorfunktion – also im detaillierten Vorschriftenmachen gegenüber dem Wissenschaftler selbst, sondern in der Rekonstruktion von Beurteilungs- und Vergleichsregeln, ohne daß diese – und das ist sicherlich die wichtige Einsicht Feyerabends – selbst zu absolut genommen, verabsolutiert werden dürften. »Ohne ›Chaos‹ keine Erkenntnis. Ohne häufiges Abrücken von der Vernunft kein Fortschritt«: Man kann Feyerabend zustimmen, »daß *auch innerhalb* der Wissenschaft der Vernunft keine Alleinherrschaft eingeräumt werden kann und darf«[22] – jedenfalls was historische (Einfluß-)Faktoren und Heuristik angeht. Aber ohne jede Regel, Regelgemäßheit und Regelmäßigkeit, ohne jede Vergleichsgrundlage, ohne jede vernünftige Beurteilung sind eben auch Vergleiche und Fortschritt nicht möglich. Die Einsicht, daß Regeln – sowohl methodische als auch methodologische (d. h. Handlungsvorschriften für die Wissenschaft bzw. Beurteilungsnormen des Wissenschaftstheoretikers – nicht verabsolutiert werden sollten, darf nicht dazu führen, die Regellosigkeit zu verabsolutieren, absolut zu verherrlichen – was Feyerabend wohl auch nicht tut, obgleich er sich gelegentlich mißverständlich ausdrückt. Die Einsicht, es gebe »keine einzige Regel, die unter allen Umständen gültig bleibt, und keine einzige Instanz, auf die man sich immer berufen kann«, sollte, selbst wenn sie tendenziell, vielleicht ein wenig überpointiert, richtig ist, nicht zur methodologischen Einseitigkeit der forcierten Regellosigkeit führen.

Man darf mit dem Regelabsolutismus nicht jede Regelorientierung ausschütten, die Einsicht, daß »die gelegentliche Verletzung einer Regel« faktisch im Wissenschaftsbetrieb auftritt und sogar notwendig ist, eben in der Tat nicht zur These der »Nutzlosigkeit« einer Regel überspitzen. Man darf eben das Kind »flexible Regelorientierung« nicht mit dem Bade ausschütten. Und Feyerabend möchte dieses auch nicht mehr wahrgehabt haben.[23] Verbesserung und Überschuß an empirischem Gehalt, Wissensfortschritt gelten ihm dennoch als »Fernziele«, die den Erfolgen der Wissenschaften voranstehen. Man muß ergänzen, daß die Feststellung der Erfolge, des Fortschritts wissenschaftlicher Theorien erst möglich ist unter Voraussetzung der flexibel rekonstruierten Beurteilungskriterien. Schoß Feyerabend mit seinem Totalanarchismus der Erkenntnis über jedes dieser Fernziele hinaus? Ist Vernunft, zu einer wissenschaftlichen »Sklavenideologie« verbürokratisiert, dann schon dem Untergang geweiht, wenn sie überhaupt Beurteilungsregeln anerkennt? Schließt sie sich, wie Feyerabend meinte[24] »allen jenen abstrakten Gespenstern an, wie Pflicht, Moral, Wahrheit und ihren konkreteren Vorgängern, den Göttern, die einst zur Einschüchterung der Menschen und zur Beschränkung ihrer freien und glücklichen Entwicklung dienten«: »Stirbt« sie »ab«?

Vernunft selbst ist aber doch keine historische Tatsache, kein psychisches Vermögen des Menschen, kein Organ und kein substantieller Motor des Geistes, sondern – wie durchaus auch dem Kritischen Rationalismus nahe verortete Autoren früher gesehen haben – »selbst eine Tradition« (so auch, wie erwähnt, Feyerabend[25]): Die Entwicklung der Vernunft hat mit der Entwicklung der Institution der rationalen Kritik, der argumentativen Geisteshaltung überhaupt zu tun[26]. Vernunft – und das gilt auch für die Vernunft in der Wissenschaft – ist kein reales Vermögen, sondern ist ein Ideal, eine regulative Idee im Sinne Kants, ist selbst eine Vernunftidee, eine idealtypische, wenn man so will: eine argumentationsmethodologische Modell(re)konstruktion[27]. Vernunft als analytische abstrakt-idealtypische Modellkonstruktion ist selbst kein psychischer oder psychologisch zu beschreibender Träger oder Faktor des Denkens, sie stellt eher eine notwendige Bedingung der Erkenntniseinheit dar, die Idee einer abstrakt unterstellten konstitutiven Verbundenheit der Erkenntnisse, des Wissens bei einer postulierten logischen Einheitsfunktion, Einigungsfunktion. Daher existiert sie auch nicht abgelöst und isoliert als »reine Vernunft«, sondern als ein idealisiertes Konzept, das eine ideale Leitorientierung beim menschlichen Problemlösen ermöglicht. Kant selbst meinte, das »Bedürfnis der Vernunft« artikuliere ein Orientierungsbedürfnis, die reine Vernunft sei idealisiert, »nur bedingt« und im »*theoretischen* Gebrauche . . . nichts anders als reine *Vernunfthypothese*«, d. h. durch das erkennende Subjekt bedingt, gebildet und an dessen Problemlösungsaufgabe – letztlich pragmatisch – zurückgebunden[28]. Für Kant war dies zwar noch das Charakteristikum jedes diskursiven, d. h. auf schrittweisen Vernunftgebrauch angewiesenen Vernunftwesens; die These ändert sich nicht, die pragmatische Funktion und Eingebundenheit des Vernunftideals in den gesamtmenschlichen und auch den kulturell-gesellschaftlichen Lebenszusammenhang wird deutlicher herausgehoben, wenn man es auf den Menschen und seine Orientierung in der Welt, sein Problemlösen einschränkt. Die pragmatische Rückbindung der Vernunft[29] ist also durchaus im »mainstream« abendländischen Denkens auch in der im weiteren Sinne rationalistischen und kritisch-rationalistischen Tradition zu finden – und auch diese Tradition ist eine historische Tradition[30], deren Abstraktheit erst durch die ebenso fingierte wie fiktive Loslösung von pragmatischen Lebensumständen quasi künstlich erzeugt wurde. Diese kritisch-rationale Tradition war in ihren besten Gestalten und Phasen nicht nur ein Probleme und Perspektiven verdrängender Irrweg, sondern solange ihr Weg in lebendiger Auseinandersetzung mit dem kulturellen und wissenschaftlichen Entwicklungsprozeß verlief und nicht nur in akademische Schubfächer abgepackte, isolierte und isolierende Teilerkenntnisse archivierte, dörrte und verstauben ließ, durchaus schöpferisch, wie Feyerabend an den Beispielen Mach und Einstein selbst hervorhebt[31]. In der Tat: Feyerabends Kritik wird relevant, wo und soweit sie die künstliche Aufrichtung akademischer Fächergrenzen angreift, die eifersüchtige Abschottung akademischer Kompetenzterritorien, der Claim- und Schürfgebiete des gelehrten Eigenstolzes, den eifersüchtig lehrende Hagelstolze forcierten, förderten oder gar zur notwendigen Bedingung der Wissenschaft überhaupt machten.

Die großen Wissenschaftler – aber auch (das muß man über Feyerabend hinaus betonen) die großen Philosophen – »haben sich ganz ausdrücklich als Dilettanten bezeichnet – sie definierten und behandelten ihre Probleme unabhängig von bestehenden Regeln und Maßstäben«[32], aber eben nicht total regellos, nicht unabhängig von Regeln und Maßstäben – auch von bestehenden – überhaupt. Wahrlich: »Ohne Furcht vermischten sie Wissenschaft und Philosophie und förderten so beide«[33]. Dieses risikobereite, sozusagen »sportliche Philosophieren« (wie es Simon Moser genannt hat), das kühne Denken in ebenso praxisnaher wie pragmatischer Einbindung in die gegenwärtige Problemsituation zu motivieren und zu fördern, ein spannendes, alternativenreiches, flexibles und perspektivenoffenes Philosophieren nicht nur programmatisch gefordert, sondern auch motiviert und angeregt zu haben, das ist sicherlich auch mit das Verdienst des Feyerabendschen neuerlich erhobenen polemisch-lebendigen Tones in der Philosophie. Sein Horror vor »ängstlichen akademischen Nagetieren, die ihre Unsicherheit hinter einer finsteren Verteidigung des Status quo verbergen«, Phrasendrescherei im epizyklischen Verteidigungsstadium steril-scholastischer Detail-Flickerei-Philosophien routinehaft perpetuieren – diesen Horror kann man nachempfinden, mitempfinden[34]. Daß Wissenschaftstheorie und pragmatische Methodologie nur nutzlos oder störend für die Wissenschaft seien, muß nicht so sein, war und ist auch nicht immer der Fall. Bei der Rekonstruktion von Beurteilungsmaßstäben auf die Automatik des Forschungsprozesses und historischen Entwicklung allein zu vertrauen, bloß um sich nicht auf »abstrakte Rationalitätstheorien« zu verlassen[35] ist vielleicht doch ein wenig kurzsichtig, kurzschlüssig. Es kommt auf die lebendige Auseinandersetzung an – und diese hat zum Beispiel Feyerabend, selbst ein Philosoph, selbst Wissenschaftstheoretiker, uns exemplarisch vorexerziert. Wollte er den Isolationismus von Theorien und Fächern, den er selbst kritisiert, nunmehr noch mehr zwischen dem Philosophieren und anderen Bereichen eigens etablieren? Wollte er selbst den

»theoretischen Pluralismus«, die ihm zufolge notwendige pragmatische Kooperation des Philosophen und die Einbindung der wissenschaftstheoretischen Philosophie in umfassendere Problemzusammenhänge Lügen strafen? Blieb der Paul dennoch ein Saul der isolationistischen Erkenntnistheorie, wenn auch ex negativo und eingeschränkt auf die Rolle der Philosophen und Methodologen, die er selber ja auch mitspielt? Wird er selbst auf höherer Ebene, metaphilosophisch sozusagen, die Geister, die er kritisch zu beschwören, zu bannen versuchte, selber nicht mehr los? Schließt er sich Wittgensteins offiziös-programmatischer Verdammung und Verbannung jeglicher kreativen Philosophie an? Doch wohl nicht! Auch dem Philosophen muß schöpferischer Dilettantismus, muß das fruchtbare Sprengen von Bereichsgrenzen, müssen neue kreative Perspektiven, neue Formen von Konfrontation und Kooperation, von wechselseitiger Korrektur im Verhältnis zu anderen Disziplinen erlaubt sein. Wie der Kritische Rationalismus muß auch der theoretische Pluralismus (der immer noch eine Untervariante des ersteren ist, wenn auch pragmatischer verortet) der Selbstanwendung fähig sein. Scholastisch-sterile Entwicklungen, Präzisionsexerzitien mögen den Wert erkenntnistheoretischer Selbstbefriedigung haben, methodologische Inzucht bedeuten: Ihre Kritik sollte kreative Neuorientierung gerade nicht ausschließen, sondern ermöglichen und provozieren. Nicht Verbannung, sondern Erneuerung des risikobereiteren Philosophierens auch in Sachen Wissenschaftsphilosophie und Wissenschaftstheorie sollte die Schlußfolgerung sein, die aus Feyerabends Selbstanwendung des theoretischen Pluralismus auf methodologisches Denken zu ziehen ist. Kein Philosophieverbot, keine dogmatische Isolierung oder Desavouierung philosophischer Bemühungen, sondern auch in der Philosophie Mut zu neuer Kreativität, zu einem schöpferischen Dilettantismus sollte das Gebot der Stunde sein. (Das Präzisionsniveau der analytischen Philosophie kann dabei bereichsweise, fallweise, da wo es sinnvoll und anwendbar ist, durchaus erhalten bleiben.)

Auch die »negative« Philosophie der Erkenntnis kann nach der neopaulinischen Wende nicht dogmatisch auf Regellosigkeit verharren und zugleich Isolationismus predigen – und sei es auch nur für die bösen Philosophen, die ihr »nutzloses, analphabetisches und *teures* Gerede«[36] wohl dann auf Isolierstationen autistisch abspulen sollten: Glasperlenspiele des Geistes in Quarantäne, in

Aussätzigenstationen der – hier der philosophischen – Intellektuellen? Das doch wohl auch nicht! Wenn in einer freien Gesellschaft alle Traditionen gleiche Einflußrechte haben sollen und Erfolg und Fruchtbarkeit der Anregung die heuristischen Bewegungskriterien darstellen, so muß das auch für philosophische und methodologische Bemühungen gelten.

Regellosigkeit und Antidogmatismus sind wie der »Kritische Rationalismus« eben auch dogmatisch, wenn sie zum Dogma erhoben, wenn Zunftzucht und Sektentum zelebriert werden. Totale Extreme sind überall inhuman: Der totale Nutzlosigkeitsverdacht ebenso wie ein metatheoretischer Isolationismus – insbesondere wenn er sich als theoretisch-pluralistisch begründet versteht.

Feyerabends Kritik am wissenschaftlichen und am analytisch-wissenschaftstheoretischen Methoden – wie Methodologienimperialismus birgt viele Momente einer treffenden Situationsanalyse in provozierender und oft überpointierender Formulierung. Nimmt man sie zu wörtlich, global und total, nimmt man Feyerabends Worte ernster als er, der kreative Harlekin und Luzifer der Kritischen Rationalisten sich selber, so stößt sein aufklärerischer Impuls ins Leere. Risikobereitschaft und pragmatische Relativierung sind nur durch Ironisierung – und Selbstironisierung zu vermitteln. Der Club der Philosophen, die sich selber nicht zu ernst nehmen, hat noch wenige, zu wenige Mitglieder, als daß der Verein durch förmliches Vereinsstatut, durch eingetragene Institutionalisierung und Vorstandsbeschlüsse selbst zu einer sektiererischen Zünftigkeit fände. Bierernst, Vereinsmeierei und Sektiererei sind freilich auch ohnedies den Philosophen leider nicht ganz fremd, nicht einmal den kritisch-allzukritischen welcher Provenienz auch immer. (Wer aber möchte sich heute schon nicht selbst als »kritisch« verstehen: Das Etikett ist eben so wohlfeil wie jene anderen, nämlich »rational« und »liberal«.)

Feyerabend oder Feierabend für die Erkenntnistheorie? Implizit wählte Feyerabend doch wohl – ebenso pragmatisch wie nichtdogmatisch und doch realistisch (in verschiedenen Bedeutungen dieser Begriffshülsen) – das erstere. Oder sollte Feyerabend in heroistisch überstilisierter Selbstaufgabepose selbst schon als Philosoph, der er ist und bleibt, die Feierabendglocke für Feyerabends Philosophie eingeläutet haben – in selbstironisierend-dialektischer Selbstaufhebung sozusagen? Feierabend für Feyerabend? Glücklicherweise ist es noch nicht soweit. Und »Spaß möt sien bi de Beerdigung« – und möglichst nicht nur dort.

Anmerkungen

1 Paul Feyerabend, *Wider den Methodenzwang. Skizze einer anarchistischen Erkenntnistheorie (WM)*, Frankfurt 1976, S. 187.
2 Ebenda, S. 45.
3 Paul Feyerabend, *Erkenntnis für freie Menschen (EfM)*, Frankfurt 1979, S. 8.
4 Ebenda, S. 187.
5 Hans Lenk (Hrsg.), *Technokratie als Ideologie*, Stuttgart 1973, S. 13.
6 *WM*, S. 15, 308, 406, 409.
7 *EfM*, S. 100.
8 Ebenda, S. 91.
9 Ebenda, S. 92.
10 Ebenda, S. 89.
11 Ebenda, S. 87 f.
12 Ebenda, S. 14.
13 Zitiert nach *WM*, S. 56.
14 Paul Feyerabend, *Wie wird man ein braver Empirist?* (Original 1963), in: L. Krüger (Hrsg.), *Erkenntnisprobleme der Naturwissenschaften*, Köln/Berlin 1970, S. 302-335.
15 *EfM*, S. 17.
16 *WM*, S. 241.
17 Vgl. ebenda, S. 405, 271, 250, 186, 44, 42, 35 u. a.
18 Ebenda, S. 249.
19 *EfM*, S. 17.
20 *WM*, S. 241.
21 Ebenda, § 17.
22 Ebenda, S. 250.
23 *EfM*, S. 17.
24 Paul Feyerabend, *Problems of Empiricism*, Part I, in: R. G. Colodny (Hrsg.), *Beyond the Edge of Certainty*, New York 1965, S. 250. Part II, in: R. G. Colodny (Hrsg.), *The Nature and Function of Scientific Theories*, Pittsburgh 1970.
25 *EfM*, S. 89.
26 Vgl. Hans Lenk, *Philosophische Logikbegründung und rationaler Kritizismus*, in: *Zeitschrift für Philosophische Forschung* 24 (1970), S. 203 ff., sowie ders., *Technokratie als Ideologie*, a.a.O. (s. Anm. 5), S. 107 ff.
27 Hans Lenk, *Pragmatische Philosophie*, Hamburg 1975, S. 47, sowie ders., *Pragmatische Vernunft*, Stuttgart 1979, S. 18, 38 f.
28 Kant, AA VIII, 137, 139, 141.
29 *EfM*, S. 48.
30 Ebenda, S. 219.
31 Ebenda, S. 237 ff.

32 Ebenda, S. 248.
33 Ebenda.
34 Ebenda, S. 252.
35 Ebenda, S. 172.
36 Ebenda, S. 252.

Joseph Margolis
Wissenschaftliche Methoden und Feyerabends Plädoyer für den Anarchismus

Paul Feyerabend hat inzwischen eine ganze Menge geschrieben; und urteilt man zumindest nach seinen temperamentvollen (gelinde gesagt) »Unterhaltungen mit Analphabeten« (d. h. Antworten auf seine Rezensenten und Diskussionspartner),[1] so warnt Feyerabend zurecht künftige Kommentatoren, sich Klarheit über das zu verschaffen, was er tatsächlich gesagt hat, und sich keine Schonung zu erhoffen, wenn das Gegenteil der Fall ist. Auf die Gefahr hin, mir einen verdienten Rüffel einzuhandeln (oder einfach ignoriert zu werden), möchte ich einen kurzen Überblick seines allmählich sich herausbildenden Standpunkts geben. Er besteht in folgendem: Wenn, was offenkundig der Fall zu sein scheint, die Praxis der Wissenschaft selbst wie auch die Theorie darüber, wie Wissenschaft vorgeht, eine kontingente Geschichte hat, die von anderen, sich ähnlich wandelnden Vorgehensweisen in einer gemeinsamen Gesellschaft beeinflußt wird und diese auch wiederum mitbeeinflußt, so gibt es keinen vorgängigen Grund zur Annahme, *jede* Untersuchungs- oder Bestätigungsregel oder sonstige Regel oder *jede beliebige* Theorie einer zugrundeliegenden Struktur der Wirklichkeit könne den Anspruch erheben, ein für allemal oder zunehmend oder annäherungsweise die in dieser Hinsicht beste Regel oder Theorie erstellt zu haben; und mangels irgendeiner derartigen Versicherung ist der (erkenntnistheoretische) Anarchismus tatsächlich die produktivste Vorgehensweise in der Wissenschaft – oder zumindest ein nützliches Gegenmittel gegen den »Methodismus«. Dies scheint der konzeptionelle Kern eines großen Teils von Feyerabends Arbeit zu sein – insbesondere seiner in letzter Zeit entstandenen Veröffentlichungen: *Wider den Methodenzwang*[2], *Erkenntnis für freie Menschen* und *On the Critique of Scientific Reason*[3]. Die dialektische These, die seine allgemeine Position zum Zankesapfel macht, besteht offenbar darin, daß zu jedem gegebenen Zeitpunkt oder Entwicklungsabschnitt in der Geschichte der Wissenschaft jede zukünftige Regel oder Theorie zwangsläufig zu einer normativen Idealisierung irgendeiner Art wird; deren Grundlage besteht ebenso in der unumgänglichen Unwissenheit darüber, wie Wissenschaft sich als produktiv in der Zukunft erweisen wird und wie die offenkundigen Regelmäßigkeiten in den Bereichen der beobachteten Natur mit den zukünftigen Beobachtungen übereinstimmen werden, wie gleichermaßen in den vermutlichen Entdeckungen einer akkumulierenden Wissenschaft. In diesem Sinne zeigt sich Feyerabend als Gegner des Rationalismus, Idealismus, Realismus, Pragmatismus, Naturalismus, Instrumentalismus, Positivismus, Falsifikationismus, Konventionalismus, Empirismus, Marxismus, Liberalismus und allem anderen. Sie zeigen offenbar alle das gleiche Muster: Plausible, aber ganz und gar provisorische Idealisierungen von Methode und Theorie (oder noch schlimmer), die während einer bestimmten Entwicklungsphase der Wissenschaft entstanden, werden mit der Entdeckung der schlechthinnigen Methode oder Theorie verwechselt, die alle weiteren Geheimnisse der Natur aufdecken wird. Der Schaden, den eine derartig anmaßende Zuversicht hervorruft (möglicherweise: eine derartige Sünde, falls eine theologische Einschätzung hier nicht frivol oder höhnisch erscheint), ist so groß, daß nur eine »freie Gesellschaft« und der Anarchismus (oder der »Dadaismus«, dem Feyerabend den Vorzug zu geben scheint) unter Umständen die schlimmen Folgen abwenden oder verringern könnten.

Die Frage, die sich hier stellt, ist allerdings genau die nach dem Wesen von Feyerabends Befürwortung des Anarchismus. Man kann sicher den Charme und Humor, das Wagnis und die schöne Respektlosigkeit, in der Tat den positiven Vorteil der Toleranz gegenüber dem Anarchismus in der Wissenschaft (und auch auf anderen Gebieten) als eine Art von in gewisser Weise gebändigtem *Zusatz* zu den unablässig geprüften und idealisierten Regeln und Theorien einschätzen, die man in der wissenschaftlichen Praxis für unabdingbar hält. Doch Feyerabend äußert sich hinsichtlich seiner eigenen radikalen Befürwortung ganz unverhohlen, und es geht weniger um die Frage des Ressentiments gegen seine Lächerlichmachung bestimmter Regeln und Theorien (wenn es auch genügend Belege dafür gibt, daß sich der Widerspruch eben dagegen richtet) als vielmehr um die theoretische und methodologische Bedeutung seiner eigenen These. Und, offen gestanden, dies Problem läßt sich nicht ganz zu seinen Gunsten lösen.

Aus Gründen der Akkuratesse und Fairness will ich Feyerabend zitieren, wie er sich selbst hinsichtlich seiner »These« zitiert:

Einige Rezensenten von WM haben mich für einen Idealisten gehalten in dem eben beschriebenen Sinn [daß es der Idealist für rational hält, »gewisse Dinge unter welchen Umständen auch immer zu tun«] mit dem Proviso, daß ich bekannte Regeln und Maßstäbe durch »revolutionäre« Regeln wie z. B. den Pluralismus oder die Kontrainduktion ersetzen will, und fast jeder Leser schrieb mir eine »Methodologie« zu mit der »Grundregel«: *anything goes*. Aber auf Seite 52 von WM sage ich ganz ausdrücklich: »Ich habe nicht die Absicht, eine Menge allgemeiner Regeln durch eine andere zu ersetzen; meine Absicht ist vielmehr, den Leser davon zu überzeugen, *daß alle Methodologien, auch die einleuchtendsten, ihre Grenzen haben* ... In den eben erläuterten Begriffen ausgedrückt: ich will zeigen, daß der Idealismus nicht die richtige Lösung für das Problem der wissenschaftlichen Rationalität darstellt. Das Problem wird nicht gelöst, indem man einen Maßstab durch einen anderen, oder eine Gruppe von Regeln durch eine andere Gruppe ersetzt. Es wird gelöst, indem man die Rationalität als ganze umbaut.[4]

Feyerabend ist ein Gegner jeder Methodologie, die irgendwelche Regeln und Standards als »endgültig und unabänderlich« ansieht; aber er ist ebenfalls ein Gegner jeder Methodologie, die einfach »die Möglichkeit von Diskussion und Veränderung« konzediert. Er steht in Übereinstimmung mit dem naiven Anarchismus, insofern »absolute Regeln wie auch kontextbedingte Regeln ihre Grenzen haben«, aber er wendet sich gegen die Schlußfolgerung, »daß alle Regeln und Maßstäbe wertlos sind und aufgegeben werden müssen«.[5] Er besteht im Gegenteil darauf, daß er immer betont habe, wie besondere Verfahren Wissenschaftlern »geholfen« und es ihnen ermöglicht haben, »Erfolg zu haben«. Er weist auf die Wichtigkeit der Umstände hin, unter denen eine Regel angewendet wird, sagt aber ausdrücklich, daß »die kontextabhängigen Regeln nicht die absoluten Regeln *ersetzen* sollen; sie sollen sie nur *ergänzen*«. Das gesamte Argument hängt, wie er sagt, von einer »neue(n) *Beziehung* zwischen Regeln (Maßstäben) und Traditionen« ab[6], worin das eigentliche Wichtige besteht, wichtiger noch als etwa der Gehalt irgendeiner besonderen Regel.

Der Kern seines gesamten Unterfangens lautet, kurz gesagt, die Methodologie im kanonischen Sinne setze voraus, daß die Theoriebildung eines ganz kontingent sich zeigenden Ausschnitts der realen Welt (wie bei der Beschreibung, Erklärung, Voraussage) tatsächlich darin besteht, vermeintliche Probestücke eben dieser Welt rational zu sammeln, so daß wir durch einen nachprüfbaren Glückstreffer oder aufgrund einer angenommenen Übereinstimmung zwischen der Denkweise eines Forschers und den »Verhaltensweisen« oder Regelmäßigkeiten der erforschten Welt (à la Peirce) oder auf sonstige Weise darauf rechnen dürfen, Methoden *gewisser Art* zu erstellen, aufgrund deren dauernder Anwendung Wissenschaft voranschreitet, und zwar verläßlich und rational. Nach Feyerabends Ansicht ist dies ganz und gar unmöglich. Der in gewisser Weise theologischen Interpretation seiner These kann man nur schwer widerstehen: An jedem Punkt unserer scheinbar wissenschaftlichen Aufklärung verbleiben wir trotz der Tatsache, daß, wie im Fall von Galilei Entdeckungen wirklich gemacht werden, in äußerstem Unwissen.[7] Wir sind also sozusagen methodologisch oder rational ohne Wissen, wenn wir aus dem Grunde auch nicht »instinktuell« oder tatsächlich unfähig zu sein brauchen. In der Tat bietet der Anarchismus die einzige »leichtherzige« Aussicht auf wissenschaftlichen Zugewinn in der immerwährenden Dunkelheit unserer existentiellen Situation:

> Wir kennen die Gegend nicht, wir können nicht sagen, was dort gelten wird. Wenn wir wirklich interessiert sind, müssen wir entweder die Gegend betreten oder Vermutungen über sie anzustellen beginnen.
>
> Methodologische Regeln sind intellektuelle Meßinstrumente. Ihre Ablesungen betreffen nicht die Temperatur oder das Gewicht von Körpern, sie betreffen die Eigenschaften komplexer Abschnitte des historischen Prozesses. Müssen wir sie kennen, bevor diese Abschnitte im Detail bekannt sind? Oder nimmt man an, daß die Geschichte und besonders die Ideengeschichte einförmiger ist als der materielle Teil des Universums? Daß der Mensch begrenzter ist als Rest der Natur?[8]

Das erklärt zum Beispiel, warum es falsch ist, »daß Widerspruchsfreiheit eine notwendige Forschungsbedingung ist«[9], und warum Widersprüche wissenschaftlich produktiv sein können. Zum einen können widersprüchliche Theorien wissenschaftlich fruchtbar sein und waren es schon; weiterhin gibt es keine Möglichkeit, sich im voraus gegen Widersprüche abzusichern oder eine fruchtbare Wissenschaftsmethode zu finden, die Widersprüche ausschließt; und schließlich erfreut sich die »praktische Logik« wissenschaftlicher Forschung gewisser »Ableitungsregeln«, die den Fall nicht zulassen, daß »Widersprüche alles produzieren«.[10]

Aber genau hier ist Feyerabends Ausdrucksweise etwas zu leichtblütig; die angebliche »praktische Logik« ist selbst in Wirklichkeit die *Ad hoc*-Genialität von Männern wie Einstein, Bohr, Mach, Galilei, Boltzmann oder Heisenberg (manchmal, wie im Fall von Einstein, reflexiv als das Werk eines »skrupellosen Opportunisten« beschrieben), »um zu Ergebnissen inmitten von Chaos und fehlendem Zusammenhang zu gelangen«; Männer dieser Art spüren einfach ihren Weg, indem sie »eine besondere Schwierigkeit beiseiteräumen«, ohne jemals ihre Tricks »in einem Forschungsorganon« niederzulegen, was ohnehin unmöglich wäre.[11] Man kann von ihnen nicht erwarten, eine explizite und gültige Richtschnur zu formulieren, nach der sie arbeiten. Man kann allerdings fairerweise sagen, daß, zumindest als ein Gebot rationaler Frömmigkeit (oder frommer Rationalität), innovative Denker wie Einstein, während sie ganz und gar unfähig sind, die wirkliche Ordnung eines scheinbaren Chaos zu beweisen, erwarten, daß in einem *gewissen Zeitraum* ein vollkommen stimmiger Nachweis der »verschiedenen, widersprüchlichen Bestandteile« des historisch vorherrschenden Materials, das dem Wissenschaftler anfänglich »gegeben« wurde, möglich sein wird.[12] Dies bedeutet, daß es zu keinem Zeitpunkt einen vollständigen, stimmigen Nachweis tatsächlich geben wird. Wenn ich das richtig verstehe, hat Feyerabend ganz recht, wenn er darauf besteht, daß es keinen Algorithmus für eine garantiert fruchtbare Wissenschaft gibt, keine Richtschnur und kein Entscheidungsverfahren für wissenschaftliche Entdeckungen; aber er scheint auch zuzugeben (hier spricht er die volle Bedeutung nicht direkt aus), daß zumindest retrospektiv und diachron, wenn auch immer in theologischem Licht, Kohärenzzwänge zur Anwendung kommen.

Der Grund für das Insistieren auf diesen Unterscheidungen liegt darin, der Auffassung entgegenzutreten, Feyerabend sei ein Gegner aller Methodologien (und favorisiere *statt dessen* den wissenschaftlichen Anarchismus), und vielmehr darauf hinzuweisen, daß *er alle Methodologien anarchistisch interpretiert.* Dies ist der Grund für die ständige Behauptung 1), daß »alle Methodologien, auch die einleuchtendsten, ihre Grenzen haben«, in deren Zusammenhang 2) gemeint ist, daß solche Grenzen im Prinzip weder vollständig angebbar noch korrigierbar sind. Unter diesen Umständen ist, worauf Feyerabend eher scherzhaft (oder ärgerlicher – wie man das sieht, hängt vom jeweiligen Temperament ab) besteht, der »rationale Diskurs« (Befolgung der Anstandsregeln der Zunft) »nur ein Weg . . ., ein Problem darzustellen und zu prüfen, und keinesfalls der beste.«[13] Diesen argumentativen Stil und die damit einhergehende Denkweise zu vermeiden heißt ganz und gar nicht, die Vernunft aufzugeben. So verstehen sich auch die autobiographischen Überlegungen, *Against Method* Imre Lakatos zu widmen: Ein »Rationalist« auf Kosten des »Anarchismus« sein heißt letztlich »irrational« sein; da Lakatos Feyerabends engster und liebster Gegner war, vermutet Feyerabend, jener sei ein »verkleideter Anarchist« gewesen.[14] Wiederum ist der springende Punkt, auf dem Feyerabend offensichtlich besteht, daß der Anarchismus *keine* fremde Methodologie im Gegensatz zu den überkommenen Methodologien ist: Er ist ein höherer Kommentar (ein Kommentar in der Wissenschaftstheologie sozusagen) zu jeder vorstellbaren Methodologie. Doch das bedeutet, trotz aller gegenteiligen Beteuerungen Feyerabends, in der Tat, daß es, wenn wir einmal die anarchistische Botschaft verstanden haben, durchaus angeht, ein Rationalist zu sein (was allem Anschein nach Lakatos hinter Feyerabend vermutete). Feyerabend ist kein Rationalist in dem (bösartigen) Sinne, daß der Rationalismus sich gegen die existentielle Geltung des Anarchismus wendet; er könnte ein Rationalist in dem Sinne sein, daß es, wenn man sich einmal dem satanischen Impuls mit der dazugehörigen zitternden Angst widersetzt hat, durchaus richtig ist, sich zu überlegen, welche vorläufigen Kohärenzregeln infolge der tatsächlichen Wissenschaftsgeschichte die besten Ergebnisse versprechen. Diese »Regeln« werden, wie auch immer sie aussehen, notwendigerweise die Toleranz des Wissenschaftlers gegenüber Widersprüchen und ähnlichen Problemen während jeder wichtigen kurzen Arbeitsphase tolerieren. Diese Toleranz ist anarchistisch, existentiell, theologisch, praktisch; aber sie wird natürlich nicht Teil der Regeln selbst. Tatsächlich erlaubt uns die Wissenschaft, ja sie gibt uns die Möglichkeit, guter Dinge zu sein.

Ob Lakatos nun recht hatte oder nicht, seine besondere *Meta*methodologie zu verbreiten, es hat wenig Sinn, mit diesem theologischen (anarchistischen) Verzicht fortzufahren, falls man die Leistung der Wissenschaft verstehen will. Die anarchistische Wahrheit gibt keinen Aufschluß darüber, wie Wissenschaft, was doch historisch verbürgt ist, erfolgreich voranschreitet; sie gibt uns lediglich die Möglichkeit, uns über den Erfolg jeden menschlichen Unterfangens zu *wundern*. Die anarchistische These ist, soweit die Wissenschaftstheorie (in engen Grenzen) betroffen ist, keine Option: Sie ist allerdings eine Option hinsichtlich unserer Fähigkeit, die Begrenztheit des Menschen richtig zu erkennen, und zwar *unter anderem in unserer Eigenschaft* als Wissenschaftler. Im Endergebnis gibt Feyerabend, wie man gerechterweise sagen muß, die Frage nach der Methode auf, nicht aber die positiven Aspekte der Wissenschaft, die er ganz im Gegenteil rühmt. Wenn er sich nämlich wieder mit der Methodenfrage beschäftigt hätte, so hätte er, wenn es ihm gelungen wäre, die Suche nach einer Methode ohne jene verbreitete Arroganz fortzuführen, die Gültigkeit von etwa Lakatos' Theorie der Forschungsprogramme auf derselben Diskursebene dialektisch untersuchen müssen, ohne unserer Einschätzung einer *via regia* anheimzufallen. Was dies letztlich ganz einfach (und auch ganz besonders) bedeutet, ist, daß jede methodologische Option, die Feyerabend verwirft, preisgibt und lächerlich macht, das Recht auf einen zweiten Versuch hat, solange sie mit der anarchistischen Devise (also sogar mit Poppers Methodenlehre) in Übereinstimmung gebracht werden kann. Tatsächlich besteht die gewöhnliche Verwirrung gegenüber induktivem Vorgehen genau in dem Versuch zu verstehen, welche Art von Exaktheit und Regeln für jene induktiven Argumente möglich sind, die ganz offensichtlich nichtdeduktiver Natur sind. Das ist ganz sicher der vielversprechende Anfang einer Methodologie, die Feyerabend vielleicht hätte befürworten können. Daß er es ablehnte, in dieser Richtung weiterzugehen, ist einfach ein Beweis seiner Erkenntnis der theologischen Problematik, die der Wissenschaft und Wissenschaftstheorie eigen ist. Und daher spielt er den Hammer jeder Methodologie. Es ist ein Narrenspiel, wenn auch kein närrisches Spiel.

Ich weiß natürlich, daß so zu argumentieren Feyerabends Spleen oder Amusement, oder beides zugleich, zu verstärken bedeutet. Er behauptet wahrscheinlich, er wolle wirklich mit allen Methoden aufräumen. Aber tatsächlich implizieren seine Worte – und man kann diese Bedeutung geradezu erschließen –, daß unter der Devise *Anything goes* genausogut auch Methode und kritische Vernunft ihre Geltung haben; wie ja auch seiner Meinung nach wissenschaftlicher Erfolg möglich ist und verschiedene Regelsysteme ihren Platz haben. Wenn er allerdings tatsächlich nicht dieser Auffassung ist, so muß er, falls er effektive wissenschaftliche

Erfolge (wie den von Galilei etwa) zugibt, im Widerspruch zu dem, was er explizit behauptet, den Anarchismus als eine *ganz und gar andere* Art von Methodologie verstanden wissen wollen. Das allerdings will er offensichtlich nicht. Andererseits besteht kein Zweifel darüber, daß er zum Beispiel Lakatos detailliert und ernsthaft hinsichtlich dessen Methodologie der Forschungsprogramme kritisiert. Ganz scharfsinnig weist er auf wesentliche Schwierigkeiten in Lakatos' Methodologie hin. So bleibt die Frage unbeantwortet, welche Folgen diese Enthüllungen für die rationale Anwendung der Methodologie selbst haben.

Das Konstruktive des Anarchismus liegt wohl in der Erkenntnis, daß das Problem einer wissenschaftlichen Methodologie nicht im Sinne Carnaps ein internes, sondern ein externes ist. Es ist keine empirische, vielmehr eine transzendentale Frage. Dies ist zugegebenermaßen keine akkurate Art und Weise, den Unterschied herauszustellen. Eine transzendentale Frage betrifft, genauer gesagt, die Begriffsbedingungen, unter denen eine gewisse, vermeintlich rationale Vorgehensweise möglich ist. Es ist eine *innerhalb* des empirischen, sich historisch wandelnden Kontextes gestellte Frage, in dem die Praxis vorherrscht; gestellt wird sie allerdings im Geiste (reflexiver) Spekulation, inwiefern Zwänge, die außerhalb unserer Erfahrung dieser Praxis liegen, unsere Vorgehensweise erst möglich machen. In diesem Sinne sind transzendentale Argumente eine besondere Variante von empirischen Argumenten.[15] Es handelt sich um Argumente hinsichtlich der notwendigen Bedingungen, aber sie sind (und werden reflexiv als derartige erkannt) abhängig von der historischen Entwicklung philosophischer Vorstellungskraft. In jedem Fall werden daher angeblich notwendige Bedingungen bekanntlich auf die gegenwärtige Entwicklungsstufe des Verstandes relativiert. So gesehen braucht die Spekulation über die Methodologie der Wissenschaft den Wahrheitsgehalt des Anarchismus nicht zu unterminieren, wo sie doch zugleich bestimmte Theorien über die methodische Struktur und die Struktur der Realität bereitstellt. Tatsächlich garantiert diese Einschätzung vollkommen die Relevanz von Feyerabends Lieblingsspiel, die Überlegenheit der Wissenschaft in Frage zu stellen.[16] Allerdings heißt das nun nicht, die Probleme der Wissenschaftstheorie einfach wegzueskamotieren. In der Tat impliziert eben die Frage »Was ist an der Wissenschaft so großartig?«[17], daß man in gewissem Sinne – verglichen mit der

Möglichkeit, die Methodologie der Wissenschaft mit Gewinn darzustellen – die Bedingungen einer verständlichen Auseinandersetzung (ich will nicht sagen: Argument oder Debatte) zwischen der Wissenschaft und ihren Konkurrenten (etwa der Kosmologie der Hopi) formulieren kann, und zwar unter denselben transzendentalen Zwängen, die der Anarchismus aufweist, wenn man ihn mit der Methodologie der Wissenschaft *konfrontiert*.

Feyerabends Darstellung, darauf sollte man auch hinweisen, enthält zusätzlich zu ihrer transzendentalen Funktion eine weitere Grundlage, den Anarchismus zu propagieren. Sie ist vielleicht weniger bedeutend als die schon erwähnte – eher eine Frage der begrifflichen Vorsicht als der theoretischen Angemessenheit –, aber sie sollte nicht unerwähnt bleiben. Sie ist natürlich für unser Verständnis der Unwissenheit, auf die die Wissenschaft (und ihre Konkurrenten) wesentlich aufbauen, von Bedeutung. Wenn wir »die Natur der Erkenntnis« untersuchten, behauptet Feyerabend, würden wir zu folgendem Schluß gelangen:

> Jede Erkenntnis enthält wertvolle Bestandteile Seite an Seite mit Elementen, die die Entdeckung neuer Dinge verhindern. Diese Elemente sind nicht einfach Irrtümer. Sie sind wesentlich für die Forschung: Fortschritt in eine Richtung kommt nicht ohne Aufhebung der Möglichkeit zum Fortschritt in eine andere Richtung zustande. Aber das Vordringen in jene »andere« Richtung zeigt oft, daß der bisher errungene Fortschritt ein bloßer Traum war.[18]

Daher gibt es ein der Wissenschaft eigenes Interferenzphänomen, das sowohl die Unausmerzbarkeit einer Art von Unwissenheit, die selbst wiederum die (theologische) Annahme eines Fortschritts zunichte macht, garantiert, wie auch, einmal erkannt, (vernünftigerweise) zur Priorität einer »freien Gesellschaft« führen müßte. Die Ähnlichkeit zu marxistisch orientierten Varianten der Wissenssoziologie drängt sich zumindest auf.[19] Diese Ähnlichkeit hat übrigens den Vorteil, einen Sinnzusammenhang zu erstellen, in dem Feyerabends Vorstellung durchaus nicht (wie Lakatos zu behaupten scheint)[20] das Äquivalent zu einer psychologischen These Poppers ist, der »Katalysator« (sogenannten »externen«)-These, wonach »die Vielfalt konkurrierender Theorien die *interne* Poppersche Falsifikation von *außen* beschleunigen kann.«

Dennoch erfordert die philosophische Bedeutung des *politischen* Problems einer freien Gesellschaft (im Sinne Feyerabends) wiederum eine transzendentale Überprüfung der Möglichkeit von Wissenschaft selbst – oder einer stimmigen Erweiterung oder Veränderung einer Untersuchungsstrategie, die die Effektivität alternativer Praktiken und Traditionen berücksichtigt. Selbst die common-sense-Vorstellung, Laien könnten die Leistungen der Wissenschaft und die Angemessenheit ihrer angeblichen Methoden richtig einschätzen[21], setzt eine gewisse relative Regelmäßigkeit und Kohärenz der Überprüfungsmethode voraus, die immer den Endlichkeitsbedingungen und den transzendentalen Beschränkungen der anarchistischen These unterliegt. Doch steht die Ablehnung einer Methode, einer Form von Rationalität etwa, und das Bestehen auf dem *Stückwerk*charakter einer derartigen Überprüfung im Widerspruch zu Feyerabends eigenem Zugeständnis relativ (eindrucksvoll) dauerhafter Entdeckungen in der Wissenschaftstradition und wird auch nicht als Teil der anarchistischen These oder über die unmittelbare Notwendigkeit der Formulierung hinaus verlangt. Nur ein Unverständnis gegenüber dem Wesen transzendentaler Argumente könnte ein derartiges Insistieren zu einer Prinzipienfrage (irgendwelcher Art) stilisieren. Und auch in dem Fall *müßte* offenkundig werden, daß der Anarchismus eine konkurrierende Methodologie ist. Was sollte man sonst mit der Behauptung anfangen, daß *»nicht-wissenschaftliche Traditionen mächtige Rivalen der Wissenschaft werden und die Fehler wissenschaftlicher Verfahren aufdecken können, wenn man ihnen nur eine Chance zu freiem Wettstreit gibt«*.[22]

Wahrscheinlich sollte der Kernpunkt jeder sinnvollen Einschätzung von Feyerabends Darstellung es bei einem Vergleich zwischen seinen Thesen und denen von Lakatos belassen. Lakatos' Arbeiten bieten sicherlich einen der detailliertesten und umfassendsten Überblicke über die Grenzen der vorherrschenden Entwürfe der Wissenschaftsmethodologie (insbesondere des Induktivismus, Konventionalismus und Falsifikationismus), der zugleich eine engagierte Gegentheorie des progressiven Wesens wissenschaftlicher Methode (seine eigene »Methodologie wissenschaftlicher Forschungsprogramme«) enthält.[23] Feyerabends Arbeit stellt zu einem großen Teil eine Parallele zu den destruktiven Aspekten in Lakatos' Werk dar und wendet sich doch letztlich gegen Lakatos' konstruktive Vorschläge. In dieser Hinsicht überschätzen, wie man durchaus meinen könnte, Lakatos und Feyerabend ihre jeweiligen Ansprüche. Das Kernproblem ist in beiden Fällen ganz offenkundig dasselbe. Beide sind einer Meinung, daß, wenn es zutrifft, daß »wir die Gegend nicht kennen und nicht sagen können, was dort gelten wird«, die Wissenschaftsmethode kaum von irgendeiner klaren, bestimmten Regel festgelegt werden kann, wie sie etwa vom Induktivismus oder dem Popperschen Falsifikationismus favorisiert wird. Jede zukünftige Methode muß die Zufälligkeiten wesentlich berücksichtigen, die abhängig sind 1) von unserer Unkenntnis der Beziehung zwischen einer wirklichen Entdeckung und dem, was als unbekannter Rest der natürlichen Welt übrigbleibt, und 2) von den lediglich vorläufigen Aussichten der Untersuchungsprogramme, die wir bevorzugen. Lakatos' Methode will genau diesen Beschränkungen genügen: Sie unterscheidet sich grundlegend von den Methodologien, die verworfen werden, insofern sie *intern* für die eigentliche Wissenschaftsgeschichte Vorkehrungen treffen. Da *dies* nach Feyerabends Ansicht letztlich heißt, alle Methodologien zu unterminieren, ist Lakatos' scheinbare Methode in Wirklichkeit ein »verkleideter Anarchismus«.[24] Lakatos glaubt jedoch, es gäbe eine rationale Methode, die mit den Beschränkungen des Anarchismus konsistent ist; Feyerabend dagegen, die Anerkennung des Anarchismus schlösse Methoden jeder Art aus. Feyerabend versteht allerdings unter »Methode« Regeln und Forschungsstrategien, die mit der anarchistischen Erkenntnis unvereinbar sind, während Lakatos dazu neigt, seine eigene Methode in einer Sprache darzustellen, die eine größere Bestimmtheit suggeriert, als er sie selbst für möglich hält.

Zwei Bemerkungen von Feyerabend zeigen die Übertreibungen auf beiden Seiten und bieten, wenn auch unbeabsichtigt, eine Hilfe für die mögliche Lösung des Methodenproblems:

> Imre Lakatos will, »daß die Wissenschaft, ja das gesamte Geistesleben bestimmten festen Maßstäben entspreche, er möchte, daß sie ›vernünftig sei‹«.[25]
>
> Was [der erkenntnistheoretische Anarchist] tatsächlich leugnet, ist, er könne Gründe angeben . . ., die mit den Maßstäben einer Rationalitätstheorie übereinstimmen, so daß er wirklich in Konformität mit Maßstäben handelte. *Dies* ist der Kernpunkt, und nicht etwa, was er tut oder läßt.[26]

Wenn eine rationale Methode unterschreiben heißt, sich »festen Maßstäben« von der bestimmten Art, wie sie wenigstens manchmal vom Induktivismus und Falsifikationismus angeführt wird, unterwerfen, dann trifft es in der Tat zu, daß der Anarchismus die Möglichkeit einer effektiven rationalen Methode ausschließt. Zwar bekämpft Lakatos Methodologien dieser Art und ist zugleich von der Gültigkeit der Beschränkungen, die Feyerabend unter dem Begriff des Anarchismus versammelt, überzeugt, doch gleichzeitig trägt er sein eigenes Konzept von Wissenschaftsmethode als rational vertretbares vor. Feyerabend hat vielleicht eine gewisse Starrheit und Starrsinnigkeit in Lakatos' Verteidigung seiner Position erkannt, aber es scheint doch äußerst schwierig, seinen Vorschlag als letztlich irrational anzusehen, weil er dem anarchistischen Thema eine Methode entgegensetzt. Tatsächlich brauchen noch nicht einmal der Induktivismus und Falsifikationismus irrational verteidigt zu werden – selbst wenn dies bezeichnenderweise durch ihre Hauptvertreter geschieht. Sie sind vielleicht beide unangemessen, aber sie beziehen die Fehler vollkommen rationaler Theoretiker ein. Denn der Induktivismus und der Falsifikationismus können mit unserer Ignoranz der Beziehung zwischen einer tatsächlichen Entdeckung und der übrigen unbekannten Natur versöhnt werden wie auch mit unserem gefährlichen Vertrauen in eine Forschungsstrategie, von der wir aufgrund der Natur der Dinge nicht sicher sein können, daß sie erfolgreich sein wird. Die Rationalität einer vermeintlichen Wissenschaftsmethode liegt daher genau in der vernünftigen Möglichkeit, gewisse Forschungsstrategien angesichts dieser Einschränkungen zu unterschreiben. Die Tatsache, daß sich Lakatos ausdrücklich Mühe gibt, seine Darstellung in eben dieser Weise zu formulieren, läßt entweder auf ein Mißverständnis oder auf eine gewisse Unredlichkeit auf Feyerabends Seite schließen.

Ich gebe zu, daß ich das Problem bisher eher abstrakt zur Sprache gebracht habe, aber darin liegt vielleicht ein Vorteil. Wenn die anarchistischen Einschränkungen gelten, so scheint es, daß es keine gangbare Alternative gibt, die Methode (oder Methoden) der Wissenschaft als rationale Strategie zu charakterisieren, außer als eine Art von Rationalität, die man einer *Parteigruppe* zuschreiben kann, deren Interessen eine *bestimmte* Wahl einer kohärenten und flexiblen Strategie erfordern, da es unmöglich ist, jemals herauszufinden, welche Wahl ein für allemal die *richtige* ist. In diesem Sinne kann man sich *keinen* rationalen Theoretiker einer wissenschaftlichen Methode (selbst Lakatos' und Feyerabends Todfeinde) vorstellen, der die Möglichkeit außer acht lassen könnte, sein

Vorschlag sei gegen widersprüchliche Fakten immun. Vielleicht haben *sie* die Kraft gewisser Gegenüberlegungen nicht richtig eingeschätzt. Lakatos verwirft sie aufgrund ihrer *Fehler;* Feyerabend ist irgendwie der Meinung, sie verrieten ebenfalls ihre *Irrationalität* (und bezeichnenderweise, aber viel weniger wichtig: ihren Analphabetismus und ihre Inkompetenz). Sehr vereinfacht gesprochen, besteht das Problem darin, daß die zur Verteidigung einer Theorie der Wissenschaftsmethode vorgebrachten Gründe nicht dem Bemühen entspringen, die eine und einzig *wahre* Methode herauszufinden, sondern lediglich eine *vernünftige, geeignete* oder *effektive* – oder vernünftigere, geeignetere oder effektivere Methode, als eine Alternative sie bereitstellen kann. Die tatsächlichen historischen Belege werden zeigen, ob solche Überzeugungen gerechtfertigt sind oder nicht. Wie aber könnte ein solch bescheidenes Unterfangen irrational, und zwar inhärent irrational sein? Und warum sollte Feyerabend seinen Gegnern eine derartige Vorstellung ihrer Bemühungen abgesprochen haben?

Wir gehören somit einer Partei an, einer Partei für besondere Methoden wissenschaftlicher Untersuchung (was wir ja auch in moralischer und politischer Hinsicht sind)[27]; der Grund dafür ist einfach: 1) Es gibt prinzipiell nicht die Möglichkeit, die notwendigen Entdeckungen zu machen, die jene parteiliche Präferenz ausschlössen; und 2) sind die Interessen, denen man dient, derart grundlegend für die menschliche Existenz, daß wir uns (rational!) gezwungen sehen, ihnen gegenüber unter schwerwiegenden zeitlichen und faktischen Zwängen Position zu beziehen. Die vernünftigste Konzeption einer Methodologie schiene mir daher jene zu sein, die eine Überprüfung der tatsächlichen Wissenschaftsgeschichte zu einem inneren Teil der Methode selbst machte. Es besteht kein Zweifel, daß Lakatos annahm, eben dies zu leisten, und nahezu als einziger glaubte, dies fehle jenen Methodologien, die er kritisierte und entlarvte. Nun ist es durchaus möglich, wie Feyerabend behauptet, daß Lakatos selbst nicht in der Lage war, die Schwierigkeiten seines eigenen Vorschlags zu erkennen. Schön und gut. Wie aber konnte dies die Irrationalität des Versuchs oder die heimliche Befürwortung von Feyerabends Kampf gegen alle Methoden als solche zur Folge haben?

Feyerabend selbst erwähnt eine frühere Schaffensphase, in der »Ich immer noch den Primat der Methode über die Geschichte verteidige«, eine Bemerkung, die, wie es scheint, eine ganze Reihe seiner Kontrahenten irregeführt hat, was seine heutigen Ansichten angeht.[28] Unerklärlicherweise scheint er dann zu dem Schluß gekommen zu sein, daß der Primat der Geschichte irgendwie die Unmöglichkeit einer rational vertretbaren Methode (»Methodismus«) zur Folge hat. Das ist allerdings ganz einfach ein *non sequitur*, wenn man einmal den Unterschied macht zwischen zukünftigen Methoden, die mit der anarchistischen These zu vereinbaren sind, und solchen, die ihr entgegengesetzt sind. Oder zumindest scheint hier ein Fall von *non sequitur* vorzuliegen, da der Beweis fehlt, jede zukünftige Methode könne den erforderlichen Beschränkungen nicht nachkommen. Tatsächlich eröffnet Feyerabend sein Buch *Wider den Methodenzwang* mit einigen Zitaten, darunter einem von Lenin, das er abwandelt: »Die Geschichte im allgemeinen und die Geschichte der Revolutionen im besonderen ist stets inhaltreicher, mannigfaltiger, vielseitiger, lebendiger, ›vertrackter‹, als sich der beste Historiker und der beste Methodologe vorstellen können.«[29] Ein schlauer Methodologe, der diese Tatsache anerkennt, wird aber dann genau den Versuch unternehmen, eine flexible *Methode* zu erstellen, die die Integrierung von Überraschungen, unerwarteten Umkehrungen etc. möglich macht. Feyerabend scheint uns nur die extreme Wahl eines Wissenschaftlers anzubieten, der »ein rücksichtsloser Opportunist ist«, »der an keine bestimmte Philosophie gebunden ist und jede gerade geeignet erscheinende Methode anwendet« sowie jenes Wissenschaftlers, der sich an Regeln hält, »die im vorhinein und ohne Rücksicht auf die ständig wechselnden geschichtlichen Verhältnisse aufgestellt worden sind.«[30] Sein (äußerst vernünftig unternommener) Angriff richtet sich gegen »die Idee einer Methode, die feste, unveränderliche und absolut verbindliche Grundsätze für das Betreiben von Wissenschaft enthält«, und doch bleibt die Frage unbeantwortet, ob es möglich ist, eine Methode zu erstellen, die in dieser Hinsicht nicht unveränderlich ist und sich in die »Ergebnisse der historischen Forschung« integrieren läßt.[31]

Nehmen wir zum Beispiel Lakatos. Er räumt ausdrücklich ein, daß die Methodologie im Sinne des 17. und 18. Jahrhunderts, die den Wissenschaftlern »mechanische Regeln zur Lösung von Problemen an die Hand« gab, inzwischen aufgegeben worden ist: »Moderne Methodologien oder ›Forschungslogiken‹ bestehen bloß noch aus einer Reihe von (nicht sehr eng geknüpften und keinesfalls mechanischen) Regeln zur *Einschätzung* fertiger, schon artikulierter Theorien.«[32] Er sieht seine Aufgabe darin, »zu erklären, *wie* die Historiographie der Wissenschaft von der Philosophie der Wissenschaft lernen soll *und umgekehrt*«.[33] Und sein eigener Entwurf soll zeigen, wie es kommt, daß

a) die Wissenschaftsphilosophie normative Methodologien bereitstellt, mit deren Hilfe der Historiker die »interne Geschichte« eines Gebietes rekonstruiert und so den objektiven Erkenntnisfortschritt rational erklärt; b) daß sich zwei im Wettstreit befindliche Methodologien mit Hilfe einer (normativ interpretierten) Geschichte bewerten lassen; c) daß jede rationale Rekonstruktion der Geschichte der Ergänzung durch eine empirische (sozio-psychologische) »externe Geschichte« bedarf.[34]

Gegenüber Lakatos' Ansicht kommt man nicht umhin zuzugestehen (wenn er sich selbst auch nicht in dieser Weise ausdrücken würde), daß 1) jede vorläufig übernommene Methodologie eine vorläufige Parteinahme ist, die sich der Kritik der historischen Forschung ausgesetzt sieht (wobei Feyerabend davon überzeugt ist, Methodologen als solche könnten sie nicht integrieren); daß 2) Lakatos' eigene Methodologie eine *Meta*methodologie ist, die einen rational motivierten Wechsel parteilicher Methoden auf der Grundlage des Materials der externen Geschichte ermöglichen soll; und daß 3) die *internen* Verfahren zur Bewertung konkurrierender Methodologien aufgrund des externen historischen Materials selbst wiederum ein parteiliches Engagement widerspiegeln, insofern das entsprechende Material in Übereinstimmung mit einer favorisierten normativen Methodologie interpretiert werden muß. Feyerabend *scheint* gegen eine derartige Methodologie anzugehen, wenn er sich gegen jede übergeordnete Regel wendet, die als uneingeschränkt verbindlich aufgestellt sind. In genau diesem Sinne etwa behauptet er, »daß es keine einzige Regel gibt, so einleuchtend und erkenntnistheoretisch wohlverankert sie auch sein mag, die nicht zu irgendeiner Zeit verletzt worden wäre«.[35] Dies ist »nicht bloß eine *Tatsache* der Wissenschaftsgeschichte«, wie er hervorhebt: »Sie (sc. diese liberale Praxis) ist sowohl vernünftig als auch *schlechthin notwendig* für den Erkenntnisfortschritt.«[36] Aber soweit betrachtet, soll Lakatos' Methodologie zweiten Grades diesen Einwand entkräften. Das einzig mögliche Argument, das Feyerabend ins Feld führen könnte, um zu beweisen, daß Lakatos' Entwurf rational unvertretbar bleibt, könnte einfach nur in dem Beweis bestehen, daß es einen *derartigen Entwurf gar nicht geben könnte*, daß es ein Schwindel sein müßte und voll und ganz nur eine *Ad hoc*-Lösung (in Lenins ursprünglichem Sinne) sein könnte. Es sieht ganz so aus, als glaube Feyerabend, genau dies bewiesen zu haben, da er nicht die Tatsache zu integrieren vermag, daß Lakatos' Methodologie ein nicht zu eliminierendes parteiliches (aber nicht aus eben diesem Grunde *Ad hoc*-) Element enthält.

»Nach meiner Methodologie«, behauptet Lakatos, »sind die größten wissenschaftlichen Errungenschaften Forschungsprogramme, die sich auf Grund progressiver und degenerativer Problemverschiebungen bewerten lassen; und wissenschaftliche Revolutionen bestehen darin, daß ein Forschungsprogramm ein anderes aufhebt (im Verlauf des Fortschritts überholt).«[37] Hier sind zwei Überlegungen wesentlich: Zum einen, *dies* Engagement, nämlich das Vertrauen auf das, was man als progressive oder regressive Problemveränderungen *bewertet*, ist selbst ein parteiliches Engagement zweifacher Art: weil 1) die Induktivisten, Konventionalisten und Falsifikationisten sich auf andere Weise engagiert haben und 2) die Bewertung selbst bereits Ergebnis einer normativen Interpretation des historischen Materials ist, das jemand anderes vielleicht unterschiedlich angegangen wäre, selbst innerhalb des Lakatosschen Entwurfs. Zum anderen enthält der parteiliche Aspekt von Lakatos' Methodologie ein dialektisches Spiel von Engagements erster und zweiter Ordnung. Man muß anerkennen, daß das, was Lakatos ein »Forschungsprogramm« nennt, eine parteiliche Wahl unter den »harten« Theorien (die zunächst nicht kritisierbar sind) und eine »positive Heuristik« bedeutet, die dem Wissenschaftler seine Probleme und sein Gefühl für eine progressive Problemverschiebung vorschreibt[38]; andererseits gilt es zu verstehen, daß selbst innerhalb dieses Rahmens unvereinbare Bewertungen von Fortschritt oder »Stagnation« durchaus möglich sind. So besteht Lakatos auf der Feststellung: »Mit genügend Einfällen und etwas Glück läßt sich jede Theorie progressiv für lange Zeit verteidigen, selbst wenn sie falsch ist.«[39] Und weiter:

Ein Forschungsprogramm *schreitet fort*, solange sein theoretisches Wachstum sein empirisches Wachstum antizipiert, d. h. solange es neue Tatsachen mit einigem Erfolg vorhersagt *(»progressive Problemverschiebung«)*; es *stagniert*, wenn sein theoretisches Wachstum hinter seinem empirischen Wachstum zurückbleibt, d. h. wenn es nur Post-hoc-

Erklärungen entweder von Zufallsentdeckungen oder von Tatsachen gibt, die von einem konkurrierenden Programm antizipiert oder entdeckt worden sind *(»degenerative Problemverschiebung«)*.[40]

Aber die Einschätzung von Fortschritt kann nicht an irgendeinem bestimmten Punkt vorgenommen werden; es gibt dafür keinen ganz genau festlegbaren Zeitraum.[41] So kann man also (wie im Fall von Feyerabend) nicht erwarten, daß logische Inkonsistenz und experimentelle Anomalie »ein Forschungsprogramm mit einem Schlag zu Fall bringen«: »Aber die Liste der Erfolge und Mißerfolge der konkurrierenden Programme muß aufgezeichnet und zu allen Zeiten öffentlich vorgelegt werden.«[42]

Lakatos macht sogar die Bemerkung: »Ich gebe keine solche Zeitgrenze [hinsichtlich der Festlegung einer degenerativen Problemverschiebung] an, also schließt Feyerabend, daß meine Maßstäbe nicht mehr sind als ›verbale Ornamente‹«.[43] Feyerabend stellt fest, Lakatos beurteile Theorien nur »auf lange Sicht«, »im Nachhinein« und ohne je eine »Zeitgrenze« zur Entscheidung einer degenerativen Problemverschiebung anzugeben; daher sagt Feyerabend in der Tat: »Die Maßstäbe, die Lakatos verteidigen möchte, sind also entweder *leer* – man weiß nicht, wann sie eigentlich anzuwenden sind –, oder sie können mit Gründen kritisiert werden, die sich nur sehr wenig von den Gründen unterscheiden, die zu ihnen geführt haben.«[44] Aber die einzige Sinnebene, auf der das Feyerabendsche Dilemma greifen könnte, würde voraussetzen, daß Lakatos genau jene Regeln erster Ordnung unterschriebe, die er ausdrücklich verwirft, und seine »Maßstäbe« in einer Weise »eng geknüpft« und »mechanisch« wären, die er nicht ausmachen kann. So betrachtet, mißdeutet Feyerabend einfach den Kern von Lakatos' methodologischem Entwurf und damit den Sinn, den man ihm berechtigterweise zukommen lassen muß, rational vertretbar und rational von Bedeutung zu sein bei der Steuerung tatsächlicher wissenschaftlicher Forschung. Lakatos braucht nicht in Abrede zu stellen – in der Tat besteht er darauf –, daß »die Wissenschaftsgeschichte immer reicher ist als ihre rationale Rekonstruktion«. Und dennoch trägt »die rationale Rekonstruktion oder interne Geschichte« den Vorzug gegenüber einer lediglich externen Geschichte, denn innerhalb ihrer eigenen Methodologie »werden die wichtigsten Probleme der externen Geschichte durch die interne Geschichte definiert«.[45]

Man kann hier nur schwer begreifen, *wie* Feyerabend sich vorstellt, Lakatos' Methodologie durch die angeblich verheerende Eröffnungssalve in *Wider den Methodenzwang* herunterzumachen: Lakatos' *Meta*-Methodologie spekuliert mit derselben Einsicht! Offensichtlich besteht der einzig mögliche Vorwurf (abgesehen von dem einer tiefliegenden Inkohärenz oder Unkenntnis der Wissenschaftsgeschichte) in dem, den Feyerabend auch tatsächlich macht, nämlich, daß Lakatos' Methode tatsächlich überhaupt keine Methode ist, sie ist ein »verkleideter« Anarchismus. Aber der grundsätzliche Irrtum bleibt dennoch bestehen: *Feyerabend muß das historisch ausschlaggebende Material gegenüber allen potentiellen Methodologien als lediglich kontingent, als externe Geschichte konstruieren; dabei ist in Wirklichkeit diese Konstruktion weder notwendig noch mit Lakatos' Darstellung konsistent.* Nach dessen Dafürhalten ist *»Geschichte ohne theoretische Parteilichkeit und Voreingenommenheit unmöglich«; »Wissenschafts*geschichte ist eine Geschichte von Begebenheiten, die normativ ausgewählt und interpretiert werden.«[46]

Man denke etwa an die wirkungslose Funktion von Feyerabends interessanter Behauptung, wissenschaftlicher Fortschritt könne manchmal beschleunigt werden, indem man an kontrainduktiven Regeln (im Gegensatz zum Empirismus) festhält: Es mag angebracht sein, wie er sagt, »Hypothesen zu entwickeln, die anerkannten und bestens bestätigten Theorien widersprechen«.[47] Mag sein. Aber dann muß seiner Ansicht nach das wichtige Material zur Einschätzung des Fortschritts wesentlich in Begriffen einer »externen Geschichte« erstellt werden. Wenn aber Lakatos' Geschichtstheorie richtig ist, dann kann all das, was Feyerabend im Bereich der externen Geschichte anbietet, von der *internen* Geschichte prinzipiell integriert werden, für die eine Lakatossche Meta-Methodologie konstruiert worden ist. Aus ähnlichen Gründen kann Lakatos sich Feyerabends Behauptung widersetzen: »ein Wissenschaftler, der den empirischen Gehalt seiner Ideen möglichst groß machen und sie möglichst klar verstehen möchte, ... muß eine *pluralistische Methodologie* verwenden.«[48] Die Toleranz von der Art, wie sie Feyerabend propagiert, ist allerdings schon in Lakatos' Meta-Methodologie integriert. Und im gleichen Sinne geht Feyerabend mit seinem Insistieren auf dem Beitrag inkommensurabler Theorien am wesentlichen Punkt vorbei: 1) daß eben die Formulierbarkeit dessen, was inkommensurabel ist, schon einen Begriffsrahmen voraussetzt, der nicht auf die in Frage kommenden Inkommensurablen beschränkt ist, und daß 2) auf der meta-methodologischen Ebene jede Einschätzung einer potentiell progressiven oder degenerativen Problemverschiebung voraussetzt, daß es keine entsprechende Inkommensurabilität mit der *internen Geschichte* gibt.[49] Deshalb schätzt Feyerabend auch Lakatos' Bemerkung, die er zitiert, falsch ein: »Inkommensurable Theorien sind weder miteinander inkonsistent noch im Gehalt vergleichbar. Doch wir können sie, auf Grund eines Wörterbuches, inkonsistent und ihrem Gehalt vergleichbar *machen*.«[50] Weder kann die »Forschung«, die den Beitrag inkommensurabler Theorien klären würde, durch externes Beweismaterial entschieden werden, noch muß die Angelegenheit durch ein »methodologisches *fiat*« entschieden werden (wie es Lakatos nach Feyerabends Meinung tun müßte[51]). Einsichtig erscheint das Problem nur innerhalb einer Methodologie, die das Inkommensurabilitätsproblem in der erwähnten Weise löst, und das ist eine Methodologie, die der von Lakatos stark ähnelt.

Von ausschlaggebender Bedeutung ist, daß Feyerabend nicht bewiesen hat – und, wie es scheint, auch nicht in der Lage ist, diesen Beweis prinzipiell zu erbringen –, daß eine rationale Wissenschaftsmethodologie nicht erstellt werden kann. Sein Fehler scheint in der Annahme zu liegen, alle Methodologien seien wesensmäßig ahistorisch (unabhängig von der Überzeugung ihrer Befürworter), insofern sie festen und unveränderlichen Regeln sich unterwerfen müssen und daher immer auf die externe Geschichte auf Gedeih und Verderb angewiesen sind, die ihrerseits, richtig betrachtet, einfach zuviel an Reichtum und Überraschungen für irgendein derartiges System enthält. Die Behauptung, es gelänge ihm nicht, die Aussichten einer Meta-Methodologie in seine Überlegungen miteinzubeziehen, die historische Erwägungen in ihren Bewertungsvorgang zu integrieren versucht, ist offenbar ungerecht. Natürlich beschäftigt er sich durchaus, wenn nicht gar hauptsächlich, mit Lakatos' Vorschlag. Und dennoch scheint er nicht willens oder nicht in der Lage, eine Methodologie als rationale Steuerung wissenschaftlicher Untersuchung einzuräumen, die keine zeitliche Grenze für die wirklich bedeutende Bewertung von Problemverschiebungen festlegt, zudem darauf ausgerichtet ist, die Validität von Forschungsprozessen in einer vorgegebenen Richtung auf der Grundlage einer rückwärtsgerichteten Interpretation des historischen Materials zu überprüfen und schließlich tolerant ist gegenüber weiterreichenden Bewertungen langfristiger Art. Der Grund dafür mag darin liegen, daß Feyerabend, obwohl er Wissenschaft als Ideologie darstellt (Kap. 16 und 18), nicht bereit ist, *das Problem einer rationalen Methode innerhalb des Wirkungsbereichs jeder Parteinahme für eine solche Ideologie* zu überdenken. Selbst wenn Feyerabend recht hat mit seiner Kritik an Lakatos' Vorschlag, wenn er etwa die Konvergenz und Verläßlichkeit dessen hinterfragt, was Lakatos »allgemeine wissenschaftliche Klugheit« nennt[52], die dem Wissenschaftler die »normativen Basisurteile« oder die »Basiswerturteile« der Gemeinschaft der Wissenschaftler vermittelt, die ihrerseits den »harten Kern« der internen Geschichte, der er sich unterwirft, darstellen[53] – selbst unter dieser Voraussetzung also gelingt es Feyerabend nicht, die Tatsache richtig einzuschätzen, daß dies letztlich im Namen eines parteilichen Engagements vorgetragen und flexibler dargestellt ist, als er anerkennt. Er kritisiert Lakatos' Vertrauen auf »Basiswerturteile«, weil sie »nicht so einheitlich (sind), wie angenommen wurde« und »nur selten mit guten Gründen gefällt« werden.[54] Aber Lakatos drückt sich besonders klar aus hinsichtlich seiner Absicht, »eine Methodologie wissenschaftlicher Forschungsprogramme *zweiter Ordnung* oder, wenn man will, eine Methodologie historiographischer Forschungsprogramme« anzubieten.[55] Damit meint er, darauf bestehen zu müssen, »daß eine gute Rationalitätstheorie weitere Basiswerturteile antizipieren muß, die unerwartet sind im Lichte der vorhergehenden Theorien, oder daß sie sogar zu einer Revision vorher vertretener Basiswerturteile führt«.[56]

Nichts spricht dagegen, daß die Methode ein anfängliches Engagement nicht unterstützen sollte, das eine größere Konvergenz angeben würde, als es die historische Praxis zu gewähren scheint; und ebenso spricht nichts dagegen, daß das anfängliche Engagement nicht wesentlich angesichts der folgenden Geschichte (einschließlich etwa der Rehabilitierung verworfener Theorien) geändert werden könnte.[57] Lakatos zeigt deutlich seinen Widerspruch zu »jenen Philosophen, die allgemeine wissenschaftliche Maßstäbe ganz selbstverständlich für unveränderlich und von der Vernunft für *a priori* erkennbar halten, als auch [zu] jenen Philosophen, die denken, daß das Licht der Vernunft nur besondere Fälle erhellt«.[58] Es gibt *keine* vertretbare Interpretation, wonach – im Gegensatz zum Feyerabendschen Versuch – »das gesatzte Recht des Philosophen« (also apriorische, allgemeine und unveränderliche Regeln, die die Grenze zwischen guter und schlechter Wissenschaft angeben) unter Umständen, da Wissenschaftler dann und wann irrational urteilen und irren, die grundlegenden Werturteile der Gemeinschaft der Wissenschaftler sogar »völlig ersetzen«.[59] Lakatos behauptet lediglich, daß die Anwendung der Regel »gelegentlich Recht behalten kann, wenn das Urteil der Wissenschaftler versagt«.[60] Das aber ist bestenfalls eine Ironie der Geschichte und nicht ein Zeichen dafür, daß Lakatos sich einer bestimmten Methodologie unterwirft.

Beim Versuch, die Schwachpunkte in Feyerabends Kampf gegen eine rationale Methodologie aufzuweisen, war es natürlich nicht unabdingbar, gleichzeitig nachzuweisen, Lakatos habe die Methodologie der Gemeinschaft der Wissenschaftler korrekt wiedergegeben. Es genügt hier (in demselben dialektischen Sinne, in dem Feyerabend Lakatos zu untergraben versucht) der Beleg, daß Lakatos zumindest eine nachwirkende Musterinterpretation der rationalen Eigenart der Praxis historischer Wissenschaft erbracht hat. Damit hat er alle Einwände Feyerabends positiv integriert. Als Streitpunkt bleibt bestehen, ob eine verbesserte Form der Methodologie wissenschaftlicher Forschungsprogramme entwickelt oder eine noch zwingendere Interpretation der Beziehung zwischen Methodologie und Geschichte geliefert werden kann. Aber in einem derartig veränderten Kontext philosophischer Reflexion bestünde allerdings nicht mehr die Notwendigkeit, sich auf die *detaillierte* Relevanz der anarchistischen These zu berufen: Ihre transzendentale (und vielleicht ihre theologische) Bedeutung wäre dann bereits zugestanden und übernommen.

So stellt also Feyerabends These die radikalste Kritik der Möglichkeit einer rationalen Methodologie dar. Lakatos' Theorie von Forschungsprogrammen zeigt, wie historische Praxis, selbst unter den von Feyerabend auferlegten Beschränkungen, als rationale Steuerung erklärt werden kann. Und doch braucht deswegen Lakatos' Theorie nicht von jeglicher Kritik ausgenommen zu werden. So könnte man durchaus darüber streiten, wie bedeutend es hinsichtlich des wissenschaftlichen Status einer Theorie ist, ob sie »neue Tatsachen« erklärt hat; oder auch, wie genau eine Grenzlinie sein muß zwischen dem »harten Kern« eines Forschungsprogramms und seinen verletzbareren Teilen; und auch, wie resistent Lakatos' Auffassung »progressiver« Problemverschiebungen gegenüber einer Banalisierung ist.[61] Schließlich wird man erneut überprüfen müssen, welche Beziehung herrscht oder herrschen soll zwischen der Rationalität der Praxis von historischer Wissenschaft (in dem Sinne, wie Feyerabend und Lakatos das Problem diskutieren) und den idealisierten Modellen, was als wissenschaftliche Erklärung (wobei die angeblich ahistorische Konzeption wissenschaftlichen Denkens verstärkt wird) gelten soll. Trotz aller Anstrengungen auf Feyerabends Seite ist dies Problem nämlich keineswegs mit dem anarchistischen Anspruch vom Tisch.

Aus dem Amerikanischen von Christoph Groffy

Anmerkungen

1 Paul Feyerabend, *Science in a Free Society (SFS)*, London 1978.
2 Paul Feyerabend, *Wider den Methodenzwang (WM)*, Frankfurt 1976.
3 In: Colin Howson (ed.), *Method and Appraisal in the Physical Sciences: The Critical Background to Modern Science, 1800-1905*, Cambridge 1976.
4 Paul Feyerabend, *Erkenntnis für freie Menschen (EfM)*, Frankfurt 1979, S. 66.
5 Ebenda, S. 67.
6 Ebenda.
7 Vgl. *WM*, Kap. 5-12. Feyerabend macht den Verweis natürlich selbst (*EfM*, S. 73).
8 *EfM*, S. 79.
9 *SFS*, S. 36.
10 Ebenda, S. 37, Anm. 20; vgl. S. 199 ff.
11 Ebenda, S. 199.
12 Ebenda.
13 Ebenda, S. 184.
14 *WM*, S. 300 f.
15 In diesem Sinne etwa kritisiert, wie ich glaube, P. F. Strawson Kant in seinem Buch *The Bounds of Sense*, London 1966.
16 Vgl. etwa *EfM*, Teil 2.
17 *SFS*, S. 72.
18 *EfM*, S. 147.
19 Vgl. z. B. Jürgen Habermas, *Erkenntnis und Interesse*, Frankfurt 1968.
20 Imre Lakatos, *Die Geschichte der Wissenschaft und ihre rationale Rekonstruktion*, in: Imre Lakatos/Alan Musgrave (Hrsg.), *Kritik und Erkenntnisfortschritt*, Braunschweig 1974, S. 279. Mit dem Begriff »intern« weist Lakatos auf die normativ interpretierten Aspekte der kontingenten Wissenschaftsgeschichte gemäß einer bevorzugten Methodologie hin, die derartige Interpretationen speist.

21 Vgl. *EfM*, S. 165-169.

22 Ebenda, S. 179.

23 Imre Lakatos, *Philosophical Papers*, vol. 1 *(The Methodology of Scientific Research Programmes)*, eds. John Worrall/Gregory Curry, Cambridge 1978.

24 *WM*, S. 252.

25 Ebenda, S. 272.

26 Paul Feyerabend, *Against Method*, London 1975, S. 222.

27 Vgl. z. B. Joseph Margolis, *The Prospects of an Objective Morality*, in: *Social Research* XLVI (1979), S. 744-65.

28 *SFS*, S. 160, Anm. 17.

29 *WM*, S. 28.

30 Ebenda, S. 29 f.

31 Ebenda, S. 35.

32 Lakatos, a.a.O. (s. Anm. 20), S. 272.

33 Ebenda, S. 271.

34 Ebenda.

35 *WM*, S. 35.

36 Ebenda.

37 Lakatos, a.a.O. (s. Anm. 20), S. 279.

38 Ebenda, S. 280.

39 Ebenda, S. 281.

40 Ebenda.

41 Ebenda, S. 282 f.

42 Ebenda, S. 283.

43 Ebenda, S. 286; Paul Feyerabend, *Kuhns Struktur wissenschaftlicher Revolutionen – ein Trostbüchlein für Spezialisten?*, in: Lakatos/Musgrave (Hrsg.), a.a.O. (s. Anm. 20), S. 208.

44 Ebenda.

45 Lakatos, a.a.O. (s. Anm. 23), S. 17.

46 Ebenda, S. 19.

47 *WM*, S. 47.

48 Ebenda, S. 48.

49 Vgl. *WM*, Kap. 17.

50 Imre Lakatos, *Falsifikation und die Methodologie wissenschaftlicher Forschungsprogramme*, in: Lakatos/Musgrave (Hrsg.), a.a.O. (s. Anm. 20), S. 173.

51 *WM*, S. 229.

52 Lakatos, a.a.O. (s. Anm. 20), S. 307.

53 Ebenda, S. 280.

54 *WM*, S. 280.

55 Lakatos, a.a.O. (s. Anm. 20), S. 302; Hervorhebung J. M.

56 Ebenda.

57 Ebenda.

58 Ebenda, S. 307 f.; vgl. *WM*, S. 281 f., wo das Zitat von Lakatos nicht angemessen berücksichtigt wird.

59 *WM*, S. 281.

60 Lakatos, a.a.O. (s. Anm. 20), S. 35.

61 Vgl. z. B. Clark Glymour, *Theory and Evidence*, Princeton 1980, Kap. 4.

Ulrich Erckenbrecht
Anstiftung zur Heterodoxie

> In meiner Jugend haben uns die Götzenpriester gelernt, das Donnern bedeutet, daß sie im Himmel Kegel schieben; unsere Gelehrten aber sagen, da müßte man auch dann und wann bei ›Alle Neune‹ das Juchzen hören; da aber das nicht der Fall ist, so ist die alte Theorie durch den Fortschritt in der Wissenschaft geschlagen.
>
> *(Nestroy)*

Russell, Wittgenstein und Feyerabend sind die Genies der analytischen Philosophie. Auf der Ebene darunter rangieren gründliche, trockene Köpfe wie Frege, Carnap und Popper. Die drittklassigen Positivisten scheinen das Feld der heutigen Diskussion zu beherrschen. Das solide Mittelmaß verharrt stets auf dem gleichen platten Niveau; zu den Kennzeichen des Genies gehört, daß seine Denkprodukte oft überragend und manchmal miserabel sind. Während etwa Karl Popper ein neben der Wissenschaft einherwedelnder Spürhundtheoretiker ist, der getreu ihren Bahnen folgt und nie ins Hecheln kommt, sondern immer einen ruhigen Ton bewahrt, gerät Paul Feyerabend bei seinen Kreuz- und Quersprüngen durch die Geschichte des Denkens außer Atem. Feyerabend spürt die entlegensten Dinge auf und trägt reiche Beute zusammen, aber er belfert mitunter recht bissig und ist drauf und dran, seinen Gegnern an die Kehle zu springen. Seine Schriften sind Zeugnisse des ungezähmten Denkens. Keinem Menschen, keiner Institution ist es gelungen, ihn zu domestizieren. Die akademische Atmosphäre, dieses Konglomerat aus kastrierten Karrierehengsten, gedrückten Doktoranderscheinungen, intrigantem Klatsch, Machtmauschelei und Hochdeutsch auf Stelzen, hat ihn nicht zur Strecke gebracht: Er zählt keineswegs zu jenen, die von Berufs wegen verpflichtet sind, langweilig zu schreiben, und sich von dem Wunsch, die staatliche Laufbahn risikolos voranzutreiben, die Grenzen ihrer Vernunft vorschreiben lassen.

Die außerakademische Opposition hat freilich ihre Tücken: Hang zur Oberflächlichkeit, zum Sektierertum, zur Selbstanpreisung und zu Wiederholungen. Je mehr man zum Außenseiter wird, desto stärker ist die Versuchung, der sperrigen Mitwelt die Thesen, die sie partout nicht annehmen will, wieder und wieder einzuhämmern. Bisweilen hat es den Anschein, als würden die Keile immer gröber, mit denen Feyerabend auf die Klotzköpfe einschlägt. Einsteins hintersinniger Satz, daß man gute Witze nicht zu oft wiederholen sollte, kann auch – mit veränderter Intention – auf Feyerabends Schriften angewendet werden. Auf ein verräterisches Medizinerdiktum wird nicht weniger als fünfmal verwiesen[1], die wundersame Erwähnung der Mystiker, die ihren Leib verlassen und zu Gott eilen, findet sich in vier Publikationen[2], ganze Absätze finden sich dreimal im Vorwort und im letzten Abschnitt desselben Buches[3] sowie in einem Separatessay[4], ein Histörchen von Herodot wird in ein- und demselben Buch zweimal in extenso zitiert[5], autobiographische Erzählungen verlieren an Reiz, wenn man sie mehrmals hört[6], und die Verspottung der Mondfahrer, die unbeholfene Sprünge auf einem trockenen Stein vollführen, ist nach wiederholter Lektüre witzlos[7]. »Wenn ich eine Arbeit schreibe, dann habe ich gewöhnlich vergessen, was ich früher geschrieben habe . . .«, sagt Feyerabend[8], aber diese Einstellung erfordert, daß man etwas Neues bringt. Bloch, der sich in späteren Jahren bis zum Überdruß wiederholte, berief sich auf Voltaire (»Ich werde mich so lange wiederholen, bis ich verstanden werde«); auch dieses Zitat hat Bloch oft wiederholt.

Es geht bei der Anführung dieser Repetitionen nicht um einzelne Verirrungen. Zu fragen ist, ob solche Symptome von der beginnenden Sterilität des Denkens zeugen. Es ist tödlich für eine Theorie, wenn sie sich hauptsächlich damit beschäftigt, die immer zahlreicher werdenden Kritiker zu kritisieren. Man kommt kaum zu neuen Materien und Ideen, schlüpft in die rhetorisch dankbare, aber gedanklich unergiebige Rolle des ewig Mißverstandenen, versetzt den Gegnern Fußtrittnoten und verliert sich in Selbsterläuterungen. Wer Feyerabend verstehen kann und will, hat ihn, eingehende Lektüre vorausgesetzt, längst verstanden, auch wenn der Meister das von Fall zu Fall bestreitet. Wer nicht, eben nicht. Preaching to the saved or non saved, das erinnert an jenen Predigtton, den Feyerabend bei den Rationalisten unerträglich findet. Damit meine ich nicht, daß Feyerabend »zu weit geht« oder daß er »zu hart ist« und was der Phrasen mehr sind. Scharfe Denker – scharf im Sinne der Präzision und der Polemik – verbreiten notwendigerweise eine Kälte, die viele Menschen verschreckt oder empört. Seien wir froh, daß wir diesen scharfzüngigen Wissenschaftlerschreck haben, diesen Sprühbold und Eulenspiegelfechter, der seine Säue vor die Glasperlenspieler wirft und sich den Teufel darum schert, ob dadurch die Benimmregeln oder die Methodenregeln oder beide zusammen verletzt werden. Nur bleibt die Frage, inwieweit der Gestus des Sichnichtunterkriegenlassens die Diskussion vorstrukturiert.

Wenn man Feyerabend in seinen Seminaren gesehen hat, erhärtet sich die Vermutung, daß Kritik hin und wieder mit dem Staubtuch des Rechthabenwollens vom Tisch gewischt wird (im folgenden wiederhole ich, wie ich ehrlicherweise eingestehen muß, einige Abschnitte aus meinem philosophischen Essayband *Anleitung zur Ketzerei* – ich ergreife die Gelegenheit, um notwendige Änderungen und Ergänzungen anzubringen). Die charmante Schlagfertigkeit des größten philosophischen Alleinunterhalters der Gegenwart läßt nicht immer zu, daß alle Diskussionsbeiträge genau verstanden und beantwortet werden. Daß rhetorische Raffinesse nützlich sein kann, hat Feyerabend am Fall Galilei dargestellt; wenn aber rednerische Siege eine intellektuelle Hackordnung herstellen, ohne die Erkenntnis der Sache voranzutreiben, sind sie substanzloser Glanz. Das ist schade für eine gedankenreiche Theorie, die eine unerläßliche Durchgangsstufe des heutigen Denkens ist. Die eloquente Abblockungsstrategie verstärkt die ohnehin verbreitete Konsumentenhaltung, die Feyerabend »erleben« will, anstatt zugleich die Grundlage seiner lustigen Darbietungen zu untersuchen.

Eine solche Auseinandersetzung ist möglich, wenn man seine Bücher genau liest. Zwar verwahrt sich Feyerabend dagegen, daß man ihn an seinen Veröffentlichungen mißt. Es ist jedoch festzustellen, daß die Mehrzahl seiner Seminar- und Vortragsthesen schon in gedruckter Form vorliegt. *Wider den Methodenzwang* ist die beste von allen seinen Schriften. Hier ist ein éléphant terrible am Werk, der den kleinkrämerischen Porzellanladen der Wissenschaftstheoretiker gezielt zu Bruch schlägt. Die Aufgabe der Wissenschaftstheorie – so könnte man höflich formulieren – besteht darin, der Wissenschaft so wenig wie möglich im Wege zu stehen. Feyerabend hält sich nicht mit Höflichkeiten auf: Er erklärt die Wissenschaftstheorie für völlig überflüssig, aber nicht kurzerhand und von außen betrachtet, sondern nach ausführlicher Demontage der ganzen Konstruktionen und nach detaillierten

Beweisen dafür, daß die Wissenschaft viel anarchischer, unvernünftiger und unmethodischer ist, als es sich die wissenschaftstheoretischen Beamtenseelen vorstellen. Die Abwerfung zwanghafter Methodologien ist – nach langen, fruchtlosen Arbeitstagen – der erholsame Feierabend des Szientismus. Diese ergötzlich vorgetragene Theorie, welche die alte Erkenntnis bestätigt, daß große Denker immer auch große Stilisten sind, entwischt weitgehend den Denkschemen des Positivismus. So wie das Beste am Christentum und am Marxismus ist, daß sie Ketzer hervorbringen, muß man der analytischen Theorie dafür dankbar sein, daß sie nach all den braven und langweiligen Denkbürokraten diese häretische Spätgeburt ans Tageslicht gebracht hat.

Bei Feyerabend droht die auf die Spitze getriebene Rationalität in Mythologie umzuschlagen. Ohne Umschweife will er auf eine Weltanschauung, eine Religion, einen neuen Mythos hinaus, obwohl man ihm zugute halten muß, daß er sich nicht so schrecklich ernst nimmt und daß er dieses Postulat selbst ironisiert (»Na ja, das ist ein bißchen geschwollen gesagt« – Paul Feyerabend im Gespräch[9]). Wenn Karl Kraus mit Recht fordert, man müsse alle Denkwege kennen, die ein Satz eröffnet, so ließe sich an Feyerabend die Frage richten, ob er sich in die Nachbarschaft von Klages, C. G. Jung und Alfred Rosenberg begeben möchte, die alle, wenn auch auf recht verschiedene Weise, an den Mythen des zwanzigsten Jahrhunderts strickten. Man findet bei ihm keine Abgrenzung von diesen Leuten oder von älteren Mythosdenkern wie Schelling, ebensowenig eine Erörterung der traditionellen Religions- und Mythoskritik. Der Einwand, daß die Attacken auf Religion und Mythos erst geschahen, als sich die alten Glaubensformen bereits auflösten, verfängt nicht, wenn man bedenkt, daß sich die Kritik, besonders bei Feuerbach und Freud, auch auf die ursprüngliche Phase richtet. Feyerabends Behauptung, der Streit zwischen Wissenschaft und Mythos sei unentschieden ausgegangen, erscheint unglaubwürdig, solange die Kritik an den Glaubenslehren nicht ausführlich referiert und untersucht wird. Und wenn Belege für die Errungenschaften des archaischen Denkens vorgelegt werden, so bleibt immer noch zu fragen, ob solche Gedanken nicht neben dem Mythos oder trotz des Mythos gebildet wurden. Die Gleichung »prähistorisches Denken = mythisches Denken« geht jedenfalls nicht so einfach auf, und der Mythos ist ein komplexes Gebilde, in dem mehrere Tendenzlinien stecken, eine liebenswerte zum Märchen, eine düstere zur Religion, eine diskutable zur Welterklärung und so fort. So zweifelhaft die frühere Abwertung des Mythos war (Gipfelpunkt: Adornos mythischer Mythosbegriff), so dubios wäre eine heutige pauschale Aufwertung.

Feyerabend hebt mit Recht hervor, daß sich die Wissenschaftsgläubigen meist mit Tabureaktionen den ganzen Zirkus der Unwissenschaftlichkeit (Mythos, Magie, Religion, Metaphysik, Parapsychologie, Astrologie, Hexerei etc.) vom Leibe halten und dessen Falschheit ohne nähere Untersuchung voraussetzen, anstatt den Konflikt zwischen wissenschaftlichem und außerwissenschaftlichem Denken stets aufs neue auszutragen. Insofern ist seine Kritik, die nicht nur die Diskrepanz zwischen Wissenschaft und Wissenschaftstheorie aufzeigen will, sondern auch den gesamten szientifischen Chauvinismus über Bord werfen will, eine kraftvolle, heilsame Provokation. Aber selbst wenn man zugäbe, daß die Überlegenheit der Wissenschaft gegenüber der Hexerei nicht schlüssig bewiesen ist, erhöbe sich die Frage, wodurch denn die Gleichrangigkeit der Hexerei bewiesen ist. Ebenso wäre zu fragen, ob die Überlegung, daß magische Regentänze früher vielleicht wirksam gewesen sein könnten, mehr als Mutmaßungen und negative Argumente ins Feld führen kann. Angesichts der hohnvollen Superioritätsgebärde der etablierten Wissenschaft ist es gewiß berechtigt, diese Dinge, die kaum einmal gründlich untersucht worden sind, neu anzupacken sowie Pro und Contra unvoreingenommen zu erwägen – aber was spricht eigentlich positiv für die Existenz von Hexen und für die Wirksamkeit der Regentänze? Feyerabends konkrete Negation des modernen Rationalismus ist mit einem Rekonstruktionsversuch des Irrationalen verknüpft, der meistens, bisher jedenfalls, in historischen Aufzählungen und abstrakten Affirmationen steckenbleibt.

In Feyerabends Rehabilitation der außerwissenschaftlichen Denkformen steckt die These, daß kein Gedanke so alt oder absurd sei, daß er nicht unser Wissen verbessern könnte. Die Erkenntnis, daß noch in den verrücktesten Äußerungen realitätshaltige Elemente enthalten sein können, stammt aus der Psychoanalyse; neu ist die Übertragung dieses Interpretationsansatzes auf die gesamte Denkgeschichte der Menschheit. Freud hat jedoch nie die Konsequenz gezogen, das rationale Denken abdanken zu lassen, zumal man ohne es die sinnvollen Bestandteile gar nicht erkennen kann.

Wenn die gewiß unumgängliche Wechselwirkung von wissenschaftlichem und außerwissenschaftlichem Denken den Primat der Rationalität verliert, der freilich nie diktatorisch werden darf, wird aus dem schöpferischen Chaos leicht eine unfruchtbare Konfusion. Wenn es etwa tatsächlich einen Zusammenhang zwischen Planetenkonstellationen und menschlichem Leben gäbe – wer anders als die Wissenschaft könnte herausfinden, ob die Astrologie zutreffende Aspekte enthält (und mit dem Abstraktum ›die Wissenschaft‹ meine ich nicht nur die akademische Sphäre, sondern jeden, der sich mit Wissenschaft beschäftigt, also auch den ärgsten Außenseiter, der wie Robert Koch einen Fund macht und sich dafür von einem wissenschaftlichen Kongreß auslachen lassen muß)? Die Einwirkung der Sonnenfleckenaktivität auf unseren Körper wurde ja schon festgestellt, durch Wissenschaftler und nicht durch Mystagogen. Die Forschung kann und soll sich von den sogenannten Grenzwissenschaften anregen lassen, aber wenn man den heutigen Astrologen das Feld überließe, bekäme man vermutlich eine bloße Folge von Behauptungen und Gegenbehauptungen.

Anstatt die Kritik der allzu reinen Wissenschaftsvernunft zum Lob der unreinen Vernunft zu erweitern, mündet Feyerabends Verwerfung des Rationalismus manchmal in Geschimpfe: »Wie Maden sitzen die Intellektuellen im Speck unserer Gesellschaft . . .«[10] Wenn man das als faschistoide Sprache kennzeichnet und auf Hitlers *Mein Kampf* verweist, wo sich ähnliche Sätze finden, kann man sich leicht ungehaltene Kommentare einhandeln: »Na und? Soll ich mir die Nase abschneiden, weil Herr Hitler auch eine Nase hatte?«[11] Nun geht es gewiß nicht um Herrn Hitlers Nase, sondern um Herrn Hitlers Kopf und die ihm entspringenden Gedanken, und man sollte darauf bedacht sein, daß man außer den physischen Grundmerkmalen, die wir mit allen Menschen gemein haben, keine weiteren Gemeinsamkeiten mit faschistischen Wortführern aufweist, zumal wenn man sich wie Feyerabend, der alles andere als ein faschistoider Denker ist, als radikaler Demokrat versteht.

»›Objektiv‹, das heißt unabhängig von Traditionen, gibt es keine Wahl zwischen einer humanitären Einstellung und dem Antisemitismus«[12], aber der Antisemitismus ist nicht nur eine moralische Haltung, sondern auch eine Ideologie, und auf ideellem Gebiet können seine Prinzipien sehr wohl widerlegt werden. Fast alle ideologischen Traditionen erheben einen Anspruch auf objektive Wahrheit, auch wenn sie den Begriff der Objektivität und der Wahrheit nicht immer ausbilden. Die These, daß kein Gedanke so absurd ist, daß er nicht unser Wissen verbessern könnte, erscheint überdreht, sobald man alle Möglichkeiten durchspielt, die sie eröffnet: der Rassismus bietet sich da als Beispiel an, das man – ohne einschnappende Abwehr – dagegen halten kann. Wenn Feyerabend sich über die ermüdenden Hinweise seiner Kritiker auf den Faschismus beklagt und meint, man lehne die Rassentheorie deshalb ab, weil man sich an der Wissenschaft orientiere, die diese Frage überhaupt nicht untersucht habe, so übersieht er, daß es nicht wenige Wissenschaftler gab, welche die Rassentheorie zu untermauern versuchten (noch in den 60er Jahren konnte man in manchen anthropologischen Lexika von der »Rassenseele« lesen), und daß eine Reihe anderer Wissenschaftler dagegen anging; gerade in Amerika hat die Negerfrage eine lange Debatte über angeborene rassische Intelligenzunterschiede hervorgerufen, und es sieht nicht so aus, als erweise sich die Lehre von der Unterlegenheit der Neger als triftig und intelligent. Feyerabends Ausgangsthese ließe sich nur in modifizierter Form verteidigen: Kein Gedanke ist so alt oder absurd, daß er mit Tabureaktionen abgewiesen werden darf, und jeder Gedanke verdient eine intensive und unbefangene Überprüfung, damit gesehen werden kann, ob er unser Wissen verbessert.

Alle Einsprüche ändern nichts daran, daß seine Schrift *Wider den Methodenzwang* ein großartiges Buch ist, wie man es nur einmal oder zweimal im Leben schreibt; seine anderen Bücher enthalten überwiegend Vorstufen, Variationen, Erläuterungen, Apologien und Polemiken. Mit genialer Schroffheit wird dazu aufgefordert, über die Rolle der Wissenschaft nachzudenken und sie zu verändern, anstatt ihr mit gläubiger Vorbehaltlosigkeit zu folgen oder ihren Fortschritt mit allzu strengen Methodologien zu behindern. Wer aber soll die Wissenschaft als Institution in die Schranken weisen? Staat und Wissenschaft müßten nach Feyerabend getrennt sein; um diese Trennung zu bewerkstelligen, sollten der Staat, die Kirche, politische Parteien und Bürgerinitiativen zunächst eingreifen und den gewünschten Theorienpluralismus erzwingen. Kritikern, die hier einen Widerspruch bemerkten, hat Feyerabend unter anderem geantwortet, daß sich seine Forderungen auf verschiedene Zeitabschnitte bezögen. Aber glaubt er denn ernsthaft, daß der Staat, die Kirche und die Parteien, wenn sie einmal die Macht und die Gewohnheit haben, in die Wissenschaft hineinzuregieren, sich freiwillig zurückziehen, sobald alle Traditionen gleichberechtigt sind? Lehrt nicht die Geschichte des Staates und der Kirche, daß sie dazu neigen, fremde Traditionen zu unterdrücken, wo sie nur können? Haben wir nicht schon genug staatliche Eingriffe dergestalt, daß sich reaktionäre Kultusminister über die Beschlüsse wissenschaftlicher Gremien hinwegsetzen und Leute nach Parteibuch oder nach sonstigen obskuren Verdiensten mit Ämtern belehnen? Wozu dient der logische Salto, der Bürgerinitiativen, die sich ihrem Wesen gemäß außerhalb des staatlichen Bereichs bilden und organisieren, als Ausdrucksformen staatlicher Macht darstellt[13]? Und was soll der Schlachtruf »Bürgerinitiativen statt Philosophie«[14]? Schließlich gibt es auch Spießbürgerinitiativen, die ketzerische Theoretiker im Alltagsleben schikanieren, und als Zuflucht des Denkens besteht immer noch die Möglichkeit, eine Bürgerinitiative für Philosophie zu gründen – und sei's zum alleinigen Zweck, den Widersinn des Schlachtrufes zu demonstrieren.

Trotz alledem geht eine befreiende Wirkung von Feyerabends Schriften aus. Endlich einmal hat einer dank genauer Kenntnisse und immanenter Kritik, nicht durch bloße Abfertigung, den neueren szientistischen Schablonen den Garaus gemacht und zugleich, im Gegenbild, ein ideenreiches unakademisches Denken vorgelebt. Nicht ohne Berechtigung inszeniert er überdies den Untergang des theoretischen Abendlandes und konfrontiert die europäische Rationalität mit dem archaischen Denken. Soweit seine Theorie kritisch bleibt (und zwar kritisch nicht im Sinne des kritischen Rationalismus oder der Frankfurter Tradition), ist sie nahezu unübertrefflich. Sobald sie positiv zu werden droht, stülpt sie uns mit dem löblich klingenden Vorsatz, verdrängte Denkformen zu erneuern, verstaubte Ladenhüter als Kopfbedeckung über. So wie Castaneda von vielen nicht als ethnologischer Berichterstatter und Analysator gelesen wird, sondern dazu herhalten muß, all jenen eine Pseudolegitimation zu liefern, die nach einer Ersatzreligion zur Beweihräucherung ihres Drogenkonsums lechzen, könnte Feyerabend zum Guru der Gegenaufklärung gestempelt werden. Er mag solche Rollen nicht, aber es ist nicht ausgeschlossen, daß er zu dieser Stilisierung beiträgt.

Verhexung der Vernunft mit den Mitteln der Vernunft – das ist eine der Tendenzen, erfreulicherweise nicht die einzige, in Feyerabends Theorie. Der Hexenmeister hat uns noch keine Hexe persönlich vorstellen können, und wo man in unserer Gegenwart Hexen zu entdecken glaubte, handelte es sich um Fälle tiefster Unwissenheit und brutaler Barbarei. Auch die Dummen haben etwas gegen Rationalität. Eine so schlaue und kenntnisreiche Theorie wie die Paul Feyerabends hat die Zulieferung von Thesen an die Denkfaulen und den Umschlag von Rationalismuskritik in Mystizismus nicht nötig. Sie ist individualistisch im guten Sinn und hebt sich von der farblosen, gesichtslosen Teamworksorte ab, folgt jedoch einem kollektiven Trend: Sie gehört zur Bewegung gegen den lange vorherrschenden Empirismus, und sie schwimmt in einer Zeitströmung mit, die eine Modewelle durch eine andere Modewelle überspült; als überholt gilt nun der Rationalismus, zeitgemäß werden der Rückzug von der Wissenschaft und die Emigration in subkulturelle Schrumpftheorien.

Bei Feyerabend ist die Sache etwas zwielichtig. Einerseits kommt seine scharfsinnige Kritik der wissenschaftlichen Vernunft nicht ohne rationale Denkformen wie schlüssige Argumentation und kritische Analyse aus, er bekämpft den Rationalismus mit dessen eigenen Waffen und spielt das Spiel der Vernunft mit, um ihre Autorität zu untergraben. Andererseits stellt er die Ratio mit differenzierungsloser Barschheit als überlebte, weit überschätzte Götzin hin und sieht sie absterben. Damit scheint er im Pendelraum der szientistischen Denkbewegung zu bleiben; erst hat man Vernunft und Wissenschaft sehr hoch geschätzt, nun werden sie kraß heruntergestuft. Ob er aus diesem Pendelraum mal ganz herauskommt, ist die Frage. Auf jeden Fall ist er nicht einer von denen, die der Rationalität aus Mangel an Rationalität den Rücken kehren: »Sie können nicht umhin zu versichern, die Vernunft sei sehr sauer und im Grunde von geringem Werte. Dies mag vielleicht wahr sein, aber unglücklicherweise haben sie nicht mal so viel Vernunft, als dazu gehört, dies zu beweisen.«[15]

Feyerabends Intention ist die Anstiftung zur Heterodoxie. Er ist lieber ein staatlich anerkannter Wirrkopf, der den unlogischen Aufbau der Welt demonstriert und die herrschenden Lehrmeinungen erschüttert, als ein konformistischer Papierkrieger, der die Wirklichkeit in seinen Zettelkasten einsortiert, mit Zitaten die Welt erklären will und alles, was die jeweilige Methodenregel nicht ausdrücklich erlaubt, für verboten hält. Feyerabend trommelt auf dem Eselsfell der Dogmatik die Wissenschaft aus dem Schlaf. Er kümmert sich nicht um die theoretischen Parkplatzwächter, die allen Denkelementen ihren Platz zuweisen und zufrieden sind, wenn alles in Reih und Glied geordnet ist. Wenn er sein großes Maul auftut, dann hat er auch etwas zu sagen, und er versteckt sich nicht hinter einem hochgestochenen, leblosen Kauderwelsch, das nur der Ordnungsliebe und nicht dem Denken entspringt. Melden sich die Parkplatzwächter zu Worte, dann entfliehen dem Gehege ihrer Zähne meist Sätze von diesem Typ: »Was die Relevanz dieser Position betrifft, so habe ich gewissermaßen irgendwo im Hinterkopf das Bedürfnis, das vorliegende Problem dahingehend anzureißen, daß zuerst der quasi wichtigste Faktor anzusprechen ist.« Oder so: »Eine Theorie, welche die Entwicklung der Gegenwart und ihrer Bedingungszusammenhänge in Rechnung stellen will, muß über die bisherigen konzeptuellen Kategorien hinaus eine Problematik aufgreifen, die bisher kaum je ins Blickfeld rückte.« Nein, so redet und schreibt Paul Feyerabend nicht; sein phrasenloser Stil ist klar, ohne leer zu sein, einfach, ohne die Dinge zu versimpeln, lebendig, ohne überzuschäumen. Er schreibt, von einzelnen Grobschlächtigkeiten abgesehen, in der Tradition der Schriftsteller, die er schätzt: Lessing, Heine, Kraus.

Damit uns die Freude an dieser Sprache und diesem Denken noch lange erhalten bleibt, möchte ich mit einigen unerbetenen Ratschlägen schließen. Lieber Paul Feyerabend, verplempern Sie Ihre Zeit nicht damit, die Einwendungen Ihrer Leser zu zerschmettern und sie als Fußnotenopfer in Ihren Büchern aufzubahren. Werden Sie nicht zum Historiographen Ihrer selbst – die Herausgabe Ihrer früheren Aufsätze bietet zwar, wie Sie so schön schreiben, die Möglichkeit, von den Irrtümern der Jugend im Alter finanziell zu profitieren, aber es gibt Besseres zu tun. Vergraben Sie sich in Norditalien (nur nicht in Turin) oder sonstwo, machen Sie etwas Neues. Sie haben mal bei einer Plauderei gesagt: »Ich habe noch zwanzig Jahre, bis ich senil werde« – nutzen Sie diese Zeit. Im Fegefeuer der göttlichen Komödie steht geschrieben: »Segui il tuo corso, e lascia dir le genti!«

Anmerkungen

1 *Wider den Methodenzwang. Skizze einer anarchistischen Erkenntnistheorie (WM),* Frankfurt 1976, S. 261; *Erkenntnis für freie Menschen (EfM),* Veränderte Ausgabe, Frankfurt 1980, S. 22, 117, 162, 191.

2 *WM,* S. 264, 408; *Der wissenschaftstheoretische Realismus und die Autorität der Wissenschaften (WR),* Braunschweig 1978, S. 358; *EfM,* S. 15; *Das Märchen Wissenschaft (MW),* in: *Kursbuch* 53 (1978), S. 69.

3 *WM,* S. 12 f., 399 f.

4 *MW,* S. 47 f.

5 *EfM,* S. 56, 140 f.

6 *WR,* S. 24 ff.; *EfM,* S. 217, 226 ff.

7 *EfM,* S. 15; *WR,* S. 358; *MW,* S. 69; *Über die Methode,* in: *Unter dem Pflaster liegt der Strand,* hrsg. von H. P. Duerr, Bd. 3, Berlin 1976, S. 104.

8 *WM,* S. 187.

9 *Süddeutsche Zeitung* vom 23./24. 9. 1978.

10 *MW,* S. 65.

11 *EfM,* S. 105.

12 *EfM,* S. 68.

13 *EfM,* S. 211.

14 *EfM,* S. 23.

15 Heinrich Heine, *Sämtliche Schriften,* Band 3, München 1976, S. 298.

Anthony N. Perovich, Jr.
Inkommensurabilität – ihre Unterarten und ihre ontologischen Konsequenzen

Professor Feyerabends Ansichten zur Inkommensurabilität von Theorien sind vermutlich häufiger kritisiert als verstanden worden; daß es schwierig ist, ihn zu verstehen, liegt zum Teil daran, daß er seine Ansichten unterschiedlich dargelegt hat. Im folgenden werde ich daher eher seine unterschiedlichen Darstellungen untersuchen als vorgebliche Fälle von Inkommensurabilität überprüfen. Dabei soll versucht werden, die hauptsächlichen Gedankengänge zu klären und festzustellen, ob sie auf von einander abweichende Thesen schließen lassen. Ich werde aufzeigen, daß Feyerabends Schriften in Wirklichkeit zwei verschiedene Darstellungen der Inkommensurabilität enthalten. Wie auch immer er sie nun gerade darstellt – von Anbeginn sind für seine Position zwei Elemente von grundlegender Bedeutung gewesen: Begriffe in inkommensurablen Theorien sind weder synonym noch koreferentiell. Allerdings ist die Beziehung zwischen diesen beiden Elementen alles andere als klar, und meiner Ansicht nach kann sie nicht geklärt werden, bevor nicht die unterschiedlichen Arten, in denen Inkommensurabilität erläutert wird, untersucht worden sind. Sobald das geschehen ist, läßt sich erkennen, welche Beziehungen zwischen Bedeutung und Referenz Feyerabends Ansichten nahelegen; das wird dann möglich machen, einige, wie ich meine, falsche Auffassungen über die ontologischen Konsequenzen der Inkommensurabilität zu beseitigen. Die These von der Inkommensurabilität hat derartige Konsequenzen, aber sie sind anderer Art als jene, gegen die sich einige Kritiker wenden und die kürzlich Feyerabend persönlich verteidigt hat.

Man betrachtet den Kern der Inkommensurabilität häufig als eine These über die Bedeutung (wissenschaftlicher) Ausdrücke. Allerdings erkennt man da und dort, daß es auch um die erwähnte Behauptung geht, in inkommensurablen Theorien könnten keine koreferentiellen Ausdrücke vorkommen. Hilary Putnam beispielsweise unterbreitete kürzlich die folgende Rekonstruktion der Ansicht Feyerabends:[1] Ein wissenschaftlicher Ausdruck ist synonym mit einer Beschreibung, die auf bestimmten Gesetzen basiert, die in bezug auf den Referenten des Ausdrucks für notwendige Wahrheiten angesehen werden. Wenn der Beschreibung nichts entspricht, dann hat damit der Ausdruck keinen Referenten, und weil eine Veränderung der Beschreibung eine Bedeutungsänderung mit sich bringt, kann der Ausdruck in Theorien, in denen sich die korrespondierenden Beschreibungen unterscheiden, nicht denselben Sinn haben. »Im Allgemeinen, so Feyerabends Folgerung, kann solch ein Ausdruck weder einen gemeinsamen Referenten noch einen gemeinsamen Sinn in verschiedenen Theorien haben (die ›Inkommensurabilität von Theorien‹).«[2] Das ist ein Ergebnis, das Putnam für unannehmbar hält, und daher leugnet er natürlich, daß wissenschaftliche Ausdrücke mit Beschreibungen synonym sind.

Nach dieser Darstellung ist die Tatsache, daß ein Ausdruck als referentenlos angesehen wird, Folge einer bestimmten Ansicht über Bedeutung, nämlich daß Ausdrücke mit Beschreibungen synonym sind. Es gibt in Feyerabends Schriften einige Hinweise darauf, daß Bedeutungsveränderungen die Behauptung der Referentenlosigkeit begründen. Er erklärt beispielsweise, daß man sich zur Erklärung der Bedeutungen der hauptsächlichen deskriptiven Ausdrücke (wie etwa »Kraft«), die im »Trägheitsgesetz« (so seine Bezeichnung) der Impetustheorie vorkommen, auf Gesetze beziehen muß, die mit Newtons Theorie inkonsistent sind, und daß deshalb aus einer Newtonschen Perspektive ein Begriff wie der der Kraft in der Impetustheorie »Null-Denotation«[3] haben muß. Dies entspricht anscheinend der Darstellung Putnams, nach der eine Veränderung in bestimmten Gesetzen auf eine Änderung der Bedeutung der zugehörigen Ausdrücke hinausläuft, wobei diese Bedeutungsveränderung in der Behauptung der Referenzlosigkeit des Ausdrucks, wie er von der ursprünglichen Theorie verstanden wurde, resultiert.

Es gibt jedoch deutliche Hinweise dafür, daß Feyerabend seine Folgerung, daß ein Ausdruck referenzlos werde, nicht mit dem Bedeutungswechsel begründet, sondern damit, daß die Bedeutungen unserer Ausdrücke sich verändern, weil wir erkennen, daß sie referenzlos sind. Er schreibt:

> Immerhin entdecken wir oft, daß Sachen, deren Existenz wir angenommen hatten, in Wirklichkeit nicht existieren. Nach einer solchen Entdek-

kung müssen wir in unseren Beschreibungen der Wirklichkeit (Zumindest in den Wissenschaften wird angenommen, daß unsere Beschreibungen *existierende* Gegenstände, Vorgänge, Relationen usw. betreffen.) die Ausdrücke *eliminieren* und *ersetzen*, die diese Sachen bezeichnen, und dies kann natürlich zu einer Verletzung der Forderung nach Bedeutungsinvarianz *führen*.[4]

Hier plädiert Feyerabend dafür, daß ein Bedeutungswechsel Folge, nicht Ursache der Erkenntnis der Referenzlosigkeit eines Ausdrucks ist. Diese beiden Kennzeichen, Bedeutungsveränderung und Referenzlosigkeit, sind Aspekte der Inkommensurabilität, die wir verstehen müssen, bevor wir die richtige Relation der beiden Kennzeichen feststellen können. Deshalb wende ich mich einer Erörterung der Ansichten Feyerabends zu diesem Thema zu.

Feyerabend spricht auf dreierlei Weise von Inkommensurabilität, die ich mit den Attributen theoretisch, sprachlich und ontologisch unterscheiden will (wenn auch der dritte Aspekt über die Ontologie hinausgeht). Es könnten natürlich diese drei Aspekte einfach dieselbe Ansicht in unterschiedlicher Ausdrucksweise darstellen, aber nach meiner Auffassung wird sich zeigen, das die letztgenannte sich nicht unwichtig von den beiden ersten unterscheidet.

Die theoretische wie die sprachliche Darstellung fußen auf einer kontextuellen Bedeutungstheorie. Nach der theoretischen Fassung »tragen« die grundlegenden Prinzipien der Theorie zum Inhalt ihrer Begriffe »bei«,[5] so daß Begriffe theoretische Elemente »enthalten« und theoretische Annahmen »implizieren«.[6] Somit »beeinflußt« eine Veränderung des theoretischen Kontexts »tiefgehend« die Bedeutung[7], weil unterschiedliche Bedeutungen in dasselbe Wort »eingebracht werden«.[8]

Immerhin ist die Bedeutung jedes Ausdrucks, den wir verwenden, abhängig vom theoretischen Kontext, in dem er vorkommt. Ausdrücke »bedeuten« nicht etwas für sich; sie bekommen ihre Bedeutung, insofern sie Teil eines theoretischen Systems sind. Betrachten wir daher zwei Kontexte, deren grundlegende Prinzipien sich entweder widersprechen oder in bestimmten Bereichen zu inkonsistenten Schlußfolgerungen führen, können wir erwarten, daß einige Ausdrücke des ersten Kontextes im zweiten nicht oder nicht mit genau derselben Bedeutung auftreten.[9]

Ich beabsichtige nicht, jetzt die kontextuelle Theorie der Bedeutung zu bewerten; ich werde ohne weitere Kritik Feyerabends

Darstellung übernehmen, nach der Prinzipien zu der Bedeutung eines Ausdrucks »beitragen«. Jedoch ist es im Vorgriff auf spätere Bemerkungen über die Beziehung zwischen dieser Theorie der Bedeutung und der Doktrin der Inkommensurabilität wichtig, unterschiedliche Arten des Beitragens auseinanderzuhalten. Ich nenne den Beitrag eines Prinzips zu der Bedeutung eines Ausdrucks »distinktiv«, wenn er dazu dient, die Bedeutung dieses Ausdrucks von der Bedeutung anderer Ausdrücke in derselben Theorie zu unterscheiden. Putnam sagt beispielsweise, daß nach Feyerabend die Bohr-Rutherfordsche Beschreibung des Elektrons, die auf Gesetzen, darunter denen über ihre Ladung, Masse und Wirkungen, beruht, die Bedeutung von »Elektron« für diese Theorie ergibt;[10] solche Gesetze erbringen damit einen »distinktiven« Beitrag zur Bedeutung von »Elektron«, denn mit ihnen kann man sie von der Bedeutung anderer Ausdrücke, etwa »Kern«, unterscheiden. Ganz offensichtlich haben im selben Kontext unterschiedlich plazierte Ausdrücke unterschiedliche Bedeutungen; das ist zwar offenkundig, wird aber in Verbindung mit Feyerabends ontologischer Version der Inkommensurabilität einige wichtige und ziemlich überraschende Folgen haben, die ich weiter unten behandeln werde.

Die theoretische Darstellung der Inkommensurabilität beruht direkt auf folgender Theorie der Bedeutung: Eine Veränderung im theoretischen Kontext verändert die Bedeutung des Ausdrucks, der in diesem Kontext auftritt, und wenn die Veränderung »fundamental«[11] ist, dann verändern sich die Bedeutungen aller deskriptiven Ausdrücke der Theorie, und die sich aus dem veränderten Kontext ergebende neue Theorie wird inkommensurabel mit der alten. Somit »werden zwei Theorien inkommensurabel genannt, wenn die Bedeutungen ihrer hauptsächlichen deskriptiven Ausdrücke von wechselseitig inkonsistenten Prinzipien abhängen«[12].

Manchmal wird die These der Inkommensurabilität nicht theoretisch, sondern sprachlich gefaßt; nach Feyerabend können sogar nicht nur die Sprachen hochentwickelter Theorien, sondern auch natürliche Sprachen inkommensurabel sein.[13] Sprachen werden durch Mengen von Regeln konstituiert[14], und die grammatischen Regeln, die die Verwendung eines Ausdrucks bestimmen, tragen zu der Bedeutung des Ausdrucks bei.[15] Eine Veränderung dieser Regeln (zumindest derer, die Feyerabend »fundamentale Regeln«

nennt[16]) verändert die Bedeutung der durch sie bestimmten Ausdrücke; die sich dann ergebende Sprache wird mit der ersten inkommensurabel.[17] Hier findet sich eine zweite Darstellung der Inkommensurabilität, die der ersten ähnelt, aber auf »grammatischen« Veränderungen, nicht auf Veränderungen des theoretischen Kontexts fußt.

Es ist schwer zu sagen, ob Feyerabend sowohl »Theorien« mit »Sprachen« als auch »theoretische Axiome und Annahmen« mit »Grammatikregeln« gleichsetzen will. Eine derartige Gleichsetzung wird durch Textstellen nahegelegt, in denen die Rede ist von »den Regeln (Annahmen, Axiomen), die eine Sprache (in unserer Terminologie eine ›Theorie‹) konstituieren.«[18] Wird diese Gleichsetzung vorgenommen, dann werden die zwei Darstellungen, die ich unterschieden habe, zu einer einzigen, die in unterschiedlichen Idiomen ausgedrückt ist. Andererseits unterscheidet Feyerabend da und dort Theorien von den Sprachen, die sie ausdrücken[19], und das könnte darauf schließen lassen, daß wir es mit gegensätzlichen Darstellungen der Inkommensurabilität zu tun haben, zumal in Verbindung mit Aussagen, die anscheinend den Beitrag, den die »theoretischen Axiome« zur Bedeutung liefern, von dem der »Grammatikregeln« unterscheiden: »Die Bedeutung eines Ausdrucks ist sowohl von den Grammatikregeln, die auf ihn angewendet werden, abhängig, wie auch von den theoretischen Annahmen, in denen er wesentlich vorkommt. Das Gesamt dieser Regeln und Annahmen bildet eine Theorie oder ein Bezugssystem.«[20] Ich versuche nicht, diese verschiedenen Bermerkungen miteinander in Einklang zu bringen, obwohl vielleicht angemessene Unterscheidungen des verschiedenen Sinns der Ausdrücke erfolgversprechend wären. Ich lege im Nachstehenden zugrunde, daß Feyerabend die Unterscheidung zwischen Sprachen und Theorien, falls er sie überhaupt vornimmt, für folgenlos hält. Und trotz der eben zitierten Textstelle gibt es andere, denen zu entnehmen ist, daß Feyerabend die Verbindung von theoretischen Postulaten und grammatischen Regeln besonders eng sieht: »Der Sinn der ›Grundbegriffe‹ [hängt ab] *nur* von den Axiomen [der Theorie] (und *zugehörigen* Grammatikregeln) . . .«[21] Außerdem deutet er häufig an, daß der Unterschied zwischen theoretischen Axiomen und Regeln darin liegt, daß die letzteren nur implizit sind.[22] Gleichviel – es erscheint unwahrscheinlich, daß wir es hier mit zwei Versionen der Inkommensurabilität zu tun haben, deren eine auf Veränderungen im theoretischen Kontext (Annahmen, Axiome), deren andere auf Veränderungen im sprachlichen Kontext (Grammatikregeln) beruht, die als gewichtige unterschiedliche Bezugsrahmen verstanden werden. Mir erscheint es die vernünftigste Deutung der Ansichten Feyerabends zu sein, daß »theoretische« wie »sprachliche« Inkommensurabilität im Grunde die gleiche Doktrin, wenn auch in unterschiedlicher Weise, ausdrücken.

Den dritten Aspekt der Inkommensurabilität habe ich »ontologisch« genannt. Seit seinen frühen Schriften hat Feyerabend betont, daß der Übergang von einer Theorie zu einer anderen, mit ihr inkommensurablen, »einen *vollständigen Ersatz* der Ontologie« der ersten durch die der zweiten mit sich bringt.[23] Einigen seiner Kritiker[24] hat das Bestehen auf einem vollständigen Ersatz der Ontologie Rätsel aufgegeben, und wie wir zu Beginn sahen, schwankt Feyerabend anscheinend zwischen den Möglichkeiten, Veränderungen der Ontologie ergäben sich aus oder führten zu Veränderungen der Bedeutung. In *Wider den Methodenzwang* versucht er, wenn auch nicht sehr deutlich, die Situationen zu beschreiben, die zu einem solchen »vollständigen Ersatz« führen; dabei erklärt er die Inkommensurabilität auf eine dritte Weise.

> Wir haben eine Auffassung (Theorie, Bezugssystem, Welt, Darstellungsweise), deren Bestandteile (Begriffe, »Tatsachen«, Bilder) nach bestimmten Prinzipien aufgebaut sind. Die Prinzipien verursachen eine gewisse »Abgeschlossenheit«: es gibt Dinge, die nicht gesagt oder »entdeckt« werden können, ohne die Prinzipien zu verletzen (und das heißt *nicht:* ohne ihnen zu widersprechen). Sagt man derartige Dinge, entdeckt man sie, dann sind die Prinzipien außer Kraft gesetzt. Man nehme nun die Konstruktionsprinzipien, die jedem Bestandteil der Welt (der Theorie), jeder Tatsache (jedem Begriff) zugrundeliegen. Nennen wir sie *universelle Prinzipien* der betreffenden Welt (Theorie). Universelle Prinzipien außer Kraft setzen heißt alle Tatsachen und alle Begriffe außer Kraft setzen. Schließlich wollen wir eine Entdeckung oder eine Aussage oder eine Einstellung *inkommensurabel* mit der Welt (der Theorie, dem Bezugssystem) nennen, wenn sie einige ihrer universellen Prinzipien außer Kraft setzt.[25]

Beispiele für diese Prinzipien und diese Art Inkommensurabilität gibt Feyerabend in Kapitel 17 von *Wider den Methodenzwang*.

Es mag den Anschein haben, wir hätten es hier einfach mit einer weiteren Version derselben Darstellung der Inkommensurabilität, die wir gerade untersucht haben, zu tun: Statt von einer Sprache oder Theorie reden wir nun vorerst von einer »Welt«, statt »theoretische Annahmen und Axiome« und »Grammatikregeln« nennt Feyerabend jetzt »universelle Prinzipien« und statt schließlich den Grund der Inkommensurabilität in einer Veränderung dieser Annahmen Axiome oder Regeln zu sehen, findet er sich jetzt in der Aufhebung der Prinzipien. So weit scheint die Darstellung unverändert, nur die Ausdrucksweise hat gewechselt. Die Ähnlichkeit wird dadurch verstärkt, daß Feyerabend feststellt, universelle Prinzipien unterlägen Begriffen ebenso wie Tatsachen, und des weiteren »Prinzipien« mit »grammatischer Gewohnheit« gleichsetzt.[26] Theoretische, sprachliche und ontologische Veränderungen erscheinen lediglich als unterschiedliche Facetten eines einzigen Phänomens: Der kopernikanische »Standpunkt widerspricht einigen offensichtlichen Tatsachen und einleuchtenden und offenbar wohlbegründeten Grundsätzen, und er verträgt sich nicht mit der ›Grammatik‹ einer Alltagssprache.«[27] Jedoch läßt sich die Annahme einer Identität dieser Darstellung mit den vorangegangenen nicht aufrechterhalten; dies wird sofort offensichtlich, wenn wir diese neue Ansicht zu der kontextuellen Theorie der Bedeutung in Beziehung setzen, die in den vorangegangenen Versionen eine derart wichtige Rolle gespielt hat.

Eine offenkundige Schlußfolgerung aus der ontologischen Darstellung dient der Abgrenzung zur früheren theoretisch-sprachlichen und liegt vielleicht erstaunlich quer zu einigen der herrschenden Feyerabend-Interpretationen. Weil nach der zitierten Textstelle universelle Prinzipien *jedem* Bestandteil (Tatsache, Begriff) einer Welt (Theorie) zugrunde liegen, können sie nichts zu einem beliebigen Bestandteil beisteuern, was sie nicht zu jedem anderen beisteuern; das heißt, sie können keinen distinktiven Beitrag für einen beliebigen Bestandteil innerhalb der Theorie leisten, obwohl ihr Beitrag natürlich diese Bestandteile von denen einer anderen, inkommensurablen Theorie unterscheidbar machen kann. Es ist zu folgern, daß nur dann, wenn ein Prinzip *keinen* distinktiven Beitrag zu der Bedeutung eines bestimmten Ausdrucks leistet, eine Veränderung (oder eine »Aufhebung«) des Prinzips zu ontologischer Inkommensurabilität führen kann. Kants Kategorien bestimmen die allgemeinen Eigenschaften aller Gegenstände der Erfahrung, und in gleicher Weise arbeiten Feyerabends Prinzipien (und vermutlich sollen wir beide miteinander verbinden, denn sowohl Kategorien wie »universelle Prinzipien« bestimmen den »Begriff des Gegenstandes«[28]); aber gerade wie dieselbe Kategorie Substanz beispielsweise zur Konstitution eines Hauses wie einer Stubenfliege verwendet wird, so leisten anscheinend universelle Prinzipien einen Beitrag für alle Bestandteile gleichermaßen und damit für keinen einzigen einen distinktiven Beitrag.

Diese ontologische Darstellung unterscheidet sich ganz offensichtlich im Prinzip von der oben wiedergegebenen theoretisch-sprachlichen. Zwei Theorien können dieselben universellen Prinzipien haben, während dennoch für jeden wichtigeren deskriptiven Ausdruck theoretische Axiome vorstellbar sind, in denen der Ausdruck in einer der Theorien »wesentlich« vorkommt, die aber in der anderen nicht vorkommen, sondern durch andere Axiome ersetzt sind. Denn mit ein und derselben Menge universeller Prinzipien lassen sich viele unterschiedliche theoretische Axiome vereinbaren, die einen Beitrag zur Bedeutung der Ausdrücke in den Theorien, in denen sie vorkommen, leisten; dies muß so sein, wenn wir mit Feyerabend so verschiedene Denker wie Heraklit und Parmenides als Anhänger derselben »neuen« Kosmologie betrachten, die die ältere Kosmologie ihrer archaischen griechischen Vorgänger ersetzte.[29] Wenn dies zugebilligt wird, dann wird offensichtlich, daß Fälle auftreten können, in denen zwei Theorien ihre jeweiligen universellen Prinzipien nicht »aufheben«, deren hauptsächliche deskriptive Ausdrücke dennoch von verschiedener Bedeutung sind, insofern sie von »wechselseitig inkonsistenten Prinzipien« oder theoretischen Axiomen abhängen. In solch einem Fall wären die beiden Theorien inkommensurabel im sprachlichen, aber nicht im ontologischen Sinn. Will man die Behauptung vertreten, daß universelle Prinzipien einen (wenn auch nicht distinktiven) Beitrag zu den Bedeutungen der Ausdrücke leisten, wird natürlich die ontologische Inkommensurabilität die sprachliche mit sich bringen, aber die Umkehrung dieses Satzes gilt nicht. Somit ergibt sich, daß die kontextuelle Theorie der Bedeutung, die in der früheren Version wie auch in der Kritik an Feyerabend[30] so wichtig war, da sie erklärt, wie Ausdrücke ihre distinktive Bedeutung erhalten, in dieser dritten Version der Inkommensurabilität überhaupt nicht ins Spiel kommt.

Diese dritte, ontologische Darstellung unterscheidet sich damit in wichtiger Weise von den anderen (mit denen sie allerdings nicht inkompatibel ist), jedenfalls so, wie ich sie hier beschrieben habe und wie die anderen gewöhnlich verstanden werden. Es ließe sich aber behaupten, unsere Wiedergabe der theoretisch-sprachlichen Darstellung entspräche nicht Feyerabends Absichten, er beabsichtige vielmehr zu sagen, daß die einzige Art von Kontextveränderungen, aus denen Inkommensurabilität resultiert, Veränderungen jener Annahmen, Axiome oder Regeln sind, die als universelle Prinzipien aufzufassen sind. Sein Betonen, daß »Theorie« in einem weiten Sinne[31] zu verstehen ist, daß Inkommensurabilität umfassende Theorien erfordert[32]; sein nachdrückliches Bestehen auf »Kategorien«[33], »grundlegenden Gesetzen«[34], »grundlegenden Regeln«[35], »grundlegenden Prinzipien«[36] und »fundamentalen Regeln, Prinzipien und Gesetzen«[37] legen nahe, daß Feyerabend seine früheren Erörterungen der Inkommensurabilität nicht durch seine ontologische Darstellung ändern will. Ich bin der Ansicht, daß diese dritte Darstellung Ansichten Feyerabends expliziert, die in früheren Schriften vorzufinden sind; aber ich will hier etwas anderes vorschlagen, nämlich, daß die Diskussionen, aus denen sich die von mir so genannte theoretisch-sprachliche Inkommensurabilität ergibt, sich im Licht der ontologischen Version interpretieren lassen. Wenn das zutrifft, dann haben wir es wieder mit einer einzigen Darstellung der Inkommensurabilität zu tun, aber mit einer, die, wie schon oben bemerkt, sie ganz und gar nicht abhängig von einer kontextuellen Theorie der Bedeutung macht, jedenfalls nicht so, wie gemeinhin angenommen. Denn wenn diese Interpretation richtig ist, dann können keine Veränderungen von Gesetzen oder Regeln (wie sehr auch solche Kontextveränderungen die Bedeutung der Ausdrücke verändern) zu Inkommensurabilität führen, solange universelle Prinzipien nicht betroffen sind.

Solch eine Lesart brächte den Vorteil, Einwände wie den von Putnam, der eingangs erwähnt wurde, zu entschärfen. Er findet es unannehmbar, daß Ausdrücke aus unterschiedlichen Theorien keinen gemeinsamen Sinn und keine gemeinsame Referenz haben sollen, und führt dies auf die Behauptung zurück, Ausdrücke seien mit Beschreibungen synonym. Nach unserer Lesart würde aus keiner Darstellung der Inkommensurabilität notwendig folgen, daß Ausdrücke mit Beschreibungen synonym sind. Selbst wenn man zugesteht, daß grundlegende Regeln und Gesetze zur Bedeutung der Ausdrücke beitragen, ist doch kein Ausdruck für irgendeine bestimmte Art Gegenstand synonym mit einer

Beschreibung, die auf einer solchen Regel beruht, denn insoweit wir diese Regel als ein universelles Prinzip ansehen können, ist ihr Beitrag zu der Bedeutung eines *jeden* Ausdrucks der Theorie mit Referenz der gleiche. Die Plausibilität der Kritik Putnams ergibt sich aus Veränderungen in einer Beschreibung, von der angenommen wird, sie definiere einen bestimmten Ausdruck, sie trage »distinktiv« zu seiner Bedeutung bei. (»Wenn die theoretische Beschreibung eines Elektrons in zwei Theorien unterschiedlich ist, dann hat der Ausdruck ›Elektron‹ einen unterschiedlichen Sinn . . .«[38]) Wenn unsere Interpretation zutrifft, wäre die Antwort klar: Unterschiede in der theoretischen Beschreibung eines bestimmten Gegenstandes sind nicht notwendig ein Hinweis auf Unterschiede in universellen Prinzipien (Axiomen, Annahmen, Gesetzen), und ohne solche Unterschiede entsteht keine Inkommensurabilität von Theorien.

Damit ergibt sich für die gerade vorgeschlagene Interpretation Feyerabends eine gewisse Anziehungskraft und außerdem einige Evidenz. Sein Bezug auf »grundlegende Prinzipien« und ähnliches ist bereits vermerkt worden, und einige seiner Bemerkungen können dahin gedeutet werden, daß seine neuerliche Verwendung des Begriffs »universelles Prinzip« in der ontologischen Darstellung der Inkommensurabilität sich nicht von seiner Verwendung von »Prinzip« in seinen früheren Darstellungen unterscheidet.[39] Jedoch ist es keineswegs einfach, die theoretisch-sprachliche und die ontologische Inkommensurabilität als verschiedene Versionen derselben These aufzufassen, und nach meiner Ansicht ist der Versuch, sie so aufzufassen, ein wichtiger Grund für die Konfusion, der Versuche, Feyerabends Position zu verstehen und zu bewerten, unterliegen. Die Schwierigkeit, so wird sich zeigen, beruht auf Argumenten, auf die wir früher eingegangen sind: daß man beispielsweise »grundlegende Gesetze und Regeln«, deren Veränderungen früher für Inkommensurabilität verantwortlich gemacht wurden[40], nicht mit »universellen Prinzipien« gleichsetzen darf. Und dies nicht allein deshalb, weil der Unterschied zwischen universellen und anderen Prinzipien absolut und die Unterscheidbarkeit präzise ist (universelle Prinzipien liegen *allen* Tatsachen und Begriffen einer Theorie zugrunde), während der Unterschied zwischen grundlegenden und anderen Regeln relativ und die Unterscheidbarkeit ungenau ist (eine Regel ist in stärkerem Maße grundlegend als eine andere, wenn sie Voraussetzung für mehr Regeln als die andere ist); wir können sie schon deshalb nicht gleichsetzen, weil grundlegende Prinzipien eine Beziehung zur Bedeutung haben, die universelle Prinzipien nicht haben.

Auf die Aufforderung hin, zwischen Veränderungen der Auffassung und Veränderungen der Bedeutung (besser, zwischen den Veränderungen der Auffassung, aus denen sich eine Veränderung der Bedeutung ergibt, und denen, aus denen sich keine ergibt) zu unterscheiden, hat Feyerabend Bedeutungsveränderungen auf Veränderungen grundlegender Gesetze zurückgeführt: Veränderungen, die keine grundlegenden Gesetze verändern, berühren nur die Auffassung, nicht die Bedeutung. Andererseits berühren Veränderungen grundlegender Gesetze die Bedeutung und erzeugen, wie gesagt, Inkommensurabilität. Da theoretische Ausdrücke anscheinend ihre *gesamte* Bedeutung aus den theoretischen Gesetzen und Grammatikregeln der Theorie, in der sie auftreten, beziehen[41], muß ihre gesamte Bedeutung auf grundlegenden Gesetzen und Regeln basieren (weil keine anderen Gesetze oder Regeln die Bedeutung berühren). Wären aber grundlegende Gesetze und Regeln identisch mit universellen Prinzipien und leisteten diese, wie oben ausgeführt, keinen Beitrag zur Bedeutung eines Ausdrucks, der ihn von einem beliebigen anderen der Theorie unterschiede, dann hätte jeder Ausdruck in einer Theorie dieselbe Bedeutung, und das ist absurd: Folglich kann man nicht beides gleichsetzen. Die Bedeutung von Ausdrücken kann nach Feyerabend beispielsweise abhängen von »gerade gängigen Ansichten über kognitive Prozesse, dem Medium, in dem die Tests stattfinden (zum Beispiel die Atmosphäre der Erde), der Bewegung und den Eigenschaften des Beobachtungsplatzes (zum Beispiel der Erde) und vielen anderen zusätzlichen Annahmen«.[42] Veränderungen dieser Annahmen betreffen eher die Bedeutung als die Auffassungen, aber diese Annahmen kann man anscheinend nicht zu universellen Prinzipien erklären, Prinzipien also, die an der Konstruktion jedes Begriffs und jeder Tatsache einer Kosmologie mitwirken.[43] Feyerabend knüpft eine Verbindung zwischen Bedeutung und seinen »grundlegenden Prinzipien und Regeln«, die seine »universellen Prinzipien« nicht haben können. Da beide nicht identisch sind, ist nicht gesichert, daß Unterschiede der ersteren zu Unterschieden der letzteren führen; da ja jede Veränderung der Bedeutung auf eine Veränderung der grundlegenden Regeln zurückgeführt werden muß, besteht aller Grund für die Auffassung, daß viele Veränderungen der grundlegenden Regeln universelle Prinzipien unverändert lassen. Deshalb ist zu unterscheiden zwischen der Inkommensurabilität, die auf Unterschieden der Bedeutung von Ausdrücken beruht, die sich aus Veränderungen der grundlegenden Regeln ergeben haben, also der theoretisch-sprachlichen Inkommensurabilität, und der Inkommensurabilität der ontologischen Art.

Wegen der beschränkten Rolle, die universelle Prinzipien bei der Festlegung der Bedeutungen von Ausdrücken spielen, und ihrer zentralen Rolle in Feyerabends letzter Version der Inkommensurabilität, würde ich annehmen, daß er eher für eine dreifache Unterteilung der Auffassungsveränderungen plädiert als für eine zweifache, die nur zwischen den Veränderungen unterscheidet, die zu Bedeutungsveränderungen führen, und jenen, bei denen das nicht der Fall ist. Die dreifache Unterteilung unterscheidet (1) einfache Auffassungsänderungen, von denen weder Ausdrucksbedeutungen noch universelle Prinzipien betroffen sind, (2) Auffassungsänderungen, von denen Ausdrucksbedeutungen, aber nicht universelle Prinzipien betroffen sind, und (3) Änderungen, von denen Ausdrucksbedeutungen wie auch universelle Prinzipien betroffen sind. Feyerabends ontologische Darstellung beschränkt sich auf Änderungen der dritten Art. Zwar lassen viele seiner früheren Darstellungen auch dies offen, aber Feyerabend und einige seiner Kritiker verwischen oft den Unterschied zwischen (2) und (3) und behandeln Inkommensurabilität als Folge von beiden. Diese Version ist die theoretisch-sprachliche Darstellung, die, einmal unabhängig von ihren Vor- oder Nachteilen, auf jeden Fall von der ontologischen unterschieden werden muß. Mit dieser Unterscheidung vor Augen ist es einfacher, Feyerabends Ansichten über die Konsequenzen der Inkommensurabilität einzuschätzen.

Von diesen beiden Arten der Inkommensurabilität soll nun Feyerabends neuestes Argument gegen den Realismus betrachtet werden. Wie anfangs festgestellt, ergab sich aus der Lehre von der Inkommensurabilität immer die Behauptung, daß Ausdrücke in verschiedenen Theorien sich nicht auf denselben Gegenstand beziehen können. Kürzlich behauptete Feyerabend, daß die Annahme der Inkommensurabilität die Verwerfung des Realismus erfordere und damit die Ansicht, daß ». . . es in der Welt mehr Sachen gibt als Beobachtungen. Es gibt Organismen, Felder,

Kontinente, Elementarteilchen, Morde, Teufel und so fort. Die Wissenschaft . . . entdeckt schrittweise diese Dinge, bestimmt ihre Eigenschaften und ihre Beziehungen zueinander. Die Entdeckungen erfolgen ohne Veränderungen der entdeckten Gegenstände, Eigenschaften und Relationen.«[44] Um zu verdeutlichen, daß dies falsch ist, »brauchen wir nur darauf zu verweisen, wie oft die Welt sich wegen einer Änderung der grundlegenden Theorie veränderte«.[45] Dann heißt es:

> Denn wir können sicher nicht davon ausgehen, daß zwei inkommensurable Theorien es mit ein und demselben objektiven Stand der Dinge zu tun haben. (Um davon auszugehen, müßten wir annehmen, daß zumindest dieselbe objektive Situation *Referenz* beider wäre. Aber wie könnten wir davon ausgehen, daß dieselbe Situation Referenz »beider« wäre, wenn »beide« zusammen keinen Sinn machen? Anzumerken ist, daß Aussagen darüber, was Referenz und was keine Referenz hat, nur überprüft werden können, wenn die Referenzobjekte richtig beschrieben werden; dann aber haben wir es erneut und verstärkt mit dem Problem zu tun.) Wollen wir also nicht annehmen, daß sie von gar nichts handeln, dann müssen wir zugeben, daß sie von verschiedenen Welten handeln und daß der Wechsel (von einer Welt zur anderen) sich durch den Wechsel von einer Theorie zu einer anderen ergeben hat.[46]

Nach der theoretisch-sprachlichen Version der Inkommensurabilität bestimmen der theoretische und grammatische Kontext einer Theorie die Bedeutung der Ausdrücke in dieser Theorie. Zwei Theorien sind dann inkommensurabel, wenn die Annahmen, Axiome und Regeln, die die Theorien konstituieren, so weit divergieren, daß das Vorhandensein von Synonymen in beiden Theorien ausgeschlossen ist. Vermutlich ist der Grund dafür, daß die beiden Theorien zusammen keinen Sinn machen, der, daß kein Ausdruck in einer Theorie dasselbe bedeutet wie in einer anderen Theorie. So weit ist noch nichts über die Referenz der Ausdrücke in diesen Theorien gesagt, aber Feyerabend hält einige Folgerungen für offensichtlich, was nur möglich sein kann (nach dieser Version der Inkommensurabilität), weil er glaubt, es bestünde eine offensichtliche Verknüpfung zwischen Bedeutungsveränderung und Veränderung der Referenz, vielleicht ähnlich der Bemerkung Putnams, daß eine Beschreibung als synonym mit einem Ausdruck aufgefaßt wird: »Wenn wir entscheiden, daß nichts dieser genauen *Beschreibung* entspricht, dann müssen wir sagen, daß es ›so etwas‹ nicht gibt.«[47] Es gibt jedoch anscheinend nichts, das diesen

Gedankengang empfehlenswert macht; sobald einmal zwischen der Bedeutung und der Referenz eines Ausdrucks unterschieden wird, dann gibt es, wie die Kritik von Scheffler[48], Shapere[49] und Putnam[50] deutlich gemacht hat, keine offensichtliche Methode zu zeigen, daß Veränderungen der Bedeutung oder im theoretischen Kontext allein ausreichten, Referenzlosigkeit zu erzeugen. Jedenfalls finde ich es sehr schwierig, mir ein Prinzip vorzustellen, das plausibel ist und Behauptungen über eine Veränderung der Referenz allein mit dieser Version der Inkommensurabilität rechtfertigt.

Die ontologische Darstellung der Inkommensurabilität hat andererseits offensichtliche Folgen für die Referenz, wenn auch nicht, so meine Meinung, für den Realismus. Nach dieser Ansicht sind Theorien inkommensurabel, wenn sie unterschiedliche »universelle Prinzipien« verwenden, und darin muß der Grund liegen, warum (nach dieser Darstellung) die Theorien zusammen keinen Sinn ergeben; denn die Annahme einer Gruppe solcher Prinzipien sorgt, in Feyerabends Terminologie, dafür, daß die anderen »aufgehoben« werden. Diese Darstellung der Inkommensurabilität hat ganz offensichtlich Folgen für die Referenz von Ausdrükken, da universelle Prinzipien, so Feyerabend, die Regeln sind, nach denen einzelne Gegenstände »konstituiert« oder »aufgebaut« werden. (Natürlich könnten wir neugierig sein, Einzelheiten darüber zu erfahren, wie dieser Vorgang der Konstruktion aussieht und wie solche Prinzipien bei wissenschaftlicher Veränderung eine Rolle spielen.) Diese Folgen jedoch diskreditieren anscheinend den Realismus nicht, denn die so konstruierten Gegenstände sind nicht die »Dinge an sich« des Realisten, sondern eher die »phänomenalen Gegenstände«, die durch die Theorie konstituiert werden. »Denk daran«, so Feyerabend kürzlich, »wir sprechen jetzt über *Phänomene, nicht* über ›Realität‹.«[51] Aus der ontologischen Version der Inkommensurabilität ergeben sich in der Tat Folgerungen für das, worauf sich die Referenz der Ausdrücke einer Theorie bezieht, aber nur insofern, als die Referenzgegenstände als konstituierte Gegenstände gesehen werden und nicht als Teile eines »objektiven Stands der Dinge«. Aber aus dieser Darstellung der Inkommensurabilität ergeben sich keine Folgerungen für den Realismus und die Referenz unserer Ausdrücke auf die Gegenstände des Realisten. Daraus, daß zwei Theorien inkommensurabel sind, ergibt sich, daß ihre universellen

Prinzipien und mithin ihre »Phänomene« verschieden sind. Aber daß sich Ausdrücke in verschiedenen Theorien letztlich nicht auf dieselben Gegenstände (»Realität«) beziehen, folgt genausowenig daraus, daß sie sich unmittelbar auf verschiedene Gegenstände (»Phänomene«) beziehen, wie es nicht daraus folgt, daß ein mit von den unseren verschiedenen Formen der Auffassung versehenes Wesen sich anderer Phänomene bewußt ist, daß es nicht dieselben Dinge an sich sind, die ihm wie uns erscheinen – um die Parallele zu Kant auszuführen. Was die Inkommensurabilität aufweist, ist nicht die Notwendigkeit, die Vorstellung einer Referenz auf die Realität, die unabhängig von der Theorie ist, zurückzuweisen, sondern die Notwendigkeit einer Theorie der Referenz, die den Unterschied erfassen kann, den ich hier intuitiv mit »letztlich« und »unmittelbar« bezeichnet habe.[52]

Keine der Darstellungen der Inkommensurabilität, die sich bei Feyerabend finden lassen, kann uns nach meiner Meinung zwingen, den Realismus zurückzuweisen und die Behauptung aufzugeben, daß Ausdrücke in inkommensurablen Theorien dennoch eine gemeinsame Referenz haben. Dies ist jedoch kein Ergebnis, das für Feyerabend katastrophal wäre, ist er doch der Ansicht, daß unser einziger Zugang zur Welt über theoretische Voraussetzungen führt: »Die Welt ist uns schließlich nicht direkt gegeben, wir müssen sie mit Hilfe von Traditionen fangen.«[53] Diese notwendige Vermittlerrolle der »Phänomene« läßt genügend Platz für alle Charakteristika, die symptomatisch für Inkommensurabilität sind (das durch die Veränderung hervorgerufene Gefühl der Absurdität, das Unvermögen, genaue begriffliche Äquivalente in den Theorien zu finden, der Ersatz der [vorausgesetzten] Ontologie, usw.).

Die ontologische Version der Inkommensurabilität ist die sehr viel befriedigendere Darstellung der beiden, die sich bei Feyerabend finden lassen, und weiterer, erforderlicher Ausarbeitung wert. Weil diese Art der Inkommensurabilität erfordert, was Feyerabend das »Aufheben« universeller Prinzipien nennt, und weil solche Prinzipien keinen distinktiven Beitrag zur Bedeutung der Ausdrücke einer Theorie, in der sie vorkommen, leisten, ist diese Darstellung grundsätzlich unabhängig von einer kontextuellen Theorie der Bedeutung. Deshalb kann, wie wir sahen, einer Kritik wie der Putnams, die die Inkommensurabilität auf solch eine Ansicht zurückführt (der Ansicht, daß Ausdrücke synonym sind mit Beschreibungen, die auf dem theoretischen Kontext, in dem der Ausdruck vorkommt, beruhen), damit entgegnet werden, daß diese Version nicht davon abhängt, daß Ausdrücke mit irgendeiner Beschreibung synonym sind; nicht eine Veränderung der Gesetze, in denen der Ausdruck »wesentlich« vorkommt, führt zu Inkommensurabilität, sondern allein eine Veränderung, die die universellen Prinzipien betrifft. Gleichermaßen erfordert diese Darstellung nicht die Aufgabe des Realismus, aber sie hat ontologische Konsequenzen, die theoretische Annahmen betreffen (die uns nach dieser Darstellung allein einen Zugang zur Realität verschaffen). Zudem betrifft eine Kritik wie die Putnams diese Art Inkommensurabilität nicht, denn die Tatsache, daß nichts der Beschreibung eines Gegenstands entspricht, zeigt selbst vom Standpunkt der modifizierten Theorie nicht, daß »kein derartiger Gegenstand« existierte; bevor diese Darstellung einen Ersatz der Ontologie anerkennt, müssen universelle Prinzipien untergraben werden. Schließlich gewährt die ontologische Inkommensurabilität einen Einblick in die Beziehung zwischen Bedeutungsveränderung und Ontologie-Ersatz, womit unsere Erörterung begann. Es lassen sich zwar Textstellen zitieren, die so klingen, als beruhte das eine auf dem anderen, aber es ist vielleicht verkehrt, überhaupt von einer Abhängigkeit zu sprechen: Insoweit Bedeutungsveränderungen universelle Prinzipien nicht betreffen, gibt es keinen Grund zu glauben, Bedeutungsveränderungen führten zu einem Ersatz der Ontologie; aber insofern die universellen Prinzipien betroffen sind, können wir mit gutem Grund annehmen, daß solche Veränderungen eine Veränderung von Bedeutung und Ontologie mit sich bringen. Da diese Prinzipien jedem Begriff und Gegenstand der Theorie zugrunde liegen, können wir solche Entwicklungen kaum anders auffassen.[54]

Aus dem Amerikanischen von Horst Gundlach

Anmerkungen

1 Hilary Putnam, *Meaning and the Moral Sciences*, London 1978, S. 23.

2 Ebenda.

3 Paul Feyerabend, *Explanation, Reduction, and Empiricism*, in: Herbert Feigl / Grover Maxwell (Hrsg.) *Scientific Explanation, Space, and Time*, Minneapolis 1962, S. 74.

4 Paul Feyerabend, *Problems of Empiricism*, in: Robert G. Colodny (Hrsg.) *Beyond the Edge of Certainty: Essays in Contemporary Science and Philosophy*, Englewood Cliffs 1965, S. 170.

5 Paul Feyerabend, *Reply to Criticism*, in: Robert S. Cohen & Marx W. Wartofsky (Hrsg.) *Proceedings of the Boston Colloquium for the Philosophy Science* 2, New York 1965, S. 234.

6 Feyerabend, *Problems of Empiricism*, a.a.O. (s. Anm. 4), S. 162.

7 Ebenda, S. 170.

8 Feyerabend, *Explanation, Reduction, and Empiricism*, a.a.O. (s. Anm. 3), S. 57.

9 Feyerabend, *Problems of Empiricism*, a.a.O. (s. Anm. 4), S. 180.

10 Putnam, a.a.O. (s. Anm. 1), S. 23 f.

11 Feyerabend, *Reply to Criticism*, a.a.O. (s. Anm. 5), S. 231.

12 Feyerabend, *Problems of Empiricism*, a.a.O. (s. Anm. 4), S. 227, Anm. 19.

13 Paul Feyerabend, *Wider den Methodenzwang*, Frankfurt 1976, S. 345; vgl. Feyerabend, *Explanation, Reduction and Empiricism*, a.a.O. (s. Anm. 3), S. 76, S. 84.

14 Feyerabend, *Reply to Criticism*, a.a.O. (s. Anm. 5), S. 259, Anm. 27.

15 Feyerabend, *Problems of Empiricism*, a.a.O. (s. Anm. 4), S. 184.

16 Feyerabend, *Reply to Criticism*, a.a.O. (s. Anm. 5), S. 259, Anm. 27.

17 Ebenda, S. 231, S. 259, Anm. 27.

18 Ebenda. Diese Gleichsetzung erscheint ziemlich merkwürdig; die Negation beispielsweise der Proposition einer Sprache ist eine Proposition dieser Sprache, während die Negation eines theoretischen Axioms nicht ein Axiom dieser Theorie ist.

19 Feyerabend, *Explanation, Reduction, and Empiricism*, a.a.O. (s. Anm. 3), S. 56; *Wider den Methodenzwang*, a.a.O. (s. Anm. 13), S. 351.

20 Feyerabend, *Problems of Empiricism*, a.a.O. (s. Anm. 4), S. 184.

21 Feyerabend, *Wider den Methodenzwang*, a.a.O. (s. Anm. 13), S. 377.

22 Feyerabend, *Problems of Empiricism*, a.a.O. (s. Anm. 4), S. 150, S. 184 f.; Paul Feyerabend, *Realism and Instrumentalism: Comments on the Logic of Factual Support*, in: Mario Bunge (Hrsg.), *The Critical Approach to Science and Philosophy*, New York 1964, S. 304.

23 Vgl. z. B. Feyerabend, *Explanation, Reduction, and Empiricism*, a.a.O. (s. Anm. 3), S. 29, S. 59.

24 Vgl. z. B. Dudley Shapere, *Meaning and Scientific Change*, in: Robert G. Colodny (Hrsg.) *Mind and Cosmos*, Pittsburgh 1966, S. 65.

25 Feyerabend, *Wider den Methodenzwang*, a.a.O. (s. Anm. 13), S. 368.

26 Ebenda, S. 369.

27 Ebenda, S. 228.

28 Vgl. ebenda, S. 361 f.; im ganzen Aufsatz nehme ich an, es stecke Sinnvolles in Feyerabends Behauptungen, daß bestimmte Theorien »einen Begriff eines Gegenstands« verkörpern und daß dies mit bestimmten universellen »Konstruktionsprinzipien« verknüpft ist, wenn ich auch nicht versuche, diese Annahme zu rechtfertigen. Dafür will ich Feyerabends Darstellung im 17. Kapitel von *Wider den Methodenzwang*, a.a.O. (s. Anm. 13), genügen lassen.

29 Ebenda, S. 358. Vgl. Paul Feyerabend, *Against Method: Outline of an Anarchistic Theory of Knowledge*, in: Michael Radner/Stephen Winokur (Hrsg.), *Analysis of Theories and Methods of Physics and Psychology*, Minneapolis 1970, S. 32: »Wissenschaft, Menschenverstand und selbst der verfeinerte gesunde Menschenver-

stand des kritischen Rationalismus verwenden bestimmte festgelegte Kategorien (›Subjekt‹, ›Objekt‹, ›Wirklichkeit‹) zusätzlich zu den vielen, sich verändernden Ansichten, die sie enthalten.«

30 Vgl. Putnams Behauptung, für Feyerabend dienten gewisse Gesetze, in denen ein Ausdruck auftritt, zur Definition des Referenten dieses Ausdrucks.

31 Feyerabend, *Problems of Empiricism*, a.a.O. (s. Anm. 4), S. 219, Anm. 3.

32 Feyerabend, *Against Method*, a.a.O. (s. Anm. 29), S. 82; vgl. *Wider den Methodenzwang*, a.a.O. (s. Anm. 13), S. 385: »... das Problem der Inkommensurabilität (entsteht) nur dann ..., wenn man die Veränderung *umfassender kosmologischer Auffassungen* analysiert«.

33 S. Feyerabend, *Against Method*, a.a.O. (s. Anm. 29), S. 29; *Reply to Criticism*, a.a.O. (s. Anm. 5), S. 241.

34 Feyerabend, *Explanation, Reduction, and Empiricism*, a.a.O. (s. Anm. 3), S. 84.

35 Feyerabend, *Reply to Criticism*, a.a.O. (s. Anm. 5), S. 234.

36 Ebenda; Feyerabend, *Against Method*, a.a.O. (s. Anm. 29), S. 29.

37 Feyerabend, *Reply to Criticism*, a.a.O. (s. Anm. 5), S. 234, S. 259, Anm. 27.

38 Putnam, a.a.O. (s. Anm. 1), S. 23.

39 Vgl. Feyerabend, *Wider den Methodenzwang*, a.a.O. (s. Anm. 13), S. 370, Anm. 126; der Bezug richtet sich auf *Problems of Empiricism*, a.a.O. (s. Anm. 4), S. 227, Anm. 19.

40 Vgl. Feyerabend, *Reply to Criticism*, a.a.O. (s. Anm. 5), S. 231, S. 259, Anm. 27.

41 Feyerabend, *Wider den Methodenzwang*, a.a.O. (s. Anm. 13), S. 376 f.

42 Paul Feyerabend, *Problems of Empiricism*, Part II, in: Robert G. Colodny (Hrsg.), *The Nature and Function of Scientific Theories: Essays in Contemporary Science and Philosophy*, Pittsburgh 1970, S. 292 f.

43 Feyerabend muß natürlich zwischen universellen Prinzipien (die »konstruktiv« sind) und solchen Prinzipien unterscheiden, die lediglich für alles gelten, was von einer Theorie erfaßt wird.

44 Paul Feyerabend, *Science in a Free Society*, London 1978, S. 69.

45 Ebenda, S. 70.

46 Ebenda.

47 Putnam, a.a.O. (s. Anm. 1), S. 23.

48 Israel Scheffler, *Science and Subjectivity*, Indianapolis 1967, S. 62.

49 Vgl. Dudley Shapere, *Notes Towards a Post-Positivistic Interpretation of Science*, in: Peter Achinstein/Stephen F. Barker (Hrsg.), *The Legacy of Logical Positivism: Studies in the Philosophy of Science*, Baltimore 1969, S. 156 f.

50 Hilary Putnam, *Mind, Language and Reality* (*Philosophical Papers*, Bd. 2), Cambridge 1975, S. 281.

51 Paul Feyerabend, *Dialogue on Method*, in: Gerard Radnitzdy/Gunnar Andersson (Hrsg.), *The Structure and Development of Science*, Dordrecht 1979, S. 117.

52 Die Behauptung eines Ersatzes der Ontologie ist in der zweiten Version überzeugender als in der ersten, auch wenn wir uns – mit Feyerabends Worten – nur auf »Phänomene« beschränken und »Realität« ausschließen. Mit dem »Begriff eines Gegenstands« können Theoretiker anderer Auffassung sogar von ihren eigenen theoretischen Blickwinkeln ihre Unterschiede als Unterschiede der Auffassungen über denselben Gegenstand begreifen oder als Veränderungen der Bedeutungen unserer Ausdrücke, die trotzdem die Referenz auf denselben Gegenstand erhalten lassen. Dieser Ausweg entfällt, sobald der Begriff eines Gegenstandes sich verändert

hat, denn Phänomene, die auf unterschiedlichen Begriffen von einem Gegenstand beruhen, sind einfach unterschiedliche Phänomene.

53 Paul Feyerabend, *Erkenntnis für freie Menschen,* Frankfurt 1979, S. 70 f. »Traditionen« sind offensichtlich umfassender als »Theorien«. Diese Textstelle erscheint kaum konsistent mit Feyerabends Ablehnung des Realismus.

54 Mein Dank für hilfreiche Kommentare gilt Julius Sensat.

Noretta Koertge

Ideologie, Wissenschaft und eine freie Gesellschaft

I. Einleitung

Zur Zeit des Ausbruchs des Zweiten Weltkriegs formulierte Robert Merton vier Grundnormen wissenschaftlichen Vorgehens.[1] Nach der ersten dieser Normen, die er *Universalismus* nennt, sollen Eigenschaften wie Rasse, Nationalität, Geschlecht, Religion oder Klassenzugehörigkeit, die einem Forscher zugeschrieben werden, niemals in die Bewertung wissenschaftlicher Forschung eingehen. Wenige Wissenschaftler oder Philosophen würden dem, damals wie heute, widersprechen. Wer bedauert nicht die Hetze der Nazis gegen die »jüdische Physik« oder den Einwand der Stalinisten gegen Linus Paulings Resonanzmodell des Benzolmoleküls, es sei »bürgerlich«? Und haben Philosophen nicht schon vor langer Zeit die Schwächen von Ad-hominem-Argumenten gezeigt und auf die Gefahr der Verwechslung von Forschungs- und Rechtfertigungszusammenhang hingewiesen?

Dennoch sind viele dieser Intellektuellen äußerst mißtrauisch gegenüber den Sicherheitsbestimmungen für Atomkraftwerke, die Wissenschaftler der Atomenergiebehörde ausgearbeitet haben, und trauen den Untersuchungen über Unkrautvernichtungsmittel nicht, die von der chemischen Industrie finanziert werden. Und vielleicht ist niemand von den Sonnenstrahlen der Aufklärung, die vom Elfenbeinturm der Wissenschaft ausgehen, so geblendet, daß er es für bloßen Zufall hielte, wenn die Aussagen der wissenschaftlichen Experten vor Gericht fast immer für die Partei sprechen, die sie bezahlt. In solchen Situationen führen uns unsere hochherzigen philosophischen Ideale in die Irre. Alte Volksweisheiten sind hier bessere Führer: »Wer den Pfeifer bezahlt, darf auch die Melodie bestimmen« und »Der Wunsch ist der Vater des Gedankens.«

Wenige Wissenschaftsphilosophen empfinden diesen Gegensatz von Norm und Praxis als erkenntnistheoretischen Mißklang. Die orthodoxe Entgegnung der Verteidiger des wissenschaftlichen Rationalismus würde folgendermaßen lauten: Auch Wissenschaftler sind Menschen – und als *Menschen* können sie gekauft, beeinflußt und irregeführt werden. Aber nicht als *Wissenschaftler*. Wahre Wissenschaftler wenden, wie ihr Name schon sagt, die wissenschaftliche Methode an, und das einzige Anliegen dieser Methode ist es, die Wissenschaft unabhängig zu machen von den Launen, Bedürfnissen und anderen Charakterzügen derjenigen, die sie produzieren. Wenn sich in die alltägliche Praxis der Wissenschaft Ideologie einschleicht, so liegt das am Versagen einzelner Wissenschaftler, nicht aber an der Methode selbst.

Darüber hinaus, so mag die Argumentation weitergehen, sind alle obengenannten Beispiele in Wirklichkeit Fälle von angewandter Wissenschaft. Wenn wir die Wissenschaft für praktische Entscheidungen zu Rate ziehen, müssen objektive Erwägungen über den Grad des mit ihnen verbundenen Risikos durch Werturteile über die Höhe des Risikos ergänzt werden, das tragbar erscheint. Wenn diese Unterscheidung einmal klar getroffen ist, sollten sich Wissenschaftler, die für Ralph Naders Verbraucherschutzbewegung arbeiten, mit den in den Autokonzernen beschäftigten Wissenschaftlern über die genannten Erwägungen einigen können – auch wenn es nicht verwundern darf, wenn ihre jeweiligen Werturteile voneinander abweichen. Im Prinzip (und wenn wir genau sind, auch in der Praxis) ist das, was die Wissenschaft ausmacht, von den Persönlichkeiten und politischen Ansichten der Wissenschaftler unabhängig.

Niemand hat den wissenschaftlichen Rationalismus so systematisch und so hart kritisiert wie Paul Feyerabend. In *Wider den Methodenzwang* und in früheren Aufsätzen führte er aus, daß die Wissenschaftler den frommen Klischees, wie man sie in den Regelbüchern der Philosophen findet, nicht folgen sollten und daß sie dies auch gar nicht tun. Statt dessen werden Methoden erfunden, damit konkrete Problemkomplexe gemeistert werden können, und sie werden dann fallengelassen, wenn neue Situationen entstehen.

Also sind nicht nur die konkreten Aussagen der Wissenschaft fehlbar; auch ihre berühmte Methode ist nichts als ein Potpourri von Taktiken, angewandt von streitsüchtigen und einfallsreichen Opportunisten, die darauf versessen sind, intellektuelle Auseinandersetzungen mit allen Mitteln für sich zu entscheiden. Es gibt nichts, was man ein für allemal auf steinerne Tafeln schreiben könnte. Die Wissenschaft besitzt keine spezielle erkenntnistheoretische Autorität; sie verfügt außerdem nicht einmal über eine systematische Theologie! Daran knüpft Feyerabend in *Erkenntnis für freie Menschen* mit dem Argument an, daß dem wissenschaftlichen Rationalismus in einer Demokratie kein Ehrenplatz gegeben werden sollte, da er nur eine intellektuelle Tradition unter vielen ist. So, wie es bei uns keine Staatsreligion gibt, so sollte es auch keine staatlich lizensierte Wissenschaftstheorie geben.

An anderen Stellen habe ich zum Ausdruck gebracht, daß ich mit Feyerabends Beschreibung der Wissenschaft nicht einverstanden bin. Ich habe dort ausgeführt, daß man universale Prinzipien der wissenschaftlichen Methode bestimmen kann, die mehr enthalten als Bridgmans Anweisung »Gebrauche deinen Kopf und tu deine verdammte Schuldigkeit!« oder Feyerabends *Anything goes*. In diesem Aufsatz allerdings möchte ich Feyerabends Bemerkungen über Wissenschaft und Demokratie beipflichten. Ich will begründen, warum seine politischen Schlußfolgerungen für uns zwingend bleiben, auch wenn wir seinen erkenntnistheoretischen Anarchismus zurückweisen und uns an eine traditionellere Methode halten (ich will mich auf Poppers Falsifikationismus konzentrieren, aber ähnliches gilt auch für einen subjektiven oder objektiven Bayesianismus).

Insbesondere will ich zeigen, wie die Poppersche Methodologie eine Wissenschaft begründen kann, die von Ideologie durchdrungen ist. Diese Feststellung hat unmittelbar zur Folge, daß die traditionelle Arbeitsteilung in der Bewertung von Technologien nicht länger aufrechterhalten werden kann, in der die wissenschaftlichen Experten für die Tatsachen sorgen und die Laien die Werte beisteuern.

Bevor ich anfange, noch drei Vorbehalte: 1) Alle meine folgenden Argumente setzen voraus, daß Wissenschaftler perfekte Popperianer werden könnten, wenn sie nur wollten. Die Argumentation hängt *nicht* von der Behauptung ab, die Poppersche Methodologie sei utopisch. 2) Ich möchte nicht unterstellen, Popper sei mit den Schlüssen, die ich aus seiner Philosophie ziehe, einverstanden. Im Gegenteil glaube ich, daß er entsetzt wäre! 3) Mit dem Versuch, einige von Feyerabends Ergebnissen auf Poppers Philosophie zurückzuführen, möchte ich in keiner Weise seine Verdienste schmälern. Feyerabend hat nicht nur diese Schlüsse als erster gezogen und in eindringlicher Weise dargestellt, sondern er hat auch ganz eigene Gründe für ihre Annahme geliefert.

II. Die eigentliche Rolle der Ideologie im Wissenschaftsverständnis Poppers

Der Begriff *Ideologie* hat im allgemeinen negative Konnotationen. Mannheim sagt: »... man hält sie für mehr oder minder bewußte Verhüllungen eines Tatbestands, dessen wahre Erkenntnis nicht im Interesse des [Sprechers] liegt«[2], und Bergmann definiert eine ideologische Aussage als »ein Werturteil, das als Aussage über Tatsachen verkleidet ist oder fälschlich für eine solche gehalten wird«[3].

Ich möchte den Begriff neutraler (so wie Mannheim an späterer Stelle in seinem Buch) zur Bezeichnung der vorwissenschaftlichen Glaubenssätze, Ideen und Theorien verwenden, die ein Forscher über die Natur des Menschen hat. Für mich ist Ideologie einfach die Metaphysik der Sozialwissenschaften – ein psychologisch-soziologisches Weltbild. Sie kann richtig oder falsch sein und den Interessen ihres Trägers dienen oder nicht. Obwohl meine Verwendung des Begriffs einigermaßen ungebräuchlich ist, halte ich es für gerechtfertigt, an ihr festzuhalten; wir werden nämlich gleich sehen, daß es oft um Ideologie in meinem Sinne geht, wenn Leute davon sprechen, sie wollten »die ideologischen Auffassungen« ihrer politischen Gegner »entlarven«.

Um der eigentlichen Rolle der Ideologie im Wissenschaftsverständnis Poppers auf die Spur zu kommen, brauchen wir nur den methodologischen Stellenwert zu betrachten, den er der Metaphysik und dem Hintergrundwissen zuschreibt (denn unsere vorwissenschaftlichen Erwartungen und Ahnungen haben sicherlich mit unseren persönlichen Lebenserfahrungen und mit allgemeinen Ansichten über die Natur sozialer Phänomene zu tun).

Im Kampf gegen die Positivisten hat Popper unerbittlich an der Bedeutung metaphysischer Ideen – wie des Atomismus in der Physik – festgehalten. Freilich hat er nie entsprechend zugunsten des Einflusses der Ideologie auf die Sozialwissenschaften argumentiert. Einer der Gründe dafür mag sein, daß Popper niemals wirklich angenommen hat, überzeugende und interessante Theorien könnten in den Sozialwissenschaften entdeckt werden. Man hat den Eindruck, daß für ihn Beinahe-Tautologien wie das Rationalitätsprinzip oder Trivialitäten wie der Schluß: Soldaten können ohne Nahrung nicht marschieren, hinreichend sind, um

Erklärungen in die Sozialwissenschaften wie in die Geschichte einzuführen. Vielleicht hatte er das Gefühl, solche Erklärungsprinzipien seien nicht kontrovers und relativ unabhängig von Metaphysik.

Ein weiterer Grund für Poppers Geringschätzung der Bedeutung von Metaphysik für die Sozialwissenschaften war möglicherweise auch, daß er selbst sich in der Kritik des »Historizismus« engagiert hatte, einer Sichtweise, die er für falsch und gefährlich hielt. Und wenn man gegen eine Sorte von Ideologie kämpft, ist es kaum eine gute Strategie, die mögliche heuristische Bedeutung ideologischer Ansichten zu betonen. Deshalb zog er es vor, von *methodologischem* statt von metaphysischem Individualismus zu sprechen. (In *Objective Knowledge* macht Popper freilich seine ontologischen Ansichten deutlich.)

Ich wende mich nun einer systematischen Darstellung der Rolle von Weltanschauungen und von Hintergrundwissen in Poppers Methodologie zu und führe dazu Beispiele aus kontroversen Gebieten der heutigen Sozialwissenschaften an.

1. Ideologie und die Auswahl von Problemen

Popper hat ausführlich erläutert, daß die Wissenschaft mit Problemen beginnt. Es ist klar, daß Ideologie die Auswahl wissenschaftlicher Probleme von außen beeinflussen kann. Ein Wissenschaftler auf den Spuren von Anita Bryant mag fragen: »Was sind die Ursachen für Homosexualität, und wie kann sie verhindert werden?«; selbstbewußte Homosexuelle werden sich dagegen mehr für die Frage interessieren: »Was sind die Ursachen für Homophobie, und wie kann sie verhindert werden?«

Auf der Grundlage von Poppers methodologischer Theorie können wir aber auch erwarten, daß es *interne* Einflüsse auf die Art der Fragestellung wissenschaftlicher Probleme gibt. Ein Wissenschaftssoziologe, der in einer traditionell-patriarchalischen Gesellschaft aufgewachsen ist, wird es als Anomalie empfinden, wenn gelegentlich eine Wissenschaftler*in* auf dem Gebiet der Theorie sehr erfolgreich ist. Er wird in seinen Erwartungen enttäuscht sein und fragen: »Wie haben es Emmy Noether oder Madame Lee nur geschafft, so gute theoretische Arbeit zu leisten?« Ich habe einmal das Argument gehört, es sei kein Zufall, wenn verhältnismäßig viele Frauen sich mit Röntgenkristallographie befaßten, da die dort verlangten Fähigkeiten (Geduld und manuelle Geschicklichkeit) denen im Nadelarbeiten vergleichbar seien.

Eine feministische Soziologin wird allerdings andere Phänomene erstaunlich und erklärungsbedürftig finden: »Wieso sind Frauen überall in untergeordneten Stellungen, obwohl sie doch mit den gleichen Fähigkeiten wie andere geboren sind? Wieso gibt es nicht mehr weibliche Wissenschaftler?«

Wissenschaftliche Probleme entstehen, wenn etwas unseren Erwartungen zuwiderläuft, wenn das, was wir für den Normalfall halten, genauere Erklärung verlangt, wenn es den Anschein hat, als ließen sich zwei zuvor getrennte Gebiete vereinigen, oder wenn eine gute wissenschaftliche Theorie mit unseren gewohnten metaphysischen Rahmenvorstellungen in Konflikt gerät. In jedem dieser Fälle sind die Hintergrunderfahrung und das Weltbild, das der Wissenschaftler (die Wissenschaftlerin) bevorzugt, an seiner (ihrer) Einschätzung dessen beteiligt, was problematisch ist und der Forschung bedarf.

2. *Ideologie und die Erfindung erklärender Hypothesen*

Niemand hat schärfer als Popper die positivistische Anschauung kritisiert, daß wissenschaftliche Theorien irgendwie induziert oder von Beobachtungen abstrahiert seien. Popper hat auch gegenüber dem »Mythos vom allgemeinen Rahmen« betont (und auch hier bin ich mit ihm einverstanden), daß wir aus dem Wahrnehmungsschema, das uns am nächsten liegt, sehr wohl ausbrechen *können*. Es ist jedoch wahrscheinlich, daß die ersten Vermutungen, die wir überprüfen, die Hypothesen, die uns am leichtesten einfallen, unsere eigene geistige Herkunft widerspiegeln werden.

Es ist daher kein Wunder, wenn Psychoanalytiker die Homosexuellen als Menschen ansehen, die zwanghaft narzißtische Kränkungen auf sich ziehen; wenn Psychologen (entsprechend ihrer Ausbildung) hier eine Entfremdung von der peer-group, ungewöhnliche, zu einer Überbetonung des Sexuellen führende Lebensläufe oder Identifikationen mit dem entgegengesetzten Geschlecht postulieren; wenn Physiologen nach Störungen im Hormonhaushalt Ausschau halten und wenn Soziobiologen vermuten, hier sei Inzucht oder die Anlage zu ausgeglichener Gemischterbigkeit im Spiel. Und was die homosexuellen Laien betrifft, so werden einige von ihnen das Gefühl haben, ihre sexuelle

Orientierung sei das Ergebnis einer freien und rationalen Entscheidung, während andere davon überzeugt sind, daß sie als Homosexuelle geboren sind. (Die Diskussionen über dieses Thema sind zwischen »Bewegungslesben« und »kessen Vätern alten Stils« besonders heftig.)

Der Leser dürfte unruhig werden – »Natürlich«, höre ich, »ist alles möglich, solange es um den Zusammenhang geht, in dem Entdeckungen stehen: Ideologie, Vorurteile, Provinzialismus, die Träume der letzten Nacht – alles dies mag die Hypothesen beeinflussen, die wir *vorschlagen*, aber am Ende ist es die Natur, die *entscheidet*. Wenn unsere auf Ideologie basierenden Vorstellungen falsch sind, werden strenge Experimente sie schnell ausmerzen.« – Wir werden sehen.

3. Ideologie und strenge Überprüfung

Das primäre Instrument der Kritik in den Wissenschaften ist nach Popper die falsifikationistische Überprüfung. Damit wenden wir uns gegen unsere Lieblingsannahmen und gehen bewußt darauf aus, ihre möglichen Schwächen festzustellen. Im Gegensatz zum naiven Induktionisten, für den das, was als eine Auswahl von Ereignissen gelten kann, unmittelbar zu beobachten ist, hat Popper allerdings betont, daß wir nur durch Hintergrundwissen – durch eine *Theorie* über das, was als eine relevante Auswahl gelten kann und was unwahrscheinliche Ereignisse sind – ausführlich und streng unsere Vermutungen überprüfen können. Kurz, Ideologie und die benennbaren Idiosynkrasien unserer Erfahrung können in die Versuchsanordnung eingehen.

Bis vor kurzem haben beispielsweise viele Psychologen – hierin der seinerzeit verbreiteten liberalen Tendenz folgend – als sicher angenommen, daß es keine signifikanten kognitiven oder emotionalen Unterschiede zwischen weiblichen und männlichen Neugeborenen gebe. Wenn sie Hypothesen über die kindliche Entwicklung prüften, verzeichneten sie daher oft nicht einmal das entsprechende Geschlecht, und viele Untersuchungen über junge Primaten basierten ausschließlich auf weiblichen Versuchstieren, weil sie sich leichter in Gefangenschaft aufziehen lassen.[4] Und obwohl Kohlberg seine Theorie der moralischen Entwicklung sorgfältig für eine Reihe von Kulturen überprüfte (z. B. Türkei, Taiwan, Yucatán), vernachlässigte er es anfangs, auch den Einfluß der Geschlechtsunterschiede zu kontrollieren.[5]

Ganz allgemein geht es hier um folgendes: Da es unmöglich ist, beim Arrangement von Experimenten alles miteinzubeziehen, *müssen* sich Wissenschaftler entscheiden, welche Faktoren wahrscheinlich von Bedeutung sein werden. Manchmal gibt es wissenschaftliche Hintergrundtheorien über das, was wahrscheinlich wichtig ist. So haben wir ziemlich gute Gründe für die Annahme, daß die Rasse eines Atomphysikers unerheblich für das Resultat eines Experiments an einem Zyklotron ist. In anderen Fällen müssen die Wissenschaftler einfach schätzen, welche Variablen einflußreich werden dürften. In diesen Fällen kann Ideologie ziemlich wichtig sein. Von wem kann eher angenommen werden, daß er die Rasse des Untersuchungsleiters als einen relevanten Faktor bei dem einschätzen wird, was aus einem »objektiven« Intelligenztest herauskommt, – von einem Angehörigen der weißen Oberschicht oder von einem Schwarzen, der persönlich Anfeindungen durch weiße Autoritätsfiguren erfahren hat?

4. *Ideologie und Beobachtungsprotokolle*

Es ist heute gut dokumentiert, daß die emotionale und kognitive Befindlichkeit eines Beobachters einen enormen Einfluß auf Beobachtungsprotokolle haben kann. Ich möchte nur zwei Beispiele von praktischer Bedeutung nennen: Unter Polizeibeamten ist es allgemein bekannt, daß die Opfer von Gewaltverbrechen die Täter im allgemeinen größer und stärker wahrnehmen, als sie wirklich sind. Neuere Untersuchungen von Kriminologen deuten darauf hin, daß die Rassenzugehörigkeit eines Augenzeugen bei der Einschätzung seiner Zuverlässigkeit eine Rolle spielt. Im allgemeinen sind Weiße weitgehend unfähig, Schwarze zu identifizieren, und weder enger Kontakt mit Schwarzen noch eine gewisse Vorurteilslosigkeit verbessern die Genauigkeit ihrer Beobachtungen.[6]

Im Unterschied zu Feyerabend möchte ich allerdings diese besondere Art des Eindringens von Ideologie nicht besonders hervorheben, und dies aus zwei Gründen: Zunächst glaube ich, daß an dieser Stelle das Prinzip der Wissenschaftlichkeit *am wenigsten* durch unsere individuellen Vorurteile verletzt wird – methodologische Verbesserungen wie die Anwendung von Placebos, *Double-blind*-Tests, neue Meßmethoden usw. sind alles Anstrengungen, die empirische »Basis« der Wissenschaften so intersubjektiv zu machen wie nur möglich. (Es ist bemerkenswert, daß viele philosophische Lieblingsbeispiele für subjektiv verzerrte Beobachtungen, wie die Experimente mit Spielkarten mit umgekehrten Farben, Fälle sind, in denen die beobachtende Person hastig entscheiden muß und ihre Ergebnisse nicht noch einmal überprüfen kann. Dies dürfte kaum die typische Situation in der Wissenschaft sein.)

Zweitens kann ein Beobachtungsprotokoll – nach Poppers Ausführungen – nicht zur Überprüfung einer Vermutung herangezogen werden, es sei denn, es handle sich um eine »Basis«-Aussage, d. h. eine Aussage, die unter *allen* betroffenen Parteien nicht kontrovers ist. Wenn also Politikwissenschaftler sich nicht auf eine neutralere Beschreibung einigen können, die die tendenziösen und gegensätzlichen Bezeichnungen »Eingeborenenaufstand« und »Befreiungskrieg« ersetzt, so sind sie diesbezüglich keine Wissenschaftler.

Freilich soll damit nicht geleugnet werden, daß auch allgemein anerkannte »Basis«-Aussagen falsch sein können und sicherlich oft der Fehler den Vorurteilen und Erwartungen des Beobachters entspricht, wenn fehlerhafte Beobachtungen angestellt werden. (Ein sehr einleuchtendes Beispiel bringt Gould in seiner Diskussion der Angaben, die im neunzehnten Jahrhundert über das Größenverhältnis von afrikanischen zu kaukasischen Schädeln gemacht wurden.[7])

5. Ideologie und das Duhemsche Problem

Duhem hat hervorgehoben, daß es im Falle einer falschen Voraussage oft nicht einfach ist zu entscheiden, ob die uns interessierende Vermutung oder eine Hilfshypothese fallen gelassen werden sollte. Im Idealfall wären die Hilfshypothesen nicht kontrovers und in hohem Maße durch unabhängige Überprüfungen gesichert. Wie die verschiedenen Reaktionen auf Galileis Unvermögen, die Parallaxe der Sterne zu beobachten, eindringlich illustrieren, können gutwillige Wissenschaftler allerdings zu unterschiedlichen Urteilen darüber gelangen, was als widerlegt zu gelten habe. Und immer, wenn die Tatsachen nicht völlig eindeutig in eine bestimmte Richtung deuten, können wir erwarten, daß Ideologie, mehr oder minder vage Ahnungen und die Wechselfälle der persönlichen Erfahrung eine bedeutende Rolle spielen.

Angesichts der hartnäckig auftauchenden rassenspezifischen Unterschiede in Intelligenztests suchen daher die Anhänger von Milieutheorien nach kulturell bedingten Verzerrungen in den Tests, nach unterschiedlichen Lernausgangsbedingungen, nach verschieden starken Motivationen für gutes Abschneiden im Test usw. Ich behaupte nicht, daß solche Bemühungen verfehlt seien. Ich möchte nur darauf hinweisen, daß die Milieutheoretiker über keine anderen Daten verfügen als Jensen. Sie vertrauen nur auf andere Lösungen des Duhemschen Problems. Solange ihre Einwände gegen eine allzu unmittelbare Interpretation unterschiedlicher Intelligenzquotienten überprüfbar sind, verhalten sie sich als perfekte Popperianer.

6. *Ideologie und die Modifikation widerlegter Hypothesen*

Wie Lakatos und seine Schüler so schön für die Naturwissenschaften belegt haben, stammen die neuen Vermutungen, durch die wir widerlegte Hypothesen ersetzen, oft aus demselben metaphysischen Forschungsprogramm.

In den Sozialwissenschaften finden wir eine ganz parallele Situation vor. Gibt es große kulturelle Unterschiede im menschlichen Aggressionsverhalten? Es spielt keine Rolle, ob man ein Anhänger der Entwicklungspsychologie ist: Die *Tendenz* zur Aggression ist universal und angeboren, und die Verhaltensformen, in denen sie sich ausdrückt oder sich zu entladen hat, hängen von der Kultur ab. Läßt sich auch schlüssig beweisen, daß das Verhalten erlernt ist? Das spielt keine Rolle, denn die *Fähigkeit*, es zu erlernen, ist ererbt. Wiederum haben weder Popper noch ich gegen einen solchen Austausch von Theorieansätzen etwas einzuwenden, solange ihr überprüfbarer Gehalt nicht vermindert wird. Ich halte nur fest, daß sie ihren ideologischen Beigeschmack beibehalten.

Fassen wir zusammen: Die Kampfmaschine des Falsifikationsprinzips eliminiert *in der Tat* absehbare Fehler – wenn wir gewissenhafte Popperianer sind, müssen wir Systeme mit widerlegten Prämissen modifizieren. Aber sie erzielt nicht immer dieselben Erfolge bei der Beseitigung ideologischer Verzerrungen. Wenn wir davon überzeugt sind, daß Masturbation oder Marihuana üble Folgen haben, können wir eine endlose Kette von überprüfbaren Vermutungen über mögliche gesundheitsschädigende Wirkungen anstellen. Natürlich könnten unsere ersten n Hypothesen widerlegt werden, aber es gibt immer noch eine $n + 1$ Hypothese zu diskutieren. Obwohl also Masturbation nicht Pickel, Unfruchtbarkeit, Debilität oder Nervosität verursacht, *könnte* sie zu homosexuellen Neigungen beitragen.[8] Marihuana mag nicht zu Marihuana-Wahnsinn oder zur Heroinsucht führen, aber vielleicht vermindert es unser Erinnerungsvermögen für sinnlose Silben.[9] Popper selbst hat seit der Zeit, als er erstmals sein »Unterscheidungskriterium« vorschlug, betont, daß metaphysische Standpunkte kritisiert, nicht aber widerlegt werden können.

7. Dialektischer Zusatz

Ich habe nun die verschiedenen Elemente der klassischen Popperschen Falsifikationsmethode angeführt und an jeder argumentativen Verzweigung die theoretischen Möglichkeiten für den Einfluß von Ideologie wie auch aktuelle Beispiele aus der wissenschaftlichen Praxis dafür aufgezeigt. Ich möchte allerdings nicht den Eindruck hinterlassen, die Poppersche Methode biete keinerlei Schutz vor dem Einfließen von Vorurteilen oder außerempirischen Elementen in die Wissenschaft. Ganz im Gegenteil!

Wenn man dafür eintritt, daß Wissenschaftler sich mit Problemen der *Erklärung* befassen sollten, mißt man unmittelbar auch Fragen wie »Haben Juden lange Nasen?« eine sehr untergeordnete Bedeutung bei; – nicht aufgrund moralischer Erwägungen (die wir vielleicht auch anstellen möchten), sondern einfach durch den Hinweis, daß derartige Untersuchungen von keinerlei theoretischer Bedeutung und nicht erklärungsträchtig sind.

Indem man von den Wissenschaftlern verlangt, daß ihre Annahmen in hohem Maße überprüfbar sein sollen, zwingt man sie dazu, ihre Vorurteile so präzise zu formulieren, daß sie widerlegt werden können. Nach Popper ist es nicht wissenschaftlich seriös zu vermuten, daß Schwarze minderwertig oder Homosexuelle in einem vagen und allgemeinen Sinne krank sind. Wiederum ist die Kritik methodologisch und nicht moralisch. Es *ist* erlaubt, präzise Vermutungen über spezifische Minderwertigkeiten oder Krankheiten anzustellen; überprüfbare Hypothesen aber, wie vorurteilsbeladen sie auch immer sein mögen, können empirisch widerlegt werden.

Das Prinzip der empirischen Widerlegbarkeit würde allerdings zur Farce, wenn Beobachtungen mit der zu überprüfenden Theorie selbst befrachtet würden. Ich habe deshalb oben vorgeschlagen, daß wir mit einiger Anstrengung zu Basisaussagen gelangen können, die wenigstens zu einem bestimmten Zeitpunkt unter wissenschaftlichen Gegnern nicht kontrovers sind. (Ein solcher Konsens garantiert natürlich nicht ihre Wahrheit.) Entsprechend können von kontroversen Positionen her unterschiedliche Hintergrundannahmen kritisiert werden, obgleich das, was als strenge Überprüfung gelten kann, von einer Theorie abhängig ist. Ich habe oben hervorgehoben, daß es manchmal eine Mehrzahl legitimer Antworten auf eine Duhemsche Problemsituation gibt. Dies ist allerdings nicht immer der Fall.[10]

Als Gegengewicht zu den oben angeführten Beispielen für den Einfluß von Ideologie möchte ich jetzt nur drei Fälle (auf die ich zufällig während der Niederschrift dieses Aufsatzes aufmerksam geworden bin) zitieren, in denen Wissenschaftler zu Beginn ihrer Untersuchung ideologisch eng an eine bestimmte These gebunden waren, aber aufgrund empirischer Nachforschungen schließlich ihre Meinung änderten.

(a) L. S. Hearnshaw, der Biograph von Sir Cyril Burt, begann sein Buch als einen Versuch, die Ehre seines Vorgängers am University College wiederherzustellen, dem vorgeworfen worden war, Teile seiner berühmten Zwillingsstudien frei erfunden zu haben. Auf dieser Grundlage erhielt Hearnshaw Zugang zu Burts Aufzeichnungen, und es war eine sehr peinliche Angelegenheit, als er später Burts Angehörigen mitteilen mußte, daß er anderer Meinung geworden war.[11]

(b) Herbert Terrace, der Lehrer von Nim Chimsky, begann seine Untersuchungen in der sicheren Überzeugung, daß Primaten in der Lage seien, Syntax zu lernen, wurde allmählich auf gravierende methodische Unstimmigkeiten in früheren Experimenten zum Sprachvermögen der Tiere aufmerksam und nimmt heute einen völlig entgegengesetzten Standpunkt ein.[12]

(c) Ernest Sternglass, der Kritiker der Kernenergie, begann seine Karriere bei der Kernenergieabteilung von Westinghouse in der Überzeugung, daß die Energie der schrecklichsten Waffe, die die Wissenschaft je entwickelt hat, auch unsere friedliche Existenz revolutionieren könne. Allmählich und gegen seinen inneren Widerstand führten ihn seine Studien über die biologischen

Auswirkungen von geringfügigen Strahlungen dazu, daß er »eine Wende um 180 Grad« vollzog, wie er berichtet.[13]

Obwohl metaphysische Positionen nicht empirisch falsifizierbar sind, können sie sich allmählich als wissenschaftlich unfruchtbar erweisen – dieses Phänomen beschreibt Lakatos als Degeneration eines Forschungsprogramms, dessen positive heuristische Möglichkeiten erschöpft sind.

Die Poppersche Methodologie sollte deshalb nicht als Rechtfertigung des radikalen Relativisten angesehen werden, für den die Wissenschaft bloß eine ideologische Scharade ist. Sie ist aber auch nicht sehr geeignet, einen frommen Positivisten zu trösten, für den eine ordentlich durchgeführte wissenschaftliche Untersuchung nicht nur zu Ergebnissen von hohem Wahrscheinlichkeitsgrad führen, sondern auch völlig unabhängig von unseren geistigen Ausgangspunkten sein soll.

Aber vielleicht sind andere methodologische Ansätze besser dazu geeignet, die Wissenschaft vor Ideologie abzuschirmen. Wir wollen uns einen kurzen Überblick über die wichtigsten konkurrierenden Theorieansätze verschaffen!

III. Sind andere Methodologien besser geeignet, den Einfluß von Ideologie zu beseitigen?

Welche Aussagen über die eigentliche Rolle von Ideologie enthalten andere methodologische Ansätze? Subjektive Bayesianer geben fröhlich zu, daß unsere Ahnungen und vorwissenschaftlichen Erfahrungen eine Rolle spielen bei der Konstitution der primären Wahrscheinlichkeiten, denen wir dann eine Vielfalt von Hypothesen zuordnen. Objektive Bayesianer wie Wesley Salmon würden versuchen, primäre Wahrscheinlichkeiten auf empirische Faktoren zu gründen, wie den historischen Erfolg von Hypothesen eines gegebenen Typs (z. B. nichtteleologische Hypothesen); sie würden aber auch zugeben, daß die früheren persönlichen Erfolge des Individuums, das die Vermutung aufgebracht hat oder sie vorzieht, berücksichtigt werden können![14] In Anbetracht einer so großzügigen Darstellung dessen, was für eine »objektivistische« primäre Einschätzung relevant sein könnte, habe ich kaum den Eindruck, daß die Bayesianer verbindlichere Kontrollen angeben als Popper.

Naive Induktionisten würden natürlich gerne alle außerempirischen Elemente ausschließen. Aber ihre Regeln sind entweder ungeeignet, dies zu bewerkstelligen (ihr Ruf nach einer Auswahl von Ereignissen gibt zum Beispiel keinen Sinn ohne eine Hintergrundtheorie darüber, welche Unterscheidungen für das entsprechende Problem relevant sind) – oder sie sind so restriktiv, daß der Versuch, sie anzuwenden, die Wissenschaft *ad absurdum* führen würde (die Regel, die »täuschende Hypothesen« ausschließen soll, würde, selbst wenn sie sich anwenden ließe, jede wissenschaftliche Untersuchung lähmen).

Ein raffinierter Induktionist könnte eine Position ähnlich der von Mannheim vertreten, der die Bewertung aller Denksysteme (das des Wissenssoziologen eingeschlossen) im *Verhältnis* zu ihrem historischen Kontext empfiehlt. Die Position, an die ich denke (obwohl sie vielleicht niemand genau auf diese Weise formuliert hat), würde folgendermaßen lauten: Wir können nie ohne Vorannahmen auskommen – hierin hat Popper recht und die Positivisten unrecht. Aber wir können uns unserer Annahmen bewußt sein und sie einklammern. Obwohl wir Ideologie nicht aus der Wissenschaft entfernen können, können wir sie also als solche kenntlich machen.

Niemand, nehme ich an, kann wirklich etwas gegen erkenntnistheoretische Analysen und gegen den Versuch einwenden, sich seiner selbst bewußt zu werden. Popper allerdings bezweifelt in seiner Kritik an dem, was er »Soziotherapie« nennt, ernsthaft die Effizienz solcher Methoden:

> Wie wenig erfolgreich die Wissenssoziologen bei der Anwendung der Soziotherapie, das heißt bei der Ausrottung ihrer eigenen Totalideologie waren, wird [in ihrem Verhältnis zu Hegel] besonders klar . . .
> . . . es besteht kein Zweifel, daß wir alle in unser System von Vorurteilen . . . verstrickt sind; daß wir alle vieles als evident hinnehmen und unkritisch akzeptieren, und dies sogar mit dem naiven und überheblichen Glauben, daß sich jede Kritik erübrige . . .[15]

Popper heftet seine Hoffnungen auf wissenschaftliche Objektivität nicht an ernsthafte Seelenerforschung, sondern an wissenschaftliche Institutionen und Traditionen, die intersubjektive Kritik begünstigen.

Obwohl es bereits Popper klar war, daß die Vertreter gegensätzlicher Standpunkte *psychologisch* besser in der Lage seien, die

Schwächen einer Position zu entdecken, war es doch Feyerabend, der – wie ich glaube – als erster ausdrücklich für einen Methodenpluralismus argumentierte.[16] (Seine Argumente wurden später von Lakatos in seine Theorie konkurrierender wissenschaftlicher Forschungsprogramme einbezogen.) Nach Feyerabends Ansicht ist die einzige effektive Kritik eines ideologischen Ansatzes Ausdruck einer anderen Ideologie – sie kann nur vom größeren empirischen Erfolg und von der größeren Erklärungsträchtigkeit einer konkurrierenden Weltsicht herrühren.

Das Resultat ist eine Auffassung von Wissenschaft nach dem Modell der freien Marktwirtschaft. Jedes ideologische Forschungsprogramm verfolgt eigennützige Interessen – die jeweiligen Vertreter werden so von der Überlegenheit ihrer Forschungs-»marke« überzeugt sein wie jeder echte Autohändler von der seinen. Deshalb sollte der Laie, der Konsument wissenschaftlicher Informationen, auf der Hut sein! Doch solange kosmologische Kartelle sich nicht entwickeln dürfen, werden die Konsumenten auf die Dauer die Nutznießer des unbarmherzigen ideologischen Wettbewerbs sein. Nicht nur, daß sie die »Freiheit der Wahl« haben, um Milton Friedmans berühmten Slogan aufzugreifen; darüber hinaus ermutigt ein freier Markt der Ideen auch die Konstruktion innovativer Hypothesen, und er stellt den Mechanismus dar, der dafür sorgt, daß nur die »tüchtigsten« überleben.

Feyerabend und auch Lakatos spielen die Bedeutung und Effizienz der Popperschen Falsifikationen herunter; aus diesem und einer Reihe anderer Gründe scheint mir weder die eine noch die andere methodologische Auffassung gänzlich annehmbar zu sein. Ich glaube allerdings, daß sie zu Recht die Bedeutung der Konkurrenz zwischen metaphysischen Grundannahmen betonen.

Ich schlage daher vor, daß die Poppersche Methode der Kritik durch empirische Überprüfung (und durch die Analyse der inneren Konsistenz) durch ein Instrument der Kritik ergänzt wird, nämlich durch die Konkurrenz mit Erklärungen, die sich aus alternativen metaphysischen oder ideologischen Rahmen herleiten. Wenn ich etwa Symons' kürzlich veröffentlichte soziobiologische Hypothese über den Ursprung der Geschlechtsunterschiede[17] bewerten will, werde ich sie drei verschiedenen Typen der Bewertung aussetzen:

a) Ist Symons' Darstellung in sich konsistent (diese Frage betrifft insbesondere die Vielzahl von Hilfsannahmen über die in Jäger-Sammler-Kulturen herrschenden Verhältnisse)?

b) In welchem Maße ist seine Darstellung überprüfbar und wie gut wurde sie überprüft? (Welchen Stellenwert haben die Angaben über die Promiskuität unter männlichen Homosexuellen wirklich? Welche Teile der Theorie werden durch die Hormonuntersuchungen nicht überprüft?)

c) Gibt es radikal unterschiedliche Hypothesen, die den Anspruch erheben, dieselben Phänomene zu erklären, und wie plausibel sind sie? (Hier würden Ausflüge in ziemlich unterschiedliche Forschungsprogramme nötig, wie in Marvin Harris' anthropologische Darstellung, derzufolge die männliche Überlegenheit auf die Kriegführung zurückzuführen ist, die wiederum eine *kulturelle* Antwort auf den reproduktiven und ökologischen Druck darstellt.[18]) Je schwieriger es wird, eine Theorie direkt der Überprüfung durch das Falsifikationsverfahren zu unterwerfen (entweder, weil die Theorie in sich ungenau ist, oder, weil die notwendigen Experimente schwierig auszuführen sind), desto wichtiger ist es, die betreffende Theorie mit radikalen Alternativen zu vergleichen.

Die Grundzüge dieses »erweiterten Popperianismus«, der Überprüfungen nach dem Falsifikationsverfahren mit dem pluralistischen Wettbewerb von Theorien kombiniert, habe ich nur grob skizziert, doch die Darstellung ist bereits detailliert genug, um einige Reformen in unseren wissenschaftlichen Institutionen nahezulegen.

IV. Soziale und politische Implikationen eines erweiterten Popperianismus

Nehmen wir an, es sei sicher, daß die Wissenschaften – und insbesondere die Sozialwissenschaften – notwendigerweise im Umfeld von Ideologien entstehen. In welcher Weise sollte dieser Umstand die Art und Weise, wie wir wissenschaftlich arbeiten und die Wissenschaft anwenden, beeinflussen?

Zunächst werden wir sicher gehenwollen, daß unsere wissenschaftlichen Institutionen den Wettbewerb von Ideologien nicht einengen. Praktisch bedeutet dies, daß die Schranken, die den

Zugang von Frauen und Angehörigen verschiedener Minderheiten zur Wissenschaft erschwert haben, beseitigt werden müssen. Es bedeutet, daß die Finanzierung der Forschung neu organisiert und erweitert werden muß, damit für heterodoxe Forschungsansätze wenigstens ein finanzieller Grundstock zur Verfügung steht. Es bedeutet auch, daß die Möglichkeiten der Veröffentlichung liberalisiert oder alternative Publikationswege eröffnet werden müssen.

Es soll aber nicht nur eine größere Vielfalt von Hypothesen zugelassen werden; wir werden außerdem auch dem Verbraucher, der die Wissenschaft für die Lösung praktischer oder politischer Probleme braucht, helfen wollen, rationale Entscheidungen zwischen konkurrierenden intellektuellen Produkten zu treffen. Dies bedeutet, daß in Fällen, in denen persönliche Eigenschaften von Wissenschaftlern (wie Rasse, politische Anschauung, Geschlecht und Zugehörigkeit zu wissenschaftlichen Schultraditionen) für eine Einschätzung ihrer Forschungen relevant sein könnten, Informationen über diese Eigenschaften bei der Veröffentlichung von Forschungsergebnissen mitgeliefert werden sollten (so, wie man gerne wissen möchte, ob eine Untersuchung über Lungenkrebs von Wissenschaftlern stammt, die für Lucky Strike arbeiten!).

Es besteht auch ein Bedürfnis nach so etwas wie wissenschaftlichen *Verbraucherinformationen* – nach einer finanziell unabhängigen und verhältnismäßig neutralen Gruppe von Wissenschaftlern, die kritische Überblicke und Zusammenfassungen über den Stand der Debatte auf kontroversen Gebieten veröffentlicht. Es dürfte schwer sein, eine solche Gruppe zu finden, da diejenigen, die hinreichend qualifiziert sind, um Forschungsberichte leicht verstehen zu können, oft auch Parteigänger bestimmter Theorieprogramme sind.[19]

Von der größten Bedeutung ist vielleicht, daß Wissenschaftler und Nicht-Wissenschaftler gleichermaßen zu einer differenzierteren Sicht des Wissenschaftsprozesses gelangen. Bei der Entwicklung und Bewertung von Technologien zum Beispiel sollten nach traditioneller Auffassung die Laien bei Werterwägungen und bei der Festsetzung der Ziele, die erreicht werden sollen, Einfluß nehmen, während jedoch das, was die Tatsachen und die besten Methoden, zum gewünschten Ergebnis zu kommen, betrifft, den wissenschaftlichen Fachleuten überlassen bleiben sollte. Wenn meine Analyse richtig ist, könnten allerdings die wissenschaftlichen Expertenaussagen bis zu einem gewissen Grad von den Wertvorstellungen der Wissenschaftler beeinflußt sein. In solchen Fällen ist eine einfache Arbeitsteilung bei der Differenzierung von Tatsachen und Werten nicht mehr möglich.

Ich möchte jedoch nicht den Eindruck erwecken, meine Folgerungen unterstützten die andere philosophische Extremposition, der zufolge die Unterscheidung von Werten und Tatsachen sinnlos ist und für die die Wissenschaftler gleichsam gemietete Revolvermänner oder gekaufte Zeugen sind, die alles aussagen werden, was ihre Kunden zufriedenstellt. Aus mehreren Gründen ist meine Auffassung mit einem schrankenlosen Relativismus unvereinbar.

Erstens: Indem wir am Prinzip der empirischen Falsifikation als einem effizienten Mittel der Kritik einzelner Theorien festhalten (obwohl auf diese Weise Forschungsprogramme nicht ausgeschlossen werden können), erhalten wir uns die Möglichkeit, die Wissenschaft von Formen eklatanter Pseudowissenschaft abzugrenzen, die sich nicht darum kümmert, ob ihre sogenannten »Tatsachen« Poppers Anforderungen an Basisaussagen genügen, und die keine ernsthaften Anstrengungen unternehmen, ihre Theorien entweder falsifizierbar zu gestalten oder zu falsifizieren.

Zweitens: Obwohl ich kein Verfahren angeben kann, wie Ideologie sich aus dem Prozeß der Wissenschaft entfernen läßt, habe ich doch eine Reihe von Möglichkeiten aufgezeigt, wie ihre schädlichen Effekte kontrolliert werden können. Wenn man das Glück hat, ein Ergebnis gefunden zu haben, das eine strenge Überprüfung seines Tatsachengehalts und rege Kritik aus anderen ideologischen Perspektiven übersteht, so hat man Grund zu der Annahme, das Forschungsergebnis komme der Wahrheit nahe.

Es gibt eine dritte, subtilere Weise, auf die in der Tradition der Wissenschaft der Einfluß von Ideologie minimiert wird; nämlich durch den hohen Stellenwert, den sie der Kritik und der Innovation einräumt.

Marvin Harris argumentiert zum Beispiel, daß die Feministinnen in ihrem Verdacht, männliche Ethnologen und Archäologen hätten die matriarchalischen Elemente in primitiven Gesellschaften vernachlässigt, nicht die Neigung des Ethnologen zum Exotischen berücksichtigten. »Weit davon entfernt, zum Übersehen von Institutionen zu neigen, die die Macht und Autorität der Männer beschränken, können die meisten Ethnographen durch nichts größere Anerkennung erwarten, als wenn sie Zeitschriftenartikel über ›postmaritale uxorilokale Wohnsitze‹ oder einen hübschen Fall von ›Matrilinearität in Verbindung mit Polyandrie‹ verfassen können.«[20] Nicht jeder wird mit Harris darin einig sein, daß das Anerkennungssystem in der Ethnologie[21] sich in dieser Weise auswirkt, und auf anderen Gebieten der Sozialwissenschaften, etwa in der Rattenpsychologie, ist man zweifellos konservativer. Ich möchte aber annehmen, daß auch gut verschanzte Ideologien ihre Macht verlieren, wenn eine Wissenschaft wirklich eine Prämie auf neue Ideen aussetzt. Wissenschaftler legen mehr Wert auf Erfolg als auf die korrekte politische Linie – letztlich verhält sich fast jeder ebenso!

V. Zusammenfassung

Wenn wir Poppers Methodentheorie (oder, was die Methode betrifft, auch einen Bayesianischen Ansatz) akzeptieren, müssen wir, so habe ich dargelegt, zugeben, daß Ideologie eine wichtige und facettenreiche Rolle in der Wissenschaft spielen kann. Aus diesem Grund sollten die Institutionen der reinen Wissenschaft so eingerichtet werden, daß sie sowohl einen Pluralismus von Ideologien begünstigen (so daß eine Vielfalt wissenschaftlicher Hypothesen aufgestellt und überprüft werden kann), als auch den Wettbewerb von Ideologien (damit die theorieinterne empirische Kritik durch die Kritik von anderen Denkrichtungen her ergänzt wird).

Eine weitere Konsequenz besteht darin, daß die Institutionen, die mit der Verbreitung wissenschaftlicher Erfahrungen bei Laien und Regierungsstellen befaßt sind, bemüht sein sollten, diejenigen, die Forschungsergebnisse anwenden möchten, nicht nur darüber zu informieren, in welchem Umfang eine gegebene wissenschaftliche Theorie empirisch überprüft worden ist (selbst dies wird heute oft vernachlässigt), sondern auch darüber, in welchem Umfang die Theorie dem Wettbewerb mit radikal anderen metaphysischen Forschungsprogrammen ausgesetzt worden ist.

Meine Darstellung hat atmosphärisch viel mit Feyerabends Ansichten gemein und wurde auch durch sie angeregt. Ich glaube allerdings, daß Feyerabend in folgenden Punkten anderer Meinung sein dürfte als ich:

1) Ich folge Popper in der Annahme, daß es »Basis«-Aussagen gibt, die zugegebenermaßen eine Theorie voraussetzen, sich aber entweder neutral gegenüber den Theorien verhalten, die gerade überprüft werden, oder aus anderen Gründen für alle Kontrahenten in einer wissenschaftlichen Auseinandersetzung annehmbar sind. Ich gebe zu, daß es oft schwierig ist – und Feyerabend hat dies drastisch gezeigt –, zu solchen nicht-kontroversen Ausgangspunkten zu gelangen; ich möchte aber daran festhalten, daß man zu ihnen gelangen kann und daß, solange dies nicht geschehen ist, der Gegenstand, um den es in der Diskussion geht, sich in Wahrheit in einem vorwissenschaftlichen Stadium befindet.

2) So, wie eine (tentative) Übereinstimmung über Daten möglich ist, so ist *letztendlich* auch Übereinstimmung über erklärende Theorien möglich. Darüber hinaus glaube ich, daß es *nicht* bloß ein Zeichen für intellektuellen Konservativismus oder Einfallslosigkeit (wie Feyerabend anscheinend glaubt) ist, wenn eine solche Übereinstimmung nach einem intensiven Wettbewerb unter Ideologien zustandekommt. Dies könnte vielmehr andeuten, daß wir einem richtigen Verständnis der Welt näherkommen.

3) Aus diesen Gründen glaube ich, daß die Ergebnisse wissenschaftlicher Forschung manchmal verbindlich sein *können*. Trotzdem empfehle ich, daß das Laienpublikum solche Forschungsergebnisse *nicht* automatisch als verbindlich anerkennen sollte, und dies aus zwei Gründen:

a) Manche Übereinstimmung kommt oft nur langsam zustande, insbesondere in wichtigen und kontroversen Fragen.

b) Was recht ist, muß nicht nur getan werden, sondern es muß auch *öffentlich* getan werden. Wie Feyerabend bin ich der Ansicht, daß in politischen Fragen die Laien das letzte Wort haben sollten; allerdings nicht, weil ich nicht an so etwas wie Expertentum glaube, sondern vielmehr, weil in einer Demokratie die letztendliche Entscheidung über alle Fragen beim Volke liegen muß.

Aus dem Amerikanischen von Edmund Jacoby

Anmerkungen

1 Vgl. seine Aufsätze *Science and the Social Order* (1938) und *Science and Democratic Social Structure* (1942), in: R. K. Merton, *Social Theory and Social Structure*, Glencoe [2]1957.

2 K. Mannheim, *Ideologie und Utopie*, Frankfurt am Main [4]1965, S. 53.

3 G. Bergmann, *Ideology* (1951), in: M. Brodbeck (Hrsg.), *Readings in the Philosophy of the Social Sciences*, New York 1968, S. 129.

4 Vgl. R. C. Friedman u. a. (Hrsg.), *Sex Differences in Behavior*, New York 1974.

5 Für die Diskussion und Kritik von Kohlbergs Bemühungen, die abweichenden Antworten kleiner Mädchen in seine Theorie zu integrieren, vgl. C. Gilligan, *In a Different Voice: Women's Conceptions of Self and Morality*, in: *Harvard Educational Review* 47 (1977), S. 481-517.

6 D. E. Bazelon, *Eyewitness News: A Review of E. F. Loftus, »Eyewitness Testimony« and A. D. Yarmey, »The Psychology of Eyewitness Testimony«*, in: *Psychology Today*, März 1980, S. 102.

7 S. J. Gould, *K. Morton's Ranking of Races by Cranial Capacity*, in: *Science* 200 (1978), S. 503-509.

8 Diese Hypothese wird diskutiert in dem Aufsatz von M. Ruse, *Are There Gay Genes?*, der demnächst in *The Journal of Homosexuality* erscheinen wird.

9 E. F. Loftus, *Alcohol, Marijuana, and Memory*, in: *Psychology Today*, März 1980, S. 42 ff.

10 Vgl. meine Diskussion von Falsifikation durch ein beeindruckendes Ereignis in: N. Koertge, *Theory Change in Science*, in: G. Pearce und Maynard (Hrsg.), *Conceptual Change*, Dordrecht 1973, S. 167-198, und meine Fallstudie zu Mendelejew in *Towards a New Theory of Scientific Inquiry*, in: G. Radnitzky und G. Andersson (Hrsg.), *Progress and Rationality in Science*, Dordrecht 1978, S. 253-278.

11 Vgl. das *Vorwort* zu L. S. Hearnshaw, *Cyril Burt, Psychologist*, Ithaca 1979.

12 Mitgeteilt in: J. L. Marx, *Ape-Language Controversy Flares Up*, in: *Science* 207 (1980), S. 1330-1333.

13 Vgl. E. Sternglass' demnächst erscheinendes Buch über energiearme Strahlungen.

14 Vgl. die Diskussion über »pragmatische Kriterien«, in W. C. Salmon, *The Foundations of Scientific Inference*, Pittsburgh 1966, S. 125 f., und W. C. Salmon, *Bayes' Theorem and the History of Science*, in: R. H. Stuewer (Hrsg.), *Historical and Philosophical Perspectives of Science*, Minneapolis 1970.

15 Vgl. K. R. Popper, *Falsche Propheten. Hegel, Marx und die Folgen (Die offene Gesellschaft, Bd. II)*, Bern 1958, S. 265 f.

16 Vgl. insb. P. K. Feyerabend, *Problems of Empiricism*, in: R. G. Colodny (Hrsg.), *Beyond the Edge of Certainty*, New Jersey 1965.

17 D. Symons, *The Evolution of Human Sexuality*, New York 1979.

18 M. Harris, *Cannibals and Kings. The Origins of Culture*, New York 1977.

19 W. E. Stumpf, *»Peer« Review*, in: *Science* 207 (1980), S. 822 f.

20 Symons, a.a.O. (s. Anm. 17), S. 58.

21 Für eine nützliche Analyse des Begriffs »männliche Wahrnehmungsverzerrung« und einen Überblick über ähnliche Verzerrungen vgl. K. Milton, *Male Bias in Anthropology*, in: *Man* (N. S.) 14 (1979), S. 40-54.

Karl-Heinz Brendgen
Anders sein, ohne deshalb in die Berge zu gehen[1] ... oder gehen zu müssen
Ist Feyerabend ein Anarchäologe?

> Zu brechen, um etwas anderes aufzubauen, und zugleich diesen Bruch ständig wieder zu vollziehen, um noch einen Fuß in dieser Gesellschaft zu behalten. *(Dany)*
> ... vielleicht foppt uns die Natur mit einer von Haus aus verkehrten Welt, die erst im Augenbild den Anschein des Geradestehens annimmt. *(A. Moszkowski)*

Man stelle sich folgende Geschichte vor: Ein mit ungeheuren Kräften ausgestatteter Baumeister baut sich einen Palast mit Hunderten von Sälen und Tausenden von Zimmern, mit unendlichen Hallen, Fluren und Galerien. Der Bau ist fertig, und nun denkt der Mann lange darüber nach, wie er die Innenräume für sich und die Seinen wohnlich und behaglich einrichten soll. Plötzlich verfällt er auf die Idee, die ganze Großartigkeit unmöbliert zu lassen, bis auf eine winzige Seitenkammer. Dort hinein pfercht er all seine Habe, alsdann versammelt er seine Angehörigen, quetscht sie ebenfalls in das Loch, so daß ihnen vor Enge die Rippen krachen, sich selbst dazu, und indem er die Tür von innen verschließt, lädt er die Leute ein, es sich bequem zu machen. Eine Stimme ruft ihm zu: Vater! Wir können uns nicht rühren! Wir ersticken! Der Baumeister erwidert: Ihr habt den Dingen gegenüber eine falsche Betrachtungsweise – es fehlt euch an vergeistigter Philosophie und höherer Wissenschaftlichkeit. Tatsächlich bewohnt ihr ja nicht nur diese Kammer, sondern den ganzen unermeßlichen Palast. Kein anderer Mieter kommt da hinein, der Palast bleibt leer, damit uns das angenehme Gefühl erhalten bleibt: *er gehört uns!* Und es bleibt uns unverwehrt, mit unseren Gedanken in all die Säle und Hallen hinauszufliegen, so daß sich unsere Körper doch wohl leicht auf die etwas beschränkten Verhältnisse einrichten können.[2]

Nehmen wir an, der Palast sei das gesamte unendliche Universum, die Welt, und die Kammer die Wissenschaft; dann würden die meisten Wissenschaftstheoretiker und vielleicht sogar viele Wissenschaftler auf die Frage, ob man sich mit den beschränkten Verhältnissen, wie sie in der Kammer herrschen, denn für alle Zeiten abzufinden habe, eine ähnliche Antwort geben wie der Baumeister seiner Familie: Es gibt zwar Dinge, die wissenschaftlich nicht erfaßbar sind, und Lebensbereiche, die außerhalb der Wissenschaft liegen. Dies ist schon schlimm genug und vorläufig wohl auch nicht zu ändern, so hört man. Aber diese Dinge und Bereiche gehen den Wissenschaftler nichts an – wer einmal in der Kammer ist, für den bleibt die Tür, die den Weg nach draußen freigeben könnte, verschlossen. Und das Schlimme ist: Die meisten Menschen, allen voran die Wissenschaftler selbst, geben sich mit dieser Antwort allzu schnell zufrieden, obwohl keiner so recht weiß, ob das Leben in der Kammer ursprünglich als Dauerzustand geplant war oder nicht. Wer nun aber Kritik, möglicherweise Kritik grundsätzlicher Art, an der Beschränktheit[3] des Weltbildes übt, das uns die Wissenschaften vermitteln, der läuft heute leicht Gefahr, daß man ihn nicht ernst nimmt, denn von den Vorzügen der Wissenschaften und denen ihrer Ergebnisse, so die verbreitete Auffassung, kann sich schließlich jeder leicht überzeugen. Wer aber in unserer Gesellschaft nicht mehr ernst genommen wird, der steht nicht nur mit einem Fuß, der steht schon bald mit beiden Füßen »draußen«, ist längst unterwegs »in die Berge«.

Nun sind die Probleme, die uns die Wissenschaften, insbesondere im Zuge der technisch-industriellen Verwertung ihrer Ergebnisse in den letzten Jahren beschert haben, alles andere als nur geringfügige Schönheitsfehler in einem ansonsten vortrefflichen Gesamtbild. Angefangen vom ersten Atombombenabwurf vor über dreißig Jahren über mittlerweile fast alltägliche Gift- und Atommüllprobleme und -skandale und durch Störfälle in Chemieanlagen und Atomkraftwerken hervorgerufene Katastrophen oder Beinahe-Katastrophen bis hin zum schleichenden Siechtum unserer Umwelt, verursacht durch ständige legale, halblegale oder illegale, überwiegend industrielle Schadstoffemissionen, zieht sich ein dicker roter Faden, diesen selbst und seinen Anfang, die Naturwissenschaften, als schon lange tickende Zeitbomben zu übersehen es schon arger Kurzsichtigkeit bedarf. Angesichts dieser in unserem Jahrhundert neu entstandenen Problemlage[4] muß man die Frage stellen dürfen, ob es irgendwelche Regeln gibt, die insbesondere von Wissenschaftlern ständig befolgt wurden und werden, so daß sie als unantastbar zu gelten haben und in Zukunft möglichst bei allem menschlichen Tun den Leitfaden abgeben sollten, wie vielfach behauptet wird.[5] Skeptiker pflegen solche Fragen um die möglicherweise banale Zusatzfrage zu erweitern, ob es überhaupt Verhältnisse gibt, in denen die Anwendung solch allgemeiner Regeln gerechtfertigt wäre. Das Banale und zugleich so Beunruhigende an den Fragen der Skeptiker ist ja, daß sie mit ihrer Hilfe sich und andere, also auch uns davon zu überzeugen versuchen, daß wir ständig mit Situationen rechnen müssen, in denen alles ganz anders ist, als wir es sonst gewohnt sind. Die Wegweiser, die unter *normalen* Umständen ihren Zweck erfüllen[6], lassen in solchen Situationen plötzlich Zweifel darüber aufkommen, auf welche Weise man ihnen folgen soll[7], ob sie sich noch an ihrem richtigen Platz befinden und in ihrer ursprünglichen Stellung. Was wäre denn, wenn wir heute tatsächlich gar nicht in normalen Verhältnissen leben, sondern in ähnlich *anomalen*, wie sie Wittgenstein in seiner grotesken »Alice-im-Wunderland-Theorie« der Sprache skizziert: Ständig verschwindende und wieder auftauchende Sessel (Wie steht es in einem solchen Fall mit der Anwendung des Begriffs »Sessel«?)[8] oder Käse, der beim Wiegen plötzlich seine Größe verändert, das heißt anwächst oder einschrumpft, und damit die Prozedur des Wiegens ad absurdum führt[9]? Absurditäten klären unser Bewußtsein für die Einsicht, daß wir täglich viel zuviel als *selbstverständlich* voraussetzen. Das gilt für unsere Sprache, von der wir annehmen, daß sie in jeder Situation gut funktioniert, und das gilt erst recht für die Antwort auf die wichtige Frage, ob es Regeln gibt, nach denen sich Wissenschaftler immer gerichtet haben, Regeln, die, universal angewandt, möglicherweise beständigen Erkenntnisfortschritt garantieren, wenn nicht gar Fortschritt überhaupt, eine Frage, die von vielen Wissenschaftstheoretikern mit einem als unbezweifelbar angesehenen »Ja« beantwortet wird. Was wäre aber, so lassen wir wieder den Skeptiker zu Wort kommen, wenn sich herausstellte, daß sich auch Wissenschaftler, daß wir alle uns viel häufiger so verhalten wie Menschen, die auf einer Wiese Ball spielen, und zwar so, daß sie verschiedene bestehende Spiele anfangen, manche nicht zu Ende spielen, dazwischen den Ball anscheinend planlos in die Höhe werfen, einander im Scherz mit dem Ball nachjagen usw.? Und nun sagt jemand: Die ganze Zeit hindurch spielen die Leute Ball und richten sich bei jedem Wurf nach bestimmten Regeln. Könnte es nicht sein, daß wir spielen und – »make up the rules as we go along«?[10]

Es scheint so, daß sich Rationalisten, selbst »kritische« Rationalisten, nicht mit dem Gedanken abfinden können, daß bis jetzt noch niemand auch nur eine Regel gefunden hat, die für alle Zeiten, überall und unter allen Umständen Geltung beanspruchen könnte. Selbst die lange Zeit als unverrückbar angesehenen Regeln der formalen Logik erfahren heute ständig Spezifizierungen, durch *anomale* Umstände hervorgerufene Veränderungen, wie es uns das Beispiel der mehrwertigen Aussagenlogik augenfällig bescheinigt.[11] Sind die meisten Logiker angesichts dieser Situation bezüglich der universalen Anwendbarkeit formaler Sprachen toleranter geworden, so versuchen Wissenschaftstheoretiker nach wie vor, allgemeine methodologische Regeln ausfindig zu machen, die auch in Zukunft für die Arbeit der Wissenschaftler den Leitfaden abgeben sollen und die schließlich übertragbar sind auf alle Lebensbereiche, wo Probleme gelöst werden müssen. Es gibt nun sicherlich kaum jemanden, der diese Versuche härter kritisiert hat als Paul Feyerabend. Und zwar richtet sich seine Kritik sowohl gegen das Bestreben der Methodologen, die Beachtung bestimmter, als universal gültig angesehener Regeln verbindlich vorzuschreiben, »egal was kommt«[12], als auch gegen die Rolle, die den wissenschaftlichen Verfahren gerade wegen ihrer angeblich seit eh und je vorhandenen Regelgeleitetheit in unserer Kultur nicht erst seit heute zugeschrieben wird, nämlich als einzige für die Gewinnung sicherer und zuverlässiger Erkenntnisse zuständig zu sein. Wenn wir uns nun die Frage stellen, ob Feyerabend dabei *anarchäologisch* verfährt, so ist zunächst einmal zu klären, was es überhaupt bedeuten soll, wenn wir eine Vorgehensweise »anarchäologisch« nennen wollen.[13] Das griechische Wort »Arché« bedeutet bekanntlich u. a. »Urgrund«, »Grundprinzip« und »Grundlage«. Wir dürfen dabei allerdings nicht an ein festes, unverrückbares Fundament denken. Anaximander beispielsweise nennt gerade das Apeiron den Urgrund, aus dem alles entsteht und wohin alles wieder zurückkehrt.[14] Die Bedeutung des Apeiron-Begriffs aber reicht von »unbegrenzt« und »unendlich« bis »unbestimmt«, widerspricht also in sich allen Eigenschaften, die wir einem begrifflich klar umrissenen Grundprinzip gewöhnlich beilegen. Faßt man dies zusammen, so kann man ein Vorgehen dann »anarchäologisch« nennen, wenn man mit ihm nachzuweisen versucht, daß es möglich ist, bei der Lösung von Problemen gänzlich auf feste Grundregeln zu verzichten, und daß man durchaus mit »Unregeln« arbeiten kann, das heißt Regeln, die in sich jeder Regelhaftigkeit widersprechen. Ein Anarchäologe wäre dann jemand, der die Geschichte nach solchen »Unregeln« durchforstet, der zum Beispiel zu zeigen versucht, wo in der Vergangenheit in der Wissenschaftspraxis jene Prinzipien, die die Methodologen als Leitlinien für wissenschaftliches Arbeiten und darüber hinaus als allgemeine Problemlösungsstrategien verbindlich vorschreiben wollen, gerade weil sie angeblich immer befolgt wurden, de facto verletzt worden sind, auch wenn sie gerade in diesem Zusammenhang theoretisch zumindest vorformuliert wurden. Dies ist die komplizierte Geschichte des »klassischen« Empirismus: Bei Galilei ist zwar viel von Experimenten die Rede, seine ausschlaggebenden Argumente zugunsten der Erdbewegung beruhen jedoch zum großen Teil auf *Gedanken*experimenten; Galilei behauptet, er habe das Fernrohr, das in Holland erfunden worden war, aufgrund von Berechnungen in verbesserter Form nachgebaut, in seinen Aufzeichnungen sind jedoch keine Berechnungen zu finden, und alles deutet auf *Probieren* hin. Man muß die Beispiele, die Feyerabend anführt, nicht weiter aufzählen, um zu erkennen, wo das Bild, das viele Wissenschaftstheoretiker von der Wissenschaft malen, nichts taugt, weil es gerade mit solchen Episoden der Geschichte der Wissenschaften nicht übereinstimmt, die man uns als Beispiele für vorbildliches wissenschaftliches Arbeiten dauernd vorhält. Sicher, man kann solche Ungereimtheiten wegdiskutieren. Es hängt ja bekanntlich alles davon ab, worauf man mit einer Interpretation historischer Vorgänge hinauswill. Jedoch kann man dann mit gleichem Recht betonen, daß *ein* Gegenbeispiel, erst recht dann, wenn es genau das gleiche ist, das *für* ein bestimmtes Argument angeführt wird, nur anders interpretiert, ausreicht, um eine ganze Methodologie zu Fall zu bringen. Ich glaube, genau dies ist Feyerabend gelungen. Und, um unsere Frage zu beantworten, aus diesem Grund können wir sagen, Feyerabend ist ein Anarchäologe. Daß er dabei die Dialektik von Regel und Antiregel, wie ich sie im Begriff »Unregel« anzudeuten versucht habe, nicht immer richtig in den Griff bekommen hat (Stichwort: »anarchi(sti)sche Erkenntnis*theorie*«), das hat er längst eingesehen und in Ansätzen bereits korrigiert.[15] Leider ist Feyerabend mittlerweile zunehmend in Auseinandersetzungen verwikkelt, wo es zwar zum Teil um diese innere Widersprüchlichkeit der anarchäologischen Verfahrensweise geht, bei denen jedoch manchmal ein klares Ziel nicht mehr erkennbar ist. Seine Selbstverteidigung droht zum Dreh- und Angelpunkt zu werden, er bewegt sich sozusagen mehr und mehr im Leerlauf, so daß ihn trotz augenblicklich großer Popularität[16] am Ende das Schicksal der meisten großen »Wahrheitssucher« ereilen könnte: Ausschluß, Isolation[17], »Leben in Eis und Hochgebirge«[18]. Die meisten der mittlerweile zahlreichen Kritiker haben nämlich nicht erkannt, daß die längst fällige Neubestimmung der Rolle der Wissenschaften in unserer Gesellschaft schon sehr bald zu einer Überlebensfrage werden kann. Wenn man nur ab und zu genau hinhört, woran Geningenieure und andere Fausts des 20. Jahrhunderts heute in ihren von der Öffentlichkeit zumeist sorgsam abgeschirmten Laboratorien herumbasteln, müßte man eigentlich langsam auf den Gedanken kommen, daß *Form* und *Inhalt* der Wissenschaften Hand in Hand gehen, daß es einfach ein gefährlicher Irrtum ist, wenn man glaubt, die wissenschaftlich-technische Vernunft sei ja *an sich* ganz brauchbar, sie werde heute nur dauernd *miß*braucht. Die Ergebnisse der Wissenschaften, die man teilweise nur noch schaudernd als Auswüchse menschlichen Größenwahns bezeichnen kann, sind jedoch mit Hilfe bestimmter Methoden zustande gekommene Ergebnisse, insbesondere mit Hilfe solcher Methoden, die man uns als allgemeine Vernunftregeln auftischt. Bei *den* Ergebnissen kann jedoch mit diesen Regeln etwas nicht in Ordnung sein. Von dieser Einsicht aber sind die Philosophen der verschiedenen Schattierungen, die sich bisher zu Feyerabend geäußert haben, zum überwiegenden Teil nach wie vor weit entfernt. Und dies kann für Feyerabend auf Dauer kein Vorteil sein. Zunehmend gerät er, insbesondere aufgrund seiner, wenn auch nicht gerade prinzipiellen Standpunktlosigkeit, also jedenfalls nicht ganz unschuldig, bezüglich seiner Absichten ins Zwielicht.[19] Nun sind feste Standpunkte fast immer Strandpunkte.[20] Und wenn Feyerabend daher nach der Rumpelstilzchen-Devise »Heute back' ich, morgen brau' ich, übermorgen hol' ich der Königin ihr Kind« verfährt, so ist der dadurch erzielte Verunsicherungseffekt nicht zu unterschätzen. Für Rationalisten aller Art sind die anarchäologischen Fallstudien, mit denen

Feyerabend gezeigt hat, daß *jedes* Vorgehen in Wissenschaft und Alltag, abhängig von den jeweiligen Umständen und den eigenen Zielen, möglich ist, ein unvorstellbares Spießrutenlaufen. Ihre Reaktionen, die angesichts der oft übertriebenen Polemik diese Vermutung bestens untermauern, haben Feyerabend teilweise zu Verteidigungsreden veranlaßt[21], die, obgleich rhetorisch brillant und dem Zweck angemessen, kaum etwas Neues zu seinem ursprünglichen Anliegen beigetragen haben. Worauf dies in Zukunft hinausläuft, ist heute noch nicht erkennbar. Es gibt da mehrere Möglichkeiten, zunächst zwei, die Feyerabend selbst vorgeschlagen hat: Teilnahme an Bürgerinitiativen[22] oder die Unterhaltung der Menschen durch Theater oder Film.[23] Eine weitere Möglichkeit, tendenziell bei Feyerabend immer schon verwirklicht, wäre, wie Duerr früher einmal angedeutet hat, der dann allerdings konsequenter zu vollziehende Gang auf das Narrenschiff.[24] Sind wir aber einmal so weit, dann ist auch der Märtyrertod, wie ihn Anarchisten zu sterben pflegen[25], als mögliche Konsequenz ernsthaft in Betracht zu ziehen, obwohl es heute kaum noch Gelegenheiten dafür gibt. Beide Formen der Verabschiedung aus dieser unserer angeschmuddelten Welt wären jedoch nichts anderes als die Vollendung des Gangs »in die Berge«. Und dies wäre, so oder so, jammerschade. Warten wir ab, was kommt.

Anmerkungen

1 Daniel Cohn-Bendit, *Der große Bazar*, München 1975, S. 172.

2 Leicht abgewandelt nach Alexander Moszkowski, *Die Welt von der Kehrseite*, Berlin 1922, S. 16 f.

3 »Beschränktheit« hier ganz wörtlich genommen. Man denke an die beengenden Verhältnisse in der winzigen Kammer.

4 Damit soll nicht bestritten werden, daß die Technik: das heißt die angewandten Naturwissenschaften, seit jeher für inhumane Lebens- und Arbeitsbedingungen mitverantwortlich sind. Nur sind heute die Dimensionen andere.

5 Für die auf dem Gebiet der automatisierten Datenverarbeitung tätigen Wissenschaftler ist die Möglichkeit der »Gleichschaltung« aller Problemlösungsstrategien schon heute kein technisches Problem mehr, sondern bestenfalls noch ein moralisches. Wie lange noch, ist offen. Manche Wissenschaftstheoretiker haben schon lange keine Hemmungen mehr und sind nur allzu bereit, sie anderen zu nehmen, wenn es darum geht, gewisse von ihnen bevorzugte Regeln als in allen Lebenslagen anwendbar aufzufassen und verbindlich vorzuschreiben.

6 Ludwig Wittgenstein, *Philosophische Untersuchungen* I, S. 87.

7 Wittgenstein ist ein Beispiel für jene Skeptiker, die ihren Skeptizismus da abbrechen, wo es anfängt, interessant zu werden. Zwar trifft es zu, daß wir nicht zweifeln, bloß »weil wir uns einen Zweifel *denken* können« (*Philosophische Untersuchungen* I, S. 84). Zumindest schauen wir nicht jedesmal nach, wenn wir den Fuß vor die Tür setzen, ob sich dort nicht plötzlich ein Abgrund aufgetan hat. Vgl. dazu auch Naess in einem Gespräch mit Ayer: »When I buy a ticket to Groningen I neither assert anything nor deny anything. I just walk, talk and go.« (*The Glass is on the Table*. Arne Naess im Gespräch mit A. J. Ayer, in: Fons Elders (Ed.), *Reflexive Water. The Basic Concerns of Human Mankind*, London 1974, S. 22.) Der Skeptizismus dieser Art kann natürlich, je größer die Zahl der Problembereiche wird, wo man nach dieser Devise verfährt, leicht zu einem »pragmatisch«-bequemen Opportunismus führen. Auch Feyerabend schlägt in letzter Zeit solche Töne an (*Erkenntnis für freie Menschen* ²1980, S. 136 ff.), auch wenn ich glaube, daß er hier etwas anderes meint, als er sagt. Warum bleibt er nicht bei dem »gelehrteren« (Ib., S. 145) Begriff »Relativismus«, der weit weniger vorbelastet ist? Aber allen Ernstes: Wer sich schon einmal in einer ihm völlig unbekannten Gegend durch einen halbverwilderten morastigen Wald an verwitterten Wegweisern entlang vorwärtsgetastet hat, der dürfte schon wissen, was Zweifeln selbst unter ganz »normalen« Umständen bedeutet.

8 *Philosophische Untersuchungen* I, S. 80.

9 Ib., S. 142.

10 Ib., S. 83.

11 Vgl. A. Sinowjew/H. Wessel, *Logische Sprachregeln*, Berlin 1975, S. 143 ff.

12 P. Feyerabend, *Unterwegs zu einer dadaistischen Erkenntnistheorie*, in: Hans Peter Duerr (Hrsg.), *Unter dem Pflaster liegt der Strand*, Band 4, Berlin (West) 1977, S. 44.

13 Man wird diesen Begriff und seine Ableitungen »Anarchäologie« und »Anarchäologe« vergeblich in einem Wörterbuch suchen, da es sich um Wortschöpfungen handelt, deren Bedeutung im folgenden geklärt wird.

14 Anaximander, fr. 1. Siehe Diels/Kranz, *Die Fragmente der Vorsokratiker* I, S. 89, sowie W. Capelle, *Die Vorsokratiker*, S. 81 f.

15 »Es gibt keine ›anarchische Erkenntnistheorie‹«, heißt es dazu in einem Artikel über »Erkenntnistheorie, anarchische«, der vermutlich demnächst in einem wissenschaftstheoretischen Lexikon erscheinen wird.

16 Nach meiner Erfahrung beschäftigen sich viele Leute nur deshalb mit Feyerabend, weil das gerade Mode ist oder weil man endlich dem Skeptizismus exemplarisch ein für allemal den Garaus machen will. Wohlan denn! Der Weg des unglückseligen Descartes zum Hyperskeptizismus, wie ihn Popkin brillant nachgezeichnet hat (R. H. Popkin, *The History of Scepticism from Erasmus to Spinoza*, Berkeley, Los Angeles, London 1979, S. 172-213.), sollte jedoch jeden warnen, der sich mit dieser Absicht mit dem Skeptizismus auf ein Gefecht einlassen will; er läuft Gefahr, in dessen Fallstricken hängenzubleiben.

17 Auf Parallelen zur »Isolations-Philosophie« Stirners (»Fort denn mit jeder Sache, die nicht ganz und gar meine Sache ist!«, *Der Einzige und sein Eigentum* [1844], in der Ausgabe Stuttgart 1972, S. 5.) macht Lakatos aufmerksam, wenn er die »Unregel« Feyerabends, den scherzhaften Ratschlag »Anything goes« (Vgl zur näheren Charakterisierung dieses Ratschlags u. a. P. Feyerabend, *Science in a Free Society*, London 1978, S. 189.) in »Do your own thing!« umformuliert. Vgl. Imre Lakatos, *The Problem of Appraising Scientific Theories: Three Approaches*, in: J.

Worrall/G. Currie (Eds.), *I. Lakatos: Philosophical Papers*, Vol. 2, Cambridge 1978, S. 107 f. Dort weist Lakatos auch auf Gemeinsamkeiten Feyerabends mit den pyrrhonischen Skeptikern hin.

18 Fr. Nietzsche, *Ecce homo* (1888), in der Ausgabe München ^{6}1969, II, S. 1066.

19 So im Licht der Kritik von Spinner, zum Beispiel in: ders., *Popper und die Politik*, Bd. 1, S. 586 ff. Wenn man das »Anything goes« mit den jüngsten Opportunismus-Arien Feyerabends (Vgl. Anm. 7) zusammenbringt – dies ist meines Erachtens nicht gerechtfertigt, aber immerhin möglich –, so kann daraus leicht der »Naess-Feyerabendsche Opportunitätsslogan: Alles ist möglich, alles ist erlaubt« (Spinner, a.a.O., S. 567) werden, der dann einen »Theorienvergleich« (Ib., S. 590) mit den Vorstellungen von Hitler und Stalin, beide ohne feste Prinzipien und daher »das absolute Gegenteil von Dogmatikern« (Ib., S. 588), zu rechtfertigen scheint. Auch wenn mir dieser »Theorienvergleich«, wie auch andere Vergleiche (Siehe unten, Anm. 24), ganz persönlich aus verschiedenen Gründen nicht gefällt, so noch weniger Feyerabends Erwiderung: »Soll ich mir die Nase abschneiden, weil Herr Hitler auch eine Nase hatte?« (*Erkenntnis für freie Menschen* ^{2}1980, S. 105.)

20 Ein weiser Satz von Gert König, einem meiner philosophischen Lehrmeister.

21 Die wichtigsten Erwiderungen auf Kritiker sind zusammen unter der Überschrift »Conversations with Illiterates« in *Science in a Free Society* abgedruckt (S. 125 ff).

22 *Erkenntnis für freie Menschen* ^{2}1980, S. 238. Der Slogan »Bürgerinitiativen statt Philosophie« (Ib., S. 23; bzw. ». . . statt Erkenntnistheorie«, wie in der ersten Auflage 1979, S. 8) gibt Anlaß zu gemischten Gefühlen, denn Bürgerinitiativen sind *an sich* nicht mehr wert als Philosophie *an sich*. Es kommt auf den Zweck an, auf die verfolgten Ziele. Und daß Bürgerinitiativen nicht immer lautere Absichten verfolgen (Bürgerinitiativen *gegen* Jugendzentren, Kinderspielplätze, Behindertenwerkstätten, von denen man hin und wieder hört, sind nur einige besonders krasse Beispiele.), liegt auf der Hand.

23 Bei Feyerabends Talenten sicherlich eine lohnendere Sache. Vgl. dazu: *Erkenntnis für freie Menschen* ^{2}1980, S. 239, sowie frühere Überlegungen in: *Wie die Philosophie das Denken verhunzt und der Film es fördert*, in: Hans Peter Duerr (Hrsg.), *Unter dem Pflaster liegt der Strand. Anarchismus heute*, Bd. 2, Berlin (West) 1975, S. 224 ff.

24 Hans Peter Duerr, *Eine Verteidigung Paul Feyerabends*, in: ders. (Hrsg.), *Unter dem Pflaster liegt der Strand. Anarchismus heute*, Bd. 1, Berlin (West) 1975, S. 134, ursprünglich in *Inquiry* 17 (1974), S. 112. Keine sehr verlockende Vorstellung. Wir sollten vielmehr versuchen, die produktive Verrücktheit, das konstruktive Anderssein vor der Verfrachtung auf Narrenschiffe zu bewahren.

25 So zum Beispiel Gustav Landauer, einer der wenigen Anarchisten, die Deutschland hervorgebracht hat. Nach seiner Beteiligung an der Münchner Räterepublik wurde er am 2. Mai 1919 von Soldaten der Reichswehr, die München gestürmt hatten, kurz nach seiner Gefangennahme bestialisch ermordet. (Vgl. für diese unrühmliche Episode deutscher Geschichte den Augenzeugenbericht eines Weißgardisten in: G. Schmolze (Hrsg.), *Revolution und Räterepublik in München 1918/19 in Augenzeugenberichten*, Düsseldorf 1969, Neudruck München 1978, S. 368 f.) Was nicht dagegen sprechen darf, den Kampf immer wieder neu zu riskieren. Heißt es doch bei Nietzsche: »Erwägt man nun, daß die Menschheit seit Jahrtausenden nur Irrtümer als Wahrheiten geheiligt hat, daß sie selbst jede Kritik derselben als Zeichen der schlechten Gesinnung brandmarkte, so muß man mit Bedauern sich eingestehn,

daß eine gute Anzahl *Immoralitäten* nötig war, um die Initiative zum Angriff, will sagen zur *Vernunft* zu geben ... Daß diese Immoralisten sich selbst immer als ›Märtyrer der Wahrheit‹ aufgespielt haben, soll ihnen verziehen sein: die Wahrheit ist, daß nicht der Trieb zur Wahrheit, sondern die Auflösung, die frevelhafte Skepsis, die Lust am Abenteuer der Trieb war, aus dem sie negierten –. Im anderen Falle sind es persönliche Rankünen, die sie ins Gebiet der Probleme treiben – sie kämpfen gegen Probleme, um gegen Personen Recht zu behalten. Vor allem aber ist es die Rache, welche wissenschaftlich nutzbar geworden ist – die Rache Unterdrückter, solcher, die durch die *herrschende* Wahrheit beiseite gedrängt und selbst unterdrückt waren ...« (*Aus dem Nachlaß der achtziger Jahre*, in der Ausgabe München [6]1969, III, S. 813)

Ian Hacking
Spekulation, Berechnung und die Erschaffung von Phänomenen

Dieser Aufsatz ist ein philosophischer Essay über Experimente in der Physik. Ihre wichtigste Rolle besteht nicht darin, Theorien zu überprüfen, Daten zu generieren oder Beobachtungen zu ermöglichen. Jemand, der experimentiert, will all dies tun, aber noch wichtiger ist die Notwendigkeit, stabile Phänomene zu erzeugen. In der Natur hat man es nur selten mit Phänomenen zu tun, die leicht erkennbar auftreten; deshalb kann man sagen, Zweck des Experiments sei, »Phänomene zu erzeugen«.

Experimentelle Arbeit hat ihr Eigenleben, verbunden mit der Theorie, aber nicht ihr untergeordnet. Dieser Satz ist zwar für sich selbst evident, bedarf aber der weiteren Ausarbeitung. Was in letzter Zeit auf den Gebieten der Geschichte und Philosophie der Wissenschaft getan wurde, war stark vom Gedanken an Theorie beherrscht. Deshalb muß jetzt wieder festgestellt werden, daß zwischen Theorie und Experiment sehr viele verschiedene Arten von Beziehungen bestehen, daß diese Beziehungen je nach Gebiet unterschiedlich sind und daß sie sich im Laufe der Entwicklung eines einzigen Gebietes verändern. Ebenso muß dargestellt werden, wie auch in hochgradig theoretischen Gebieten das Experiment oft die Theorie vorweggenommen hat. Dies wird in einem Aufsatz mit dem Titel *Which comes first, theory or experiment?* versucht, den ich zusammen mit C. W. F. Everitt von den Hanson Laboratories of Physics an der Stanford University geschrieben habe. Hier verfolge ich die mehr philosophische Absicht, eine Rolle des Experiments zu beschreiben, die weithin übersehen worden ist.

Im zweiten Teil dieses Aufsatzes wird meine Vorstellung über »die Erzeugung von Phänomenen« und ihre Verbindung zu Spekulation und Berechnung erläutert. Im dritten Teil wird diese Terminologie auf verschiedene Aspekte des Experimentierens angewandt. Der erste Teil ist nur negativ. Es werden einige Platitüden über Beobachtungen in der Wissenschaft wiederholt –

Gemeinplätze, die Feyerabend gelegentlich beiseite zu schieben, öfters aber zu bestreiten geneigt ist.

1. Beobachtungen

1.1 Über die Erforderlichkeit einer »neuen Terminologie«

Feyerabend hat die Unterscheidung zwischen »Beobachtung und Theorie« heruntergespielt; er schreibt in *Wider den Methodenzwang (WM):*

> Aber die Unterscheidung zwischen Beobachtung und Theorie wird immer noch aufrechterhalten und von fast allen Wissenschaftstheoretikern verteidigt. Doch worauf läuft sie hinaus? Niemand wird bestreiten, daß die Sätze der Wissenschaft in lange und kurze Sätze eingeteilt werden können, oder ihre Aussagen in intuitiv einleuchtende oder solche, die intuitiv nicht plausibel sind. Niemand wird bestreiten, daß man solche Einteilungen machen kann. Doch niemand wird ihnen viel Gewicht beilegen oder sie auch nur erwähnen, *denn sie spielen heute keinerlei entscheidende Rollen im Wissenschaftsbetrieb.* (*WM* S. 235)

Man beachte, wie die Unterscheidung zwischen Beobachtung und Theorie sofort in eine Unterscheidung zwischen Sätzen, Aussagen (oder Ausdrücken) verwandelt wird. Feyerabend hat seinen bedeutenden Teil dazu beigetragen, daß wir heute uns darüber im klaren sind, daß die Philosophie der Bedeutungen zu einer Katastrophe für die Wissenschaftsphilosophie geworden ist; es kann daher nicht erstaunen, daß er eine Unterscheidung *zwischen unterschiedlichen Satzarten* für entbehrlich hält. Eine Seite vorher sagt er, wir benötigten auf diesem Gebiet eine »neue Terminologie«.[1] Ich neige dazu, dem beizupflichten. Meine »Spekulation«, »Berechnung«, »Erzeugung« und »Phänomene« gehören zu einem Erkundungszug für neue Beschreibungsweisen, auch wenn es sich um alte Wörter handelt. Ich bin aber auch der Meinung, wir sollten bei der Verwendung unserer alten, bekannten Terminologie um ein gehöriges Maß vorsichtiger sein. Wir sollten ganz gewiß damit aufhören, die Unterscheidung zwischen Beobachtung und Theorie als eine absurde metasprachliche Unterscheidung von Beobachtungs- und theoretischen Aussagen zu fassen. Da das Wort »Beobachtung« selber oft mißbräuchlich verwendet wurde, werde ich in diesem ersten, negativen Teil meines Aufsatzes pedantisch auf mehr Sorgfalt im Umgang mit Wörtern drängen, als in der Wissenschaftsphilosophie gebräuchlich gewesen ist. Bezeichnenderweise war gerade die Philosophie der Bedeutungen für den Mißbrauch der Sprache weitgehend verantwortlich.

1.2 Über das Enthalten theoretischer Annahmen

N. R. Hanson hat in seinem hervorragenden Buch *Patterns of Discovery* das Schlagwort »theoriegeladen« geprägt. Danach hat jeder Beobachtungsausdruck und -satz einen Teil Theorie in sich, so daß alle Beobachtung theorieerfüllt ist. Da Feyerabend jegliches Interesse an Ansichten verloren hat, die er irgendwann mal gehabt haben könnte, überrascht es kaum, daß er vor kurzem ziemlich schroffe Dinge über die Lehre der »Theoriegeladenheit« zu sagen hatte. Zu der Zeit jedoch, als er *Against Method* schrieb, vertrat er noch die Ansicht, daß »Beobachtungsaussagen, experimentelle Ergebnisse, ›Tatsachenaussagen‹ entweder theoretische Annahmen *enthalten* oder sie durch die Art ihres Gebrauchs machen« (*WM*, S. 50). Mit dem, was hier gesagt wird, stimme ich nicht überein; bevor ich jedoch die Gründe dafür erkläre (vgl. 1.3), will ich einige Vorstellungen bekämpfen, die derartige Bemerkungen aufdrängen. Man könnte auf die Idee verfallen, »experimentelle Ergebnisse« seien das, worauf es bei einem Experiment ankommt, und sie würden mit »Beobachtungsaussagen« oder »Tatsachenaussagen« festgestellt, wenn nicht gar erst konstituiert. Ich lege Wert auf den unleugbaren Gemeinplatz: Experimentieren heißt nicht feststellen oder berichten, sondern tun (und nicht Dinge mit Worten tun!).

Beobachtung und Experiment sind nicht ein und dasselbe, auch nicht entgegengesetzte Pole eines Kontinuums. Ganz offensichtlich haben viele hervorragende Beobachtungen nichts mit Experimentieren zu tun. Claude Bernards *Introduction à l'Etude de la Médecine Expérimentale* (1865) ist immer noch der klassische Versuch, Begriffe von Beobachtung und Experiment zu unterscheiden. Bernard belegt seine Einteilungen mit einer Menge harter Beispiele aus der Medizin, in denen Beobachtung und Experiment unerbittlich vermengt wurden. Das soll hier nicht weiter verfolgt, sondern statt dessen ein Beispiel gebracht werden, um etwas herauszuarbeiten, das stärker in der Physik als in der

Medizin auffällt. Das Experiment von Michelson und Morley ist von aufeinanderfolgenden Philosophengenerationen derart in die Mangel genommen worden, daß ich vor dem Risiko zurückschrecke, noch mehr Mißgriffe zu provozieren, jedoch hat das Beispiel den Vorteil, gut bekannt zu sein. Der veröffentlichte *Bericht* über das Experiment von 1887 ist zwölf Seiten lang. Die *Beobachtungen* wurden im Verlauf einiger Stunden des 8., 9., 11. und 12. Juli gemacht. Die *Ergebnisse* des Experiments sind bekanntermaßen umstritten. Michelson hielt die Hauptergebnisse für eine partielle Bestätigung der Stokesschen Ätherdrift-Erklärung für die astronomische Aberration. Jedenfalls dauerte das *Experiment* über ein Jahr. Eingeschlossen waren dabei Bau und Umbau der Apparaturen und vor allem die wachsende Geschicklichkeit *zu wissen, wann die Apparatur arbeitet*. Das Etikett »Michelson-Morley-Experiment« hat sich verbreitet als Bezeichnung einer Folge wiederholt unterbrochener Arbeit, die mit dem Erfolg Michelsons von 1881 beginnt und noch Millers Arbeiten aus den zwanziger Jahren dieses Jahrhunderts einschließt. Es ließe sich sagen, daß das *Experiment* ein halbes Jahrhundert dauerte, während die *Beobachtungen*, die tatsächlich *berichtet* wurden, insgesamt vielleicht eineinhalb Tage dauerten. Das Haupt*ergebnis* des Experiments, das vielleicht nicht gerade ein »experimentelles Ergebnis« war, bestand in einer radikalen Veränderung der Möglichkeiten des Messens. Darauf konzentrierte Michelson seine Kraft nach 1887 und dafür gewann er den Nobelpreis.

Kurz: Tatsachenaussagen, Beobachtungsaussagen und Experimentalergebnisse gehören nicht einmal zur selben Kategorie von Dingen. Sie in einen Topf zu werfen heißt, es unmöglich zu machen, irgend etwas von dem, was in der experimentellen Wissenschaft vor sich geht, wahrzunehmen. Feyerabend argumentiert natürlich in der am Beginn dieses Abschnitts zitierten Passage gegen irgendeinen Opponenten, aber es ist von Anfang an verkehrt, sich auf die impliziten Annahmen eines semantikbesessenen Gesprächspartners einzulassen.

1.3 Über das Berichten von Beobachtungen

Das Zitat in 1.2 besagt, daß Beobachtungsaussagen usw. immer theoretische Annahmen enthalten oder solche machen. Diese Behauptung verdient kaum eine Erörterung, denn es ist zu offenkundig, daß sie falsch ist – außer man gäbe ihr einen derart verwässerten Sinn, daß sie zwar wahr, aber trivial wird. Nur ein Mißverständnis kann zu einer solchen Behauptung führen. Ich finde es befremdend, so etwas bei Feyerabend zu lesen, denn mir scheint seine »pragmatische Theorie der Beobachtung«, die er im Aufsatz *Problems of Empiricism* aufstellt, von diesem Mißverständnis wegzuführen.[2]

Ein Großteil der Wortklauberei entsteht über das Wort »Theorie«; man sollte es am besten für ein ziemlich spezifisches System von Spekulationen oder Sätzen über ein bestimmtes Gegenstandsgebiet reservieren. So spricht man von der Theorie der Materie des Boscovich von 1758 (vgl. seine *Theoria philosophiae naturalis*) oder über die monadische Theorie der Materie der Mitte des 18. Jahrhunderts, die in gewisser Weise die Feldtheorie vorwegnimmt. Manche Spekulationen lassen sich in wenige Worte fassen. Manche ausgearbeiteten Theorien lassen sich in wenige Gleichungen zusammenfassen. Die meisten Theorien sind weitschweifig und unpräzis. Jedenfalls bestehen sie aus bestimmten Behauptungen über ein bestimmtes Problemgebiet. Die meisten simpleren Verwendungsweisen des Wortes »Theorie« haben diese Kennzeichen, so etwas Goodenuffs Theorie über die Ermordung Kennedys. Leider hat Feyerabend das Wort verwendet, um alle möglichen unausgereiften, impliziten oder vermuteten Ansichten zu bezeichnen. Um ihn ohne Boshaftigkeit zusammenfassen – er schrieb tatsächlich:

> Wir sind gewohnt zu sagen: »Der Tisch ist braun«, wenn wir ihn unter normalen Bedingungen und mit scharfen Sinnen sehen, dagegen: »Der Tisch scheint braun zu sein«, wenn die Beleuchtung schlecht ist oder wir unsicher bezüglich unserer Beobachtungsfähigkeit sind; . . . Es drückt sich die Auffassung aus, daß manche unserer Sinneseindrücke wahrheitsgetreu sind und andere nicht . . ., daß das materielle Medium zwischen dem Gegenstand und uns keine Verzerrungen hervorruft, und daß der physikalische Vermittler . . . ein richtiges Bild überträgt . . . Das Material, das dem *Wissenschaftler* zur Verfügung steht, seine erhabensten Theorien und seine ausgefeiltesten Methoden eingeschlossen, ist genauso aufgebaut. (*WM*, S. 50 f.)

Ich bezweifle, daß ich jemals in meinem Leben, bis zu diesem Augenblick, die Wörter »Der Tisch ist braun« oder »Der Tisch scheint braun zu sein« geäußert habe. Gewiß ist es nicht meine *Gewohnheit*, den ersten Satz zu äußern, wenn ich einen braunen

Tisch bei guter Beleuchtung betrachte: Wozu müssen wir Philosophen solch manifesten Unsinn immer weiter betreiben, um unsere Argumente darzulegen?

Von diesem Unsinn abgesehen, stimme ich natürlich damit überein, daß wir beim Reden alle möglichen Erwartungen, Meinungen, Arbeitshypothesen und Gewohnheiten haben. Einige davon äußern wir, andere bleiben dem Kontext implizit. Einige können bestenfalls dem Sprechenden von einem einfühlsamen Kenner der menschlichen Seele zugeschrieben werden. Aber nur wenn der Sinn des Wortes »Theorie« aufs kräftigste verflacht worden ist, lassen sich diese Vorurteile, Gewohnheiten, Implikationen und Zuschreibungen theoretische Annahmen nennen. In einem strengeren und ursprünglicheren Sinne der Wörter finden sich in der Geschichte der Wissenschaften viele Beobachtungen, die eine zu Recht so genannte theoretische Annahme weder enthalten noch machen. Weiter unten im Abschnitt 1.6 werde ich ein ausführliches Beispiel bringen. Zunächst möchte ich Wert auf eine grundlegende Unterscheidung legen. Ich hielt sie zunächst für allzu selbstverständlich, um sie zu erwähnen, aber mir ist aufgefallen, daß viele, die ein bißchen Philosophie gelesen haben, nahezu unfähig sind, sie zu treffen. Es handelt sich um die Unterscheidung von:

(a) eine Beobachtung berichten (oder eine Beobachtung machen oder ein Experiment durchführen usw.), weil man eine Theorie oder einige Erwartungen hat, aufgrund derer die Beobachtung (das Experiment) interessant erscheint.

(b) eine theoretische Annahme ausdrücken, entweder explizit oder implizit, während man von einer Beobachtung berichtet.

Man kann ziemlich sicher sein, daß jeder Beobachtungsbericht, mit dem sich ein Wissenschaftshistoriker befaßt, ein Bericht ist, der gegeben wurde, weil sein Autor einige theoretische Ansichten oder lehrreiche Erwartungen hatte. Aber das ist etwas ganz anderes als zu sagen, der Bericht selbst mache oder enthalte diese Ansichten. Einige Berichte tun es, andere nicht. Es ist ein Fehler zu behaupten, alle täten es.

1.4 Über das Bemerken

Obwohl Feyerabend die Ansicht der »Theoriegeladenheit« angegriffen hat, ist es der Mühe wert, für einen Moment zu Hanson zurückzukehren. Er hat auf mehrere Dinge verwiesen. Eins ist eine Tatsache, die die Sprache betrifft, und sie dominiert in jenen Abschnitten von *Patterns of Discovery*, in denen das Wort »theoriegeladen« vorkommt. Er erinnert uns daran, daß es selbst für die gewöhnlichsten Wörter sehr subtile sprachliche Regeln gibt; z. B., das Verbum »to wound« und das Substantiv »wound«. Nur einige Schnitte, Verletzungen usw. in recht genau bestimmten Situationen gelten als »wound«. Wenn ein Chirurg eine tiefe Verwundung im Bein eines Mannes als »wound« beschreibt, kann das bedeuten, daß er in einem Kampf oder einem Gefecht verletzt worden ist. Solche Implikationen finden sich immer wieder, aber sie werden nicht allgemein als theoretische Annahmen bezeichnet.

Hanson machte auch auf die Tatsache aufmerksam, daß es vorkommen kann, daß man ein Phänomen nur sieht oder bemerkt, wenn man eine Theorie hat, die ihm einen Sinn gibt. Sein Buch *The Concept of a Positron* ist eine überzeugende Verdeutlichung dieser These. Er behauptet, man könne die Spuren von Positronen nur dann sehen, wenn es eine Theorie dafür gibt, obwohl jeder Studienanfänger eben diese Spuren sehen könne. Wir können dies die Behauptung nennen, daß *Bemerken* theoriegeladen ist.

Zweifellos neigt man dazu, Dinge zu bemerken, die interessant, überraschend und so weiter sind; und solche Erwartungen und Interessen sind von den Theorien, an die man glauben mag, beeinflußt – wir sollten allerdings auch nicht die Möglichkeiten des begabten »reinen« Beobachters unterschätzen. Es gibt aber die Tendenz, aus Geschichten wie denen vom Positron zu folgern, daß jeder, der nach einem Blick auf eine photographische Platte berichtet: »Das ist ein Positron.«, damit viel Theorie impliziert oder behauptet. Dem ist meiner Meinung nach nicht so. Man kann einen Assistenten so ausbilden, daß er diese Spuren erkennt, ohne auch nur einen blassen Schimmer einer Theorie zu haben. In England ist es immer noch nicht gerade ungewöhnlich, in einem Labor einen jungen Techniker anzutreffen, der seit seinem sechzehnten oder siebzehnten Lebensjahr keine geregelte Ausbildung mehr erhalten hat, der aber nicht allein äußerst geschickt mit der Apparatur umzugehen weiß, sondern auch am schnellsten Eigentümlichkeiten bemerkt, z. B. auf photographischen Platten aus dem Elektronenmikroskop, die er entwickelt hat.

Aber, so ließe sich fragen, gehört denn nicht der Gehalt der

Theorie der Positronen zu den Wahrheitsbedingungen oder Wahrheitsvorbedingungen für die Art Äußerungen, die wir mit »Das ist ein Positron.« wiedergeben können? Mag sein, aber ich bezweifle es. Die Theorie kann aufgegeben oder durch eine völlig neue Theorie der Positronen ersetzt werden, dabei aber das, was mittlerweile die Klasse der »Beobachtungssätze«, die mit »Das ist ein Positron.« wiedergegeben ist, geworden war, unberührt belassen. Natürlich kann die gegenwärtige Theorie auf gänzlich andere Weise obsolet werden, wenn es sich nämlich herausstellt, daß die sogenannten Positronenspuren Artefakte der experimentellen Apparatur sind. Ich behaupte nicht, der Sinn von »Das ist ein Positron.« sei mit dem Rest des Diskurses weniger verknüpft als »Das ist eine Kuh.«. Ich behaupte nur, daß sein Sinn nicht notwendigerweise mit einer bestimmten Theorie verknüpft sein muß, so daß jedes Mal die Äußerung »Das ist ein Positron.« irgendwie diese Theorie behauptet.

Mit einem anderen Beispiel möchte ich diesen Punkt zu Ende führen. Ich vermute, daß Caroline Herschel mehr Kometen als sonst jemand entdeckt hat. In einem einzigen Jahr fand sie acht. Dabei halfen mehrere Dinge. Sie war unermüdlich. Jede Sekunde einer wolkenlosen Nacht war sie auf ihrer Station. Ihr Bruder war ein gewitzter Astronom. Sie verwendete eine erst 1980 von Michael Hoskin wiedererbaute Apparatur, mit der sie jede Nacht den ganzen Himmel Stück für Stück absuchen konnte, ohne irgendeinen Teil des Himmels zu kurz kommen zu lassen. Wenn sie »mit unbewaffnetem Auge« etwas Merkwürdiges entdeckte, standen ihr zur näheren Betrachtung gute Fernrohre zur Verfügung. Am wichtigsten aber war, daß sie durch einfaches Hinschauen einen Kometen erkennen konnte. Jedermann sonst außer vielleicht Sir William Herschel mußte dem Weg eines vermuteten Kometen viele Nächte lang folgen, um sich über dessen Natur zu vergewissern.

Es hätte durchaus passieren können, daß Herschels Kometentheorie völlig falsch wäre und später durch eine derart unterschiedliche Erklärung ersetzt würde, daß man sie inkommensurabel nennen könnte. Das würde aber ihren Anspruch auf Ruhm nicht in Frage stellen. Es bliebe dennoch wahr, daß sie mehr Kometen als sonst jemand entdeckt hätte. Wenn nun unsere neue Theorie Kometen in ein Nichts, in optische Täuschungen kosmischer Größenordnung verwandelt hätte, dann würde die Entdeckung von acht Kometen in einem Jahr ihr zwar eher ein herablassendes Lächeln als ein bewunderndes Aufmerken einbringen, aber das ist etwas anderes.

1.5 Beobachten ist eine Fertigkeit

Das Beispiel der Caroline Herschel läßt sich auch dazu verwenden, die Vorstellung, Beobachten sei einfach Hinschauen, zurückzuweisen. Quine hat versucht, gegen die Vorstellung, alle Beobachtungen seien theoriegeladen, anzugehen, indem er sagte, »Beobachtungen ... (seien etwas, auf das) sich Beobachter auf der Stelle einigen (können).« Er schlägt »... vor, nicht mehr von Beobachtungen zu sprechen, sondern von Beobachtungssätzen, die Beobachtungen berichten sollen.« Dann versichert er uns, daß ein »... Satz ein Beobachtungssatz (ist), wenn über seinen Wahrheitswert bei jeder Gelegenheit zwischen praktisch allen Mitgliedern einer Sprachgemeinschaft, die anwesend sind, Übereinstimmung herrschen würde.« Und weiter: »... man kann die Zugehörigkeit zu einer Sprachgemeinschaft an der bloßen Zwanglosigkeit der Unterhaltung erkennen, ...«[3]

Eine noch falschere Auffassung der Beobachtung ist kaum vorzustellen. *Niemand* in der Sprachgemeinschaft der Caroline Herschel würde im allgemeinen mit ihr über einen neu erblickten Kometen übereinstimmen oder nicht übereinstimmen. Sie allein und in geringerem Ausmaß Sir William hatten die erforderliche Fertigkeit. Das soll nicht heißen, daß wir ihr auch dann diese Fertigkeit zuschreiben würden, wenn es anderen Fachleuten unter Anwendung anderer Mittel nicht möglich wäre, am Ende vielen ihrer Bestimmungen zuzustimmen. Ihre Beurteilungen erhalten ihre Gültigkeit nur im Zusammenhang mit dem reichen wissenschaftlichen Leben jener Zeit.

In einer besser bekannten, aber nicht immer richtig verstandenen Geschichte heißt es, daß Sir William Herschel Uranus zunächst für einen Kometen hielt. Nach genauerer Untersuchung kam er dann später zu dem Schluß, es könne sich nicht um einen Kometen handeln, und zu der Vermutung, es dürfte ein neuer Planet sein. Diese Ahnung wurde durch die Arbeit anderer bestätigt, die völlig andere Techniken verwendeten und manchmal völlig unabhängige Forschungsrichtungen verfolgten. Ich möchte nicht behaupten, daß Sir William »beobachtete«, daß dies ein Planet sei. Er bemerkte einen Himmelskörper, keinen Fixstern, wahrscheinlich keinen Kometen, und vermutete, es müsse sich um einen Planeten handeln. Dann bedurfte es besserer Mathematiker, als er einer war, um zu beweisen, daß er recht hatte. Ich erwähne Sir William hier, um auf einen Bestandteil der Fertigkeit des Beobachters zu verweisen: die Fertigkeit, jenes quälende Gefühl des Zweifels wahrzunehmen. Während des Mittagsschläfchens grübelt man darüber nach. So wie es aussah, ging es nicht mit rechten Dingen zu, nächste Nacht geht man wieder hin und schaut noch einmal – manchmal mit bemerkenswerten Ergebnissen.

1.6 Strahlende Wärme

Schon ein Restbestand einer Bedeutungstheorie veranlaßt Philosophen, darauf zu insistieren, daß Beobachtungen eine Menge Theorie mit sich schleppen. Am Beispiel Quine sehen wir, daß auch die Ablehnung eines Teils einer Bedeutungstheorie nicht davor schützt, ein gänzlich semantikbefangener Philosoph zu bleiben. Sobald man aber Bedeutung Bedeutung sein läßt, kann man die vielen unterschiedlichen Arten der Verknüpfung feststellen, die es zwischen Beobachtung und Theorie gibt. Ich bin gewiß nicht der Auffassung, daß Berichte über Beobachtungen so etwas wie die freischwebenden »Sinnesdaten«-Aussagen der zwanziger Jahre sind. Aber die Möglichkeiten sind derart vielfältig, daß wir sogar in den Annalen der Wissenschaft Beispiele reiner Sinnesdatenaussagen finden können: Sie sind selten, aber es ist nicht unpassend, diesen Abschnitt mit einem Beispiel zu beschließen, das von Theorie so fern liegt, wie es eine Aussage überhaupt nur sein kann.

1800 war Sir William Herschel einundsechzig. Es war in diesem Jahr, daß er – wie wir es heute nennen – die Infrarotstrahlung entdeckte und die Theorie der strahlenden Wärme entwickelte. Er veranstaltete etwa 200 Experimente und veröffentlichte vier wichtigere Aufsätze zum Thema, deren letzter hundert Seiten lang ist. Man findet alle in den *Philosophical Transactions of the Royal Society* von 1800. Zunächst machte er, was wir heute für den richtigen Vorschlag zur Betrachtung der strahlenden Wärme halten, aber am Ende wurde er unsicher, wo die Wahrheit liegen könne.

Er hatte Farbfilter in einem seiner Teleskope verwendet, um die

Sonne zu betrachten. Er bemerkte, daß Filter unterschiedlicher Farbe unterschiedliche Wärmebeträge durchließen. *»Bei einigen von ihnen hatte ich eine Wärmeempfindung, obwohl nur sehr wenig Licht vorhanden war, bei anderen hingegen empfand ich kaum Wärme, obwohl sie viel Licht durchließen.«* In der gesamten Physik werden wir keinen besseren Sinnesdatenbericht als diesen finden. Aber natürlich halten wir ihn nicht aufgrund der Sinnesqualität für erinnerungswürdig, sondern aufgrund dessen, was Sir William darauf tat. Warum tat er überhaupt etwas daraufhin? Zunächst wollte er Filter haben, die für die Betrachtung der Sonne besser geeignet waren. Sicher beschäftigte er sich auch mit einigen spekulativen Fragen, die sich aufdrängten.

Er verwendete Thermometer, um die Wärmewirkung der mit einem Prisma zerlegten Strahlen zu untersuchen. Das brachte ihn auf eine Fährte, denn er fand nicht nur, daß Orange mehr Wärme hat als Blau, sondern auch, daß es unterhalb des sichtbaren roten Teils des Spektrums eine Wärmewirkung gab. Seine erste Vermutung, die er zu dieser Erscheinung anstellte, entspricht in etwa dem, was wir heute für richtig halten. Er nahm an, daß die Sonne sichtbare und unsichtbare Strahlen aussendet. Unsere Augen reagieren nur auf einen Teil des Strahlenspektrums. Ein anderer, diesen überlagernder Teil wärmt uns. Da er ein Anhänger der Newtonschen oder Korpuskulartheorie des Lichts war, stellte er sich Strahlen als aus Partikeln zusammengesetzt vor. Der Gesichtssinn reagiert auf Korpuskel von Violett bis Rot, der Wärmesinn reagiert auf Korpuskel von Gelb bis »Infrarot«.

Nun begann er, diese Idee zu untersuchen, indem er überprüfte, ob Wärme- und Lichtstrahlen im sichtbaren Teil des Spektrums dieselben Eigenschaften haben. Er verglich ihre Reflexion, ihre Brechung, und differentielle Brechbarkeit, ihre Absorption in trüben Medien und den Grad ihrer Zerstreuung an rauhen Oberflächen.

Was unter anderm ein erfolgreiches Ergebnis verhinderte, war sehr wahrscheinlich die Korpuskulartheorie des Lichts. Aber ich würde die experimentellen Schwierigkeiten hervorheben. Zwar befand sich die Photometrie seit Lambert in einem ziemlich vorgeschrittenen Stadium, aber es gab keine dem entsprechende experimentelle Erfahrung für Wärme. Es gab Verfahren, um Licht-»strahlen« mit Filtern auszusondern, aber wie ließ sich das für Hitze bewerkstelligen? Die meisten Experimente Herschels sind eher Versuche, die Techniken zu verbessern, als wohl definierte Unternehmungen mit klaren Zielsetzungen. Sie sind Sondierungsversuche an den Erscheinungen. Heute würden wir viele seiner Behauptungen, eine bestimmte Genauigkeit erlangt zu haben, unangebracht finden. Er maß Lichtdurchlässigkeit bis zu einem Verhältnis von eins zu tausend; schlimmer noch, er beanspruchte die gleiche Genauigkeit für Wärmemessungen. (Ich möchte allerdings der negativistischen Vorstellung keinen Vorschub leisten, er habe keine Gründe für die Annahme einer solchen Genauigkeit haben können; immer wieder zeigt es sich, daß begnadete Experimentatoren »das Unmögliche« vollbracht haben. Aber wir können es nicht überprüfen, da wir über keine der vielen Substanzen verfügen, die er in seinen Experimenten verwendete; wie ein Historiker bemerkte, war sein Brandy nahezu pechschwarz!)

Herschel wies nach, daß Wärme und Licht sich gleich sind in bezug auf ihre Reflexion, Brechung und differentielle Brechbarkeit. Bei der Absorption kam er in Schwierigkeiten. Er hatte die Vorstellung, daß ein lichtdurchlässiges Medium einen bestimmten Anteil der Strahlen einer bestimmten Art, z. B. Rot, aufhält. Seine Vorstellung von Rot war, daß derjenige Wärmestrahl, dessen Brechungskoeffizient dem des roten Lichts gleich ist, mit rotem Licht gleichen Brechungskoeffizienten identisch ist. Wenn also x % des Lichts durchgelassen wird und Wärme und Licht in diesem Bereich des Spektrums identisch sind, dann muß auch x % der Wärme durchgelassen werden. Er stellt die Frage: »Wird die Wärme, die die Brechbarkeit der roten Strahlen hat, von dem Licht dieser Strahlen erzeugt?« Sein Befund ist negativ. Ein bestimmtes Glasstück, das nahezu alles rote Licht durchläßt, ließ 69,2 % der Wärme nicht durch. Somit kann Wärme nicht dasselbe wie Licht sein.

Herschel gab seine ursprüngliche Hypothese auf und wußte nicht recht weiter. Aber in seinen Bakerschen Vorlesungen von 1801 bezieht sich Thomas Young ungerührt auf die Arbeiten Herschels. Hier liegt ein Beispiel vor, in dem die wellentheoretische Betrachtungsweise besser mit bestimmten experimentellen Ergebnissen zurechtkam als die Korpuskulartheorie. Das belegt, daß das, was wir aus einer Reihe von Beobachtungen machen, von unseren Theorien abhängt. Es belegt nicht, daß die Beobachtungen an sich mit viel Theorie beladen sind.

Das Haupthindernis für Herschel war experimenteller Natur. Er konnte keine Apparatur konstruieren, die ihm den richtigen Zugriff auf die Phänomene gestattete. Fragen nach der Natur der Wärmestrahlung bestanden noch lange nach der Zurückweisung der Korpuskulartheorie. Man bekam die Sache erst in den Griff, als Melloni einige Instrumente bauen konnte, die auf äußerst empfindlichen Thermoelementen beruhten. Die Frage, die die Zeitgenossen Herschels um 1800 am meisten beschäftigte, war, ob es überhaupt unsichtbare Wärmestrahlen gibt. 1801 wurde er von Leslie ziemlich bösartig angegriffen. Die experimentellen Ergebnisse wurden geleugnet. Ein Jahr später wurden sie mehr oder weniger wiederholt. Es gab viele schwere und einfache experimentelle Schwierigkeiten. Zum Beispiel hört das Spektrum nicht säuberlich mit Rot auf. Einiges Licht aus der Umgebung wird zerstreut und erscheint unterhalb des Rots als fahles weißes Licht. Könnte nicht die »infrarote« Wärme von diesem weißen Licht erzeugt sein? Hier stellte sich eine neue experimentelle Idee ein. Oberhalb Purpur gibt es keine auffallende unsichtbare Wärme, aber könnte es nicht trotzdem »Strahlung« geben? Man wußte, daß Silberchlorid reagiert, wenn es diesem Ende des Spektrums ausgesetzt wurde. Ritter plazierte es neben Violett und erzielte eine Reaktion; wir sagen heute, er entdeckte »Ultraviolett«.

Wenn man solche Beispiele durchliest, kann man dann an der Binsenwahrheit zweifeln, daß die experimentelle Arbeit ein Eigenleben führt? Wenn wir unsere Aufmerksamkeit nur auf Sätze und Aussagen beschränken, werden wir dies Eigenleben nie verstehen. Es ist möglich, wenn auch unwahrscheinlich, daß theoretisches Wissen aus Sätzen besteht, experimentelles Wissen bestimmt nicht. Enthalten oder behaupten alle Beobachtungsaussagen theoretische Annahmen? Offensichtlich nicht. Ich habe mich schwer damit getan, dies festzustellen, nicht weil solch eine langweilige Frage an sich von Interesse ist, sondern um deutlich zu machen, daß die richtige Beschreibung experimenteller Arbeit wenig mit der Sprache, in der sie formuliert wird, zu tun hat. Aber der Zufall will es, daß man auf Beispiele stößt, die die Paradoxien einer sprachbesessenen Philosophie widerlegten. Jetzt wende ich mich der anspruchsvolleren Aufgabe zu, eine Terminologie zu erstellen, die bestimmte Seiten der Beziehung zwischen Theorie und Experiment hervorhebt.

2. Phänomene

Das Wort »Phänomen« gibt es seit alters im philosophischen Sprachgebrauch. Es hat gegenwärtig eine Vielzahl von Bedeutungen, die unterschiedliche Teile seiner Geschichte in Erinnerung rufen. Ich versuche folgendermaßen, eine Definition zu geben:

Ein Phänomen ist *bemerkenswert*. Ein Phänomen ist *unterscheidbar* von anderen. Ein Phänomen ist gemeinhin ein Ereignis einer bestimmten Art, das unter bestimmten Umständen *regelmäßig* auftritt. Hat man die Regelmäßigkeit festgestellt, wird sie typischerweise mit einer gesetzesähnlichen Verallgemeinerung ausgedrückt. Oft ist es gerade die *Tatsache* der Regelmäßigkeit, die »Phänomen« genannt wird.

Das Wort ist immer wieder mit Schein und Wirklichkeit verknüpft: und das zu Recht, denn es ist von der griechischen Wurzel abgeleitet, die wir mit »(er)scheinen« übersetzen. Daher hat es alle Konnotationen von »Schein«. Man kann es so verwenden, daß es die unmittelbaren Inhalte der Sinneserfahrung, die Sinnesdaten, bedeutet. Einige Skeptiker der Antike benutzten es so, und Aristoteles schließt diese Verwendung nicht aus. Aber so, wie ich das Wort verwende, bezeichnet es ein Ereignis oder eine Tatsache oder eine Regelmäßigkeit, die nicht privater, sondern öffentlicher Natur sind. Damit ist es von philosophischen Lehren wie Phänomenalismus, *phénoménisme* oder Phänomenologie weit entfernt.

Die Wissenschaft der Renaissance verwendete das Wort »Phänomen« in der Astronomie. Damit waren die regelmäßigen Bewegungen der Sphären und Ereignisse wie die Marsverfinsterung gemeint. Für einige Autoren behielt es noch die Bedeutung »bloßer Schein«. Von Nicholas Jardine weiß ich, daß Kepler es für einen Fehler unseres Sinnessystems hielt, daß wir nur Phänomene, nicht aber die tatsächliche Position der Himmelskörper wahrnehmen.

Manchmal war die Redensart »die Phänomene retten« ernst gemeint; häufiger aber, glaube ich, ironisch. Mit der Erweiterung des Substantivs »Phänomen« im 17. Jahrhundert auf alle »Naturphänomene« (wie man sie damals nannte) ergab sich ein eigenartiges Wortspiel mit dem Verbum »salve« – man sprach von »Solving the phenomena«. »A solution of the phenomenon« ergab sich durch einen Satz von Regeln, aus dem sich das Phänomen ableiten ließ.[3a]

Im Englischen des 18. Jahrhunderts wird das Wort »phenomenon« hauptsächlich so benutzt, wie ich es definiert habe. In Berkeleys *Siris* (zum Beispiel) findet sich das Wort über vierzigmal. Immer mit der Standardbedeutung »phenomena of nature«, einem Ausdruck, der in dem Buch nicht selten vorkommt. Das hat mit Berkeleys sogenanntem Phänomenalismus nichts zu tun. Es stimmt, daß er der Auffassung war, alle Phänomene seien nur Schein, aber nicht weil sie Sinnesdaten wären! In den philosophischen Teilen dieses großartigen Potpourris von einem Buche – eins der nächsten Gegenstücke zu *Wider den Methodenzwang*, das die Literatur zu bieten hat – versucht Berkeley eine neue Analyse dessen, was die Naturphilosophen tun, wenn sie Phänomene erklären, aber seine Bemerkungen ergeben sich aus seinen Theorien über Materie und Verursachung, nicht daraus, daß er dem Worte eine unübliche Bedeutung gäbe.

Sehr viel später, in den siebziger Jahren des 19. Jahrhunderts, begannen Physiker, von verschiedenen *Effekten* zu sprechen, etwa dem Compton-Effekt, dem photoelektrischen Effekt, dem Zeeman-Effekt und dem anomalen Zeeman-Effekt. Dies wurde die übliche Ausdrucksweise in allen modernen europäischen Wissenschaftssprachen. Einer dieser Effekte ist der Hall-Effekt – ein Magnetfeld induziert ein elektrisches Potential in einem Leiter, der senkrecht zur Strom- und Feldrichtung steht. Hall selbst verwendete »phenomenon«, wenn er von dem Effekt sprach. In seinem Tagebuch steht für den 10. November 1879:

> Selbst damals erschien es ziemlich unbegründet zu glauben, ein neues Phänomen sei entdeckt worden, jetzt aber, vierzehn Tage später, nachdem das Experiment viele Male und unter verschiedenen Versuchsbedingungen erfolgreich wiederholt worden ist ... mag die Behauptung vielleicht nicht verfrüht sein, daß ein Magnet eine Auswirkung auf den elektrischen Strom oder zumindest eine Auswirkung auf den Stromkreis hat, die zuvor weder ausdrücklich beobachtet noch bewiesen worden ist.[4]

Ich konnte nirgendwo einen Hinweis dafür finden, daß im Laufe des 19. Jahrhunderts das Wort »Effekt« bewußt und absichtlich als Ersatz für »Phänomen« eingeführt worden wäre. Sind Effekte eine bestimmte Klasse von Phänomenen? Nancy Cartwright äußerte mir gegenüber die Vermutung, daß man ziemlich oft etwas »Effekt« nannte, wenn es überraschend und interessant zumal vor dem Hintergrund eines bestimmten theoretischen Modells war. Man betrachte die Tatsache, daß sich nicht zwei, sondern drei

Linien bei den Energieniveaus der Elektronen eines Kerns finden. Dies ist ein »Effekt« nicht deswegen, weil es tatsächlich eine Teilung der zweiten Linie gibt (verursacht durch den Elektronenspin), sondern weil man vor Goudsmit und Uhlenbeck sich nicht erklären konnte, wieso es mehr als zwei Linien geben sollte.

Diese Anmerkung zeigt, daß mit meiner Forderung, Phänomene sollten »bemerkenswert« sein, eine ganze Menge zusammengefaßt ist. Ob eine Regelmäßigkeit bemerkenswert ist oder nicht, hängt sehr stark von unseren Erwartungen ab. Im Fall der stark elaborierten Wissenschaft Physik hängt das sehr stark von unseren wohl formulierten Theorien ab. Es bleibt jedoch zu bemerken, daß einige Effekte auch weiterhin bemerkenswert bleiben können, ganz unabhängig von der Theorie. Ein Beispiel ist der lichtelektrische Effekt, dessen sich Supermarktkunden vage bewußt sind. Sollten Lambs Zweifel an der Existenz von Photonen sich als berechtigt erweisen und seine Forschergruppe eine Physik ohne Photonen erstellen, würde es den lichtelektrischen Effekt immer noch geben.

2.1 *Erschaffung*

Hall hat den Hall-Effekt nicht erschaffen. Bestenfalls erzeugten er und seine Mitarbeiter ihn in ihrem Laboratorium. Sie entdeckten diesen Effekt. Aber nur von der Entdeckung des Phänomens zu reden, hieße die Tatsache herunterzuspielen, daß viele einfallsreiche Apparaturen erstellt werden mußten, um bestimmte Dinge auf bestimmte und beharrliche Weise zu tun. Hall suchte etwas, und es stellte sich heraus, daß es das nicht gab; dann begann er die Arbeit an dem Beweis, daß etwas Ähnliches auch nicht existierte; aber er entdeckte bald, daß dies doch existierte; dann baute er eine Apparatur, mit der sich dies Phänomen in verschiedener Weise verläßlich demonstrieren ließ.

Zu sagen, Hall habe seinen Effekt erschaffen, hieße die Sache etwas übertreiben, aber ich übertreibe hier mit Absicht. Als Philosophen haben wir darauf geachtet, die Phänomene zu retten oder zu erklären. Der Theoretiker war unser Held. Wir haben die Seite der Wissenschaft ignoriert, die zunächst einmal die Phänomene erschafft.

Ich vertrete nicht die Ansicht, der Experimentator möge Phänomene erschaffen, ohne theoretische Vorstellungen zu haben (wobei ich allerdings betonen will, daß er auch experimentelle Vorstellungen haben muß sowie ein gutes Gespür dafür, wie die Natur anzupacken ist). Nicht nur die Philosophen unserer Tage haben das Experiment zugunsten der Theorie abschätzig behandelt. Hier eine Bemerkung, die vermutlich radikaler ist als irgend etwas, das Popper je geschrieben hat:

> *Bacon* legt in der Forschung dem Experiment einen hohen Werth bei; er weiß aber von dessen Bedeutung nichts; er hält es für ein mechanisches Werkzeug, welches in Bewegung gesetzt, das Werk aus sich selbst herausmacht; aber in der Naturwissenschaft ist alle Forschung deductiv oder apriorisch; das Experiment ist nur Hülfsmittel für den Denkproceß, ähnlich wie die Rechnung; der Gedanke muß ihm in allen Fällen und mit Nothwendigkeit vorausgehen, wenn es irgend eine Bedeutung haben soll.
>
> Eine empirische Naturforschung in dem gewöhnlichen Sinn existiert gar nicht. Ein Experiment, dem, nicht eine Theorie, d. h. eine Idee, vorhergeht, verhält sich zur Naturforschung wie das Rasseln mit einer Kinderklapper zur Musik.[5]

Dies sind die Worte des Freiherrn von Liebig (1803-1873), des großen Experimentators, der unter anderem den Kunstdünger erfand. Was geistlosen Empirismus betrifft, stimme ich mit ihm überein. Ich kann selbst damit übereinstimmen, daß ein Experiment ohne vorausgehende Theorie – d. h. irgendeine Spekulation über die Beschaffenheit der Welt – in aller Wahrscheinlichkeit hoffnungslos ist. (Allerdings: »Erasmus Darwin vertrat die Theorie, man müsse von Zeit zu Zeit ein gänzlich närrisches Experiment durchführen. Zu allermeist geht es schief, aber wenn es gelingt, dann ist es überwältigend. Darwin spielte seinen Tulpen Posaune vor. Das Ergebnis dieses Experiments war negativ.«[6]) Es gibt jedoch keine Rechtfertigung für das Dogma, ein Experiment sei bedeutungslos, wenn sein Resultat nicht von irgendeiner Theorie (sei sie nun richtig oder falsch) vorhergesagt worden ist. Für das Experimentieren ist bezeichnend, daß es dann und wann Phänomene erschafft, die aus der Sicht der gerade herrschenden Theorie völlig abstrus sind. Die Beschäftigung des experimentell arbeitenden Wissenschaftlers, um die ich mich am meisten kümmere, ist diejenige, die dort Phänomene erzeugt, wo zuvor überhaupt nichts zum Nachdenken bestand.

Phänomene sind in der nicht vom Menschen berührten Natur in der Tat äußerst rar. Nicht zufällig sind die Phänomene, mit denen man sich in der Renaissance beschäftigte, zumeist Himmelsphänomene. Es ist alles andere als Zufall, daß die klassische empirische Wissenschaft, der wir den meisten Respekt zollen, die Astronomie ist. (Unter »wir« schließe ich Feyerabend nicht ein; ich glaube, er ist der Ansicht, daß wir Rationalisten noch interessantere Teile der klassischen Wissenschaft zerstört haben.) Warum begann die alte Wissenschaft zunächst mit den Sternen? Weil nur am Himmel sich einige Phänomene zeigen und noch weit mehr durch sorgfältige Beobachtung und Vergleichung sich dingfest machen lassen. Nur die Planeten und weiter entfernte Himmelskörper besitzen das rechte Maß an Regelmäßigkeit vor einem chaotischen Hintergrund.

Man wird hier einwenden, die Welt sei voll von offensichtlichen Phänomenen. Es gibt »die großen Phänomene von Nacht und Tag«. Tatsachen aus dem Landleben werden beschworen (zumeist bei Philosophen, die in Städten hausen und zeit ihres Lebens keine Ziege gemolken haben). Man wird das Wissen der Mütter und Jäger und Seeleute beschwören. Die Schwärmer jedoch, die den guten Rat feilbieten, wir sollten weise werden und unser Leben im Einklang mit der Natur ablaufen lassen, denken weniger daran, daß wir Phänomene feststellen sollten, als daß wir Teil ihres Rhythmus zu werden hätten. Abgesehen von den Planeten und Fixsternen fallen mir nur etwa vierzig Phänomene in der Natur ein, die sich einfach so beobachten lassen. Auch wer eine noch längere Aufstellung geben kann, wird mir zustimmen, daß die Phänomene der Naturwissenschaft größtenteils durch den Menschen erstellt sind. Und das, obwohl die meisten Metaphysiker des Abendlands gerade diese Phänomene als die Schlüssel zum Aufbau des Universums betrachten.

2.2 *Berechnung*

Ich bin mir nicht recht sicher, welches Wort hier angebracht ist: Vielleicht wäre »Analyse« besser als »Berechnung«, aber ich meine etwas, das ebensooft Synthese wie Analyse ist. Wir wollen das Wort »Rechnen« einschränken und damit nur meinen, daß man dank festgelegter Regeln und Verfahren, auch Algorithmen, zu Antworten gelangt. Mit »Berechnung« meine ich etwas allgemeineres, das auch viel angewandte Mathematik enthält. Es umfaßt die Transformierung bestehender Theorien zu Formulierungen, mit denen wir rechnen und über die Verzahnung von Theorie und Experiment nachzudenken beginnen können. Was ich mit »Berechnung« meine, gehört zu den Dingen, die Kuhn mit der »Artikulierung« von Theorien meint.

Zwar handelt dieser Aufsatz von Experimentalwissenschaft, zwar sage ich, daß Experimente ein Eigenleben besitzen, dennoch muß ich auf die Beziehung zwischen Theorie und Experiment eingehen. Ich bin allerdings der Auffassung, daß diese schlichte Dichotomie uns nicht mehr viel weiter hilft. Es gibt eine geistige Anstrengung, die sicherlich zur Theorie beiträgt, die aber von außerordentlicher Bedeutung für die Umwandlung von Spekulation in eine Form ist, in der sie vom Experimentator verwendet werden kann. Das ist es, was ich »Berechnung« zu nennen vorschlage.

Äußerst feinsinnig darin war Laplace. Sein *Traité de la Mécanique Céleste* enthält wenig neue Spekulation. Im mathematischen Rahmen des Newtonschen Weltsystems überarbeitete er endlos Gleichungen. Manchmal erforderte dies die Postulierung neuer Substanzen, er mußte z. B. dem Wärmestoff parametrische Werte zuschreiben, um die Geschwindigkeit des Schalls zu erhalten. Manchmal mußte er einen neuen Zweig der Mathematik begründen. Wir sollten über seine Idee eines »Dämons« nachdenken, der, wenn er nur alle Einzelheiten eines Moments der Welt wüßte, den weiteren Lauf eines jeden Teilchens berechnen könnte. Die meisten Leser halten das für eine Version des Determinismus. Ich bin nicht dieser Ansicht, jedenfalls nicht genau. (Ernst Cassirer war, wenn auch aus anderen Gründen, auch nicht dieser Ansicht.[7]) Möglicherweise sagte Laplace, nicht ganz frei von Anmaßung, daß jemand, der entsprechend hervorragend im Berechnen wäre, jede beliebige Bahn berechnen könnte, indem er die *bereits vorhandene Theorie verwendete.* Während Laplace die Newtonsche Wissenschaft nur endlich weit vorangetrieben hatte, würde der »Dämon« unendlich weit fortschreiten, und zwar, indem er dasselbe wie Laplace täte, nur in ganz anderem Ausmaß. Die Newtonsche Theorie war das System der Welt, alles was man brauchte, war mehr Berechnung, mehr Artikulierung aus dieser Theorie heraus.

2.3 Spekulation

Das Wort »Spekulation« läßt sich für alle Arten von Daherreden oder von Börsenoperationen verwenden. Etymologisch gesehen, ist es gleichbedeutend mit einer der Bedeutungen von »Theorie«. Ich meine mit Spekulation die intellektuelle Darstellung einer Sache von Interesse, ein Spielen mit und ein Umbauen von Vorstellungen in der Absicht, ein typisches, qualitatives Verständnis dessen, was der Fall ist oder sein könnte, zu gewinnen. Eine eigentlich qualitative Theorie kann wegen unserer mathematischen Schreibweise so aussehen, als sei sie quantitativ, weil sie unbestimmte Parameter enthält, aber oft (nicht immer) sind unsere interessantesten Theorien trotz des Scheins des Quantitativen qualitativ.

Ich schlage vor, »Theorie« nicht allzu genau in »Spekulation« und »Berechnung« zu trennen. Anstatt »Spekulation« könnte auch Poppers »conjecture« vielen meiner Absichten genügen. Es hat auch einen Anflug von Vorläufigkeit. Aber er hat das Wort patentiert, und ich ziehe vor, es in seiner Philosophie zu belassen. Insbesondere ist es zu sehr an seine beschwörende Formel »conjecture and refutation« geknüpft. Er hat den Anschein erweckt, alle Experimente seien Bestätigung, Überprüfung oder Widerlegung von Theorie, und ich will mich von dieser antihistorischen Darstellung freimachen. Die Wissenschaft entwickelt sich nicht nur nicht so, sondern könnte sich, wie ich vermute, so auch nicht entwickeln. Es ließe sich versuchen, den Satz zu beweisen, daß eine Wissenschaft à la Popper logisch unmöglich ist, von Untersuchungen einiger dürftiger Verallgemeinerungen einmal abgesehen.

Es gibt zumindest so viele Arten von Spekulation, wie es Arten der Darstellung gibt. Beispielsweise gibt es physikalische Modelle und mathematische Strukturen. Es war Physikern des ausgehenden 19. Jahrhunderts bekannt, daß beide Ansätze zu bemerkenswerten Entdeckungen führten, der eine Ansatz war eher in Großbritannien, der andere eher in Deutschland verbreitet. Unter Philosophen ist Duhem wohlbekannt dafür, daß er dies aufgegriffen hat mit seiner Formel von den zwei Arten von Geistern – der eine breit und flach, der andere eng, aber tief. Wer nicht gerade von Chauvinismus befallen war, akzeptierte diese Unterschiede und sah, daß sie arbeitsteilig zusammenwirkten. Beide erbrachten bedeutsame Beiträge, und zudem gab es noch viele andere Möglichkeiten des Spekulierens. Man sollte sich auch keinesfalls durch die Vorstellung irreführen lassen, eine Newtonsche Theorie mit anschließender Laplacescher Berechnung sei die Regel. Weit verbreiteter ist es, daß man in der Geschichte eines Zweigs der Naturwissenschaften sich abwechselnde Impulse von Spekulation und Berechnung findet, zwischen denen sich oft Zeiten befinden, in denen die Erschaffung von Phänomenen vorrangig ist. Wenn es überhaupt ein einzelnes Ereignis war, das den Laplaceschen Traum zunichte machte, dann war es die Erfindung der Voltaschen Zelle im Jahre 1800. Mit einer stabilen elektrischen Spannung konnte man eine Fülle neuer Phänomene schaffen.

2.4 Drei Fähigkeitsarten

Duhems Gegenüberstellung von physikalischem Modellbilden und der Formulierung mathematischer Strukturen mag auf einige wenige Episoden in der Physik zutreffen. Die Unterscheidung zwischen Experimentator und Theoretiker ist tiefer in der Psychologie des Menschen verankert und hat seit langem ihre rituelle Ausformulierung in dem unterschiedlichen Kastenstatus der zwei Gruppen von Forschern gefunden. Ich möchte hier vorschlagen, daß es *drei* Fähigkeitsarten waren, die die letzten drei Jahrhunderte der Physik kennzeichnen. Ich will keineswegs implizieren, niemand habe mehr als eine dieser Fähigkeiten. Newton und Maxwell gehören zu den allerersten Physikern, aber sie waren auch große Experimentatoren. Jedoch mag Laplace keine außergewöhnliche Gestalt gewesen sein, so wie er dem Experimentieren wie dem Spekulieren ziemlich gleichgültig gegenüberstand, durch seine Fähigkeiten im Berechnen aber als einer der größten Physiker seiner Zeit gilt.

Gewiß gab es exzellente Experimentatoren ohne Begabung für Spekulation oder Berechnung. Das heißt nicht, daß Michelson (um ein Beispiel zu nennen) kein Interesse an Theorie hatte. Es war natürlich eine spekulative Frage, die ihn zum Teil zu seinem größten Erfolg brachte. Seine Begabung lag jedoch darin, die Natur sich so verhalten zu lassen, daß sich das ergab, was er für eine Antwort auf die Frage nach der astronomischen Aberration hielt. Heute sind wir der Ansicht, daß seine theoretische Motivation, als Spekulation gesehen, eine Sackgasse war. Ein Ergebnis seines Experiments war der Nachweis, daß eine Spekulationsrichtung wenig Aussicht auf Fortschritt bot. Wie ich schon sagte, war das wichtigere Ergebnis die Beherrschung der Techniken, mit denen sich Phänomene der Lichttransmission stabilisieren ließen.

Unterschiedliche Forschungsgebiete erzeugen unterschiedliche Wissenschaftsphilosophien. Diese spiegeln gemeinhin nicht nur einen Unterschied im intellektuellen Klima wider, sondern auch Änderungen der vorherrschenden Forschungsstile. Die am umfangreichsten tradierte griechische Philosophie nimmt an, alles Wissen sei deduktiv. Natürlich *war* das, was ich das beste Wissen jener Zeit nennen würde, größtenteils deduktiv. Die neue Wissenschaft des 17. Jahrhunderts hielt sich für induktiv, glaubte, sie erbaue auf der Grundlage von Beobachtungen, Analogien, kleineren Induktionsschritten die großen Theorien. Im 19. Jahrhundert erblickte das hypothetisch-deduktive Modell das Licht der Welt, so daß die im Abschnitt 2.2 zitierte Textstelle von Liebig 1863 weiten Anklang fand. Philosophische Theorien über theoretische Gegenstände waren die Forderung der Zeit, nach meiner Ansicht hauptsächlich deswegen, weil man zum erstenmal in der Physik endlich über eine Fülle ihrem Wesen nach theoretischer Gegenstände verfügte. Stärker als jemals zuvor war eine Klärung dafür gefordert, wie theoretische Sätze, die ihrem Wesen nach der Beobachtung nicht zugänglich sind, mit dem experimentellen Wissen, das damals in voller Blüte stand, verknüpft sind.

Die bestentwickelte hypothetisch-deduktive Darstellung findet sich in N. R. Campbells *Physics, the Elements* und weiter ausgearbeitet in R. B. Braithwaites *Scientific Explanation.* Diese Autoren stimmen der schlichten Geschichte nicht zu, die sich aus Braithwaites eigenem Aphorismus über die Wissenschaft ableiten ließe: »Man proposes, nature disposes.« (»Der Mensch denkt, die Natur lenkt.«). Das heißt, es geht nicht einfach darum, daß Hypothesen erstellt und an der Erfahrung überprüft werden. Denn diese Autoren, so kann ich glücklicherweise sagen, wollen nicht eine »Methode« zur Betreibung von Wissenschaft erstellen. Sie wollen ein Modell des Wissens. Campbell vermerkt, daß theoretische Hypothesen nicht direkt mit irgend etwas Beobachtbarem verknüpft sind. Es ist nicht möglich, aus den Kernsätzen der Physik des 19. Jahrhunderts experimentelle Überprüfungen zu deduzieren. Deshalb unterscheidet er zwischen zwei Schichten von Aussagen. Es gibt *Hypothesen,* »Aussagen über eine Ansammlung von Vorstellungen, die kennzeichnend für eine Theorie sind«. Sodann gibt es ein *Lexikon* (Braithwaite nennt es ein »Campbellsches Lexikon«) von »Aussagen über die Beziehung zwischen diesen Ideen und einigen anderen Ideen anderer Art«.

Diese Autoren kommen am Ende zu einer unhistorischen Einstellung gegenüber der Wissenschaft und, in gewissem Maße entgegen ihren eigenen Absichten, zu jener sprachzentrierten Einstellung gegenüber der Wissenschaft, die ich so sehr bedaure. Es geht hier nicht um Aussagenarten! Dennoch hat ihr dreiteiliges Modell von Hypothese, Lexikon und Experiment einen Ruch der Wahrheit, den ich in der simplen Gegenüberstellung von »conjecture« (»Vermutung«) und »refutation« (»Widerlegung«) nicht wahrnehmen kann. Die Physik war zumal am Ende des 19. Jahrhunderts in dreierlei Weise beschäftigt. Wenn das Experiment ein Eigenleben führt und wenn die Spekulation bestenfalls zu einem qualitativen Verständnis der Phänomene führt, was ist dann die Verbindung zwischen beiden? Ich bin der Ansicht, daß das, was ich »Berechnung« genannt habe, die ziemlich geschlossene hypothetisch-deduktive Struktur *erzeugt*, die man in einer Lehrbuchdarstellung einer einigermaßen abgeschlossenen Wissenschaft finden kann. Das soll nicht heißen, es gäbe ein Reich von Bedeutungen, die sich vielleicht in einem Lexikon einfangen ließen und die Verbindung zwischen spekulativem und experimentellem Denken darstellten. Bedeutungen werden gemacht, nicht geboren. Spekulation und Experiment müssen nicht eng miteinander verknüpft sein, denn eine andere Tätigkeit, von mir »Berechnung« genannt, fügt sie eng genug zusammen, so daß es zu einer quantitativen Verzahnung zwischen beiden kommt.

Ich plädiere hier nicht für eine erschöpfende Klassifizierung in drei sich nicht überschneidende Lebensbereiche. Ich sage nur, daß das bestentwickelte hypothetisch-deduktive Modell mit seinen drei Schichten eine verschwommene, aber nicht gänzlich hoffnungslose Photographie der drei Fähigkeitsarten ist, die sich in einer historischen Untersuchung der neueren Physik mit einigem Nutzen unterscheiden lassen.

2.6 »Was ist so großartig an der Wissenschaft?«

Dies ist eine der Fragen Feyerabends. Mir kommt sie keineswegs sehr dringlich vor, aber wir können in der neueren Physik etwas ziemlich Großartiges erblicken. Nach meiner Darstellung beruht sie hauptsächlich auf drei unterschiedlichen Arten menschlicher

Fähigkeiten und Interessen. Sie ist ein Zusammenwirken verschiedener Arten von Menschen. Bacon prangerte wiederholt die Dogmatiker und die Empiriker an. Vielleicht haben viele Dogmatiker eine spekulative Geistesrichtung gehabt; einige Empiriker müssen Experimentatoren besonderer Begabung gewesen sein. Auf sich gestellt, erzeugt jede Seite wenig Wissen, nicht einmal viel Zuneigung. Was kennzeichnet die wissenschaftliche Methode? Sie bringt diese beiden Fähigkeiten zusammen, und zwar durch eine dritte menschliche Begabung, die ich »Berechnung« genannt habe. Nach der Epoche der Griechen war die Mathematik steril, bis sie wieder »angewandt« wurde. Selbst in dieser Zeit sind trotz der Kraft vieler Teile der reinen Mathematik viele der bedeutendsten Begründer tiefer, »reiner« Ideen – Lagrange, Hilbert oder wer auch immer – gerade die Forscher, die mit den Grundproblemen der Physik ihrer Zeit eng vertraut waren.

Das Bemerkenswerte an der neuen Physik ist, daß sie ein neues kollektives menschliches Kunstprodukt schafft, indem sie drei fundamentalen menschlichen Interessen volle Beteiligungsmöglichkeit gibt. Durch die Möglichkeit der Zusammenarbeit wird jede dieser drei Interessen in einer Weise bereichert, die anders unmöglich wäre.

Mit Hilfe unserer Darstellung lassen sich Zweifel, die einige von uns an den Sozialwissenschaften hegen, besser diagnostizieren. Hier befinden wir uns immer noch in einer Welt der Dogmatiker und Empiriker. Das »Experimentieren« ist ziellos, bis jetzt werden so gut wie keine stabilen Phänomene erzeugt. Es gibt reichlich Spekulation. Es gibt auch reichlich mathematische Psychologie oder mathematische Ökonomie, reine Wissenschaften also, die herzlich wenig mit Spekulation oder mit Experimentieren zu tun haben. Alle Sozialwissenschaftler lesen pflichtgemäß ihren Popper. Es liegt mir allerdings fern, diesen Zustand irgendwie zu bewerten. Vielleicht sind alle diese Leute dabei, eine neue Art menschlicher Aktivität zu schaffen. Aber viele von uns werden von einem Gefühl der Wehmut, der Trauer befallen, wenn wir auf die Sozialwissenschaften blicken. Vielleicht deshalb, weil ihnen das fehlt, was die neuere Physik so großartig macht. Nicht das Experiment fehlt ihnen, nicht die Spekulation, nicht die Berechnung. Es fehlt ihnen das Zusammenspiel aller drei.

3. Experimente

3.1 Die Erkundung der Theorie

Aus der Ferne betrachtet, lassen sich viele experimentelle Arbeiten nach jeder Schablone beschreiben. Herschel glaubte, seine eigenen Forschungen über strahlende Wärme seien ein Beispiel für Induktion und Analogieschluß. Man könnte gleichfalls sagen, daß er eine Vermutung über die Beziehung zwischen sichtbarem Licht und empfundener Wärme formulierte und sie sodann überprüfte. Solche »induktiven« und »deduktiven« Darstellungen ergeben sich aus unterschiedlichen Methodologien, und Schablonen, die sich aus Methodologien ergeben, sind selten viel wert. Damit soll nicht abgestritten werden, daß es wirkliche Beispiele für »conjecture and refutation« gegeben hat, bei denen ein Experiment so eingerichtet war, daß man damit eine Vermutung überprüfte, sie widerlegte und dann zu einer Revision der Vermutung kam. Das Paradoxe ist nur, daß Poppers Ideal die Physik gewesen ist, in der modernen Physik aber Vermutung und Widerlegung selten vorkommen, außer bei gelegentlichen Hilfsannahmen. Poppers Dialektik ist ein Modell, das besser auf die Überprüfung von Verallgemeinerungen niedriger theoretischer Ebene paßt. Das mag der Grund dafür sein, daß Poppers Methodologie in den Sozialwissenschaften so viele Anhänger findet.

Ich habe nicht behauptet, ein Experiment sei jemals theorieunabhängig, sondern nur, daß die Verbindung zwischen beiden ein Mischmasch unterschiedlicher Dinge ist. Ein wichtiges Modell einiger Arten von Verbindung ließe sich »Erkundung« nennen. Nehmen wir beispielsweise den Hall-Effekt im Abschnitt 2.1. Maxwell hatte in seiner Abhandlung gesagt, wenn ein Leiter eines elektrischen Stroms unter dem Einfluß eines magnetischen Feldes stünde, das Feld auf den Leiter, aber nicht auf den Strom einwirken würde. Rowland stellte das in Frage und beauftragte seinen Studenten Hall damit herauszufinden, was es damit auf sich habe. Hall vermutete, der Widerstand des Leiters könne durch das Feld affiziert werden, oder es würde ein elektrisches Potential erzeugt. Hall erzielte zwar nicht den ersten, wohl aber schließlich den zweiten Effekt. Er erhielt einen Potentialunterschied längs eines Stückes Blattgold, das rechtwinklig zum Strom wie zum magnetischen Feld stand. Einige anfängliche Erklärungsversuche erwiesen sich als unzureichend, denn andere Leiter zeigten den Effekt des Potentialunterschiedes in anderer Richtung als Gold.

Man könnte diese Arbeit als Überprüfung der Bemerkung Maxwells beschreiben, aber das wäre irreführend. Es ist eher das, was Kuhn die experimentelle Artikulierung einer Theorie nennt, parallel zu jener Artikulierung einer Theorie, die ich »Berechnung« genannt habe. Man muß eine breite theoretische Idee von den Phänomenen her verstehen, die erzeugt werden können. Kein Aspekt des Phänomens wird vom Theoretiker genau vorhergesehen, und einige Aspekte sind völlig unvorhergesehen. Die Theorie wird daraufhin weiterentwickelt, nicht weil sie widerlegt worden wäre und nicht wegen eines Induktionsschlusses, sondern einfach weil es ein neues Phänomen gibt, über das nachzudenken ist. Philosophen nehmen manchmal an, die Aufgabe der Theorie sei, die »Daten«, die aus Experimenten resultieren, d. h. eine Anzahl Zahlen nach bestimmten Beobachtungen, zu erklären. Das trifft natürlich manchmal zu, aber öfter wird versucht zu erklären, warum die Natur sich *so* verhält, warum es dieses Phänomen gibt. Die Zahlen, die das Phänomen beschreiben, sind zumindest am Anfang nicht von großer Bedeutung. Was interessiert, ist, daß die Natur sich überhaupt so verhält. Ist das Messen deshalb unwichtig? Nein!

3.2 Genaues Messen

Eine Anzahl bemerkenswerter Experimente sind »reine« Messungen gewesen. Messen hat natürlich in den meisten Arbeiten seit 1800 eine Rolle gespielt. Herschel verbrachte ein Jahr seines Lebens damit, Reflexionen, Brechungen, Durchlässigkeiten für Licht und Wärme zu messen. Halls Entdeckung des transversalen elektrischen Potentials erforderte sehr empfindliche Meßinstrumente. Weitere Forschung ergab den Hall-Winkel, den Winkel der Linien gleichen elektrischen Potentials unter dem Einfluß eines magnetischen Feldes, der leiterspezifisch ist. Diese Messungen gehören anscheinend zu der heutigen Auffassung des physikalischen Experimentierens. Aber es gibt eine andere Art von Messungen, die vielleicht ein wenig problematischer ist. Man denke an die Bestimmung der Gravitationskonstante *G* durch Cavendish im Jahre 1798, an Fizeaus Arbeiten zur Lichtgeschwindigkeit von 1847 oder an Millikans Messung der Ladung eines

Elektrons von 1908. Was ist die Bedeutung all dieser außergewöhnlichen Experimente?

Die Antwort eines schlichten Gemüts wäre: den Wert dieser Konstanten zu wissen. Aber wozu? 1675 konnte Römer die Lichtgeschwindigkeit aus Beobachtungen der Mondfinsternis der Jupitermonde abschätzen. Das war von Bedeutung, denn er konnte beweisen, daß die Ausbreitung des Lichts eine endliche Geschwindigkeit hat. Er verschätzte sich um 20 %, aber bereits am Ende des Jahrhunderts wußte Huygens, der die Entfernungen im Planetensystem genauer kannte, die Lichtgeschwindigkeit mit großer Genauigkeit. 1847 war die Geschwindigkeit mit einer Genauigkeit bekannt, die für jeden erdenklichen Zweck genügte. Tatsächlich läßt sich die Lichtgeschwindigkeit anhand dieser Methode mit der Präzision bestimmen, die man heute für Teilchenbeschleuniger braucht. Weshalb also war Fizeaus Experiment wichtig?

Ich gehe davon aus, daß jeder, der auch nur ein oberflächliches Verständnis für experimentelle Wissenschaft hat, die Bedeutsamkeit des Fizeauschen Experiments anerkennt.

Die Möglichkeit hat immer bestanden, daß Fizeau zu überraschenden Ergebnissen gekommen wäre, etwa daß Licht an Ostern schneller ist als zu Weihnachten. Gewiß brachten Millikans Experimente dem Begriff des Elektrons eine größere Stabilität, wenn nicht Realität. Ein Argument, das Kuhn vorbringen würde, ist, daß diese Forscher deshalb Beifall fanden, weil sie exakt das herausbekamen, was man erwartet hatte. Außerdem gab es in den letzten Jahrzehnten eine gewisse Zahl von Meta-Experimenten, um zu sehen, was passiert, wenn man dieselbe Apparatur wieder und wieder aufbaut. Für jede einzelne Apparatur erhalten wir eine schöne Fehlerkurve, aber eine Vielzahl von Apparaturen bewirkt ein Durcheinander. Nach sechzig Fizeaus wären wir weniger glücklich dran mit der Geschwindigkeit des Lichts als nach einem.

Wir sollten auch nicht die Nebeneffekte von Präzisionsmessungen unterschätzen. Cavendish, Fizeau und Millikan benutzten neue Ideen, die dann auch für andere Zwecke verwendet wurden. Außerdem fand die neuentwickelte Technik andere Anwendungsbereiche. Fizeau wendete sich Problemen der astronomischen Aberration zu, dabei folgte ihm Michelson, der wiederum infolge seiner eigenen Forschung wesentliche Veränderungen in Bau und

Nutzung von Instrumenten vornahm. Jedoch erscheinen mir derartige Rechtfertigungen durch Nebenwirkungen schwach; sie lassen sich bestenfalls dazu verwenden, Komitees zu beeindrukken, die teure Extravaganzen dem skeptischen Steuerzahler gegenüber rechtfertigen wollen. Gibt es kein Interesse an diesen großen Experimenten als solchen?

Warum sollte man nicht die einfachste aller Antworten geben? Die Menschheit möchte die Werte der Naturkonstanten wissen! Diese Zahlen, der eigentliche Rahmen unseres Universums, sind ein geeigneter Gegenstand der menschlichen Neugier. Dennoch kann ich auch dann diese Arbeiten bewundern, wenn ich vermute, daß es keine Naturkonstanten gibt. Ich möchte diese Philosophie Duhem zuschreiben, der Theorien für Darstellungen der Welt hielt. Ihre logische Form erfordert numerische Parameter. Aber die Naturkonstanten gehören nicht zur Welt, sind nicht von Gott geschaffene Zahlen. Sie sind Artefakte unserer Darstellungssysteme. Diese Ansicht verkleinert das intrinsische Interesse an den Zahlen, aber sie tut meiner Ansicht nach der Bedeutung der großen Experimente der Konstantenbestimmung keinen Abbruch.

Gehen diese Experimente mit der Erschaffung von Phänomenen einher? In gewisser Weise ja. Man kann kaum behaupten, Fizeau habe Phänomene erschaffen. Schon bevor er seine Arbeit begann, war die Lichtgeschwindigkeit etwas, das man verstand. Aber er erzielte einen vorher nicht erreichten Grad an Beherrschung der Phänomene, und meines Erachtens gehört das zu den Dingen, aus denen sein Ruhm erwuchs. Zu den Aufgaben der experimentellen Physik gehört das Erstellen von stabilen Phänomenen, und die großen Messungen lassen sich als natürliche Folge dieses Unternehmens auffassen. Wie immer gibt es nicht eine einzige Antwort auf die Frage: Warum sollte man eine Naturkonstante mit einer neuen Idee und bis dahin unerreichter Genauigkeit messen? Ich habe technische Abfallergebnisse, reine Neugier, das Atemberaubende einer neuen Idee und die Möglichkeit des Eintretens von Unvorhergesehenem erwähnt. Aber unter die ersten Punkte solch einer Liste würde ich die Tatsache aufnehmen, daß diese Messungen zeigen, daß ein Phänomen in noch größerem Maße regelhaft ist, als zuvor bewiesen war, und daß damit »die Erschaffung eines Phänomens« einen Schritt vorangetrieben wird.

Lord Kelvin bemerkte am Beginn einer gemeinverständlichen Vorlesung: »Ich sage oft, wenn man das messen und in Zahlen ausdrücken kann, worüber man spricht, dann weiß man etwas darüber; aber wenn man es nicht messen kann, . . . ist das Wissen darüber mäßig und unbefriedigend.«[8] Diese Maxime ist in allen möglichen entstellten Formen wiederholt worden, und fraglos verwendete Kelvin unterschiedliche Worte bei unterschiedlichen Anlässen. Es wird nicht überraschen, daß ich Pearsons Erinnerung am meisten schätze, wenn er von »Lord Kelvins Satz« spricht, »daß man nur eine ungefähre und arme Auffassung eines Phänomens hat, solange es nicht gemessen und in Zahlen verwandelt worden ist«.[9] Wie ich schon sagte, sind die Zahlen, die dann tatsächlich herausgefunden werden, oft ohne größere Bedeutung, aber das Messen ist, zumindest seit 1800, ein integraler Bestandteil bei der Erschaffung von Phänomenen in der Physik gewesen.

Th. S. Kuhn hat den einsichtsreichsten Essay über die Philosophie des Experiments geschrieben: *The function of measurement in modern physical science.*[10] Er beginnt mit dem Zitat Kelvins und geht dann zu einer allgemeineren Fassung meiner Frage im Abschnitt 3.2: »Wozu messen?« über. Kuhn zeigt gewöhnlich eine Vorliebe für die theoretischen und begrifflichen Seiten der Wissenschaft. Folglich ist die Antwort, der er sich zuerst zuwendet, mit den Begriffen »conjecture and refutation« gefaßt. Eine zahlenmäßige Vorhersage (könnte man behaupten) ist die kühnste Deduktion aus einer Theorie, sie trägt das größte Risiko. Messung ist die Antwort des Experiments auf eine zahlenmäßige Vorhersage und somit integraler Bestandteil der wissenschaftlichen Dialektik. Kuhn bemerkt, daß diese Beziehung nahezu nirgends in der Geschichte der Physik auftritt. In der Tat ist dieser Aufsatz eine seiner besten Darstellungen der »normalen« Wissenschaft. Es stimmt einfach nicht, daß man mißt, um eine Theorie zu überprüfen. (Er behandelt alle augenfälligen Gegenbeispiele gegen diese Verallgemeinerung in beispielhafter Weise.)

Kuhn behauptet mit Recht, daß die Messung während des 19. Jahrhunderts eine immer größere Rolle bekommen hat. Ich würde es als Teil der von mir so genannten »Zahlenlawine« auffassen, die noch mehr als für die Physik für die Humanwissenschaft kennzeichnend ist. Kuhn findet, daß das Anwachsen des Messens, was immer auch sein Ursprung sein mag, einen Hinweis auf die Funktion der Messung gibt. Seine Schlüsse sind vorsichtig, aber er nimmt an, daß man Messung soziologisch erklären muß:

Ich glaube, daß die Mathematisierung der Physik im 19. Jahrhundert äußerst verfeinerte professionelle Kriterien für die Problemauswahl erzeugte und daß sie gleichzeitig die Effizienz der professionellen Verifizierungsverfahren stark erhöhte.[11]

In einer Fußnote vermerkt er »die esoterischen quantitativen Unterschiede«, die zur Auswahl dreier Probleme führten – der lichtelektrische Effekt, schwarze Strahlung und spezifische Wärme. Er vermerkt, mit welcher Geschwindigkeit die Quantenphysik, die Lösung für diese Probleme, von der »Zunft« akzeptiert wurde. Kürzlich gab er uns ein unvergleichliches Buch über das zweite Problem.

Kuhns Ansicht ist ausschnittweise: (1) In der Darstellung von »conjecture and refutation« hat die Messung einen natürlichen Platz in der Physik. (2) In der Geschichte der modernen Physik hat jedoch die Messung keinen solchen Platz eingenommen. (3) Dennoch ist Messung ohne Zweifel essentiell; wir müssen für sie eine neue »Funktion« finden. (4) Die Funktion ist soziologisch, nämlich die Problemwahl zu verschärfen und den professionellen Konsensus zu beschleunigen.

Kuhn nennt diese Darstellung »impressionistisch«. Ich bestreite gewiß nicht seine Behauptungen über Problemauswahl und Konsensus. Ich vermerke zudem, daß seine drei Probleme genau das waren, was ich Phänomene nenne: der lichtelektrische Effekt, schwarze Strahlung und bestimmte Phänomene der spezifischen Wärme. Messung ist ein integraler Bestandteil der Erzeugung und Stabilisierung dieser Phänomene. Aber auch wenn die zahlenmäßigen »Diskrepanzen« »esoterisch« gewesen sein mögen, war ihr numerischer Wert anfänglich nicht von der Bedeutung, die Kuhn nahelegt.

Die Betonung auf die tatsächlichen Werte zu legen heißt, in die traditionelle Darstellung von Beobachtungsaussagen und so fort zurückzufallen, die ich bekämpfe. Das ist zweitrangiges Zubehör der wissenschaftlichen Kommunikation.

Kuhn führte uns auf Stufe (3) in ein philosophisches Rätsel. Er löste es soziologisch auf in (4), was ich nicht abwerten will. Aber ich bin auch der Ansicht, daß (3) weniger rätselhaft ist, wenn man anerkennt, daß (5) die experimentelle Wissenschaft ein Eigenleben führt; (6) die Hauptrolle des Experiments darin besteht, Phänomene zu erschaffen und (7) Messung ein integraler Bestandteil der Erzeugung und Stabilisierung der meisten Phänomene der modernen Physik ist.

3.4 Experimente klappen nicht

Kein Spruch ist bekannter als der, daß Versuchsergebnisse wiederholbar sein müssen. Das erweist sich als eine Art Tautologie. Das Experiment ist die Erschaffung von Phänomenen. Phänomene müssen erkennbare Regelmäßigkeiten haben. Ein Experiment, das nicht wiederholbar ist, hat somit kein Phänomen erschaffen.

Schüler und Studenten haben andere Erfahrungen. Nichts ist verbreiteter als die Beschwerde in »Lehrbewertungen« von Kursen, die auch im Labor arbeiten: Die Experimente klappen nicht. Die Zahlen müssen manipuliert werden. Die Reaktion kommt nicht zustande, die Kultur wächst nicht. Das Labor, so sagt der Student, muß verbessert werden!

Dies Problem ergibt sich keineswegs nur in der Zeit vor der Lehre. Hier eine weitere bekannte Geschichte. In meiner Universität gibt es eine sehr komplizierte und teure Apparatur *X*, von der es nur wenige Exemplare auf der Welt gibt; vielleicht funktioniert nur unsere richtig. Es ist eine jener Apparaturen, für die man sich ein Jahr im voraus anmelden muß und man muß sich ohne Ende von Komitees begutachten lassen, bevor man zwei Tage lang an *X* arbeiten darf. Ein junger Heißsporn *A* aus unserem Institut erzielt einige verblüffende Resultate mit *X*. Die im selben Gebiet bereits etablierte Gestalt *B* erscheint für »seine« zwei Tage und reist frustriert wieder davon. Sie schlägt sogar vor, die Arbeit von *A* genaustens zu überprüfen. Erzielt *A* wirklich die Resultate, die er zu erzielen behauptet?

Natürlich sind einige Laborkurse einfach grauenhaft. Manchmal hat der alte *B* den gewissen Kniff verloren oder der junge *A* mogelt. Aber in paradoxer Verallgemeinerung läßt sich sagen, daß die meisten Experimente meistens nicht klappen. Dies zu ignorieren heißt vergessen, was Experimentieren heißt.

Experimentieren ist das Erschaffen, Erzeugen, Verfeinern und Stabilisieren von Phänomenen. Wäre die Natur voller Phänomene, die wie Beeren nur darauf warteten, gepflückt zu werden, dann wäre es bemerkenswert, wenn Experimente nicht klappten. Aber Phänomene sind nicht leicht in stabiler Weise zu erzeugen. Deshalb sprach ich von der »Erschaffung« und nicht einfach von der »Entdeckung« von Phänomenen. Es ist eine langwierige und schwierige Aufgabe.

Oder vielmehr, es gibt unendlich verschiedene Aufgaben. Man muß ein Experiment entwerfen, das funktionieren könnte. Man muß lernen, wie man dafür sorgt, daß das Experiment klappt. Aber der wirkliche Kniff besteht vielleicht darin zu erkennen, wann das Experiment klappt. Deshalb spielt Beobachtung eine relativ geringe Rolle beim Experimentieren. Die meiste Zeit versucht man, die Dinge in Bewegung zu setzen und zu erkennen, wann sie laufen. Nur dann kann man Beobachtungen anstellen, und das ist die Ausnahme.

Im Schullaboratorium erwirbt man die Fähigkeit zu erkennen, wann das Experiment klappt (oder auch nicht). Alles Nachdenken ist zu Ende geführt, alles Entwerfen, alles Geräteaufbauen, aber etwas fehlt noch. Zur Fähigkeit zu erkennen, wann das Experiment klappt, gehört auch natürlich, daß man genug Verständnis dafür aufbringt, wie die kunstvolle Apparatur arbeitet, damit man weiß, wie man sie richtig zusammenstellt. Ein Laborkursus, in dem alle Experimente klappen würden, bewiese eine ausgezeichnete Technik, aber lehrte nichts über das Experimentieren. Auf der anderen Seite ist es nicht überraschend, daß der junge Heißsporn *A* Ergebnisse erzielt, der hervorragende Besucher *B* dagegen nicht. *A* hat die Gelegenheit gehabt, sich mit dem Apparat vertraut zu machen und alle Fehlschläge mit zu erleiden. Das ist ein integraler Teil des Wissens, wie man Phänomene erschafft.

Aus dem Amerikanischen von Horst Gundlach

Anmerkungen

1 Um genauer zu sein: Er schreibt: »All diese Entdeckungen schreien nach einer neuen Terminologie, die nicht mehr trennt, was in der Entwicklung des Einzelmenschen wie auch der Wissenschaft insgesamt so eng verbunden ist.« (S. 234 f.) Die wichtigste unter diesen »Entdeckungen« ist diese: »Erfahrung entsteht *zusammen* mit theoretischen Annahmen, nicht *vor* ihnen, und eine Erfahrung ohne Theorie ist

genauso unverständlich wie (angeblich) eine Theorie ohne Erfahrung.« (S. 234) Zweihundert Jahre nach Kants erster *Kritik* finde ich diese Entdeckung etwas abgestanden. Meine »neue Terminologie« umgeht Feyerabends Hauptprojekt, den Versuch einer Wiedervereinigung der persönlichen und der wissenschaftlichen Entwicklung, und zwar deshalb, weil ich glaube, daß zwischen beiden nicht viele Beziehungen bestehen.

2 In R. Colodny (Hrsg.), *Beyond the Edge of Certainty*, Englewood Cliffs 1965.

3 W. V. O. Quine, *Die Wurzeln der Referenz*, Frankfurt 1976, S. 62, S. 64.

3a »To salve« in archaischer Bedeutung heißt »retten«; »to solve« kann in archaischer Bedeutung dasselbe heißen, bedeutet aber gleichzeitig auch lösen, erklären – damit wäre die Rettung auch die Erklärung der Phänomene; das Wortspiel läßt sich im Deutschen nicht nachvollziehen. (Anm. d. Übers.)

4 Zitiert auf S. 80 aus J. Zed Buchwald, *The Hall Effect and Maxwellian Electrodynamics*, pt. I: *The Discovery of a New Electric Field*, in: *Centaurus* 23 (1979), S. 50-99.

5 Justus von Liebig, *Über Francis Bacon von Verulam und die Methode der Naturforschung*, München 1863, S. 49.

6 J. E. Littlewood, *A Mathematician's Miscellany*, London 1953, S. 43.

7 Ernst Cassirer, *Indeterminism and Modern Physics*, New Haven 1956, S. 4.

8 William Thomson, [i. e. Lord Kelvin] *Electrical Units of Measurement*, in: ders., *Popular Lectures and Addresses*, Bd. 1, London 1889, S. 73.

9 E. S. Pearson, *The History of Statistics in the 17th and 18th Centuries*, London 1978, S. 472.

10 T. S. Kuhn, *The Essential Tension*, London 1977.

11 Ebenda, S. 220.

Gunnar Andersson
Feyerabends Kritik des kritischen Rationalismus

Feyerabend behauptet, daß »in dieser Welt« eine falsifikationistische Methodenlehre auf unüberwindliche Hindernisse stößt. Zu jeder Hypothese, die in der Wissenschaft aufgestellt werde, gebe es empirisch feststellbare Abweichungen, die groß genug seien, um die Hypothese zu falsifizieren. Deshalb würde der Falsifikationismus die Wissenschaft vernichten, ohne etwas Vergleichbares an ihre Stelle zu setzen.[1]

In der Praxis aber, so Feyerabend, kümmern sich die Wissenschaftler nicht viel um empirische Widerlegungen. Sie werden entweder nicht zur Kenntnis genommen, oder sie werden mit Ad-hoc-Hypothesen entkräftet. Es ist laut Feyerabend gut, daß die Wissenschaftler so verfahren. Wenn jede Falsifikation ernst genommen würde, dann könnte sich die Wissenschaft überhaupt nicht entwickeln, und wir stünden vor einem Scherbenhaufen falsifizierter Theorien.

Um seine These von dem unrealistischen und wirklichkeitsfernen Charakter der falsifikationistischen Methodologie zu belegen, verwendet Feyerabend wissenschaftsgeschichtliche Beispiele. In seinem Buch *Wider den Methodenzwang* analysiert er Galileis Verteidigung des Kopernikanismus und versucht zu zeigen, daß sie aus lauter Verstößen gegen den Falsifikationismus bestand. So soll Galilei damals allgemein anerkannte Beobachtungen, die dem Kopernikanismus widersprachen, nicht beachtet haben. Die dynamischen Probleme, die Kopernikus' Annahme der Erdbewegung aufwarf, konnte Galilei nur mit Ad-hoc-Hypothesen entkräften. Wenn Galilei nicht so verfahren hätte, so wäre vielleicht die Kopernikanische Wende und damit ein großer Fortschritt in der Entwicklung der Wissenschaft ausgeblieben.

Die angebliche »Kluft zwischen der wissenschaftlichen Realität und den Luftschlössern der Methodologen« hat Feyerabend zu der rhetorischen Frage verführt, ob die Wissenschaftstheorie eine bisher unbekannte Form des Irrsinns sei. Ein Grundzug geistiger Störungen ist, daß der Kranke sich mehr und mehr von der

Wirklichkeit entfernt. Feyerabend glaubt, daß er dieses Symptom auch in der Wissenschaftstheorie feststellen kann.[2]

Hier will ich Feyerabends interessante wissenschaftsgeschichtliche Beispiele gegen den Falsifikationismus untersuchen. Es wird sich zeigen, daß diese Beispiele, die von Feyerabend als Widerlegungen des Falsifikationismus gedacht sind, mit einem kritischen Falsifikationismus bestens übereinstimmen, und daß sie einige Punkte in dieser Methodologie, die leicht mißverstanden werden können, beispielhaft erläutern. Ich kann mich deshalb des Eindrucks nicht erwehren, daß sich Feyerabend in seiner Kritik des Falsifikationismus von der Wirklichkeit entfernt hat. Seine Kritik trifft nur einen übervereinfachten und naiven Falsifikationismus, der von Popper und anderen kritischen Rationalisten nie vertreten worden ist. Ich sehe darin allerdings nur ein Symptom der allgemeinen Fallibilität des menschlichen Wissens.

1. Ließ Galilei Falsifikationen außer acht?

1.1 Feyerabends Darstellung

Die einfachste Art, Ptolemaios' und Kopernikus' astronomische Theorien zu überprüfen, war zu kontrollieren, ob die vorausgesagten Positionen der Planeten mit den tatsächlich beobachteten übereinstimmten. In dieser Hinsicht schnitten beide Theorien ungefähr gleich gut ab: Die Positionen der Planeten konnten gut vorausgesagt werden, aber nie ganz in Übereinstimmung mit den besten Beobachtungen. Für beide Theorien blieben kleine Abweichungen oder Anomalien.[3]

Schon diese kleinen Abweichungen falsifizierten in gewissem Sinne sowohl Ptolemaios' als auch Kopernikus' Theorie. Auf der anderen Seite schlossen sie nicht aus, daß Ptolemaios' oder Kopernikus' Theorie der Wahrheit ähnlich war. Man konnte noch hoffen, daß kleine Modifikationen eine vollständige Übereinstimmung zwischen Voraussage und Beobachtung bringen würden.

Um zu zeigen, daß Galilei Falsifikationen nicht beachtete, bringt Feyerabend deshalb ein anderes Beispiel, in dem die Diskrepanz zwischen Voraussage und Beobachtung deutlicher ist.

Ptolemaios und Kopernikus nehmen beide an, daß der Abstand zwischen der Erde und den Planeten variiert. (In Ptolemaios' geozentrischer Theorie waren die Epizyklen der Planeten die Ursache dafür.) Diese Änderungen der Abstände sollten sich als Änderungen der scheinbaren Größe und Helligkeit der Planeten bemerkbar machen. Man kann auch beobachten, daß die scheinbare Größe und Helligkeit der Planeten variieren, aber diese Variation war nicht so groß, wie man auf Grund beider Theorien erwartete.[4] Diese Diskrepanz wurde dazu benutzt, um eine instrumentalistische Deutung der Theorien zu unterstützen. Beide Theorien konnten zwar Planetenpositionen recht gut voraussagen, aber sie konnten nicht buchstäblich wahr sein, weil sie die Variation der scheinbaren Größe und Helligkeit der Planeten nicht richtig voraussagen konnten. Laut Feyerabend wurde dieses Argument von Osiander in seinem bekannten Vorwort zu Kopernikus' Werk benutzt, um eine instrumentalistische Deutung des Kopernikanismus nahezulegen. Feyerabend meint, dies zeige, daß »Osiander ein richtiger Popperianer ist«, weil er Falsifikationen ernst nimmt und deshalb die buchstäbliche Wahrheit des Kopernikanismus nicht behaupten wollte.[5]

Feyerabends Darstellung läßt aber auch Galilei, mindestens im Anfang seiner Karriere, als »einen richtigen Popperianer« dastehen. In dem frühen Werk *Der Münzprüfer* kommt Galilei zu dem Schluß, daß »die beiden Systeme« (das Kopernikanische und das Ptolemäische) »mit Sicherheit falsch« seien.[6] In dieser Arbeit nimmt also Galilei Falsifikationen so ernst, wie man es sich als Popperianer nur wünschen kann.

Was führt nun Galilei dazu, von dem Pfade der Tugend und des Falsifikationismus abzuweichen, um plötzlich zu einem richtigen (epistemologischen) Anarchisten zu werden, der sich nicht mehr um Falsifikationen kümmert? Der Grund waren die erstaunlichen Beobachtungen, die Galilei machte, als er als erster ein Fernrohr gegen den Himmel richtete. Im Unterschied zu den Beobachtungen mit bloßem Auge zeigten die Beobachtungen mit dem Fernrohr, daß die Variationen der scheinbaren Größe und Helligkeit der Planeten mit Kopernikus' Theorie übereinstimmten. Laut Feyerabend beweist diese Übereinstimmung für Galilei die Kopernikanische Theorie und die Brauchbarkeit des Fernrohrs.[7]

Jeder Falsifikationist würde Feyerabend gern zustimmen, daß diese Übereinstimmung kein Beweis war, weder für die Zuverlässigkeit des Fernrohrs noch für die Wahrheit des Kopernikanismus. Für einen Falsifikationisten sind ja solche Beweise prinzipiell unmöglich, wie Popper in seiner Kritik des Induktivismus gezeigt hat.

Feyerabend betont, daß der Kopernikanismus und die Zuverlässigkeit des Fernrohrs damals höchst problematisch waren, daß aber diese beiden höchst problematischen Hypothesen einander gegenseitig stützten und dadurch den wackeligen Bau des Kopernikanismus vor dem Zusammensturz retteten. Diese »Rettung« bedeutet aber, daß die früheren und falsifizierenden Beobachtungen nicht mehr beachtet werden, was laut Feyerabend mit dem Falsifikationismus nicht vereinbar ist.

Feyerabend hat sicher recht, daß die ersten Beobachtungen mit dem Fernrohr problematisch waren. Die Schwierigkeiten sind von ihm und Dijksterhuis überzeugend beschrieben worden. So schreibt Dijksterhuis:

> Die Mitteilungen Galileis [über seine Entdeckungen mit dem Fernrohr] fanden im allgemeinen anfänglich wenig Glauben. Dies ist nicht so unbegreiflich und schändlich, wie es in populären Schriften manchmal dargestellt wird. Erstens war das Fernrohr ein völlig unbekanntes Instrument, dessen Wirkung niemand begriff. Galilei selbst auch nicht ... Außerdem war es bei einer Demonstration, die er in Bologna im Hause des Astronomen Magini gegeben hatte, keinem der Anwesenden gelungen, einen der Jupitermonde, die er wahrgenommen zu haben behauptete, zu sehen; wenn man bedenkt, wie primitiv das Instrument und wie völlig ungeübt im teleskopischen Beobachten die Gesellschaft noch gewesen sein muß, so braucht man, um das zu erklären, nicht einmal schlechten Willen anzunehmen. Die allgemeine Auffassung ging denn auch bald dahin, daß die mediceischen Sterne (so hatte Galilei die Monde zu Ehren des florentinischen Fürstenhauses genannt), falls sie im Fernrohre sichtbar wurden, wohl irgendwie im Glas drin sitzen müßten.[8]

Der Schluß liegt nahe, daß nicht nur die Monde des Jupiter, sondern auch die anderen Phänomene, die mit dem Kopernikanismus übereinstimmten, »irgendwie im Glas drin sitzen müßten«, d. h. auf Täuschungen zurückgingen. Aus nicht näher dargestellten Gründen meint Feyerabend, ein guter Falsifikationist hätte sich an die alten Beobachtungen ohne Fernrohr halten sollen und deshalb Kopernikus' Theorie als falsch betrachten müssen. Nur mit »Propaganda« und »psychologischen Tricks« konnte Galilei suggerieren, daß die Beobachtungen mit dem Fernrohr sicher waren.[9] Feyerabends Konklusion: *»Der Kopernikanismus und andere ›vernünftige‹ Auffassungen bestehen heute nur deshalb,* *weil die Vernunft an gewissen Punkten ihrer Geschichte überstimmt wurde.«*[10] Es ist allerdings unklar, warum es »vernünftig« sein sollte, unter allen Umständen an Beobachtungen mit bloßen Augen zu glauben.

1.2 Die falsifikationistische Perspektive

Ein nicht ungewöhnliches Mißverständnis des Falsifikationismus ist die Auffassung, daß Hypothesen zwar fallibel, Prüfsätze (Beobachtungssätze) aber sicher sind. Dieser inkonsequente Fallibilismus (mit falliblen Hypothesen und sicheren Prüfsätzen) ist die Grundlage des Mythos des »naiven Falsifikationismus«, ein Mythos, der bei Kuhn, Lakatos und Feyerabend eine wichtige Rolle als Feindbild spielt. Wenn wir uns aber, wie Feyerabend in seiner Kritik der Wissenschaftstheorie empfiehlt, von der Wirklichkeit nicht entfernen wollen, dann müssen wir zugeben, daß der Falsifikationismus des kritischen Rationalismus auf einem konsequenten Fallibilismus beruht.[11] Das bedeutet, daß nicht nur allgemeine Hypothesen, sondern auch Prüfsätze (Beobachtungssätze oder »Basissätze«) fallibel sind. Wir wollen jetzt die Konsequenzen dieses konsequenten Fallibilismus untersuchen, vor allem die Konsequenzen für das von Feyerabend gewählte Beispiel.

Zunächst zeigt Feyerabends Beispiel die *Fallibilität der Prüfsätze*. Ein »braver Empirist« könnte zwar meinen, daß es nichts Sichereres gibt als das, was man mit den eigenen Augen gesehen hat. Feyerabends Beispiel von Beobachtungen der scheinbaren Größe und Helligkeit der Planeten mit und ohne Fernrohr zeigt aber, daß auch anscheinend ganz unproblematische und sichere Prüfsätze fallibel und kritisierbar sind. Doch ist auch Popper der Auffassung, daß Prüfsätze fallibel sind, ja diese Auffassung ist sogar grundlegend für die Methodologie des *kritischen* Rationalismus. Nur ein *dogmatischer* oder naiver Falsifikationist könnte behaupten, daß Prüfsätze sicher sind.

Welche unter den verschiedenen falliblen Prüfsätzen können hypothetisch akzeptiert werden? Popper meint, daß wir kritisch wählen können, was von Feyerabend nachdrücklich verneint wird. Für Feyerabend ist die Entscheidung, gewisse Prüfsätze zu akzeptieren, eine beliebige Entscheidung, ein existentieller Sprung über ungeheure Abgründe in einen anarchistischen Glauben. Oder vielleicht ist es exakter zu sagen, daß für Feyerabend die Entscheidung, Prüfsätze zu akzeptieren, von theoretischen (und »kosmologischen«) Vorannahmen bestimmt ist.[12]

Welche theoretischen Vorannahmen hätten Galilei dazu führen können, die Beobachtungen mit dem Fernrohr zu akzeptieren? Aus der Kopernikanischen Theorie selbst folgt nicht, daß Beobachtungen mit dem Fernrohr zuverlässig sind. Außerdem betont Feyerabend, daß Galilei das Funktionieren des Fernrohrs theoretisch nicht verstand. Es liegt also keine direkte Verbindung zwischen theoretischen Vorannahmen und der angenommenen Zuverlässigkeit des Fernrohrs vor.

Für Feyerabend ist der Zusammenhang zwischen Kopernikanismus und Beobachtungen mit dem Fernrohr eher ein indirekter: Er behauptet, daß Galilei Beobachtungen mit dem Fernrohr akzeptierte, weil sie mit dem Kopernikanismus übereinstimmten. Diese psychologische Vermutung kann richtig sein. Eine solche Übereinstimmung allein war aber nicht, wie Feyerabend betont, eine hinreichende Bewährung für die Zuverlässigkeit des Fernrohrs.

War es möglich, die Zuverlässigkeit des Fernrohrs kritisch zu überprüfen? Zunächst war es ja möglich, das Instrument auf der Erde zu überprüfen, eine Überprüfung, die übrigens von der Kopernikanischen Theorie unabhängig ist. Feyerabend sagt auch, daß das Fernrohr sich auf der Erde gut bewährte. »Der *irdische Erfolg* des Fernrohrs war also gesichert. Seine Anwendung auf die *Sterne* jedoch war etwas ganz anderes.«[13]

Die ersten Beobachtungen mit dem Fernrohr am Himmel waren ja in der Tat durchaus problematisch. Im Anfang konnte man sich nicht darüber einigen, was tatsächlich im Fernrohr zu sehen war. So konnten z. B. einige Beobachter die Monde des Jupiter sehen, andere nicht. Es gab also im Anfang keine allgemein akzeptierten Prüfsätze über die Beobachtungen mit dem Fernrohr.

Weiter war das Funktionieren des neuen Instruments noch nicht theoretisch geklärt, was eine zusätzliche Unsicherheit bedeutete. Die notwendigen optischen Hilfshypothesen waren noch nicht aufgestellt.

Wie soll eine solche unübersichtliche Problemsituation beurteilt werden? Es ist noch ein offenes Problem, ob Beobachtungen mit dem Fernrohr allgemein akzeptiert werden können. Weitere Forschungen müssen abgewartet werden. Weitere Beobachtungen mit dem Fernrohr müssen gemacht werden, um die von Galilei aufgestellten Prüfsätze weiter zu überprüfen. Optische Hilfshypothesen müssen aufgestellt, überprüft und diskutiert werden. Ein allgemeiner Konsens unter den Wissenschaftlern ist nicht sofort zu erwarten; er kann sich nur allmählich herauskristallisieren. Daß Problemsituationen offen sein können, ohne eindeutige Falsifikationen oder Bewährungen, ist eine unmittelbare Konsequenz eines konsequenten Fallibilismus.

Die Hilfshypothesen, die notwendig waren, um das Fernrohr erklären zu können, wurden erst von Kepler aufgestellt.

> Einer der Wenigen, die unmittelbar nach dem Erscheinen von Galileis Nuncius Sidereus ... den darin mitgeteilten Beobachtungen großen Wert beimaßen, war Kepler, der in seiner Dissertatio cum Nuncio Sidereo ... (Gespräch mit dem Sternboten; so faßt er den Titel auf) ernsthaft auf den Bericht über die Beobachtungen einging. Er unterläßt dabei aber nicht, Galilei vorzuhalten, daß der Gebrauch des Fernrohrs nur dann gerechtfertigt ist, wenn man seine Theorie kennt, und er macht sich sogleich daran, eine solche aufzustellen.[14]

In seinem 1611 erschienenen Werk *Dioptrice* gelingt es Kepler »[d]ie Wirkungsweise des von Galilei benutzten holländischen Fernrohrs zu behandeln; außerdem gibt er die Theorie eines Fernrohrs mit konvexem Objektiv und konvexem Okular und führt dadurch das astronomische Fernrohr in die Optik ein«.[15]

Mit der Entwicklung der geometrischen Optik wurde allmählich ein Punkt erreicht, an dem die Zuverlässigkeit des Fernrohrs allgemein akzeptiert wurde,[16] und zwar aus *optischen* Gründen, die von der Wahrheit oder Falschheit der Kopernikanischen Theorie unabhängig waren. Damit will ich nicht verneinen, daß gewisse Teile von Keplers Optik problematisch waren oder daß eine vollständige Erklärung des teleskopischen Sehens eine sehr komplizierte Angelegenheit ist. Ich behaupte aber, daß es im Laufe der Zeit möglich war, das Funktionieren des Fernrohrs *optisch* zu erklären.

Damit waren natürlich nicht alle Reaktionen des Auges und des Gehirns, die beim Sehen im Fernrohr auftreten, geklärt. Auf eine solche vollständige Erklärung aller Vorgänge in den Sinnesorganen oder im Gehirn werden wir lange warten müssen! Die Abwesenheit solcher vollständigen Erklärungen sollte uns aber nicht davon abhalten, die Wahrheit gewisser Prüfsätze hypothetisch zu behaupten. Auch mit rudimentären Kenntnissen der Vorgänge in den Augen und im Gehirn beim Sehen wage ich z. B. zu behaupten, daß der Himmel blau ist. (Vgl. Goethe: »Um zu begreifen, daß der Himmel überall blau ist, braucht man nicht um die Welt zu reisen.« Man braucht auch nicht alle Bücher der Physiologie oder Psychologie gelesen zu haben.[17])

Bei jeder Überprüfung einer Theorie kommen wir an einen Punkt, an dem gewisse Prüfsätze *hypothetisch* akzeptiert werden müssen. Die Prüfsätze bleiben fallibel, die Entscheidung, sie zu akzeptieren, bleibt kritisierbar. Diese Umstände sollten uns aber nicht davon abhalten, die Wahrheit gewisser Prüfsätze hypothetisch zu behaupten. Wir suchen ja keine absoluten Wahrheiten und auch keine Letztbegründungen. Gerade diese Einsicht in den hypothetischen Charakter der Wissenschaft ist notwendig, um die Entwicklung der Wissenschaft richtig zu verstehen.

War der Kopernikanismus schon vor der Verwendung des Fernrohrs falsifiziert? Durchaus, falls die Prüfsätze über die Beobachtungen der scheinbaren Größe und Helligkeit der Planeten ohne Fernrohr allgemein akzeptiert waren. Da aber Prüfsätze fallibel sind, sind auch Falsifikationen fallibel und können unter Umständen zurückgezogen werden, wenn nämlich neue Beobachtungen frühere Beobachtungen, die als falsifizierende Prämissen benutzt wurden, problematisieren.[18] Dann stellt sich die Frage, ob die alten Beobachtungen wirklich zuverlässig waren, ob die Falsifikation nicht von falschen Prämissen ausging und damit auf einem Irrtum beruhte.

Als Galilei merkte, daß die neuen Beobachtungen der scheinbaren Größe und Helligkeit der Planeten den alten Beobachtungen ohne Fernrohr widersprachen, war zumindest klar, daß nicht beide Arten der Beobachtung zuverlässig sein konnten. Plötzlich fiel ein Schatten des Zweifels auf die Beobachtungen ohne Fernrohr. Die früher akzeptierten Prüfhypothesen waren nicht mehr unproblematisch, da verschiedene Arten der Überprüfung (mit und ohne Fernrohr) zu verschiedenen Resultaten führten. Die Erfahrung konnte den Kopernikanismus nicht mehr eindeutig widerlegen.

Nicht daß Galilei Falsifikationen unbeachtet ließ, vielmehr problematisierte er mit seinen neuen Beobachtungen alte Falsifikationen und machte sie rückgängig. Die neuen Beobachtungen zeigten Galilei, daß der Kopernikanismus nicht, wie er früher in *Der Münzprüfer* behauptet hatte, mit Sicherheit falsch sein mußte. Mit oder ohne Glauben an den Kopernikanismus hatte Galilei jetzt *objektive* Gründe (objektiv nachprüfbare Beobachtungsresultate), die frühere Falsifikationen problematisierten. Es ist also nicht so, daß Galilei Widerlegungen nicht ernst nahm: er nahm sie so ernst, daß er sie kritisch untersuchte. Das ist kein epistemologischer »Anarchismus«, sondern ein kritischer Vergleich verschiedener Arten der Erfahrung.

Galilei begnügte sich nicht damit festzustellen, daß die alten und neuen Beobachtungen einander widersprachen. Er zeigte auch, daß die Beobachtungen ohne Fernrohr in sich widersprüchlich waren. So ist z. B. die scheinbare Größe der Planeten in der Dämmerung viel kleiner als in der Nacht.[19]

Es ist überflüssig, darüber zu diskutieren und spekulieren, was Galilei in seinem Fernrohr genau gesehen haben kann. Als Fallibilist will ich gern zugeben, daß Galilei sich dann und wann bei seinen Beobachtungen geirrt haben kann. Es ist nicht so interessant, Galileis Einzelbeobachtungen zu diskutieren. Darüber können wir nur schwer nachprüfbare Hypothesen aufstellen.[20] Interessanter ist es zu untersuchen, in welchem geschichtlichen Kontext Galileis Beobachtungen gemacht wurden und zu welchen Prüfhypothesen (»falsifizierenden Hypothesen«) sie führten.[21]

Galilei stellte die intersubjektiv nachprüfbare Hypothese auf, daß es Berge auf dem Mond gibt und daß mehr als eine kleine Venussichel im Fernrohr zu sehen ist. Diese Prüfhypothesen falsifizieren Aristoteles' Annahme, der Mond sei sphärisch, und Ptolemaios' Theorie des Sonnensystems. Sie wurden zunächst von Galilei zur Diskussion gestellt. Es war nicht zu erwarten, daß sie von Anfang an allgemein akzeptiert würden. Erst durch weitere Untersuchungen und Diskussionen konnten sie *allmählich* allgemein akzeptiert werden. Der Grad der Exaktheit dieser Prüfhypothesen war sicher verbesserungsfähig. Dabei muß allerdings berücksichtigt werden, welcher Grad der Exaktheit geschichtlich gesehen interessant war.

Um Aristoteles' Auffassung, der Mond sei perfekt sphärisch, zu widerlegen, genügte der Hinweis, daß der Mond Berge hat. Es war nicht notwendig, die genaue Lage dieser Berge aufzuzeichnen. Das bedeutete eine größere Exaktheit zu verlangen, als es die aktuelle Problemsituation erforderte.

Ähnlich verhält es sich mit den Phasen der Venus. Um Ptolemaios' Theorie zu widerlegen, genügte es zu zeigen, daß die Venus gewisse Phasen aufweist. Schon Kopernikus hatte darauf hingewiesen, daß, wenn die Form der Venus beobachtet werden konnte, gemäß Ptolemaios' Theorie nur eine kleine Venussichel zu sehen sein sollte, während gemäß Kopernikus' Theorie auch Phasen nahe »Vollvenus« möglich waren.[22] Um Ptolemaios' Theorie zu widerlegen, ist also keine größere Exaktheit notwendig.

Auch wenn Galileis Beobachtungen mit dem Fernrohr Ptolemaios' Theorie nicht unmittelbar falsifizierten, so stellten sie sie doch vor ernste Probleme. Die Phasen der Venus waren nicht so schwierig zu beobachten wie die Monde des Jupiter. Wenn weitere Beobachtungen bestätigen sollten, daß die Venus beinahe »voll« sein kann, dann war Ptolemaios' Theorie auch ohne eine vollständige Theorie des Fernrohrs in einer sehr problematischen Lage. Wenn weiter das Funktionieren des Fernrohrs einigermaßen geklärt war, dann falsifizierten diese Beobachtungen Ptolemaios' Theorie.

2. Hat Galilei den Kopernikanismus mit Ad-hoc-Hypothesen gegen Kritik immunisiert?

2.1 Feyerabends Darstellung

Um die Bewegungen der Sterne erklären zu können, nahm Kopernikus an, daß die Erde rotiert. Gegen die Hypothese der (täglichen) Erdbewegung hatte schon Ptolemaios eine Reihe von Argumenten angeführt, die jahrhundertelang als durchschlagend betrachtet wurden, z. B.:

> Wenn die Erde sich wirklich um ihre Achse drehen würde (und zwar, wie man zur Erklärung der Himmelsdrehung anzunehmen hätte, von West nach Ost), so müßte ein vertikal hinaufgeworfener Stein westlich vom Ausgangspunkt herunterkommen; denn die Erde hat sich ja während der Wurf- und Fallbewegung in östlicher Richtung weitergedreht ...[23]

Feyerabend führt ein ähnliches von Galilei diskutiertes Argument gegen die Hypothese der Erdbewegung an: Ein Stein, der von einem Turm fällt, fällt geradlinig herunter. Er trifft nicht die Erde westlich vom Fuß des Turms, wie man auf Grund der Hypothese der Erdbewegung und Aristoteles' Physik erwarten konnte.

Es sieht also so aus, als ob das Turmexperiment den Kopernikanismus falsifiziere. Laut Feyerabend konnte Galilei den Kopernikanismus nur mit Ad-hoc-Hypothesen »retten«. Galileis Dynamik, und speziell das Prinzip der Trägheit der Kreisbewegungen, wurde von Galilei nach Kopernikus' Theorie aufgestellt, um diese Theorie gegen Kritik abzuschirmen, und war deshalb ad hoc.[24] Feyerabends Konklusion: »Galilei wandte also *tatsächlich* Ad-hoc-Hypothesen an. Und das war gut so.«[25] Dagegen sagt »die übliche Auffassung, wie sie sich z. B. in den Schriften K. R. Poppers niederschlägt«, daß man Ad-hoc-Hypothesen widerstehen soll.[26]

Feyerabend faßt zusammen:

> [W]ohin man auch blickt, welche Beispiele man auch betrachtet, es zeigt sich, daß die Grundsätze des kritischen Rationalismus (nimm Falsifikationen ernst; ... vermeide ad-hoc-Hypothesen; ...) ... eine unrichtige Darstellung der Entwicklung der Wissenschaft in der Vergangenheit geben und die Wissenschaft in der Zukunft nur behindern können. ... *Diese »Abweichungen«, diese »Fehler« sind Vorbedingungen des Fortschritts.* Sie ermöglichen der Erkenntnis den Fortbestand in der komplizierten und schwierigen Welt, in der wir leben, und sie ermöglichen *uns,* frei und glücklich zu handeln.[27]

2.2 *Die falsifikationistische Perspektive: War Galileis Dynamik ad hoc?*

Warum wurden das Turmexperiment und ähnliche Versuche als Widerlegungen der Hypothese der Erdrotation betrachtet? Laut Aristoteles' Physik setzt jede Bewegung eine treibende Kraft voraus. Da aber ein frei fallender Stein nicht angetrieben wird, folgt aus Aristoteles' Physik, daß er westlich vom Werfer oder Turm herunterfallen muß, wenn die Erde sich bewegt. Es ist aber wichtig festzuhalten, daß erst zusammen mit Aristoteles' Physik das Turmexperiment die Hypothese der Erdrotation widerlegt. Der Gedanke, daß die Erde in Bewegung sein konnte, würde, wie Dijksterhuis sagt, »grundsätzlich dadurch verhindert, daß er den Grundlagen der aristotelischen Physik zuwiderläuft«.[28]

Es ist also nicht so, daß das Turmexperiment den Kopernikanismus widerlegt, es widerlegt vielmehr den Kopernikanismus zusammen mit Aristoteles' Physik. Diese Falsifikation zeigt nur, daß entweder Aristoteles' Physik oder Kopernikus' Theorie falsch ist.

Vielleicht wurde Aristoteles' Physik damals als unproblematisch betrachtet? Vielleicht wurde deshalb der Kopernikanismus von dem Turmexperiment zusammen mit »unproblematischem Hintergrundswissen« (d. h. Aristoteles' Physik) falsifiziert? Nur ein Blick auf die Wissenschaftsgeschichte genügt, um festzustellen, daß Aristoteles' Physik damals nicht als unproblematisch aufgefaßt wurde. Schon vor Kopernikus wurden viele Alternativen zu Aristoteles' Dynamik, wie etwa die Impetustheorie, aufgestellt. Kopernikus' und Galileis dynamische Überlegungen sind die natürliche Fortsetzung dieser Aristoteles gegenüber kritischen Tradition. Schon Oresme hatte (im *Traité du Ciel et du Monde*) gezeigt, daß man auf Grund der Impetustheorie nicht feststellen konnte, ob die Erde oder die Sterne sich bewegen. Die gleichen Argumente wurden von Kopernikus und Galilei wiederholt, nur mit dem Unterschied, daß Galilei die Impetustheorie durch eine Trägheitstheorie ersetzte.[29]

Ähnlich Oresme zeigte Galilei, daß das Turmexperiment mit einer neuen Dynamik nicht zeigen kann, ob die Erde sich bewegt oder nicht. Deshalb kann man nicht sagen, daß das Turmexperiment den Kopernikanismus falsifiziert. Das Turmexperiment (und andere ähnliche Experimente), die jahrhundertelang als Widerlegungen der Hypothese der Erdbewegung galten, sind nicht mehr entscheidend.

Durch Galileis Dynamik wird eine früher allgemein akzeptierte Kritik der Hypothese der Erdbewegung entkräftet. Ist es ein Fall von unerlaubter Kritikimmunisierung, von Verwendung von Ad-hoc-Hypothesen, um falsifizierte Theorien zu retten?

Das Problem der Kritikimmunisierung wird von Popper im Zusammenhang von »konventionalistischen Strategien« diskutiert. Ein konventionalistischer Einwand gegen den Falsifikationismus lautet, daß jede Theorie mit geeigneten Ad-hoc-Hypothesen vor Kritik gerettet (oder immunisiert) werden kann.

Jedesmal, wenn ein gerade »klassisches« System durch Experimente bedroht ist, die *wir* als Falsifikationen deuten werden, wird der Konventionalist sagen, das System stehe unerschüttert da. Die auftretenden Widersprüche erklärt er damit, daß wir es noch nicht zu handhaben verstehen, und beseitigt sie durch ad hoc eingeführte Hilfshypothesen oder durch Korrektur an den Meßinstrumenten.[30]

Um »konventionalistische Strategien« zu verhindern, führt Popper »antikonventionalistische« Maßregeln ein.

Bezüglich der *Hilfshypothesen* setzen wir fest, nur solche als befriedigend zuzulassen, durch deren Einführung der »Falsifizierbarkeitsgrad« des Systems ... nicht herabgesetzt, sondern gesteigert wird; in diesem Fall bedeutet die Einführung der Hypothese eine Verbesserung: Das System verbietet mehr als vorher. Anders ausgedrückt: Wir betrachten die Einführung einer Hilfshypothese in jedem Fall als den Versuch eines Neubaues und müssen diesen dann daraufhin beurteilen, ob er einen Fortschritt darstellt.[31]

Würde diese »anti-konventionalistische« Maßregel die Einführung von Galileis Dynamik verbieten? Nein. Wenn wir den Prüfbarkeitsgrad von Kopernikus' System mit dem Prüfbarkeitsgrad von Kopernikus' System, konjugiert mit Galileis Dynamik, vergleichen, ist es deutlich, daß die Einführung der »Hilfshypothese« – Galileis Dynamik – die Prüfbarkeit des Gesamtsystems nicht herabsetzt. Dies ist deutlich, u. a. weil Galileis Dynamik unabhängig von Kopernikus' System überprüfbar ist. Gemäß Poppers Definition von Ad-hoc-Hypothesen, ist Galileis Dynamik überhaupt nicht ad hoc, und deren Einführung ist deshalb auch nicht »verboten«.

Feyerabend verwendet »Ad-hoc-Hypothese« in einem anderen Sinn als Popper. Nur deshalb entsteht der Eindruck, daß Feyerabends Beispiel des Turmexperiments irgendwie im Widerspruch zu Poppers Methodologie steht. Für Feyerabend ist Galileis Dynamik ad hoc, weil sie nach Kopernikus' Theorie aufgestellt wurde und weil Galilei Kopernikus' Theorie retten wollte. Für Popper ist es aber für die Frage, ob eine Hypothese ad hoc ist, irrelevant, *wann* und *warum* sie aufgestellt wurde. Weder der Zeitpunkt der Einführung noch die psychologische Motivation des Forschers ist entscheidend.

Copi schreibt, daß der Ausdruck Ad-hoc-Hypothese stark emotional geladen, seine Bedeutung aber unklar sei.[32] Etymologisch bedeutet Ad-hoc-Hypothese eine Hypothese, die eingeführt wird, um gewisse Prüfresultate zu erklären, *nachdem* diese Resultate festgestellt worden sind. In diesem Sinne sind aber alle wissenschaftlichen Hypothesen ad hoc, denn es gibt keine Hypothese, die nicht aufgestellt wird, um gewisse Prüfresultate zu erklären. Aus diesem Grund ist es nicht besonders interessant zu untersuchen, *wann* eine Hypothese aufgestellt wurde.

Auch der Frage nachzugehen, *warum* eine Hypothese aufgestellt wurde, führt uns nicht viel weiter. Über die psychologische Motivation von Galilei oder anderer Forscher können wir nur schwer nachprüfbare Vermutungen aufstellen. Ob Galilei Kopernikus' Theorie retten oder Aristoteles widerlegen wollte, oder was auch immer er wollte, für eine methodologische Beurteilung seiner Theorien sind diese Fragen irrelevant, auch für die Frage, ob seine Theorien und Hypothesen ad hoch waren. Als Methodologen können wir diese Fragen getrost den Biographen und Romanschreibern überlassen.

3. Zusammenfassung

Gemäß den methodologischen Regeln des kritischen Rationalismus hat Galilei weder Falsifikationen außer acht gelassen noch Ad-hoc-Hypothesen verwendet. Ich bin mir nicht sicher, ob ich damit gezeigt habe, daß Galilei »ein methodologischer Normalverbraucher«[33] war. Ich glaube aber gezeigt zu haben, daß Feyerabends interessanten geschichtlichen Beispiele in keiner Weise den Falsifikationismus widerlegen, sondern im Gegenteil sehr gut mit diesem übereinstimmen.

Was das Beispiel von Galileis Verwendung des Fernrohrs betrifft, so erhält man den Eindruck, daß Feyerabend eigentlich »den braven Empiristen«, der an sichere Beobachtungssätze glaubt, im Visier hat. Das Beispiel zeigt auch sehr schön, wie problematisch und unsicher die ersten Beobachtungen mit dem Fernrohr waren. Da aber Popper kein »braver Empirist« ist und nie an sichere Beobachtungssätze geglaubt hat, sondern im Gegenteil gegenüber den »braven Empiristen« immer betont hat, daß Prüfsätze fallibel sind, gibt es hier keinen Widerspruch.

Aus der Fallibilität der Prüfsätze folgt, daß sie überprüft und diskutiert werden müssen, ehe sie allgemein akzeptiert werden können. Deshalb gibt es offene Problemsituationen, in denen die Diskussion der Prüfsätze und der verwendeten Hilfshypothesen noch nicht abgeschlossen ist. Es kann auch vorkommen, daß frühere Falsifikationen rückgängig gemacht werden, weil früher allgemein anerkannte Prüfsätze und Hilfshypothesen nicht mehr anerkannt werden können. Dies sind die methodologischen Konsequenzen, die aus Feyerabends erstem Beispiel gezogen werden können. Diese Konsequenzen stimmen sehr gut mit einem konsequenten Fallibilismus überein.

Feyerabends zweites Beispiel, das zeigen sollte, daß Galilei unerlaubte Ad-hoc-Hypothesen verwendete, um den Kopernikanismus zu verteidigen, widerspricht auch nicht dem Falsifikationismus, weil Feyerabend den Begriff »Ad-hoc-Hypothese« in einem anderen Sinn verwendet als Popper. Die von Feyerabend angeführten Hypothesen sind laut Poppers Definitionen nicht ad hoc und deshalb auch nicht »verboten«. Das Beispiel ist eher ein Beispiel der Verwendung der hypothetisch-deduktiven Methode. Feyerabend hat aber eine Tendenz, »hypothetisch« durch »anarchistisch« zu ersetzen. Vom Standpunkt der »braven Empiristen« aus sind auch einige wissenschaftlichen Hypothesen recht gewagt und »anarchistisch«. Aber vom Standpunkt des kritischen Rationalismus gesehen, sind gewagte und in diesem Sinne »anarchistische« Hypothesen erwünscht. Es klingt auch viel aufregender zu sagen, daß Galilei »anarchistische« Methoden verwendete. Eine genauere Untersuchung zeigt aber, daß er die gewöhnliche Methode der Vermutung und Widerlegung verwendete, vorausgesetzt, daß man die kritische Variante dieser Methode verstanden hat und nicht den auf naiven Mißverständnissen beruhenden »naiven Falsifikationismus« verwendet.

Da kein Widerspruch zwischen Feyerabends geschichtlichen Beispielen und dem Falsifikationismus zu entdecken ist, möchte ich diese Zeilen mit einer freundlichen Einladung an alle epistemologischen Anarchisten abschließen, vom anarchistischen Babylon mit seiner inkommensurablen Sprachverwirrung zum kritischen Rationalismus zurückzukommen. Die Wissenschaftsgeschichte sollte sie nicht davon abhalten!

Anmerkungen

1 Paul K. Feyerabend, *Der Wissenschaftstheoretische Realismus und die Autorität der Wissenschaften*. Braunschweig 1978, S. 227.

2 Ebenda, S. 310.

3 Thomas S. Kuhn, *The Copernican Revolution. Planetary Astronomy in the Development of Western Thought*, Cambridge, Mass. 1957, S. 73-77, und Rupert A. Hall, *The Scientific Revolution 1500-1800. The Formation of the Modern Scientific Attitude*, Boston ²1966, S. 374-75.

4 Paul K. Feyerabend, *Wider den Methodenzwang. Skizze einer anarchistischen Erkenntnistheorie (WM)*, Frankfurt am Main 1976, S. 157-160.

5 *WM*, S. 160.

6 Zitiert nach *WM*, S. 149.

7 Ebenda, S. 196-97.

8 E. J. Dijksterhuis, *Die Mechanisierung des Weltbildes*, Berlin 1956, S. 425-26.

9 Vgl. Kuhn, a.a.O. (s. Anm. 3), S. 224.

10. *WM*, S. 216.

11 Karl R. Popper, *Logik der Forschung*, Tübingen [5]1973, Kap. 3, und Hans Albert, *Traktat über kritische Vernunft*, Tübingen [2]1969, § 5.

12 *WM*, S. 130-37.

13 Ebenda, S. 156.

14 Dijksterhuis, a.a.O. (s. Anm. 8), S. 432.

15 Ebenda, S. 434.

16 Vgl. ebenda, S. 435.

17 Die von Feyerabend behandelten »Konstanzphänomene« (wie Objekte in der Nähe des Fokus einer Linse gesehen werden, s. *WM*, S. 180-81) zeigen nicht, daß die geometrische Optik falsch ist. Die geometrische Optik erklärt, wie Lichtstrahlen von Linsen gebrochen werden, und kann unabhängig von den von Feyerabend beschriebenen psychologischen Phänomenen überprüft werden. (Man konnte z. B. untersuchen, wie Lichtstrahlen von einer Lichtquelle im Fokus gebrochen werden.) Die Brechungen der Lichtstrahlen in einem Fernrohr konnten annähernd schon mit Keplers Optik beschrieben werden. Dagegen war Keplers Hypothese über das teleskopische Sehen nicht richtig, u. a. weil die Reaktionen des Auges nicht berücksichtigt wurden. Aber auch ohne Erklärungen der Reaktionen des Auges und des Gehirns konnte die geometrische Optik wichtige Aspekte des Funktionierens des Fernrohrs erklären.

Weiter sind die »Konstanzphänomene« irrelevant für die später entwickelten Fernrohre. In »Keplers Fernrohr«, dessen Konstruktion Kepler in *Dioptrice* 1611 angegeben hatte, erschienen die Bilder dem Auge ins Unendliche verlegt. Abgesehen davon wurde das Fernrohr nicht benutzt, um Abstände zu schätzen. Zur Diskussion standen z. B. die Phasen der Venus, nicht der Abstand zur Venus.

18 Popper, a.a.O. (s. Anm. 11), §§ 29-30.

19 Alexander Koyré, *From the Closed World to the Infinite Universe*, Baltimore 1957, S. 91. Dort werden auch andere ähnliche Widersprüche behandelt.

20 Dijksterhuis, a.a.O. (s. Anm. 8), S. 425.

21 Popper, a.a.O. (s. Anm. 11), § 22 (über falsifizierende Hypothesen).

22 Kuhn, a.a.O. (s. Anm. 3), S. 222-23.

23 Dijksterhuis, a.a.O. (s. Anm. 8), S. 72.

24 *WM*, Kap. 6-8.

25 Ebenda, S. 144.

26 Ebenda, S. 138.

27 Ebenda, S. 249-250.

28 Dijksterhuis, a.a.O. (s. Anm. 8), S. 71.

29 Ebenda, S. 198-208 und 243-47.

30 Popper, a.a.O. (s. Anm. 11), § 19.

31 Ebenda, § 20.

32 Irving M. Copi, *Introduction to Logic*, New York [4]1972, S. 452-53.

33 *WM*, S. 184.

Grover Maxwell
Feyerabends Materialismus*

Absicht dieses Aufsatzes ist es, Paul Feyerabend zu loben, nicht, ihn zu begraben, auch wenn einige seiner Ansichten, zumal über Geist und Gehirn, kritisiert werden. Es ist natürlich nicht der Fall, daß er meines Lobes oder meiner Verteidigung bedürfe; wenn irgend jemand für sich selbst sorgen kann, dann Paul. Feyerabends Einfluß auf meine eigene bescheidene philosophische Entwicklung ist tiefgehend und durchdringend. Es waren zunächst sein ehemaliger Mentor, Karl Popper, und später in noch größerem und revolutionärerem Ausmaß Paul selbst, die meinen damals aufkeimenden Verdacht bestätigten, daß der Großteil der zur Zeit modischen Philosophie und ein noch größerer Teil der Methodologie, der viele Wissenschaftler enthusiastische Lippenbekenntnisse leisteten, auf einfachen Fehlern beruhen – auf Annahmen, deren Absurdität offensichtlich wird, sobald man die Aufmerksamkeit auf sie lenkt.

Eines der immer noch besten Beispiele seiner Ansichten zu diesen Dingen findet sich in Feyerabends *Problems of Empiricism* [1], und die meisten meiner Verweise auf seine publizierten Arbeiten beziehen sich auf Passagen dieses Aufsatzes. Ich habe ihn kürzlich mit noch größerer Bewunderung wieder gelesen. Viele – vielleicht die Mehrzahl – der allgemeineren erkenntnistheoretischen und metaphysischen Positionen, die er dort entwickelt, erscheinen mir gänzlich zutreffend und von absolut grundlegender Wichtigkeit zu sein. Beispielsweise klärt Feyerabend sehr deutlich den Status dessen, was ich das »nullte Dogma des Empirismus« nenne, die grundlegende Annahme des Empirismus, daß wir durch (und meist *nur* durch) Erfahrung (Beobachtung) lernen. Unnötig zu sagen, daß einige Dogmen wohl wahr sein mögen; worauf Feyerabend die Betonung legt, ist, daß selbst, wenn *dieses* wahr ist, es kontingent wahr ist und nicht durch »philosophische Analyse«

* Ein Teil des vorliegenden Materials beruht auf Untersuchungen, die von der »National Science Foundation« gefördert wurden (Grant SOC – 78-06134). Alle hier vorgebrachten Meinungen, Ergebnisse, Schlußfolgerungen und Anregungen sind die des Autors und geben nicht unbedingt die Ansichten der »National Science Foundation« wieder.

oder *irgendeine apriorische* Weise bewiesen werden kann. Dies ist verwandt, aber keineswegs identisch mit Russells[2] Einsicht, daß, falls der Empirismus wahr ist, man nicht wissen kann, daß er wahr ist. (Vgl. meinen Aufsatz *Induction and Empiricism*[3].)

Dies führt zum ersten *kritischen* Punkt – der für das Weitere wichtig ist: *Jede angemessene Theorie der Bedeutung muß auch kontingent sein.* Dies gilt voll für Feyerabends »pragmatische Theorie der Beobachtung« und dem sich daraus ergebenden »pragmatischen Aspekt« der Bedeutung von Beobachtungssätzen; denn es wird immer eine Sache der Kontingenz sein, ob eine bestimmte Interpretationsweise eines Beobachtungssatzes im allgemeinen zu Resultaten führt, die uns wünschenswert erscheinen. Ich bezweifle, daß er hier anderer Meinung sein würde, aber er scheint mir zu häufig zurückzufallen, sicher ohne es zu bemerken, in die empiristische, »analytische« Vorgehensweise, *Bedeutung*, *Interpretation* usw. *apriorisch* zu behandeln. Ich teile zudem mit Eifer seine Ungeduld gegenüber übertriebener Abhängigkeit von »linguistischer Analyse« und übertriebener Beschäftigung mit *Bedeutung*, die das zeitgenössische Philosophieren so quält; aber auch hier glaube ich, daß Feyerabend sich in denselben Fallen verfängt, zumal wenn er den Materialismus verteidigt.

Feyerabend besteht ganz zu Recht darauf, daß nur die wissenschaftliche Theorie sagen kann, *was* und *was nicht* beobachtbar ist. Es ist deshalb eine Sache der Kontingenz, auf welche Arten von Entitäten sich die am besten geeignete Art von »Beobachtungssprache« bezieht. Er könnte darauf mit Recht antworten, daß nach seiner Annahme eine starke pragmatische Komponente bei der Annahme oder dem Verwerfen *jedweder* wissenschaftlichen Theorie im Spiel ist. Dies *mag* (oder mag nicht) richtig sein; darüber wird später mehr zu sagen sein, aber im Moment ist der springende Punkt, daß in Theorien der Beobachtung anscheinend nicht eine *stärkere* pragmatische Komponente enthalten ist als in wissenschaftlichen Theorien über irgendeinen anderen Gegenstand. Deshalb gibt es keinen ersichtlichen Grund dafür, daß das, was und was nicht beobachtbar ist, nicht ebenso eine kontingente Frage ist wie irgendein anderer Gegenstand, von dem wissenschaftliche Theorien handeln. Ich bin nicht der Ansicht, daß irgendein derartiger Grund existiert.

Nach diesem einleitenden Wort der Vorsicht zu Feyerabends Position will ich im folgenden für die Deutlichkeit des Gedankengangs global seine allgemeinen erkenntnistheoretischen und metaphysischen Behauptungen annehmen und des weiteren seine Ansicht des Leib-Seele-Problems untersuchen. (Ich akzeptiere, wie schon angedeutet, sehr viele seiner allgemeinen Thesen ohnehin ohne Vorbehalt; jedoch werde ich im Verlauf der Erörterung gewissen Widerspruch zu einer oder zwei der Thesen anbringen.)

Zunächst ist mir ganz und gar nicht klar, in welchem Ausmaß (wenn überhaupt) Feyerabend wirklich ein Materialist ist (oder jemals war). Es stimmt, daß seine (ziemlich kurzen) Äußerungen zum Thema ziemlich berüchtigt und recht einflußreich gewesen sind; beispielsweise sind sie anscheinend die Hauptinspiration für solche Erzmaterialisten wie Richard Rorty.[4] Nach meiner Ansicht ist jedoch, was er mit ihnen zu belegen sucht, daß (1) der Materialismus nicht durch apriorische (etwa rein sprachliche) Argumente zu widerlegen ist, (2) er nicht durch vermeintliche Fakten, die durch Beobachtung erkannt worden sein sollen, zu widerlegen ist, (3) dies auch für vermeintliche Faktoren gilt, die »durch Bekanntschaft« bekannt sein sollen (dies ist beinahe, aber nicht genau, ein Folgesatz von (2)), (4) wenn in der Zukunft sich bestimmte Arten wissenschaftlicher Ergebnisse finden sollten, es durchaus vernünftig sein könnte, den Materialismus für (kontingent!) wahr zu halten. Vielleicht (da bin ich nicht ganz sicher) deutet er hier und da an, daß er auch den folgenden Satz für richtig hält: (5) die Aussichten, daß eines Tages solche wissenschaftlichen Ergebnisse gefunden werden, sind vorzüglich. Ganz offensichtlich *könnte* jemand, der die Sätze (1) bis (4), nicht aber (5) für richtig hält, konsistent und ohne Schwierigkeiten davon überzeugt sein, daß der Materialismus nicht wahr ist. In Anbetracht der Paul eigenen, eingefleischten Mutwilligkeit will ich nicht völlig ausschließen, daß er dieser Auffassung ist. Weiter unten werde ich kurz auf jemanden eingehen, der nach meiner Überzeugung mit Sicherheit in diese Personengruppe gehört, Karl Popper.

Als nächstes will ich vorläufig die Sätze (1) bis (4) akzeptieren und überprüfen, was sich dann ergibt. Dem Satz (1) stimme ich kategorisch zu und erörtere ihn nicht weiter. Dann wird es erforderlich, in Kürze – und ich hoffe, nicht zu ungenau – Feyerabends Ansichten zu (2), (3) und (4) zusammenzufassen. Einige Materialismusfeinde argumentieren so: Wir wissen aus der Beobachtung, wie Materie (materielle Gegenstände usw.) beschaffen ist, wir wissen außerdem aus der Beobachtung, wie der Geist (mentale Vorgänge, z. B. Empfindungen usw.) beschaffen ist; daher wissen wir, daß Materie und Geist sehr verschieden und völlig unterschiedlich voneinander sind. Wir sehen das so ähnlich, wie wir sehen, daß Feuerspritzen und Kegelkugeln verschieden und unterschiedlich voneinander sind. Es versteht sich von selbst, fährt der Materialismusfeind fort, daß wir aus der Beobachtung wissen, daß Materie wie Geist (oder mentale Vorgänge) *existieren*, gerade so wie wir aus der Beobachtung wissen, daß Kegelkugeln und Feuerspritzen existieren. Feyerabend begegnet diesem Argument mit seinem Satz (2), in dem er die Behauptung vertritt, daß das, was wir zu beobachten *glauben*, und das, was tatsächlich *vorliegt*, zwei gänzlich verschiedene Sachen sein können. Sein Hauptgrund beruht auf der Unterscheidung von *Erscheinung* und *Wirklichkeit;* er sagt: ». . . was unterschiedlich zu sein *scheint*, muß noch nicht deswegen unterschiedlich *sein.*«[5] Im Beispiel: Die (etwa visuelle) Erscheinung eines Tisches kann recht verschieden vom tatsächlichen (materiellen) Tisch sein. Seine Erörterung dieses wichtigen Punktes ist leider sehr kurz (im Gegensatz zu seinen äußerst detaillierten Gedankengängen über *Bedeutungen* und andere sprachliche Fragen). Ich glaube aber, man kann mit einiger Sicherheit davon ausgehen, daß die Grundlage seiner Behauptungen über den Unterschied zwischen Erscheinung und Wirklichkeit ein kausale Auffassung von Wahrnehmung ist. (Dies wird durch eine Fußnote[6] bestätigt, die Russells ». . . Ausspruch, daß wir immer unser eigenes Gehirn sehen« zustimmt.) So begegnet er diesem Einwand gegen den Materialismus, indem er sagt, daß ein Unterschied in der *Erscheinung* (der *anscheinend* durch Beobachtung gesichert ist) sich *nicht* als *wirklicher* Unterschied erweisen muß; trotz anscheinender Unterschiede könnte es sich erweisen, daß ein bestimmter, vorgeblich geistiger Vorgang nichts anderes als ein bestimmter Vorgang im Gehirn ist. Ich sage »vorgeblich geistiger Vorgang«, weil Feyerabend betont, daß der Materialist lieber *kein* »Identitätstheoretiker« sein soll; er sollte vielmehr die Ansicht vertreten, daß es so *etwas wie geistige Vorgänge nicht gibt*, die Bedeutung von »geistig« vorausgesetzt, die Materialismusfeinde ansetzen, d. h., er sollte ein eliminativer Materialist sein. Ebenso wie der wirkliche Tisch nicht die Eigenschaften des Tisches als Erscheinung hat – den Tisch als Erscheinung *gibt es nicht* –, hat der wirkliche Vorgang auch nicht die »geistigen« Eigenschaften, die ihm der Materialismusfeind zuschreibt. Es gibt nur materielle Vorgänge; geistige Vorgänge existieren nicht.

Der Materialismusfeind könnte dem entgegnen: »Es ist gut und schön, über die Erscheinung des Tisches zu reden, gewiß aber nicht über ›die Erscheinung eines Schmerzes‹ oder die ›Erscheinung eines roten, runden Flecks im Gesichtsfeld‹. Wenn eine solche Ausdrucksweise überhaupt sinnvoll sein soll, dann fallen in diesen Fällen Erscheinung und Wirklichkeit zusammen. Mithin, wenn es die Erscheinung einer geistigen Gegebenheit gibt, dann existiert eine echte geistige Gegebenheit.« Feyerabends Antwort auf diesen Einwand habe ich »Satz (3)« genannt. In Kürze wiedergegeben, beginnt seine Antwort damit, daß der Einwand auf der Behauptung beruht, daß geistige Vorgänge Sachen sind, mit denen wir *direkt bekannt* sind, deren Kenntnis uns folglich gewiß ist (ähnlich *irgendwie* logischer Gewißheit), *gegeben* und folglich unveränderlich; es müssen Kenntnisbehauptungen über das Materielle, *nicht* über das Geistige sein, die, wenn überhaupt etwas, den Weg zu räumen haben. Feyerabends Widerlegung ist ausgefeilt und lang. Da ich sie vorläufig akzeptiere, fasse ich sie nur kurz zusammen, aber ich muß sie später kritisieren. Zunächst nimmt er an, daß die eben erwähnte *Gewißheit* eine notwendige Bedingung für die Existenz einer »Erkenntnis durch Bekanntschaft« ist; weiter sagt er, daß solche Gewißheit nur zu einem derart hohen Preis erworben werden kann, daß der Begriff der Erkenntnis durch Bekanntschaft (»das Gegebene« usw.) völlig ruiniert wird. Er nimmt das Beispiel der Schmerzen. Gewöhnlich ist, so Feyerabend, unser Begriff von Schmerz reich an Inhalt. Wenn ich beispielsweise weiß, daß ich Schmerzen habe, kann ich *schließen*, daß sie nur mich betreffen, ich also nicht zu befürchten habe, mein Hund oder meine Möbel oder meine Nachbarn litten auch (an denselben Schmerzen); auch kann ich schließen, daß Arzneien mir wahrscheinlich helfen usw. Aber, so fährt er fort, dieser Inhaltsreichtum muß vollständig beseitigt werden, wenn der Satz »Ich habe Schmerzen« »Erkenntnis durch Bekanntschaft« ausdrücken soll (oder einen Fall »des Gegebenen«); denn dann soll er *allein* das »Faktum« ausdrücken, daß eine Schmerzempfindung zu meinem momentanen Erleben gehört, *nichts weiter*. ›Ich habe Schmerzen‹, so Feyerabend weiter, ist jetzt so inhaltsarm, daß er nahezu bedeutungslos ist; aber selbst wenn in ihm ein Bodensatz von Bedeutung und Inhalt übriggeblieben ist, sollten wir einen derart verarmten Schmerzbegriff nicht verwenden. Wir sollten uns besser einer Sprache bedienen, die unsere Aussagen möglichst inhaltsreich läßt. Es ist ersichtlich, daß das angebliche »Faktum« unserer Erkenntnis echter mentaler Vorkommnisse wie Schmerzen durch direktes »Gegebensein«, durch direkte »Bekanntschaft«, und daher unsere Erkenntnis der *Existenz* echter mentaler Vorkommnisse Faktum nur in Hinsicht auf *Konventionen* ist, die eine derart unwünschbare Sprache erzeugen, daß sie nicht verwendet werden sollten. Wenn solche Ausdrucksweisen vermieden werden, dann werden offensichtlich auch angebliche »Fakten«, die durch Bekanntschaft usw. bekannt sind, vermieden; der Bekanntschaftseinwand bricht mithin zusammen.

Wir kommen jetzt zu dem, was ich Feyerabends »Satz (4)« genannt habe, den Satz, daß bestimmte Arten wissenschaftlicher Ergebnisse, die sich in der Zukunft finden könnten, den (eliminativen) Materialismus zu der für Vernunftgründe akzeptabelsten Theorie machen. Hier ist nicht Raum genug, auch nur einen *Anfang* einer Kurzfassung all der komplexen, geistreichen, oft brillanten und wichtigen Argumente Feyerabends für diesen Satz zu bringen. Glücklicherweise ist anzunehmen, daß sie zumindest in Umrissen der Mehrzahl der Leser bekannt sind. Dennoch will ich eine Grobzeichnung einer Skizze versuchen: Gesetzt, daß Neurophysiologie, (Verhaltens-) Psychologie usw. weitere Fortschritte erzielen und ein höheres Entwicklungsstadium erreichen. Dann werden offensichtlich Ausdrücke, die sich auf mentale Ereignisse (Empfindungen, Gefühle, Gedanken usw.) beziehen oder angeblich beziehen, nicht mehr gebraucht – es läßt sich eine ausgezeichnete Darstellung der Menschen, ihrer Tätigkeiten, ihrer Beziehungen zueinander und zu ihrer Umgebung usw. geben, ohne auf solche Ausdrücke zurückzugreifen, so daß der wissenschaftliche Diskurs sich nur auf Materielles bezieht. Gesetzt, dies gelte nicht allein für Beobachtungsaussagen, sondern *ersetzte* auch Aussagen in der ersten Person über beispielsweise Empfindungen; statt zu sagen: »Ich habe so-und-so beschaffene Schmerzen.«, gäbe der Organismus die Geräusche von sich: »In Hirnregion so-und-so dieses Organismus feuern C-Fasern.« Vielleicht verbreitete sich eine solche Ausdrucksweise allgemein, und auch Kinder, die gerade sprechen lernen, äußerten sich so über das, was man jetzt noch irregeleitet »Schmerz« nennt. Wäre das nicht, fragt Feyerabend, der Sieg des (eliminativen) Materialismus? Mentale

Dinge teilten dann das Schicksal der Geister und Hexen (viele Leute waren sich sicher, sie direkt beobachtet zu haben und mit ihnen sogar *vertraut* zu sein). Die Tatsache, daß in einer solchen wissenschaftlich fortgeschrittenen Gesellschaft keine mentalistische Sprechweise verwendet wird, belegt die Nichtexistenz mentaler Dinge in gleicher Weise, wie unser gegenwärtiger Nichtgebrauch der Geister-und-Hexen-Sprache die Nichtexistenz von Geistern und Hexen belegt.

Nehmen wir einstweilen an, das Argument sei vernünftig, und untersuchen wir, was damit bewiesen worden ist. Zunächst ist zu bemerken, daß die Schlußfolgerung ein Bedingungssatz ist: *Wenn* die Wissenschaft sich in angegebener Weise entwickelt, dann wird der Materialismus begründet (oder als rationalste Theorie erwiesen oder zumindest äußerst wahrscheinlich usw.) und die Behauptung aufgestellt, es sei möglich, daß die antezedente Bedingung eines Tages erfüllt wird. Dies führt dann zu dem weiteren Schluß, es sei möglich, daß der Materialismus eines Tages begründet (oder ... usw.) wird.

Zwar trifft es zu, daß viele Materialismusfeinde diese äußerst bescheidene Folgerung bestritten haben, und deshalb, wie auch aus anderen Gründen, ist es von einigem akademischem Interesse und großer theoretischer Wichtigkeit, sie zu begründen; dennoch ist sie dem Materialismus gegenüber so *schwach*, daß mir nicht einleuchtet, wie irgendein Materialist, außer er sei von der nervolabilsten und unschlüssigsten Sorte, daraus Hilfe oder Trost entnehmen könnte. Um das völlig klarzustellen, muß man nur sehen, daß Feyerabends Ergebnisse mit gleicher Überzeugungskraft dafür verwendet werden können zu zeigen, daß es möglich ist, daß wissenschaftliche Resultate eines Tages die extremste und ungezügeltste Form von Mentalismus hervorrufen. Denn es ist möglich, daß die Neurowissenschaften (einschließlich Neuropsychologie und Neurophysiologie), Psychologie und *auch* Physik und Chemie usw. sich so entwickeln und fortschreiten, daß Ausdrücke, die sich auf materielle Dinge beziehen oder angeblich beziehen, nicht mehr gebraucht werden – wir könnten eine ausgezeichnete Darstellung nicht nur der Menschen, sondern von allem aus dem Bereich der Physik, Chemie usw. geben, ohne solche Ausdrücke zu verwenden. Um ein primitives Beispiel zu geben: Sachen, die jetzt als Tische oder Moleküle bezeichnet werden, erwiesen sich als Gruppen kausal verknüpfter mentaler (oder proto-mentaler) Ereignisse. (Dies müßte keineswegs Idealismus oder Phänomenalismus usw. sein; die »Außenwelt« hätte immer noch feste, unabhängige Existenz. Nur wäre entdeckt worden, daß sie im Grunde mentaler [oder proto-mentaler] Natur wäre. Die »Entmaterialisierung der Materie« wäre vollständig.)

Es ließe sich einwenden: »Eine derartige Entwicklung der wissenschaftlichen Forschung ist so unwahrscheinlich, daß wir sie als reine Phantasie verwerfen müssen. Jede andere Einstellung zu dieser Frage wäre irrational und absurd.« Das mag stimmen. Ich habe natürlich keine Argumente oder Plausibilitätsgründe für die Vorhersage gemacht, die Wissenschaft würde so ihren »Fortschritt« nehmen. *Aber wo lassen sich Argumente dafür finden, daß die Wissenschaft die entgegengesetzte Richtung einschlagen und die mentale Redeweise verbannen wird?* Weiter oben habe ich gesagt, Feyerabend gebe *vielleicht* hier und da einen Hinweis darauf, daß er annimmt, plausible Argumente für diese Richtung *ließen* sich angeben, aber selbst darüber bin ich mir nicht sicher. Wenn es irgendwelche, von wirklichen und in diese Richtung arbeitenden (eliminativen) Materialisten stammende Argumente gibt, wäre ich dankbar, wenn man meine Aufmerksamkeit darauf lenkte. Vielleicht sind eliminative Materialisten zu sehr damit beschäftigt gewesen, Mentalisten zu hetzen und sich gegen wirkliche und eingebildete Angriffe zu verteidigen, als daß sie einsehen konnten, daß brauchbare *positive* Argumente für ihren Standpunkt dargelegt werden müssen, bevor er ernst genommen werden kann. (Popper hat in sehr viel farbenprächtigerer Weise einen ähnlichen Einwand gegen den – wie er ihn nennt – »Schuldscheinmaterialismus« vorgebracht.)[7]

Oder vielleicht ist dies nur ein anderes Symptom dessen, was ich nach jahrelangen Erfahrungen mit Seminarversammlungen für eine Berufskrankheit der Philosophen halte. Ein häufiger auftretendes Symptom dieser Krankheit ist das folgende: Jemandem fällt zufällig, aus unergründlicher Ursache, eine entfernt mögliche Auswirkung einer vorgeschlagenen Handlung ein; dem schließen sich Stunden quälender Debatte an, ob diese Möglichkeit stark zugunsten (oder ungunsten) dieser Handlung anzurechnen ist – während niemand die Frage aufbringt, ob die (wirkliche, kontingente) *Wahrscheinlichkeit*, daß die Handlung diese Auswirkung produziert, nennenswert größer als Null ist. Gleichwie – es erscheint mir eine ergötzliche Ironie, daß sogar Paul persönlich (in der Tat, besonders Paul) anerkennen sollte, daß der Schutzheilige so vieler eliminativer Materialisten die gleiche Menge Munition für einen radikalen Mentalismus (z. B. monistischen Panpsychismus) besorgt hat wie für ihre eigene Position. (Ich sage *besonders Paul*, denn ich bin sicher, daß er niemandes Schutzheiliger sein möchte.)

Im weiteren Verlauf dieses Aufsatzes werde ich zum Teil zurücknehmen, was ich vorläufig gegenüber Feyerabends Satz (3) konzediert habe. Anders gesagt, ich werde dahingehend argumentieren, daß es so etwas wie Erkenntnis durch Bekanntschaft *gibt*, wenn sie auch keineswegs so aussieht, wie Feyerabend sie porträtiert. Dann werde ich mit Hilfe dieser und anderer Erwägungen kurz einige Gedanken skizzieren, die darauf hinauslaufen, daß der eliminative Materialismus *sehr* wahrscheinlich falsch liegt, sodann in gröbstem Umriß eine Version der Geist-Gehirn-Identitäts-Theorie darlegen, die ich *nichtmaterialistischen Physikalismus* nenne.

Bekanntlich hat Russell die Wichtigkeit der Erkenntnis durch Bekanntschaft hervorgehoben. Daß er sie hauptsächlich dazu verwendet, eine Theorie der *Bedeutung*, weniger eine Theorie der *Bestätigung*, zu entwickeln, ist gewöhnlich *nicht* bemerkt worden. Das liegt daran, daß Russells späteres Philosophieren im engeren Sinne leider nahezu völlig ignoriert oder anders denn wohl mutwillig fehlinterpretiert worden ist. Dies wiederum liegt zumindest teilweise daran, daß es der Sprachanalyse als ausschließlicher Art des Philosophierens kritisch gegenübersteht; zudem antizipiert es Feyerabend, mich und andere dadurch, daß zur Vorsicht vor einigen grundlegenden Mängeln des zeitgenössischen Empirismus gemahnt wird.

Russells Ansichten über Bekanntschaft sollen als Ausgangspunkt dienen, um Feyerabends Stellung zur Sache zu kritisieren. Feyerabend nimmt an, jeder, der für Erkenntnis durch Bekanntschaft eintrete, *müsse* diese Erkenntnis für *gewiß* halten, nicht nur psychologisch gewiß, sondern, wie er es ausdrückt, »so ähnlich wie logisch gewiß«. Nach Ansicht Russells jedoch, die ich zumindest für einen guten Ausgangspunkt halte, ist Erkenntnis durch Bekanntschaft nicht einmal immer *psychologisch* gewiß und niemals natürlich *logisch* gewiß – was auch immer damit gemeint sein kann. Ein Beispiel: Wenn der Zahnarzt vor der Extraktion eines schmerzenden Zahns uns eine kräftige Dosis Novocain injiziert, sind wir zunächst (psychologisch) sicher, daß wir immer noch den Schmerz verspüren, dann gibt es eine kurze Zeit, in der wir *ziemlich sicher* sind, ihn noch zu spüren, dann eine Zeit, in der wir nicht sicher sind, ob wir ihn spüren oder nicht . . . usw., bis wir schließlich die psychologische Gewißheit haben, daß wir ihn nicht mehr spüren. Es ist denkbar, daß es intelligente Lebewesen – sogar Menschen – geben könnte, die so gebaut sind, daß sie sich ihrer Erkenntnis durch Bekanntschaft niemals gänzlich psychologisch gewiß sind. Deshalb ist es eine *kontingente* Tatsache, wenn es denn eine Tatsache *ist*, wie es den Anschein hat, daß wir nicht solche Lebewesen sind. Nach meiner Ansicht ist daher Feyerabend völlig im Irrtum über Erkenntnis durch Bekanntschaft und Gewißheit; dieser Irrtum verleitet ihn dazu, einen Pappkameraden aufzustellen und sich an seine Vernichtung zu machen – im guten Glauben, damit die Erkenntnis durch Bekanntschaft zu vernichten.

Ich glaube, daß es ihm nicht einmal gelingt, den Pappkameraden fertigzumachen. Zum besseren Verständnis sei angenommen, die Aussage »Jetzt ist ein runder, leuchtender, roter Fleck in der Mitte meines Sehfeldes« habe keine wichtigen, nützlichen oder nichttrivialen Konsequenzen (außer sich selbst). Feyerabends Position zu solchen Aussagen macht mich völlig verstört; er behauptet, sie hätten keinen Inhalt und seien deswegen ohne Bedeutung – oder, falls sie das nicht sind, es sein sollten; d. h., er behauptet, wir verhielten uns sehr ungehörig, wenn wir eine Sprache mit solchen Aussagen in dieser Interpretation verwenden.

Ich bin außerstande, auch nur plausibel zu spekulieren, warum ihm das so vorkommt; dennoch sind mir zwei Möglichkeiten eingefallen. Die erste ist die, daß Feyerabend aus der Tatsache, daß eine solche Aussage *aus sich selbst* nicht zu nichttrivialen Schlußfolgerungen führt, still und, darauf setze ich, unbewußt folgert, sie könne unter keinen Umständen eine Rolle in nichttrivialen Schlußfolgerungen spielen. Träfe dies zu, würde ich der Auffassung zustimmen, daß solche Aussagen nicht sehr nützlich oder wichtig sind. Jedoch läßt sich natürlich aus der Aussage über den roten Fleck *und* der »gesetzesartigen« Aussage: »Wenn ich solch einen Fleck sehe und dann meine Hand ausstrecke, fühle ich gewöhnlich etwas Hartes«, folgern, daß ich wahrscheinlich etwas Hartes fühlen werde, wenn ich jetzt meine Hand ausstrecke. Die zweite Möglichkeit ist die, daß er *sein* Wort »so ähnlich wie logisch gewiß« zu ernst nimmt und so denkt: Da Bekanntschaftsaussagen *so ähnlich wie* logisch gewiß sein müssen, können sie wie *tatsächlich logisch gewisse* Aussagen keinen (kontingenten) Inhalt haben. Vielleicht könnte so ein Pappkamerad zertrümmert werden, aber das wäre ein noch befremdlicherer Pappkamerad als der oben erwähnte; und seine Vernichtung ließe die Erkenntnis durch Bekanntschaft völlig unberührt. Es ist ja gezeigt worden, daß diese Erkenntnis keine psychologische, geschweige denn logische Gewißheit erfordert.

Aus Russells Arbeit über Bekanntschaft und andere relevante Dinge[8] können wir eine detaillierte, kontingente Theorie der Bedeutung und der *Referenz* entwickeln[9] – eine Theorie, die nicht nur mit der Mehrzahl der wichtigen erkenntnistheoretischen und metaphysischen Entdeckungen Feyerabends konsistent ist, sondern sogar zu ihrer Erweiterung verwendet werden kann. Des weiteren können wir eine Theorie entwickeln, die mit Hilfe zeitgenössischer wissenschaftlicher Erkenntnis die (kontingente!) Unrichtigkeit des naiven Realismus belegt und das, was ich wohl etwas irreführend strukturellen Realismus genannt habe, einschließt. Danach besteht fast die Gesamtheit unserer Erkenntnis qualitativer, intrinsischer Eigenschaften aus Erkenntnis durch Bekanntschaft. Der Großteil unserer übrigen Erkenntnis, die Erkenntnis der »Außenwelt« ist, ist Erkenntnis von Strukturen, wobei *Struktur* die Struktur (aber *nicht* der Inhalt) des räumlich-zeitlich-kausalen Gewebes ist. Dies Gewebe umfaßt das gesamte Universum, und, so die Theorie weiter, einige der Ereignisse darin, insbesondere *einige* der Ereignisse in dem Teil des Gewebes, den wir Gehirn nennen, *sind einfach* die Ereignisse, die unser Erleben umfassen – in all seiner intrinsischen, qualitativen, wirklich mentalistischen Fülle.

Ich schlage vor, ein *physisches* Ereignis als ein Ereignis im räumlich-zeitlich-kausalen Gewebe zu definieren. Zudem bin ich der Ansicht, daß *alle* Ereignisse physische Ereignisse sind und daß entgegen Feyerabends[10] Ermahnung *einige* physische Ereignisse (wirklich) mentale Ereignisse sind. (Es ist offensichtlich, daß ich mich einer Ereignisontologie, nicht einer Substanzontologie bediene.) Eine genauere Darstellung der Theorie, die diesem arg verkürzten Abriß zugrunde liegt, findet sich bei Russell[11] und Maxwell[12].

Dies ist natürlich eine Version der Geist-Gehirn-Identitäts-Theorie; mancher könnte es auch eine Version des Materialismus nennen, aber dagegen würde ich Einspruch erheben, weil die meisten Materialisten der Vergangenheit und der Gegenwart nicht frei von Zügen des *eliminativen* Materialismus waren. Deshalb habe ich den Namen »nichtmaterialistischer Physikalismus« geprägt. Was liegt an einem Namen? Nichts, solange er uns nicht in die Irre leitet.

Ich habe diese nahezu hoffnungslos inadäquate Zusammenfassung meiner Ansicht geliefert, um Feyerabends Satz zu befolgen und den Materialismus durch Beförderung einer anderen Theorie zu kritisieren, einer Theorie, die nach meiner Auffassung bereits unabhängig von diesem Zweck in großem Ausmaß geprüft und bestätigt worden ist.

Zusätzlich zu beweiskräftigen Überprüfungen verlangt die Bestätigung jeder Theorie immer ein Abschätzen ihrer intuitiven Wahrscheinlichkeit[13]. So gebe ich freimütig zu, daß ich getan habe, was jeder tun *muß*; ich habe meine eigene Einschätzung der intuitiven Wahrscheinlichkeiten genommen und bin dadurch zu meiner Bevorzugung des nichtmaterialistischen Physikalismus vor dem eliminativen Materialismus gekommen. Aber ebenso freimütig gebe ich zu, daß Feyerabend recht hat: Es ist *möglich*, daß die Wissenschaft sich so entwickelt, daß ich zugeben muß, der Materialismus sei besser bestätigt und die bessere Theorie, selbst wenn meine Schätzung seiner *intuitiven* Wahrscheinlichkeit niedriger ist als die für den nichtmaterialistischen Physikalismus. Ich glaube jedoch, die Wahrscheinlichkeit, daß *dies* eintritt, ist zwar größer als Null, aber zu klein, als daß sie Aufregung verursachen könnte. Ich konzediere auch die Möglichkeit, daß Schweine Flügel entwickeln und anfangen, uns mit Bomben zu bewerfen, aber meine Einschätzung der Wahrscheinlichkeit dieses Ereignisses ist derart, daß ich nicht bereit bin, auch nur einen Cent Steuergeld für den Aufbau einer Schweineabwehrtruppe an das Pentagon abzuführen.

Ich wünschte, ich hätte in Feyerabends Philosophie des Geistes mehr gefunden, mit dem ich nicht übereinstimme, denn ich weiß, wie sehr er einen guten Kampf schätzt; und ich wünschte, es gäbe mehr Platz, um eine Anzahl weniger wichtiger Dinge zu erwähnen, in denen nach meiner Auffassung *keine* Übereinstimmung herrscht. Vielleicht kann sich einer der anderen Mitarbeiter dieses Bandes ihm dahingehend mehr verpflichten.

Aus dem Amerikanischen von Horst Gundlach

Anmerkungen

1 Paul Feyerabend, *Problems of Empiricism*, in: R. Colodny (Hrsg.), *Beyond the Edge of Certainty*, Englewood Cliffs 1965, S. 145-260.

2 Bertrand Russell, *Das menschliche Wissen*, Darmstadt o. J.

3 Grover Maxwell, *Induction and Empiricism: A Bayesian Frequentist Alternative*, in: G. Maxwell und Robert M. Anderson Jr. (Hrsg.), *Minnesota Studies in the Philosophy of Science*, Bd. 6, Minneapolis 1975, S. 106-165.

4 Vgl. etwa R. Rorty, *Mind-Body Identity, Privacy and Categories*, in: *Review of Metaphysics 19* (1975), S. 24-54.

5 Feyerabend, a.a.O. (s. Anm. 1), S. 189.

6 Ebenda, S. 258.

7 Karl R. Popper und John C. Eccles, *The Self and its Brain*, Berlin 1977, S. 96-98 (dt. Ausgabe in Vorbereitung).

8 Russell, a.a.O. (s. Anm. 2).

9 Grover Maxwell, *Structural Realism and the Meaning of Theoretical Terms*, in: M. Radner und S. Winokur (Hrsg.), *Minnesota Studies in the Philosophy of Science*, Bd. 4, Minneapolis 1970, S. 181-192.

Grover Maxwell, *Rigid Designators and Mind-Brain Identity*, in: C. Wade Savage (Hrsg.): *Minnesota Studies in the Philosophy of Science*, Bd. 9, Minneapolis 1978, S. 365-403.

10 Feyerabend, a.a.O. (s. Anm. 1), S. 185-186.

11 Russell, a.a.O. (s. Anm. 2).

12 Grover Maxwell, *Scientific Results and the Mind-Brain Issue*, in: G. Globus u. a. (Hrsg.): *Consciousness and the Brain*, New York 1976, S. 329-358, und Maxwell, a.a.O. (s. Anm. 9) 1978.

13 Vgl. Maxwell, a.a.O. (s. Anm. 3).

Mariano Bianca

Einige Betrachtungen zur Epistemologie und zur Methodenfrage

1. Epistemologie als Erkenntnisphilosophie und Hermeneutik der Wissenschaft

Einer der grundlegendsten Beiträge des Feyerabendschen Denkens ist nach meiner Auffassung – einmal abgesehen von dem sehr wichtigen Versuch einer Entmystifizierung der Wissenschaft – der Hinweis auf die Notwendigkeit einer kritischen Analyse der Epistemologie. In dieser Hinsicht ist Gegenstand seines Denkens nicht nur die Analyse der Wissenschaft, sondern auch die Untersuchung der grundlegenden Struktur der Epistemologie oder, besser gesagt, eines besonderen epistemologischen Modells.

Selbstverständlich impliziert eine Analyse der epistemologischen Struktur indirekt auch eine Untersuchung der Wissenschaft, doch stellt sie sich nicht so sehr das Problem einer Begründung des wissenschaftlichen Wissens als das einer Untersuchung des epistemologischen Diskurses. Daraus folgt: a) der epistemologische Diskurs besitzt eine spezifische Struktur; b) dieser Diskurs setzt sich in Beziehung zu anderen (man denke zum Beispiel an den von Feyerabend untersuchten Zusammenhang) und c) er ist gegenüber der Wissenschaft autonom, jedoch nicht unabhängig.

Der letzte Punkt steht in mancherlei Hinsicht im Gegensatz zur herkömmlichen Auffassung der Epistemologie, die in dieser nur einen *Reflex* der wissenschaftlichen Praxis sieht. Ich dagegen meine, daß die Epistemologie nicht nur eine Analyse der Wissenschaft ist, sondern auch ein Bereich der Philosophie, der auf die Formulierung verschiedener Erkenntnistheorien abzielt, deren Gegenstand nicht so sehr die Welt ist als die strukturierte Welt der wissenschaftlichen Produktion, oder, wenn man so will: Die Epistemologie stellt sich dar als eine *Interpretation des strukturierten Wissens der Wissenschaft*. Die Epistemologie ist somit eine Erkenntnisphilosophie, die, entgegen der philosophischen – und wissenschaftlichen – Tradition, welche einerseits auf die Welt ausgerichtet ist und andererseits auf das erkennende Subjekt, in *direkter Weise* weder auf die eine noch auf das andere bezogen ist, sondern auf eine bereits konstituierte Welt – die konstruierte Welt der Wissenschaft – die als mögliche Welt angenommen und rekonstruiert wird. Diese Rekonstruktion ist in Wirklichkeit eine Strukturierung in Form einer Erkenntnisphilosophie und erfolgt mittels analytischer Instrumente und auf der Grundlage bestimmter fundamentaler Parameter unterschiedlicher Art.

Von Anbeginn an – ich beziehe mich dabei auf die neopositivistische Position – verstand sich die Epistemologie als eine besondere Erkenntnisphilosophie, aus welcher spezifische Erkenntnistheorien entspringen und die auf die klassische, direkte Beziehung zur Wirklichkeit verzichtet. Dieser Verzicht war von revolutionärer Bedeutung innerhalb des westlichen Denkens, das mit ihm einen bedeutenden qualitativen Sprung getan hat: Eine Erkenntnistheorie kann nicht nur über eine direkte Beziehung zur Welt geschaffen werden, sondern auch über eine Untersuchung der Strukturierungen der Welt.

Gleichwohl wurde dieses Ergebnis nicht angemessen gewertet, und so wurde der Epistemologie lediglich die Aufgabe einer Untersuchung der Wissenschaft zugewiesen. Man ging davon aus, daß letztere die einzige objektive Erkenntnisstruktur in bezug auf die Welt sei, und betrachtete sie nur als eine Wissensform, nicht jedoch als Praxis, die nicht nur Erkenntnis, sondern auch Werte, Denkweisen und Weltanschauungen produziert.

Somit kann festgehalten werden, daß es einen Unterschied gibt zwischen Epistemologie und Wissenschaft, so wie es einen Unterschied gibt zwischen der als Wissensform verstandenen wissenschaftlichen Produktion und einer möglichen Welt, wie sie in der Erfahrung des Alltagsverstandes wahrgenommen werden kann.

Der qualitative Sprung der Epistemologie innerhalb des westlichen Denkens ist daher nicht so sehr in ihrer Analyse der Wissenschaft zu sehen als darin, daß sie auf die Konstruktion verschiedener Erkenntnismodelle zielt, und zwar nicht ausgehend von der Welt oder dem erkennenden Subjekt, sondern von einer Strukturierung – nämlich der Wissenschaft –, die sich in einer bestimmten Sprache ausdrückt und nach einem System von Regeln konstruiert ist.

In diesem Sinne stellt die Epistemologie ebenfalls eine Wissensform dar, und wenn sie sich als solche mit strukturierten

Gegenständen befaßt – den wissenschaftlichen Theorien beispielsweise – wird sie nicht nur als bloße Analyse jener tätig, sondern sie wird kreativ, insofern sie entweder ein strukturiertes Wissen rekonstruiert oder neues Wissen in Form einer Erkenntnisphilosophie oder -theorie konstruiert.

Die Epistemologie präsentiert sich somit als Interpretation des wissenschaftlichen Wissens und hat in diesem Sinne dreierlei Zielrichtungen: a) Interpretation des strukturierten Wissens; b) Rekonstruktion dieses Wissens unter gleichzeitiger Konstruktion einer Erkenntnisphilosophie in Form von spezifischen Erkenntnistheorien sowie Formulierung der Art und Weise, in der die Konstruktion eines strukturierten Wissens möglich ist: Jede Form strukturierten Wissens unterliegt per se unmittelbar einer epistemologischen Interpretation; c) letztere hat schließlich bei der Konstruktion einer Erkenntnistheorie die wichtige Aufgabe, die nicht spezifischen Inhalte sichtbar zu machen, die jedem strukturierten Wissen eigen sind. Sie wird somit gegenüber diesem Wissen *hermeneutisch* tätig, indem sie sowohl seine Struktur als auch die in ihm enthaltenen grundlegenden, impliziten und vorausgesetzten Inhalte bewußt macht. Eine epistemologisch ausgerichtete Hermeneutik wird somit tätig bei der Konstruktion von Erkenntnisformen und -theorien, die auf der Interpretation eines bestimmten strukturierten Wissens fußen. So hatte und hat beispielsweise die Epistemologie der Physik die Aufgabe, die Arten des physikalischen Wissens zu formulieren und eine physikalische Theorie der Wirklichkeit zu konstruieren, die sich von den Theorien der Physik unterscheidet.

Ausgehend von einem solchen Verständnis der Epistemologie ist es zweckmäßig, es Feyerabend gleichzutun und die grundlegenden epistemologischen Bestandteile zu untersuchen, zu deren wichtigsten die Methode zweifellos gehört. Dazu möchte ich einige Überlegungen ausführen, die in ihren Grundlinien mit der Auffassung Feyerabends übereinstimmen.

2. Die Methodenfrage

Die Vorstellung einer Methodologie, die feste, unwandelbare und absolut verbindliche Grundsätze für den Fortschritt der Wissenschaft liefert, entstand und entwickelte sich in Wirklichkeit innerhalb einer philosophischen Anschauung, die nach meinem Dafürhalten nicht nur die Wissenschaft im Auge hat, sondern generell die ganze Konstruktion einer bestimmten Wissensform, und davon ausgeht, daß Akkumulation und Fortschritt der Erkenntnis nur über eine spezifische Methodologie erfolgen kann, die angibt, auf welche Weise eine objektive Erkenntnis erlangt werden kann. Und hier wird diese Objektivität unterschiedlich betrachtet: zum Beispiel als *adaequatio intellectus rei* oder als Beziehung zwischen allgemeinen Aussagen und besonderen Beobachtungen.

Dieser Standpunkt, so soll hervorgehoben werden, war nicht nur für die rationalistischen Strömungen typisch, sondern auch für die empiristischen: Man denke nur an Descartes und seine *Regulae ad directionem ingenii* und an Bacon und sein *Novum Organon*, dessen Ziel ja gerade die Begründung einer empirisch ausgerichteten Methodologie war.

Hier ist sicher nicht der Ort, dieses Thema zu vertiefen, doch sollte man sich diese Haltung als eine der grundlegenden Komponenten des westlichen Denkens vergegenwärtigen, die nicht nur den Bereich der Erkenntnis erfaßte, sondern auch den der Moral, der Politik und der Soziologie und sowohl in rationalistischen als auch in empiristischen Anschauungen gegenwärtig war, wenn sie sich auch, wie man weiß, spezifisch mehr in ersteren als in letzteren entwickelte.

In beiden Auffassungen gründete sich diese Haltung oft auf eine metaphysische Position, d. h. eine strukturelle Analogie zwischen Denken und Wirklichkeit. In der Tat kann sich eine methodologische Konzeption der Erkenntnis, die sich als allgemein gültig betrachtet, nur auf eine ontologische Analogie gründen, derzufolge es eine strukturelle und entwicklungsmäßige Ähnlichkeit zwischen der Wirklichkeit und der zu ihrer Erkenntnis geeigneten Apparate gibt. Es gilt somit eine Methode zu formulieren, die Struktur und Entwicklung der Wirklichkeit, insbesondere die Entwicklung des menschlichen Geistes widerspiegelt. In diesem Sinne stellt sich die Methode als ein strenges Regel- und Normensystem mit absolutem Charakter dar, gerade weil sie die Struktur der Wirklichkeit widerspiegeln und als notwendig betrachtet werden zur Erlangung objektiver Erkenntnis. Natürlich führt in diesem Sinne die Methode, wird sie korrekt angewendet, per se zu objektiver Erkenntnis. So gesehen, lassen sich folgende Voraussetzungen und Kennzeichen der Methode nennen: a) vorausgesetzt wird eine strukturelle Analogie zwischen Methode und Wirklichkeit oder menschlichem Geist im besonderen; b) die Methode hat absoluten und totalisierenden Wert; c) sie besteht aus einem strengen System völlig explizierter und als allgemein gültig und absolut betrachteter Regeln und Normen; d) sie gilt für jede Art wissenschaftlicher Forschung; e) sie muß korrekt angewendet werden und führt per se zu objektiver Erkenntnis; f) sie ist ahistorisch, d. h. nicht mit den Bedingungen der Forschung verbunden.

Aus diesen Kennzeichen ergibt sich, wie man vermuten kann, daß die Methode innerer Bestandteil des wissenschaftlichen Erkenntnisprozesses ist. Anders ausgedrückt: Sie ist ein Teil des Erkenntnisprozesses, der nicht *künstlich* formuliert wird, sondern *entdeckt* und explizit formuliert werden kann.

Letzter Punkt ist nach meiner Auffassung äußerst wichtig, weil er sich in eine sehr aktuelle Diskussion zwischen zwei verschiedenen Auffassungen der Epistemologie einfügt: der konventionalistischen und der nicht-konventionalistischen Position. Der Streit betrifft im wesentlichen gerade die Methodenfrage. Auf der einen Seite wird sie als ein innerer Bestandteil der Erkenntnisprozesse betrachtet: Zu dieser Position kann der größte Teil der Erkenntnistheoretiker, besonders neopositivistischer Provenienz, einschließlich Popper, gerechnet werden. Diese These ging so weit, die Methode als der Logik des menschlichen Geistes innewohnend anzusehen. Auf der anderen Seite wird die Methode als ein System strenger Regeln aufgefaßt – mit einigen der erwähnten Kennzeichen – aber sie wird nicht in Beziehung zu einer tragenden Struktur des menschlichen Geistes gedacht. Nach dieser Auffassung stellt sich die Methode als ein von den Methodologen künstlich geschaffenes Instrument dar, die es von der Arbeit der Wissenschaftler ablösen oder es auf der Grundlage heuristischer Reflexion formulieren. Bei dieser Auffassung sind die erwähnten Kennzeichen weniger ausgeprägt, und die Methode wird in mancher Hinsicht elastischer und weniger streng, sie hat keinen absoluten und totalisierenden Anspruch. In diesem Zusammenhang kann auf die Thesen Poincarés und des Bridgemanschen Operationalismus verwiesen werden und, so man will, auch auf die Thesen Feyerabends, auf die wir im folgenden eingehen werden.

An dieser Stelle möchte ich etwas zur Frage der Normativität sagen.

Hier können Konventionalisten und Nicht-Konventionalisten verschiedener Meinung sein. Vor allem sei hervorgehoben, daß diese Frage von größerer Bedeutung für die Nicht-Konventionalisten ist. Für sie stellt die Normativität ein grundlegendes Erfordernis dar. Mit anderen Worten: Gerade weil die Methode die geistigen oder natürlichen Prozesse widerspiegelt, kann sie nur als ein System von – praktischen und theoretischen – Regeln mit stark normativem Charakter gedacht werden, deren Zweck die Erlangung objektiver Erkenntnis ist. In diesem Sinne ist die Normativität ein innerer Bestandteil der Methode. Die Regeln erhalten den Wert präskriptiver Normen. Zu dieser Auffassung können zahlreiche Erkenntnistheoretiker neopositivistischer Provenienz und insbesondere jede Form rationaler Epistemologie gerechnet werden. Auch Popper ist nach meinem Dafürhalten zu dieser Richtung zu zählen, gerade weil auch bei ihm – wenn auch in nicht so ausgeprägten Begriffen wie beispielsweise bei Piaget – die Methode in vielerlei Hinsicht eine explizite Darstellung der rationalen Prozesse des menschlichen Geistes ist. Somit kann man sagen, daß für die Nicht-Konventionalisten die Normativität der Methode ein grundlegendes Erfordernis darstellt: Tatsächlich wird die Methode mit genau diesem Charakteristikum formuliert.

Die Position der Konventionalisten dagegen ist eine andere. Normativität ist kein theoretisches Erfordernis: Die Methode wird erst dann normativ, wenn einzelne Wissenschaftler oder die gesamte wissenschaftliche Gemeinschaft sie als Forschungsinstrument akzeptiert haben. In diesem Fall haben die Regeln und Grundsätze, aus denen sie besteht, präskriptiven Wert bezüglich der Betrachtungsweise der Erscheinungen, der Durchführung der experimentellen Forschung und der Kontrollen, der Konstruktion von Theorien usw. Insofern ist die Normativität nicht Bestandteil der Methode, sondern wird dies nur auf der Grundlage einer Übereinstimmung der Wissenschaftler, und nur in diesem Falle hat die Methode normativen Charakter. Bei den Nicht-Konventionalisten geht es somit um eine theoretische und notwendige Normativität, während sie bei den Konventionalisten eine mögliche Normativität ist. Nur aus letzterer Position kann sich daher eine Auffassung entwickeln, welche die Methode nicht als einen Bestandteil der Wissenschaft betrachtet, sondern lediglich als ein Instrument, das von Bedeutung ist für die verschiedenen Bereiche der Forschung und für die besonderen Bedingungen ihrer Entwicklung.

Ferner ist die Methode im ersten Fall von absoluter Bedeutung für die Wissenschaft und gilt für jede Disziplin. Im zweiten dagegen kann sie zwar allgemeine Hinweise liefern, muß jedoch der jeweiligen Art der Forschung angeglichen werden und kann in enger Verbindung zur Entwicklung der wissenschaftlichen Forschung gesehen werden. Mit anderen Worten: Die Methode als Arbeitsinstrument entwickelt sich gleichzeitig mit der Wissenschaft, kann nicht für sämtliche Disziplinen gültig sein und kann geändert werden, ohne daß die Objektivität der Forschung beeinträchtigt würde. Hier ergibt sich somit Raum für die Betrachtung dessen, was wir mit Feyerabend *methodologischen Pluralismus* nennen können; er besagt, daß die Methode nicht als ein äußerer, ahistorischer und konstruierter Bestandteil außerhalb der wissenschaftlichen Forschung zu betrachten ist.

An dieser Stelle möchte ich etwas näher auf die Position Feyerabends eingehen, die nach meiner Auffassung grundlegend ist für eine korrekte Bewertung des Begriffs der wissenschaftlichen Methode.

Generell läßt sich zunächst einmal sagen, daß Feyerabend den Begriff der Methode von einem philosophischen Standpunkt aus kritisiert, nach dem die Methode oder, besser gesagt, die *Forderung* einer Methode lediglich ein metaphysischer Anspruch wäre mit dem Ziel, Grundsätze und Tatsachen zu »finden«, die, soweit möglich, keiner Veränderung unterliegen. Diese Überlegung ist wesentlich für mich, insofern sie mir die Aussage und Behauptung ermöglicht, daß die Wissenschaft in Wirklichkeit frei ist von absoluten Aussagen und folglich keine Beständigkeit besitzt, gerade weil ihre Behauptungen je nach dem Stand ihrer theoretischen und experimentellen Entwicklung heute annehmbar sein können, es aber morgen nicht mehr sein müssen. Unter dieser Voraussetzung stellt sich die Wissenschaft als eine Form der Praxis dar, die frei ist von absoluten Grundbegriffen und die, so kann man daher sagen, *unbeständig* ist, gleichsam ein *offenes System,* wenn sie mit den philosophischen Erkenntnistheorien verglichen wird. In diesem Fall wird der Anspruch auf Beständigkeit ihrer Behauptungen oder, besser gesagt, ihrer Inhalte auf die Mittel und Wege übertragen, über die man zu diesen Aussagen gelangt. In dieser Sicht stellt die Forderung einer Methode im wesentlichen eine

Forderung dar, die darauf abzielt, der wissenschaftlichen Forschung Beständigkeit und absolute Bedeutung zu geben, und damit darauf, die Forschung innerhalb strenger Schemata einzuschließen, die, so Feyerabend, auf eine Normierung der wissenschaftlichen Tätigkeit hinausläuft und in Wirklichkeit ihre schöpferische Kraft und ihr Vorstellungspotential beschneidet.

Es sei jedoch darauf verwiesen, daß die Forderung einer Methode, die so allgemein ist, daß sie in sämtlichen Bereichen der wissenschaftlichen Forschung Anwendung finden kann, vor allem der Seite entstammt, die über die Wissenschaft reflektiert, nicht aber der Seite, die sie produziert. In der Tat stellt sich dem Wissenschaftler niemals das Problem, eine allgemeine Methode zu formulieren, sondern er verwendet in der Wirklichkeit oft Regeln (Normen), die sich auf seine spezifische Forschungspraxis beziehen. Diese Überlegungen bekräftigen unsere These, wie auch die Feyerabends, nach der diese Forderung – und das gleiche trifft auch auf die allgemeinere Forderung nach Rationalität zu – einer Haltung entspringt, die eher, wie bereits gesagt, in einem philosophischen Problemzusammenhang begründet ist als in einer spezifischen Anordnung der wissenschaftlichen Forschung.

Befaßt Feyerabend sich mit der Forderung einer allgemeinen Methode, so bezieht er sich einerseits auf die Frage der Rationalität oder Rationalisierung der Wissenschaft, andererseits wendet er sich gegen jede wie auch immer konzipierte Methode. Auf diese Position Feyerabends möchte ich etwas näher eingehen. Vor allem erscheint es mir nicht legitim (mag es auch oft eingetreten sein), die Forderung nach einer Methode mit der allgemeinen Forderung nach Rationalität gleichzusetzen, oder, anders ausgedrückt, die beiden Begriffe, Methode und Rationalität, miteinander zu identifizieren. Mag es auch zutreffen, daß die Forderung oder das Erfordernis einer Methode dem allgemeinen Verlangen nach einer gewissen Ordnung und Systematik und somit auch nach Rationalität entspringt, so ist doch, wer ein solches Verlangen verteidigt, nicht immer ein Rationalist. Und genauso wenig kann man sagen, er fordere stets eine Form von Rationalität im Sinne einer allgemeinen, systematischen und präzisen Ordnung der wissenschaftlichen Praxis auf der Grundlage strenger Regeln, die für jeden Aspekt dieser Praxis gültig sind. Die Gleichsetzung von Methode und Rationalität, dazu noch einer Form des Rationalismus, ist daher nicht ganz korrekt. In der Tat fällt die Forderung einer Methode nicht mit einer rationalistischen Position zusammen, da sich letztere in bezug auf die Wissenschaft nicht auf die bloße Forderung einer Methode beschränkt, sondern sich um zusätzliche Bestandteile erweitert, wie allgemeine Systematik der Forschung, Axiomatisierung der Ergebnisse und Theorien usw., die nicht immer präsent sind bei den Vertretern der allgemeinen Methode. Die Rationalität der Wissenschaft geht weit über die bloße Forderung einer Methode hinaus. So denke man beispielsweise an Wissenschaftler in der experimentellen Forschung, die gewiß die Notwendigkeit einer mehr oder weniger strengen Methode befürworten, doch hat in diesem Fall die Methode weder etwas mit Rationalität noch mit Rationalismus zu tun.

Noch unzulänglicher schließlich ist die Gleichsetzung von Methodenforderung und rationalistischer Position. Wenn Rationalität das Bestreben bedeutet, innerhalb einer expliziten Praxis mittels annehmbarer Regeln zu handeln, so ist es etwas ganz anderes, diese Regeln als absolut zu setzen und eine rationalistische Position zu vertreten, derzufolge ein Primat der Vernunft gegenüber der Praxis, ein Primat der Verstandesformen gegenüber der Beobachtung besteht, d. h. davon auszugehen, daß die Erkenntnis über Verstandeskategorien erfolgt und mittels einer rationalen und nicht einer empirischen Methode erreicht wird. Allerdings trifft es zu, daß es unterschiedliche Positionen gibt, die davon abhängig sind, ob jemand von Methode spricht und innerhalb der wissenschaftlichen Praxis tätig ist oder aber von Methode spricht und über die Wissenschaft reflektiert. Im ersten Fall sind die genannten Gleichsetzungen sehr viel schwächer als im zweiten. Der Erkenntnistheoretiker, der über die wissenschaftliche Praxis reflektiert, wirkt mit apriorischen Kategorien auf sie ein, und sein Ziel ist nicht so sehr, in einer Praxis zu handeln als philosophische Theorien in bezug zu dieser Praxis zu konstruieren. Zwar bezieht Feyerabend sich eher auf den zweiten Fall, aber die Schlüsse, die er daraus zieht, geben mir Anlaß zu zweierlei Überlegungen.

Zunächst einmal bezieht er sich nicht auf die wissenschaftliche Praxis, sondern auf eine *Konzeption* der wissenschaftlichen Praxis, um dann Urteile über diese Praxis zu formulieren; und dann gilt auch nicht immer in bezug auf die epistemologische Reflexion, die ihrer Natur nach dazu neigt, sich auf philosophische Kategorien zu stützen und somit die wissenschaftliche Praxis zu transzendieren, daß eine Methode fordern heißt: Rationalität zu fordern, und weniger, einen rationalistischen Standpunkt anzunehmen. Dies trifft dagegen für Popper zu. Zahlreiche Erkenntnistheoretiker fordern nicht so sehr eine Form der Rationalität, wenn sie sich auf die Methode beziehen, als vielmehr eine Form der Systematik, eine geregelte Praxis, für die man ein Modell von bestimmten Standards vorschlägt, die für jede Art von Forschung gültig sein können. In diesem Fall ist man recht weit von der rationalistischen These entfernt. Allerdings trifft auch zu, daß sämtliche Erkenntnistheoretiker, welche die Notwendigkeit einer Methode vertreten, diese in der einen oder anderen Weise als eine Form der Rationalisierung der wissenschaftlichen Forschung konzipiert haben, die ihren Ausdruck in spezifischen Normen findet, die für sämtliche Disziplinen Gültigkeit besitzen müßten. Gerade gegen diese These hat sich Feyerabend gewandt, dem es nach meiner Auffassung gelungen ist, ihre Haltlosigkeit zu beweisen. Feyerabend negiert nicht das Vorhandensein von Regeln und Normen, die in der wissenschaftlichen Praxis befolgt werden, sondern er betont, daß die Entwicklung der Forschung nicht ein Prozeß ist, der sich nur als Anpassung an bestimmte Normen darstellt, sondern auch als ihre Negation. Daran möchte ich folgende Überlegungen knüpfen: a) die Formulierung einer strengen, absoluten und totalisierenden Methode, die gültig ist für die gesamte Wissenschaft und als grundlegendes und abgrenzendes Kriterium zwischen Wissenschaft und Philosophie gedacht ist, stellt ein philosophisches Erfordernis dar, und in diesem Sinne ist sie gültig; sie ist es jedoch nicht, wenn sie sich als »Reflex« der wissenschaftlichen Praxis versteht. Mit anderen Worten: Wenn sie bestrebt ist, sich als ein objektives Modell der wissenschaftlichen Praxis darzustellen; b) in dieser Praxis gibt es keine strengen und absoluten Methoden wie Regeln, Standards und Normen, welche, so Feyerabend, sich aus der Praxis ergeben und oft nur begrenzten Wert haben, wenn sie auch tagtäglich von den Wissenschaftlern verwendet werden; c) es ist zu unterscheiden zwischen allgemeinen und spezifischen Standards. Daher ist es äußerst wichtig, eine Unterscheidung zu treffen zwischen epistemologischer Methode, wie sie von den Erkenntnistheoretikern formuliert wird, und Methoden, wie sie von Wissenschaftlern konzipiert werden. Auf der einen Seite gibt es allgemeine Standards, bezogen auf eine Erkenntnistheorie, und auf der anderen Seite spezifische Standards, die in der wissenschaftlichen Praxis Verwendung finden. Tatsächlich erlangt die von den Erkenntnistheoretikern formulierte Methode ihre Bedeutung in der Konzipierung einer Theorie der Erkenntnis und ihrer objektiven und kontrollierten Struktur (einer Theorie der verschiedenen Formen von Erkenntnis). Die von den Wissenschaftlern verwendeten Methoden haben diese Bedeutung dagegen nicht; sie stellen vielmehr nützliche Regeln für eine bestimmte Praxis dar, für das Erzielen bestimmter Ergebnisse, die Durchführung von Experimenten, die Formulierung von Beschreibungen, Erklärungen, Voraussagen, Verallgemeinerungen usw.

Bezieht man sich auf die wissenschaftliche Praxis, so könnte lediglich ausgehend von einer äußeren Anforderung philosophischer und totalisierender Art behauptet werden, daß es eine allgemein gültige Methode für sämtliche Disziplinen gibt. In Wirklichkeit ist die Methode, wie sie von den Erkenntnistheoretikern formuliert wird, derart allgemein und losgelöst von der Praxis, daß sie recht wenig Gewicht hat für diejenigen, die ganz konkret in einer wissenschaftlichen Praxis tätig sind, wenn es auch zutreffen mag, daß einige ihrer Aussagen von den Wissenschaftlern verwendet werden können. Im Höchstfall könnte diese Methode als ein möglicher allgemeiner Aspekt der Konzeption betrachtet werden, welche die Praktiker von ihrer Praxis haben. Dann handelt es sich jedoch um eine bloße Betrachtungsweise und nicht um eine Methode, die als ein Regelsystem ihrer Praxis verwendet werden kann.

In Wirklichkeit ist eine Methode der Wissenschaft, wie Feyerabend richtig sagt, eng mit den spezifischen Forschungsbedingungen verknüpft, und kein Wissenschaftler – auch unter Berücksichtigung eines gewissen Konservativismus – ist der Meinung, daß die Regeln dieser Methode absolut seien, gerade weil die Entwicklung seiner *Praxis* ihn veranlaßt, sie nicht als solche zu betrachten.

Man kann somit davon ausgehen, daß die wissenschaftliche Praxis, wie jede andere Praxis auch, zum Teil von Regeln, Standards, Normen und Methoden bestimmt wird, die zwar von großer Bedeutung sind, aber nicht losgelöst werden können von den spezifischen Bedingungen, oder als absolut, d. h. als für immer in jeder Forschungssituation und jeder wissenschaftlichen Disziplin gültig betrachtet werden können. Die wissenschaftliche Praxis ist daher mit Regeln verbunden, die aus ihr entstehen und unter spezifischen Bedingungen zweckmäßig für sie sind. So baut diese Praxis einerseits auf diesen Regeln auf, während sie andererseits dazu tendiert, sie zu negieren. Daraus ergibt sich eine Dynamik, die als *normative Dynamik* zwischen den gegenwärtigen, bereits akzeptierten Standards und ihrer Negation im Zusammenhang mit bestimmten Problemen oder mit bestimmten Experimenten wirksam ist.

Aus dem Italienischen von Elke Wehr

John Kekes
Vernunft und Praxis

I

Dieser Aufsatz soll den Primat der Praxis über die Vernunft vertreten. Damit soll eine der am heftigsten umstrittenen Behauptungen Feyerabends untermauert werden, nämlich daß der erkenntnistheoretische Anarchismus auch für die Logik gilt. Der Primat der Praxis jedoch führt zu einem externen und objektiven Rationalitätsstandard, und damit wird, wie gezeigt werden soll, der von Feyerabend vertretene protagoräische Relativismus widerlegt.

Die Erörterung der Feyerabendschen Position beruht auf den zwei Büchern *Wider den Methodenzwang (WM)*[1] und *Erkenntnis für freie Menschen (EfM)*[2]. Es wird diagnostiziert: »*Heutzutage* ist die Erkenntnistheorie krank und braucht eine Arznei. Die Arznei ist der Anarchismus. Ich behaupte: Der Anarchismus heilt die Erkenntnistheorie, *anschließend* können wir zu einer mehr aufgeklärten und liberalen Form der Rationalität zurückkehren.«[2a] Diese Diagnose ist weit und breit mißverstanden worden.

> Einige Rezensenten (nahmen an) . . ., daß ich bekannte Regeln und Maßstäbe durch ›revolutionärere‹ Regeln wie zum Beispiel den Pluralismus oder die Kontrainduktion ersetzen will, und fast jeder Leser schrieb mir eine ›Methodologie‹ zu mit der ›Grundregel‹: *anything goes.* Aber auf Seite 52 von *WM* sage ich ganz ausdrücklich: »Ich habe nicht die Absicht, eine Menge allgemeiner Regeln durch eine andere zu ersetzen; meine Absicht ist vielmehr, den Leser davon zu überzeugen, *daß alle Methodologien, auch die einleuchtendsten, ihre Grenzen haben.*« (*EfM*, S. 66)

Feyerabend kümmert sich hauptsächlich um den Nachweis, daß seine allgemeine Position für die (Natur)wissenschaft gilt. Die Logik ist eine der »selbstverständlichen Methodologien«, die Wissenschaftler nach Ansicht der Rationalisten zu befolgen haben. Vertreter dieser Ansicht werden mit folgender Frage konfrontiert:

> Nun hat ein Wissenschaftler, der sich einer bestimmten Forschungsaufgabe widmet, noch nicht alle Schritte ausgeführt, die in wohlbestimmte

Ergebnisse münden. Seine Zukunft ist noch offen. Wird er dem ... Logiker folgen, der ihm die Tugenden der Klarheit, Widerspruchsfreiheit, experimentellen Stützung (oder experimentellen Falsifikation), der Genauigkeit des Argumentierens, der »Ehrlichkeit« usw. predigt, oder wird er sich seinen Vorgängern auf seinem eigenen Gebiet anschließen, die Fortschritte machten, indem sie die meisten der Regeln durchbrachen, die ihm die Logiker jetzt einreden möchten? Wird er sich auf abstrakte Dekrete oder auf die Ergebnisse einer Untersuchung konkreter Episoden verlassen? (*WM*, S. 357)

Feyerabends Empfehlung lautet natürlich, sich auf konkrete Episoden, auf die *Praxis* zu verlassen. Seinen rationalistischen Gegnern wirft er andererseits vor, den Fortschritt aufzuhalten, insofern sie abstrakten Vorschriften, *der Vernunft*, den Vorzug geben. Deshalb ist »das grundlegende Problem die *Beziehung zwischen Vernunft und Praxis*«.[2b] Nach meiner Ansicht stellt Feyerabend das zu Recht als Problem hin. Nur liegt er falsch, wenn er annimmt, die Lösung habe anarchistische Implikationen: Die Implikationen sind konservativ.

Im weiteren meine ich mit *Logik* formale Logik, d. h. Prädikaten- und Aussagenlogik, Mengenlehre und neuere Entwicklungen wie modale und intensionale Logik. Eins der vielen Ziele der Logik ist die Kodifizierung des Arguments innerhalb eines formalen Systems: eines Kalküls. Mit dem Kalkül läßt sich dann Gültigkeit des Arguments überprüfen. Damit wird Übereinstimmung mit der Logik, mit dem Beachten der Regeln gültigen Schlußfolgerns, als eine notwendige Bedingung zur Rechtfertigung eines Arguments angenommen. Das entspricht in etwa dem zweiten Sinn von »Logik«, wie in *WM* (S. 347 ff.) beschrieben.

Feyerabend sagt dann, daß die Logik ihre Grenzen habe. Es gäbe bestimmte Umstände, unter denen »eine aufgeklärtere und liberalere Rationalität« die Verletzung »abstrakter Vorschriften« der Logik erforderte. Diese Umstände liegen vor, wenn eine Tradition zur Orthodoxie umgewandelt ist und ihre Maßstäbe populäre Maßstäbe geworden sind. Genau das, so Feyerabend, ist der Wissenschaft gelungen. Deshalb ist heute eine anarchistische Erkenntnistheorie erforderlich, weil »*die Gültigkeit, Nützlichkeit, Adäquatheit populärer Maßstäbe nur durch ein Forschungsverfahren ermittelt werden kann, das sie verletzt*« (*EfM*, S. 73). Das Bollwerk gegen eine solche Verletzung ist die vorherrschende Form der Rationalität, die auf der vereinigten Autorität von Logik und Wissenschaft beruht. Gefordert wird die Verletzung im Namen der Ideale des Fortschritts, der Ausbreitung des Wissens und einer freien Gesellschaft. Diese Ideale verlangen nach dem Umsturz der derzeitigen Rationalität zugunsten einer aufgeklärten und liberalen Form der Rationalität.

Die Kritiker Feyerabends antworten darauf mit dem Hinweis, daß die Verletzung der Logik sinnvolle Rede unmöglich macht. Denn die Logik bildet die Peripherie dessen, was sinnvollerweise gesagt werden kann. Die Grenzen der Logik und die Grenzen der Sprache sind die gleichen.

Logischer Zusammenhang und Befolgung der Regeln der Logik sind notwendige Bedingungen der Verständigung. Und Feyerabend selbst folgt der Logik, auch wenn er sie angreift, wie diese Kritiker geschwind vermerken.

Feyerabend antwortet, daß »diese Kritiker mir Annahmen zuschreiben, die ich nicht *anerkenne,* aber *verwende* in meiner Polemik gegen Rationalisten«.[2c] Das heißt, er benutzt die Logik als Teil einer Strategie der *reductio ad absurdum* gegen die schlimme Sorte Rationalisten: Er verwendet ihre Logik, um zu zeigen, daß ihre Logik ohne Berechtigung ist. Man darf allerdings nicht davon ausgehen, daß aus Verwendung Billigung folgt.

Ich für meinen Teil finde die Unterscheidung zwischen Verwendung und Anerkennung obskur und deshalb auch Feyerabends Antwort nicht überzeugend. Denn jedesmal, wenn er oder jemand anderes etwas sagt, wird die Logik verwendet; mir ist nicht klar, was noch dazu kommen sollte, um von Anerkennung zu reden. Sogar der stille Vorbehalt, den Feyerabend immer dann, wenn er die Logik verwendet, (per impossibile) für sich beanspruchen könnte, verwickelt ihn in die Verwendung der Logik, denn um zu erkennen, wann dieser Vorbehalt gemacht werden soll, muß mit den Begriffen der Identität und des Nichtwiderspruchs operiert werden. Dennoch denke ich, daß Feyerabend richtig und seine Kritiker falsch liegen, was die Autorität der Logik betrifft. In den nächsten beiden Abschnitten sollen Argumente für diese Behauptung angeführt werden.

II

Woraus entspringt die Autorität der Logik? Es ist klar, daß Sätze wie der der Identität, des Widerspruchs und des ausgeschlossenen

Dritten befolgt werden sollten. Nur auf eigene Gefahr kann man sie mißachten. Aber worin gründet ihre offenkundige Autorität?

Beginnen wir mit der Annahme, daß die Unterscheidung logisch/unlogisch der Unterscheidung sinnvoll/sinnlos entspricht. Man sollte logisch sein; denn ist man es nicht, verliert Reden seinen Sinn:

> Der vertrauten Unterscheidung zwischen Wahrheit und Falschheit ist die radikalere Unterscheidung zwischen Sinn und Sinnlosigkeit vorgeordnet. Wahre wie falsche Aussagen sind sinnvoll, aber einige Wortfolgen, die sich üblichen Vokabulars und üblicher Satzkonstruktionen bedienen, sind weder wahr noch falsch, sondern sinnlos – sinnlos nicht wegen der Wörterverwendung oder der grammatischen Konstruktion, sondern aus logischen Gründen . . . Logik befaßt sich von Anfang an damit, . . . was und was nicht sinnvoll gesagt werden kann.[3]

Wird *sinnvoll* in der üblichen lexikalischen Bedeutung verwendet, nämlich als Gegenteil unzusammenhängenden Daherschwatzens und Wortsalats, dann geht diese Antwort fehl. Denn viele unlogische Äußerungen sind sinnvoll. Um sie als unlogisch zu erkennen, müssen sie ja verstanden und daher sinnvoll sein.

Wird *sinnvoll* in einer technischen Bedeutung verwendet, dann muß verdeutlicht werden, welches diese Bedeutung ist. Die Geschichte der neueren Philosophie berechtigt hier zu keinem Optimismus. Das Verifizierbarkeitsprinzip zum Beispiel hat sich bei der Unterscheidung sinnvoller und sinnloser Sätze nicht hervorgetan. Auf jeden Fall besteht die Schwierigkeit mit der Identifikation einer technischen Bedeutung von Sinn und Logizität darin, daß der Sinn klar und kohärent, die Identifikation gerechtfertigt sein muß. Ich wüßte nichts, was beiden Ansprüchen genügt.

Eine andere Behauptung ist, daß logische Regeln notwendig wahr sind und deshalb letztlich anerkannt werden müssen. Hier tritt die Schwierigkeit auf, daß aus mehreren Gründen ernste Zweifel an der Notwendigkeit der logischen Regeln bestehen: wegen der angeblichen Unklarheit des Begriffes »analytisch«, wegen der Existenz abweichender und alternativer Logiken und wegen der Ausdehnung des Fehlbarkeitsvorbehalts auf die Logik.[4] Bevor wir somit den Anspruch akzeptieren, die Regeln der Logik seien notwendig wahre Prinzipien des richtigen Gebrauchs der

Vernunft, sollte erklärt werden, wieso sie das sind, und Zweifel daran sind aus dem Wege zu räumen.

Eine Erklärung für ihre angebliche Notwendigkeit lautet, die Unterscheidung logisch/unlogisch entspreche der Unterscheidung denkbar/undenkbar. Historisch gesehen kommt diese Antwort aus der Annahme, Logik befasse sich mit den Gesetzen des Denkens. Dies ist die umstrittene Position des Psychologismus.[5]

Die traditionelle Kritik des Psychologismus bringt vor, daß Trugschlüsse beweisen, das Unlogische sei nicht nur denkbar, sondern werde oft auch gedacht. Der Versuch, Logik mit psychischen Vorgängen des Menschen zu verknüpfen, wird als irregeleitet angesehen, weil psychische Vorgänge unbeständiger Natur sind. Mancher denkt besser als ein anderer, und dieselbe Person kann zu unterschiedlichen Zeiten unterschiedlich denken. Es wird aber angenommen, daß der Wert der Logik zum Teil darauf beruht, daß sie objektive Maßstäbe zur Beurteilung des Denkens der Menschen erstellt. Hätte der Psychologismus recht, wäre die Logik neu zu schreiben, wenn jedermann ein Mittel einnähme, daß das logische Denken für immer verändert.

Jedoch hat der Psychologismus kürzlich einige Verteidiger gefunden.[6] Das Vorkommen von Trugschlüssen ist mit einer Auffassung der Logik als Beschreibung der Gesetze des Denkens zu vereinbaren, wenn man mit Kant[7] Trugschlüsse als Störungen des rechten Ablaufs des Denkvermögens auffaßt. Und selbst der Frage, wie man von einer richtigen Beschreibung zu einer Rechtfertigung unserer Art zu denken kommt, läßt sich mit dem Zweifel an einer präzisen Unterscheidung zwischen *quaestio facti* und *quaestio iuris* begegnen.

Aber diese Antworten überzeugen nicht, wenn man sie von der Suche nach einer Antwort auf die Frage betrachtet, worauf die Berechtigung logischer Argumentation beruht. Beschreibt die Logik, wie wir denken, dann kann die Logik nicht mit Recht den Anspruch erheben, wir hätten auch so zu denken. Logische Argumentationen mögen gut sein, aber nicht *weil* sie logisch sind. Sind sie gut, dann deshalb, weil es aus welchem Grund auch immer gut ist, so zu denken, wie wir es tun.

Man kann vorschlagen, daß die Logik sich nicht darum kümmert, wie wir denken, sondern darum, wie wir denken sollten. Die Unterscheidung logisch/unlogisch definiert die Grenzen richtigen

Redens: Der Logik entsprechen ist eine notwendige Bedingung richtigen Redens, ihr nicht entsprechen ist eine hinreichende Bedingung falschen Redens. Die logischen Regeln drücken die Grenzen aus, innerhalb derer die Sprache verwendet werden muß.[8]

Soweit bringt diese Antwort nur eine andere Beschreibung und keine Erklärung der Lage. Sie besagt nichts darüber, warum wir bestimmte logische Regeln befolgen müssen. Fraglos müssen, wenn wir denn sprechen sollen, einige Äußerungen als richtig, andere als unrichtig angesehen werden. Aber woran liegt es, daß viele Regeln, die für eine Sprache richtiges Sprechen definieren, auch für viele andere Sprachen gelten? Anscheinend sind Regeln der Logik mehr als Vorschriften richtigen Sprechens einer bestimmten Sprache. Sicher haben sie auch diese Rolle. Aber hätten sie nur diese Rolle, dann hätten unterschiedliche Sprachen unterschiedliche Logiken, so wie sie unterschiedliche Wortschätze und Phoneme haben.

Eine Möglichkeit, dieser Schwierigkeit zu begegnen, liegt in der Identifizierung von Logik und Grammatik. Dies beruht auf der Unterscheidung von Oberflächenstruktur und Tiefengrammatik einer Sprache. Es ist also die Tiefengrammatik, die mit Logik gleichgesetzt wird. Ist man sodann noch bereit, zusätzlich anzunehmen, daß die Tiefengrammatik mit angeborenen Mechanismen im Menschen (physiologisch oder anders) verknüpft ist, dann wäre meinem Einwand begegnet. Denn dann hingen die Invarianz logischer Regeln, die Übereinstimmung mit der Tiefengrammatik und folglich die Regeln richtigen Redens von allgemein menschlichen Mechanismen ab.[9]

Aber hilft diese große und fruchtbare Idee bei der Beantwortung der Frage, die ich erwäge? Ich denke, nicht. Denn selbst wenn diese äußerst spekulative Hypothese sich als wahr erweisen sollte, bleibt die Frage, warum logische Argumentationen gut sind, noch ohne Antwort. Die Identifikation von Logik und Tiefengrammatik stellt einen wichtigen Anstoß für den Psychologismus (oder Physiologismus) in der Logik dar. Aber wie wir sahen, folgt aus der Entdeckung, warum wir so denken, wie wir es tun, noch nicht, daß es gut ist, so zu denken, wie wir es tun. Sollte dieser von der Linguistik inspirierte Zugang zur Logik richtig sein, dann wissen wir, was eine Argumentation zu einer logischen macht. Wir wissen jedoch nicht, was ich herausfinden möchte, warum nämlich eine logische Argumentation es verdient, akzeptiert zu werden. Und diese Frage muß eine Antwort erhalten, auch wenn es sich ergeben sollte, daß wir so veranlagt sind, daß unser Denken, wenn es ungestört abläuft, notwendig logisch abläuft. Schließlich tun die Menschen viele Dinge und können vielleicht nicht anders, als sie zu tun, aber daraus folgt noch nicht, daß sie sie tun *sollten.* Würde denn aus der Entdeckung angeborener Mechanismen für Aggression, Feindseligkeit und Grausamkeit folgen, daß diese bedauerlichen Züge wertzuschätzen sind?

Die nächste Antwort erscheint tautologisch, ist es aber nicht. Die Unterscheidung logisch/unlogisch gilt häufig als identisch mit der Unterscheidung zwischen gültigen und ungültigen Argumentationen. Gültigkeit ist deshalb zu schätzen, weil sie wahrheitserhaltenden Charakter hat. Eine gültige Argumentation überträgt die Wahrheit aus den Prämissen auf die Schlußfolgerung, und jeder, der sich mit Argumentationen beschäftigt, muß das als gut anerkennen.

Die Antwort trifft jedoch nicht das Problem; denn gültige Argumentationen sind logisch, aber es gibt keinen Grund zu glauben, ungültige Argumentationen seien unlogisch.[10] Eine Argumentation heißt gültig, wenn sie anerkannten Regeln des Schließens folgt. Die schwierige Frage lautet: Was macht eine Argumentation ungültig? Die Antwort, eine Argumentation sei ungültig, wenn sie anerkannten Regeln des Schließens nicht folgt, befriedigt nicht, denn sie stützt sich auf die unbeweisbare Annahme, alle Regeln des Schließens seien erkannt und anerkannt. Warum sollte man annehmen, die Anzahl solcher Regeln sei begrenzt? Ist sie unbegrenzt, dann können nicht alle Regeln des Schließens erkannt und anerkannt werden. Selbst wenn es sich herausstellte, sie sei begrenzt, wie ließe sich beweisen, daß die Anzahl der anerkannten Regeln der Anzahl der möglichen Regeln gleich ist?

Wenden wir uns der Behauptung zu, eine Argumentation sei ungültig, wenn sie anerkannten Regeln des Schließens nicht folgt, dann umgehen wir diese Schwierigkeiten, stoßen aber auf neue. Die logische Brauchbarkeit einer Argumentation hängt nicht davon ab, welche Regeln des Schließens erkannt und anerkannt sind, sondern davon, welche Regeln es gibt. Daraus ergibt sich einmal, daß wir nicht zwischen gültigen und ungültigen Argumentationen unterscheiden können. Denn es gibt keine Garantie dafür, daß die Regeln des Schließens, die wir anerkannt haben, die tatsächlichen Regeln des Schließens sind. Zudem gibt es eine grundlegende Schwierigkeit auch dann, wenn wir zugestünden, daß die anerkannten Regeln des Schließens einige tatsächliche Regeln genau wiedergeben. Die Schwierigkeit liegt darin, daß es immer zwei Möglichkeiten für den Fall, daß eine Argumentation nicht den anerkannten Regeln des Schließens entspricht, gibt: Entweder ist die Argumentation ungültig oder aber sie ist gültig, da sie noch nicht erkannten Regeln des Schließens entspricht. Solange nicht alle Regeln des Schließens erkannt und anerkannt sind, wird es diese zwei Möglichkeiten geben. Daraus folgt, daß keiner Argumentation ihre Ungültigkeit nachgewiesen werden kann.

Versuchen wir einen anderen Vorschlag. Warum soll man nicht sagen, eine Argumentation sei ungültig, wenn sie gegen eine anerkannte Regel des Schließens verstößt? Der Unterschied zu den beiden voranstehenden Antworten liegt darin, daß hier ein Zusammenstoß zwischen einer anerkannten Regel des Schließens und einer Argumentation, dort nur mangelnde Übereinstimmung das Entscheidende ist.

Was aber passiert, wenn eine Argumentation für prälogisch gültig befunden oder durch wissenschaftliche Forschung garantiert ist, sich aber als ungültig erweist, weil sie mit den Regeln des Schließens zusammenstößt? Betrachten wir ein Beispiel für jeden dieser Fälle.

Der erste ist deshalb möglich, weil es die Praxis der Logik ist, Ausdrücke der Alltagssprache nach vorheriger Veränderung ihrer Bedeutung zu verwenden. So verfeinern Logiker die Alltagsverwendungen von Ausdrücken wie *und, wenn, oder,* indem sie sie präzisieren und für diese präzise Bedeutung Wahrheitswerttafeln erstellen. Manchmal ergibt es sich dann, daß eine gänzlich gültige alltägliche Schlußfolgerung sich als ungültig erweist, wenn man die präzisierte Verwendung zur Richtschnur macht. Es ist eine gültige alltägliche Schlußfolgerung, aus der Aussage »Ich aß ohne Selbstbeherrschung und mußte fasten« zu folgern, daß ich zuerst dem Essen frönte und später dafür zu zahlen hatte. Aber nach der Wahrheitswerttafel ist diese Folgerung nicht erlaubt, da in ihr das Wort *und* in nichtzeitlichem Sinne gebraucht wird. Die alltägliche Schlußfolgerung ist gültig, denn die alltägliche Bedeutung von *und* kann einen zeitlichen Aspekt einschließen; jedoch ist die gleiche Folgerung im logischen Sinne ungültig, denn dabei kann *und* nur im nichtzeitlichen Sinn verstanden werden. Sollte man deshalb sagen, die alltägliche Folgerung sei nicht gültig? Bestimmt nicht.

Das zweite Beispiel für einen Widerspruch zwischen gültigen Argumentationen und anerkannten Regeln des Schließens ergibt sich aus der Möglichkeit eines Zusammenstoßes zwischen Logik und Wissenschaft. In der Quantenmechanik gilt der Satz, daß ein Teilchen mit einem bestimmten Kraftmoment sich zu einer bestimmten Zeit an einem bestimmten Ort entweder befindet oder nicht befindet, nicht als wahr. Heißt das, daß die entsprechenden Folgerungen in der Quantenmechanik unlogisch sind? Keineswegs! Man kann dies eher als Anzeichen dafür auffassen, daß eine neue, der Quantenmechanik angemessenere Logik benötigt wird. Natürlich hat Feyerabend viele wichtige Sachen dazu zu sagen.

Diese beiden Beispiele zeigen, daß der dritte Vorschlag für eine Bestimmung der Ungültigkeit einer Argumentation ebenfalls mangelhaft ist. Aus der Tatsache, daß es einen Zusammenstoß zwischen einer Argumentation und einer anerkannten Regel des Schließens gibt, folgt nicht, daß die Argumentation ungültig ist. Der Zusammenstoß könnte ein Zeichen dafür sein, daß die anerkannte Regel des Schließens revidiert werden muß. Wenn es wahr ist, daß »die Logik nicht weniger revidierbar ist als die Quantenmechanik oder die Relativitätstheorie«[11], dann ist der Zusammenstoß zwischen einer Argumentation und einer anerkannten Regel des Schließens nicht hinreichender Beweis für die Ungültigkeit der Argumentation.

Es gibt ein Dilemma, das die Verteidiger einer alles überragenden Autorität der Logik nicht übersehen dürfen. Wenn eine Argumentation den Anschein hat, ungültig zu sein, dann bestehen zwei Möglichkeiten. Entweder sie ist tatsächlich ungültig, oder wir haben es mit einem Fall zu tun, der eine Revision der anerkannten Regeln des Schließens erfordert. Solange die zweite Möglichkeit nicht auszuschließen ist, kann die erste nicht vertreten werden.

Deshalb ist Ungültigkeit nicht unbedingt dasselbe wie Illogizität, und somit entspricht die Unterscheidung logisch/unlogisch nicht der Unterscheidung gültig/ungültig. Darum gilt, daß Argumentationen zwar logisch gerechtfertigt, aber nicht logisch kritisiert werden können.

Die letzte Antwort, die ich erörtern will, ist die, daß logische Regeln die allgemeinsten Naturgesetze sind. Ihre Allgemeinheit besteht in ihrer universellen Anwendbarkeit. So kann man wahrheitsgemäß über ein jedes Ding sagen, daß es mit sich selbst identisch sei oder daß es nicht gleichzeitig ein bestimmtes Merkmal haben und nicht haben könne. Die Autorität der logischen Regeln beruht darauf, daß die Welt so ist, wie sie ist.

Auch diese Antwort jedoch genügt nicht, denn die Verschiedenheit von logischen Regeln und Naturgesetzen macht ihre Gleichsetzung unmöglich: Die letzteren erlauben Gegenbeispiele, die ersteren nicht. So kann man sich kein Ding vorstellen, das nicht mit sich selbst identisch wäre, aber man kann sich vorstellen, daß ein Mensch ohne Hilfsmittel fliegt.

Verallgemeinert ist festzustellen, daß Naturgesetze der Möglichkeit empirischer Widerlegung unterliegen, logische Regeln dagegen nicht, jedenfalls nicht in der gleichen Bedeutung des Ausdrucks:

> Jede Theorie, in der sich kein Platz für den grundlegenden Unterschied zwischen der Stellung einer physischen Wahrheit (z. B. »Alle Steine sind schwer«) und einer logischen Wahrheit (z. B. »Alle Steine sind Steine«) findet, ... muß unbefriedigend sein. Wir fühlen, daß eine solche logisch wahre Proposition wahr ist, nicht weil sie das Verhalten aller möglichen Tatsachen beschreibt, sondern schlicht weil sie sich nicht auf das Risiko einläßt, durch irgendeine Tatsache falsifiziert zu werden; sie schließt keine mögliche Tatsache aus und besagt damit auch nichts über irgendeine Tatsache.[12]

Der Unterschied zwischen Naturgesetzen und Regeln der Logik liegt nicht darin, daß nur die ersteren revidierbar sind. Beide sind im Lichte der Erfahrung revidierbar. Der Unterschied liegt in der Weise, in der die Erfahrung die Revision erzwingen kann.

> ... man (kann) gegen wissenschaftliche Hypothesen Gegenbeispiele anführen ..., während die Propositionen der Logik und Mathematik nicht durch die Erfahrung widerlegt werden, sondern im schlimmsten Falle als unbrauchbar gelten. Wir sagen nicht, daß die Euklidische Geometrie sich als falsch erwiesen hätte, sondern nur, daß für bestimmte Zwecke eine andere Geometrie uns bessere Dienste leistet. Sollten wir den Satz vom ausgeschlossenen Dritten aufgeben ..., dann gewiß nicht, weil wir ihn in seiner heutigen Form als die Proposition »*p* oder non-*p*« für ungültig befunden hätten, sondern nur, weil wir es vorgezogen hätten, mit anderen logischen Konstanten zu operieren. Wir könnten dieselben Zeichen beibehalten, würden ihnen aber eine andere Bedeutung geben.[13]

Der Einwand gegen die Gleichsetzung logischer Regeln mit Naturgesetzen lautet nicht, daß die einen analytisch, die anderen empirisch seien. Der Einwand besagt, daß sie zwar beide empirisch sein mögen, dies aber in unterschiedlicher Weise, da zwischen ihnen keine wichtige Ähnlichkeit besteht. Deshalb kann man die Autorität logischer Regeln nicht mit Ähnlichkeit zur Autorität von Naturgesetzen erklären.

Es ergibt sich somit, daß die Autorität der Logik sich nicht daraus ableitet, daß sie Garant von Sinn, notwendiger Wahrheit, richtigen Denkens, Gültigkeit oder oberster Naturgesetze ist. Solange die Verteidiger der Logik für deren Autorität keine andere Erklärung vorbringen, sieht es so aus, als habe Feyerabend recht und seine Kritiker unrecht.

III

Dennoch wäre es albern, der Logik eine Autorität abzusprechen. Woran liegt es nun, wenn die üblichen Erklärungen nicht greifen? Lockes ätzende Bemerkung führt uns zu einem Anfang der Antwort:

> Gott hat aber die Menschen nicht so karg bedacht, als daß er sie nur als zweibeinige Wesen erschaffen und es dem *Aristoteles* überlassen hätte, sie vernünftig zu machen . . . Gott ist gegen die Menschen gütiger gewesen. Er hat ihnen einen Geist gegeben, der folgern kann, ohne in der syllogistischen Methode unterrichtet zu sein. Der Verstand erlernt das Folgern nicht durch derartige Regeln; ihm ist vielmehr das Vermögen angeboren, den Zusammenhang oder Nichtzusammenhang seiner Ideen wahrzunehmen.[14]

Die Autorität logischer Regeln leitet sich nicht von den Logikern ab. Sie formulieren nur die Regeln, aber sie erfinden sie nicht und sie dekretieren sie nicht: Logische Regeln gibt es schon, bevor sie entdeckt werden. Somit ist Logik kein gesetzgeberisches Unternehmen.

Auch damit ist jedoch noch nicht die Frage beantwortet, was den logischen Regeln ihre Autorität verschafft. Die Antwort lautet, daß

> die Regeln des deduktiven Schließens gerechtfertigt (werden) durch ihre Übereinstimmung mit der anerkannten Praxis der Deduktion. Ihre Gültigkeit beruht auf der Übereinstimmung mit den speziellen deduktiven Schlüssen, die wir tatsächlich ziehen und anerkennen. Wenn eine Regel zu unannehmbaren (sic!) Schlüssen führt, so läßt man sie als ungültig fallen. Die Rechtfertigung allgemeiner Regeln leitet sich also von Urteilen her, die einzelne deduktive Schlüsse verwerfen oder anerkennen.[15]

Die Autorität logischer Regeln beruht somit auf der erfolgreichen Praxis, aus der sie abgeleitet worden sind. Eine logische Regel steckt implizit in einer Praxis, die wir fortsetzen wollen.

Es gab Denker vor Aristoteles und Strategen vor Clausewitz. Die Anwendung der Regeln des Denkens und der Strategie braucht nicht auf die Arbeit ihrer Kodifizierer zu warten. Tatsächlich waren Aristoteles und Clausewitz nur deshalb in der Lage, diese Regeln zu extrahieren, weil sie bereits angewendet wurden. Die Kristallisierung von Tätigkeitsregeln in Regelformeln ist ... nicht Voraussetzung ihrer Anwendung, sondern Resultat von Untersuchungen der Methodik der Praxis, in der sie schon angewendet werden.[16]

Somit sind logische Regeln Kristallisierungen methodologischer Prinzipien, die sich in der Vergangenheit als erfolgreich erwiesen haben: Sie setzen eine erfolgreiche Praxis voraus.

Diese Folgerung muß spezifiziert werden, weil nicht alle logischen Regeln aus einer erfolgreichen Praxis abgeleitet sind: Einige sind aus anderen logischen Regeln abgeleitet. Logische Regeln führen zu Folgerungen, die häufig schwierig zu entdecken sind; dies ist ein Teil der Forschung auf dem Gebiet der Logik. Ich möchte nicht den reichlich falschen Eindruck vermitteln, nach meiner Ansicht sei es Aufgabe der Logik, verschiedene Bereiche von Praxis zu durchforschen, um daraus logische Regeln zu gewinnen. Die Regeln sind bereits gewonnen worden. Aufgabe der Logik ist es zu explizieren, was bis jetzt nur implizit in ihnen steckt.

Logische Regeln verfügen über Autorität, weil sie einige der Methoden, die in erfolgreicher Praxis angewendet werden, in Reinform anbieten. Logische Regeln kennzeichnen nicht die Methode einer jeden erfolgreichen Praxis – und sollen dies auch nicht. Ihre Rolle ist es nur, die Methode des Schließens von Prämissen zur Folgerung aufzuzeigen. Da Schließen oft von dieser Art ist, haben logische Regeln offensichtlich Bedeutung für die Praxis. Wenn man erfolgreich von Prämissen zur Folgerung schließen will, dann empfiehlt es sich, logische Regeln anzuwenden und zu befolgen. Aber dies ist nur ein Teil der Geschichte.

Logische Regeln sind aus erfolgreicher Praxis gewonnen. Aber welche Praxis gilt als erfolgreich? Allgemein formuliert, ist eine Praxis erfolgreich, wenn sie ihr Ziel erreicht. Das bedeutet, jedwede Probleme zu lösen, deretwegen die Praxis erfolgt, und zwar entsprechend jedweden Ziels, das der Handelnde akzeptiert.

Wenn der Handelnde sich über die Probleme im Irrtum befindet, die er zu haben glaubt, oder wenn die Ziele, denen entsprechend er versucht, das Problem zu lösen, nicht zu rechtfertigen sind, dann kann man die Praxis nicht in einem direkten Sinne erfolgreich nennen, gleichviel wie angemessen sie zur Lösung des fälschlich ausgemachten Problems oder zum Erreichen des nicht zu rechtfertigenden Ziels ist.

Es besteht kein Grund, hier dogmatisch zu sein. Man kann eine schwache und eine starke Bedeutung von Erfolg unterscheiden. Eine Praxis mag schwach erfolgreich sein, wenn sie der Lösung eines falsch aufgefaßten Problems entsprechend zu einem nicht zu rechtfertigenden Ziel führt. Im starken Sinn impliziert Erfolg hingegen ein echtes Problem und gerechtfertigte Ziele. Was ich sagen möchte, betrifft Erfolg im starken Sinn.

In diesem Sinn sind die richtige Identifizierung der Probleme und die Möglichkeit der Rechtfertigung der Ziele notwendige Bedingung dafür, daß eine Praxis erfolgreich ist. Weil logische Regeln aus erfolgreicher Praxis gewonnen sind, hängt die Autorität der logischen Regeln von der richtigen Identifizierung der Probleme und der Rechtfertigung der Ziele ab, um die es in der Praxis geht. Und das bedeutet, daß man sich bei der Identifizierung der Probleme und der Beurteilung der Möglichkeit der Rechtfertigung der Ziele nicht auf die Autorität der Logik berufen kann. Es gibt daher eine Art des Schließens, die notwendig der Art des Schließens vorausgeht, die logisch gerechtfertigt oder kritisiert werden kann. Wie Feyerabend sagt: »Daß keine Logik vorkommt, liegt daran, daß wir es mit Erscheinungen außerhalb ihres Bereichs zu tun haben.« (*WM*, S. 369)

Dies soll nicht so verstanden werden, als impliziere es, daß die Identifizierung der Probleme und die Rechtfertigung der Ziele unabhängig von logischen Regeln vor sich gehen. Selbstverständlich spielen logische Regeln dabei eine Rolle, denn solche Regeln sind aus erfolgreicher Praxis gewonnen, und zumindest manchmal sind Identifizierung von Problemen und Rechtfertigung von Zielen erfolgreich. Das Argument impliziert vielmehr, daß man sich zur Rechtfertigung der Praxis nicht auf logische Regeln berufen kann. Der Vorrang der Praxis vor der Logik betrifft nicht die zeitliche Reihenfolge, sondern die Abfolge der Rechtfertigung.

Daraus, daß logische Regeln aus erfolgreicher Praxis gewonnen werden, folgt, daß es Arten der Praxis geben muß, deren Rechtfertigung anders als logisch ist. Praxis geht der Logik voran; praktische Vernunft geht vor theoretische Vernunft. »In der ›praktischen Verwendung‹ der Vernunft finden sich die Gründe, jene wichtigen Sätze zu akzeptieren, die postuliert worden sind, aber die die spekulative Vernunft nicht begründen kann. Das bedeutet anscheinend, daß die praktische Vernunft sozusagen eine Gutschrift oder Dividende erzielt, die mit anderen Mitteln nicht zu erhalten ist.«[17]

IV

Meine Verteidigung der Behauptung Feyerabends, Logik ließe sich mit guten Gründen verletzen, beläuft sich auf zwei Sätze: Erstens, Praxis kann Logik im besonderen, also Vernunft im allgemeinen, beiseiteschieben; zweitens, Praxis ist primär, Logik oder Vernunft sind abgeleitet. Feyerabend bezeichnet diese Position als Naturalismus. Er kennzeichnet sie so:

»Vernunft« und »Praxis« . . . sind zwei verschiedene Typen von Praxis; der Unterschied besteht darin, daß die eine deutlich klare und leicht produzierbare formale Aspekte aufweist; wir vergessen dann die komplexen und kaum verstandenen Eigenschaften, die diese Einfachheit und Produzierbarkeit garantieren; die andere verdeckt die formalen Aspekte unter einer Vielzahl zufälliger Eigenschaften.[17a]

Diese Verbindung zweier verschiedener Typen von Praxis ist es, was Feyerabend eine Tradition nennt. Ihre beiden Aspekte sind »*Teile eines und desselben dialektischen Prozesses*. . . . die reine Vernunft (führt uns) in die Irre, während eine Praxis mit Vernunft mehr Aussicht auf Erfolg hat als eine Praxis ohne Vernunft.« (*EfM*, S. 46 f.)

Feyerabend wendet gegen den Naturalismus ein, »eine Praxis . . . (könne) entarten oder aus falschen Gründen populär sein. . . . Gründet man Maßstäbe ganz ohne weiteres auf eine Praxis, dann trägt man damit oft nur zur Verbreitung und Verewigung der Fehler dieser Praxis bei« (*EfM*, S. 46). Ist in einer Tradition die Praxis primär und die Vernunft sekundär, dann wird die Tradition zur erstickenden Orthodoxie, denn die Fähigkeit zur Selbstkorrektur, die nur die Vernunft bieten kann, ist verloren. Der

Naturalismus stellt somit eine konservative Kraft dar und wird damit nach Feyerabend zum Feind des Fortschritts, der Erkenntniserweiterung und jener Freiheit, die zu einer Vielfalt an Praxis und Maßstäben führt. Ein Verdienst des Naturalismus ist sein Angriff gegen die bevorrechtigte Stellung der Vernunft, aber er verspielt nach Feyerabend den Kredit, da er der Praxis die bevorrechtigte Stellung einräumt.

Praxis und Vernunft existieren innerhalb von Traditionen. Nach Feyerabend kann jede der beiden bestenfalls zur Beurteilung der Tradition, der sie angehören, nicht aber anderer Traditionen verwendet werden. Die richtige Sicht ist ein *»Relativismus von genau der Art, wie ihn Protagoras verteidigt zu haben scheint.*[17b] Der Relativismus des Protagoras ist *vernünftig*, denn er beachtet die Vielzahl von Traditionen und Werten.« (*EfM*, S. 55) Diese Sicht ist die theoretische Rechtfertigung der Inkommensurabilitätsthese, die im vermutlich umstrittensten Teil von *WM*, dem Kapitel 17, vertreten wird.

Der übrige Teil dieses Aufsatzes soll zeigen, daß man einen Protagoräischen Relativismus vermeiden und den Naturalismus verteidigen kann. Dies resultiert in einer Art Konservativismus, der aber nicht an jenen Fehlern krankt, die Feyerabend ihm zuschreibt.

V

Der Schlüssel zu meiner Verteidigung des Naturalismus und Vermeidung des Protagoräischen Relativismus ist die Idee des Problemlösens. Problemlösung ist ein außerhalb von Traditionen gelegener Rechtfertigungsmaßstab, mit dem deshalb auch Traditionen rational bewertet werden können. Was ist nun Problemlösen?[18]

Man vertritt Theorien vor einem Hintergrund. Der Hintergrund ist die Tradition, innerhalb der die Theorie vorkommt. Der wichtigste Aspekt des Hintergrunds ist von meinem gegenwärtigen Blickwinkel ein Problem. Viele Dinge können als Problem zählen. Auf schlichtester Ebene kann jemand etwas tun wollen, das ihm als wünschenswert erscheint, während die Tradition nicht die Mittel bereitstellt, dies zu tun. Jemand mag beispielsweise Krebs heilen wollen, ist aber nicht imstande, das zu tun. Oder das

Problem kann entstehen, weil Überraschungen, Anomalien, unerklärbare Ereignisse auftauchen. Daß Anomalien problematisch sind, liegt an den traditionellen Annahmen und Erwartungen, die Teil des Hintergrunds sind. Denn ein Ereignis ist nur dann anomal, wenn es bestehenden Maßstäben der Normalität zuwiderläuft. Eine Geschwindigkeit, die die Lichtgeschwindigkeit übertrifft, telepathische Verständigung oder die Entdeckung einer Insektenart mit einer der unseren vergleichbaren Intelligenz wären Anomalien vom Standpunkt der gegenwärtigen Tradition des Abendlandes. Aber Probleme würden sich auch dann einstellen, wenn man entdeckte, daß die Tradition einander wechselseitig ausschließende Elemente enthält.

Theorien, Erwartungen und Praxis mögen so miteinander verbunden sein, daß das Bekenntnis zu einem eine Ablehnung des anderen impliziert. Die Praxis des Christentums mag mit der Praxis des Krieges unvereinbar sein; die Vorstellung geistiger Gesundheit mag im Gegensatz zum Ideal der Kreativität stehen; durch effizient organisierte Industriegesellschaften getragener hoher Lebensstandard mag die persönliche Freiheit stark einschränken. Probleme ergeben sich auf vielerlei Weise, und die unterschiedlichen Arten von Problemen bilden eine unerschöpfliche Liste.

Allerdings haben Probleme eines gemeinsam: Sie müssen gelöst werden. Es ist Aufgabe der Theorien, für Lösungen zu sorgen. Eine Theorie verstehen heißt deshalb auch das Problem verstehen, für das sie eine Lösung besorgt. Das Problem, die Theorie und die von der Theorie besorgte Lösung erklären zusammen, wieso an der Theorie festgehalten wird.

Theorien lösen Probleme, indem sie eine denkbare Erklärung der Natur der Dinge des betroffenen Bereichs offerieren. Was die Annahme einer Theorie veranlaßt, ist die Einsicht, daß, falls die Dinge wirklich so wie dargestellt beschaffen sind, nicht mehr problematisch ist, was bis jetzt problematisch war. Ziel der Theorien ist es, Tradition und Anomalie zu einem Ausgleich zu bringen; oder sie packen das Problem an, indem sie aussprechen, was bisher nur implizit in der Tradition enthalten war; manchmal werden Theorien kritisch gegen ihren eigenen Hintergrund gerichtet, und dann ergibt sich zumeist eine Revision, wenn nicht gar ein völliger Ersatz der Tradition.

Probleme können verdeutlichen, daß unser Verständnis der Welt ungenügend ist. Wir möchten etwas tun, aber wir können es nicht unter Voraussetzung dessen, was wir zu wissen glauben; oder etwas tritt ein, das nach unserer Sicht der Dinge nicht eintreten sollte oder könnte; oder die Mittel, die uns zur Erreichung unserer Ideale zur Verfügung stehen, verhindern deren Verwirklichung. In all diesen Fällen brauchen wir eine Erklärung, die das, von dem wir glauben, es sei der Fall, mit dem, was tatsächlich der Fall ist, in Einklang bringt.

Ich behaupte, daß der Problemlösungsaspekt von Theorien die Grundlage einer geglückten Rechtfertigungserklärung darstellt. Dies liegt darin begründet, daß Probleme die grundlegende Verbindung zwischen Theorien und der Welt sind. Probleme entstehen, wenn Leute sich sozusagen an der Wirklichkeit stoßen. Da Theorien dazu da sind, Probleme zu lösen, besteht natürlich die letzte Überprüfung ihrer Adäquatheit darin, ob die Probleme gelöst werden oder nicht. Eine Theorie, die die Möglichkeit einer Lösung anbietet, ist ernstlich erwägenswert; eine, die eine erfolgreiche Lösung bietet, ist es wert, akzeptiert zu werden. Deshalb schlage ich Problemlösen als externen Rechtfertigungsmaßstab vor.

Alle anderen Maßstäbe sind menschliche Erfindungen, und protagoräische Relativisten können ohne Mühe zeigen, daß andere Maßstäbe innerhalb einer Tradition begründet sind. Sie betrachten Rechtfertigungen als Anpassungsübungen an Normen, Regeln und Verfahren und bestreiten die Existenz einer bevorrechteten Menge von Anforderungen. Protagoräische Relativisten mögen zugestehen, daß Anpassung notwendig ist, aber sie behaupten, man sei berechtigt, sich einer Klasse von Maßstäben ebensogut wie jeder anderen anzupassen. Rechtfertigungsmaßstäbe nehmen keine besondere Stellung ein. Deshalb ist es nicht legitim, Anpassung an andere Maßstäbe aus rationalen Gründen abzutaxieren.

Die Zustimmung zum Problemlösen weist einen Weg aus diesem Sumpf von Irrationalität. Denn es zeigt einen Weg, unterschiedliche Gruppen von Maßstäben rational zu bewerten. Die Frage muß deshalb lauten: Welche der alternativen Gruppen erlaubt eine bessere Lösung der Probleme?

Es ließe sich gegen diese Auffassung einwenden, daß die Rechtfertigung einer Theorie, die aus der Überlegung resultiert, ob sie eine mögliche Lösung für das Problem darstellt, zirkulär ist. Denn was als Problem gilt, hängt von der Theorie ab. Die Existenz des Bösen ist für denjenigen ein Problem, der an die Existenz eines gütigen Gottes glaubt. Die Zufälligkeit einiger historischer Ereignisse bedarf nur dann einer Erklärung, wenn man davon ausgeht, daß es historische Gesetzmäßigkeiten gibt. In der Natur gibt es keine Probleme: Probleme tauchen auf, wenn Erwartungen durch Tatsachen enttäuscht werden. Erwartungen ebenso wie das, was als Tatsache zählt, werden durch die Theorien geformt, deren Rationalität man zu bestimmen versucht. Problemlösen, ließe sich sagen, liegt genauso wenig außerhalb von bestimmten Traditionen wie irgend etwas anderes.

Gegen diesen Einwand ist zu antworten, daß zwischen verschiedenen Problemgebieten unterschieden und dann gezeigt werden kann, daß Menschen innerhalb jedes dieser Gebiete auf die gleichen Probleme stoßen, gleich welche Theorien sie für richtig halten. Manche Probleme können nur von einem bestimmten theoretischen Hintergrund entstehen. Der Einwand beruht jedoch auf der unrichtigen Annahme, alle Probleme entstünden erst aus einer Theorie.

Die Menschen sehen sich Problemgebieten gegenüber. Ein beträchtlicher Anteil ihrer Tätigkeiten ergibt sich aus der Notwendigkeit, in diesen Gebieten Probleme zu lösen. Eine Möglichkeit, diese Problemgebiete zu klassifizieren, wäre eine Einteilung in Probleme, die die Reaktion auf die Natur oder die physische Umgebung, auf andere und die Gesellschaft und auf sich selbst betreffen.

In jedem dieser Problemgebiete gibt es mindestens zwei Arten von Problemen. Eine davon gibt es nur, weil der Mensch ein Mensch ist. Diese Probleme sind nicht Abfallprodukte irgendeiner bestimmten Theorie. Sie entstehen, weil sich die Spezies in einer bestimmten Weise entwickelt hat und die Umgebung ihre bestimmte Beschaffenheit besitzt. Ich will sie *Probleme des Lebens* nennen. Werden Probleme des Lebens nicht gelöst, zieht man sich Schaden zu. Der Schaden mag tödlich oder nur destruktiv sein. Jedenfalls erfordert das, was jemand für sein Wohlbefinden hält, die Lösung von Problemen des Lebens. Lebensprobleme sind allen Mitgliedern der Spezies gemeinsam, aber die Lösungen sind fraglos höchst unterschiedlich. Da es unterschiedliche, manchmal sich widerstreitende Wege gibt, mit Problemen umzugehen, wird eine Wahl zwischen unterschiedlichen Lösungen erforderlich. Diese Wahl erfordert Reflexion, und daraus ergibt sich die zweite

Art von Problemen: *Probleme der Reflexion.* Das grundlegende Problem der Reflexion liegt darin, eine Methode zu suchen, die es erlaubt, die beste von mehreren Lösungsarten für Probleme des Lebens zu finden, ohne die konkurrierenden Lösungen in praxi erprobt zu haben. Sinn der Reflexion ist es, die Risiken unangemessenen Handelns so gering wie möglich zu halten.

Das erste Problemgebiet, also die menschliche Reaktion auf die Natur, umfaßt Probleme des Lebens wie die Befriedigung physiologischer Bedürfnisse, die Sorge für Gesundheit, Schutz und Sicherheit; es geht um physische Sicherheit und Wohlbefinden. Da die Evolution aus primitiven Stadien herausgeführt hat, können wir uns den Luxus erlauben, zwischen verschiedenen Lösungen für diese Probleme des Lebens zu wählen. Die Wahl erfordert theoretisches Verständnis; und aus der Notwendigkeit, richtig zu wählen, sind Wissenschaft und Technik entstanden. Die theoretischen Probleme von Wissenschaft und Technik sind somit die entsprechenden Probleme der Reflexion.

Das zweite Problemgebiet betrifft die Beziehungen zu anderen und zur Gesellschaft. Die typischen Probleme auf diesem Gebiet betreffen die Einstellung zu Familie, Sexualität, Autorität und Gewalt. Diese Probleme resultieren aus dem unvermeidlichen Konflikt zwischen Wunscherfüllung und Frustration, der sich aus den Regeln der jeweiligen Gesellschaft ergibt, in der man lebt. Die dazugehörigen Probleme der Reflexion betreffen die theoretischen Probleme der Politik, der Moral und des Gesetzes.

Das dritte Problemgebiet betrifft die Einstellungen, die man zu sich selbst hat. Einfach formuliert, geht es darum, glücklich zu sein; etwas mehr analytisch gesagt, geht es um das Streben nach einem vielfältigen und interessanten Innenleben, Selbsterkenntnis und Selbstachtung. Hier sind typische Probleme des Lebens der Widerstreit zwischen lang- und kurzfristigen Befriedigungen, die Einstellung zu Tod, Schmerz, Leiden und das Begreifen der eigenen physischen und psychischen Fähigkeiten und ihrer Grenzen. Die zugehörigen Probleme der Reflexion entstehen aus der Notwendigkeit, mit Phantasie sein Blickfeld zu erweitern, so daß neue Möglichkeiten entdeckt werden können. Damit formt man sich selbst. Indem man sein Leben mit dem anderer vergleicht, erreicht man ein besseres Verständnis seiner selbst. Es ist ein wichtiger Aspekt eines Großteils von Kunst und Literatur, daß sie bei dieser Bemühung hilfreich sein können.

Der oben erwähnte Einwand resultiert daraus, daß nicht zwischen Problemen des Lebens und der Reflexion unterschieden wird. Probleme der Reflexion entstehen in der Tat aus der Theorie, aber das gilt nicht für Probleme des Lebens. Reflexionsprobleme ergeben sich, weil Probleme des Lebens konkurrierende Lösungen haben. So stimmt es zwar, daß Probleme der Reflexion eine Theorie voraussetzen, aber nicht weniger stimmt es, daß die Theorie deshalb angenommen wird, weil von ihr Lösungen für Probleme des Lebens erwartet werden. Theorien setzen Probleme des Lebens voraus. Probleme des Lebens und die Notwendigkeit, sie zu lösen, rühren daher, daß wir Menschen sind, und nicht, daß uns diese oder jene Theorie fesselt.[19]

Es ist schwierig, dies zu beweisen. Ich kann bestenfalls wiederholen, was offensichtlich ist: Physisches Wohlbefinden und Sicherheit zu bewahren, Konflikte zwischen Bedürfnissen und den Vorschriften der Gesellschaft zu lösen, einen Weg zum Glücklichsein zu finden – dies sind allgemein menschliche Probleme; sie entstehen nicht aus theoretischen Überzeugungen, sondern daraus, daß der Mensch ein Mensch ist. Diese Behauptung ist nicht gegen Einwände abgeschottet: Man muß nur zeigen, daß entgegen meiner Ansicht diese Probleme einen theoretischen Hintergrund voraussetzen. Ich für meine Person kann mir nicht vorstellen, was für ein Hintergrund dies sein könnte.

Zwei weitere Dinge sollten hier gesagt werden. Zunächst, wenn man voraussetzt, daß jeder nur selbst erkennen kann, daß etwas für ihn ein Problem darstellt, dann muß er es auch als etwas erkennen, das der Lösung bedarf. Diese Verknüpfung ergibt sich aus der Bedeutung des Begriffs *Problem*, nicht aus der unterstellten Wahrheit einer empirischen Verallgemeinerung. Denn etwas als Problem erkennen heißt, es als Hindernis oder Störung zu erkennen, das einen daran hindert zu tun, was man will. Gleichzeitig muß die Lösung nicht in der Beseitigung des Problems bestehen. Man kann seinen eigenen Wunsch mit der Einstellung betrachten, daß er unbefriedigt bleiben sollte, weil er ohne Wert, unwichtig oder unklug ist. Man kann zu der Überzeugung kommen, daß das Fortbestehen des Problems der Charakterformung dienlich ist, daß man sich so zu einem besseren Menschen macht, für frühere Sünden büßt, Mitleid erregt, seine verdiente Strafe erhält oder sich auf wichtigere Dinge konzentrieren kann; so kann die Lösung darin bestehen, das Problem auf sich beruhen zu lassen. Zölibat, Fasten, sich dem Sterben überlassen sind Lösungen für die Probleme sexueller Frustration, des Hungers, der Krankheit. Die Verknüpfung von Problemen und Lösungen verlangt, eine Entscheidung zu fällen oder eine Einstellung zum Problem darzulegen. Aber die Entscheidung oder die Einstellung macht nicht die Beseitigung des Problems erforderlich.

Der zweite Punkt ergibt sich aus dem ersten. Ziel des Problemlösens muß nicht physisches Überleben sein. Ich behaupte nicht, erfolgreiches Problemlösen sei ein unumgänglicher biologischer Imperativ. In vielen Fällen lösen Leute ihre Probleme auf selbstzerstörerische Weise. Soviel steht fest: Was das Problemlösen leitet, ist das Urteil über das eigene Interesse. Natürlich kann man sich in seinem Urteil irren. Jemand kann beispielsweise seinem Körper Schaden zufügen, weil er des Glaubens ist, das Fleisch sei ein unwürdiges Behältnis seiner unsterblichen Seele. Sein Problemlösen ist von seinem Glauben geleitet. Wenn es allerdings keine Seele gibt, dann irrt er sich einfach. Zwar hat er versucht, das Problem im Einklang mit seinem Glauben zu lösen, aber der Glaube hat sich als falsch erwiesen. Die Ursache der Tat ist verständlich, auch wenn die Tat aus einem Irrtum heraus erfolgte.

Wenn diese Thesen hieb- und stichfest sind, dann ist es mir gelungen, einen externen und kontextunabhängigen Rechtfertigungsmaßstab darzulegen: das Lösen von Problemen des Lebens. Die Rechtfertigung einer Theorie hängt zum Teil davon ab, daß eine unmittelbare, meist eher mittelbare Lösung für ein Problem des Lebens geboten wird. Es ist eine notwendige, wenn auch nicht hinreichende Bedingung der Rechtfertigung einer Theorie, daß sie direkt oder indirekt zu einer möglichen Lösung eines Problems des Lebens beiträgt. Damit ist gezeigt, daß sich der Protagoräische Relativismus im Irrtum befindet, da er die Möglichkeit einer solchen Rechtfertigung abstreitet.

VI

Der Argumentationsgang dieses Aufsatzes hat eine kritische und eine konstruktive Seite. Die erstere führt zur Enthebung der Logik aus der bevorrechteten Stellung, die ihr die heutige Erkenntnistheorie irrtümlicherweise zubilligt. In dieser Hinsicht stimme ich mit Feyerabend überein. Feyerabend behauptet aber noch zusätzlich, nichts könne diese bevorrechtete Stellung einnehmen. Dies führt ihn in einen Protagoräischen Relativismus. Die konstruktive Seite des Argumentationsganges soll zeigen, daß der Maßstab der Lösung von Problemen des Lebens die bis heute von der Logik usurpierte bevorrechtigte Stellung einnehmen kann. Deshalb schlage ich mich auf die Seite dessen, was Feyerabend Naturalismus nennt und zugunsten des Protagoräischen Relativismus verwirft.

Naturalismus ist dem Primat der Praxis verpflichtet. Er muß dem Protagoräischen Relativismus vorgezogen werden, weil es einen Maßstab gibt, dem jede Praxis genügen muß, und darum kann der Spruch *Anything goes* nicht in vertretbarer Weise akzeptiert werden. Der Maßstab besteht darin, daß jede rationale Praxis direkt oder indirekt der Lösung von Problemen des Lebens dienen muß.

Probleme des Lebens treten auf, weil es in der Natur des Menschen eine unveränderbare Komponente gibt. Es gehört zur menschlichen Existenz, daß wir uns mit Problemen herumschlagen müssen, die sich aus unseren Beziehungen zur Natur, zu anderen und zu uns selbst unweigerlich ergeben. *Wie* wir uns mit ihnen herumschlagen, ist natürlich geschichtlich, kulturell und psychologisch verschieden. Aber *daß* wir es so oder so tun, ist unveränderlich. Diese Unveränderlichkeit liefert den Maßstab, an dem man anfangen kann, unterschiedliche Praxis rational zu beurteilen. Dafür ist Problemlösen notwendig, aber nicht hinreichend.

Der Relativismus und Anarchismus, die sich in der Devise *Anything goes* ausdrücken, sind Irrtümer, denn eine Praxis, der es nicht gelingt, das Problem des Lebens zu lösen, zu dessen Lösung sie gedacht war, soll nicht weiter verfolgt werden. Dieses Urteil wird dem Handelnden nicht von einer fälschlich errichteten erkenntnistheoretischen Autorität aufgedrückt; das Eigeninteresse des Handelnden legt es ihm ans Herz.

Die unveränderbare Komponente der menschlichen Natur ruft nach einer konservativen Methodologie. Darunter verstehe ich die Bereitschaft, eine Praxis fortzuführen, die in der Vergangenheit erfolgreich war. Was liegt daran, Risiken auf sich zu nehmen, wenn eine überlieferte Praxis alles das, was man wünscht, erbringt? Natürlich ist keine Praxis vollendet, es bleibt immer Platz für

Verbesserungen. Außerdem neigt jede Praxis dazu, sich in seelenzerstörende Routine zu verwandeln, und Orthodoxien werden von verkappten Interessen verewigt. Sollte Feyerabends erkenntnistheoretischer Anarchismus eine ikonoklastische Warnung davor sein, daß die Gefahr aufzieht, dies passiere mit der Wissenschaft, dann habe ich nichts dagegen einzuwenden. Auch Konservative hätten keinen Grund, etwas anderes als seine Ausdrucksweise abzulehnen. Aber ich hege meine Zweifel, ob Feyerabend bereit ist, sich auf diese Weise als Schaf im Wolfspelz porträtieren zu lassen.

Aus dem Amerikanischen von Horst Gundlach

Anmerkungen

1 P. Feyerabend, *Wider den Methodenzwang. Skizze einer anarchistischen Erkenntnistheorie (WM)*, Frankfurt 1976.

2 P. Feyerabend, *Erkenntnis für freie Menschen (EfM)*, Frankfurt 1979.

2a P. Feyerabend, *Science in a Free Society (SFS)*, London 1978, S. 127 (fehlt in *EfM*).

2b *SFS*, S. 7.

2c *SFS*, S 190 f.

3 G. Ryle, *Collected Papers*, Bd. 1, London 1971. Ryle beschreibt Ansichten Wittgensteins aus dem *Tractatus*.

4 Die beste Darstellung dieser Schwierigkeiten findet sich in S. Haack, *Deviant Logic*, London 1974, und *Philosophy of Logics*, London 1978.

5 Vgl. etwa J. St. Mills *System der deductiven und inductiven Logik*, Bd. 1, Braunschweig [4]1877: »Die Logik ist also die Wissenschaft von den Verstandesoperationen, welche zur Schätzung des Beweises dienen, sowohl des Processes selbst von bekannten Wahrheiten zu unbekannten zu schreiten, als auch von allen anderen geistigen Operationen, welche hierbei Hülfe leisten.« S. 12.

6 Vgl. W. V. O. Quine, *Naturalisierte Erkenntnistheorie*, in: *Ontologische Relativität*, Stuttgart 1975, S. 97-126; J. Piaget, *Psychology and Epistemology*, Harmondsworth 1972; S. Haack, *The Relevance of Psychology to Epistemology*, in: *Metaphilosophy* 6 (1975), S. 161-176.

7 »Der Entstehungsgrund alles Irrthums wird daher einzig und allein in dem *unvermerkten Einflusse der Sinnlichkeit auf den Verstand*... gesucht werden müssen. Dieser Einfluß nämlich macht, daß wir im Urtheilen bloß *subjective* Gründe für *objective* halten und folglich den *bloßen Schein der Wahrheit* mit *der Wahrheit selbst* verwechseln.« I. Kant, *Logik*, in: *Ges. Schriften*, Bd. 9, Berlin 1923, S. 53 f.

8 Diese Ansicht verteidigt M. Black, *Necessary Statements and Rules*, in: *Models and Metaphors*, Ithaca 1962.

9 N. Chomsky, *Aspekte der Syntax-Theorie*, Frankfurt 1969; und *Sprache und Geist*, Frankfurt 1970.

10 Die hier dargelegte Argumentation ist weitgehend übernommen von G. J. Massey, *Are There Any Good Arguments That Bad Arguments Are Bad?*, in: *Philosophy in Context* 4 (1975), S. 61-77.

11 W. V. O. Quine, *Philosophie der Logik*, Stuttgart 1973, S. 115.

12 K. R. Popper, *Conjectures and Refutations*, London ²1965, S. 207 f.

13 A. J. Ayer, *Die Hauptfragen der Philosophie*, München 1976, S. 256.

14 J. Locke, *Versuch über den menschlichen Verstand*, Bd. 2, Leipzig 1911, S. 358 (IV, XVII. 4).

15 N. Goodman, *Tatsache, Fiktion, Voraussage*, Frankfurt 1975, S. 86.

16 G. Ryle, *Collected Papers*, Bd. 2, London 1971, S. 233.

17 G. J. Warnock, *The Primacy of Practical Reason*, in: P. F. Strawson (Hrsg.), *Studies in the Philosophy of Thought and Action*, Oxford 1968, S. 224.

17a *SFS*, S. 26.

17b Übersetzung nach *SFS*, S. 28: »..., *wie ihn anscheinend Protagoras verteidigt hat.*« (A. d. Ü.).

18 Die Literatur über Problemlösen ist mager. J. Dewey gibt in seiner *Logic: The Theory of Inquiry*, New York 1938, dem Problemlösen eine zentrale Stellung, aber seine Erörterung bleibt ungenau, wortreich und nicht stringent. R. G. Collingwoods Logik von Fragen und Antworten behandelt das Problemlösen nicht unter dieser Bezeichnung, aber seine Fragen haben eine mehr als oberflächliche Ähnlichkeit mit dem, was ich mit Problemen meine; vgl. sein *An Essay on Metaphysics*, Oxford 1948, und *An Autobiography*, Oxford 1951. K. R. Popper und seine Anhänger sprechen ausdrücklich über die Bedeutung des Problemlösens für wissenschaftliche Forschung. Aber sie betrachten das Problemlösen nicht als Rechtfertigungsmaßstab; vgl. die Aufsätze 1, 2, 3 und 10 in *Conjectures and Refutations*, London ²1965. Vgl. auch J. Agassi, *The Nature of Scientific Problems and Their Roots in Metaphysics*, in: M. Bunge (Hrsg.), *The Critical Approach*, New York 1964, sowie I. Lakatos, *Falsifikation und Methodologie wissenschaftlicher Forschungsprogramme*, in: I. Lakatos und A. Musgrave (Hrsg.), *Kritik und Erkenntnisfortschritt*, Braunschweig 1974. Meine Einwände gegen ihre Ansichten finden sich in *Fallibilism and Rationality*, in: *American Philosophical Quarterly* 9 (1972), S. 301-309. N. Reschers *Methodological Pragmatism*, Oxford 1977, ist der Ansicht, die ich hier vertrete, sehr nahe. Es gibt zwei Neuerscheinungen zum Thema Problemlösen. Mit L. Laudans *Progress and Its Problems*, Berkeley 1977, wird in der Erkenntnistheorie genau das getan, was ich für erforderlich halte. Die andere Neuerscheinung ist mein *A Justification of Rationality*, Albany 1976. Mehr über die anstehenden Themen sage ich in: *A New Defence of Common Sense*, in: *American Philosophical Quarterly* 16 (1979), S. 115-122, und in: *The Centrality of Problem-solving*, in: *Inquiry* 22 (1979).

19 Die Beziehung zwischen Problemen des Lebens, Theorien und Problemen der Reflexion ähnelt in gewisser Weise dem von Popper gern gebrauchten Schema, mit Problemen anzufangen, zu einer vorläufigen Lösung zu kommen, Irrtum zu beseitigen und auf neue Probleme zu stoßen, die aus dieser Vorgehensweise entstanden. Die Übereinstimmung hört hauptsächlich deswegen auf, weil ich nicht glaube, daß Probleme des Lebens aus Theorien entstehen, während Popper wohl nach meiner Einschätzung die Existenz solcher Probleme leugnen würde. Vgl. sein Buch *Objektive Erkenntnis*, Hamburg 1973, S. 136.

Rolf Herken
»Erkenntnistheorie«

Wenn immer wieder der Name Feyerabend und der anderer Wissenschaftstheoretiker mit dem Wort »Erkenntnistheorie« in Zusammenhang gebracht wird, so beruht das auf einer insbesondere durch diese selbst hervorgerufenen Unklarheit, was darunter zu verstehen sei. Zur Beendigung dieses Zustandes schlage ich vor, dem Begriff Erkenntnistheorie eine unserer Zeit entsprechende, festumrissene Gestalt zu geben:

Erkenntnistheorie werden theoretische und konstruktive Aktivitäten genannt, die zur Synthese von begriffsbildenden Strukturen, die ein Weltbild haben, beitragen und damit zur Synthese von Intelligenz und möglicherweise von Bewußtsein.[1]

Eine derartige Definition ergibt sich ganz natürlich als Fortsetzung der philosophischen Tradition. Dennoch wird Erkenntnistheorie heute mehr und mehr mit einer ›Sinngebung‹ verwechselt. Erkenntnistheorie ist aber nicht die Suche nach dem, *was* wir ›wissen‹ oder danach, wie wir dieses erweitern und verändern können.[2] Erkenntnistheorie ist der Versuch herauszufinden, *wie* wir ›wissen‹. Unser Erleben und Denken ist seiner Natur nach auf ›Inhalte‹ und ›Gegenstände‹ sowie deren ›Beziehungen‹ ausgerichtet und nicht auf den diese Inhalte erzeugenden Apparat. Das ist unumgänglich selbst bei der Interpretation ›abstrakter‹ Theoriebildungen der Wissenschaft oder axiomatischer Systeme der Mathematik. Daher muß eine ›Theorie‹ der ›Erkenntnis‹ konstruktive und experimentelle Verfahren entwickeln. Es sind jedoch schon durch Überlegungen theoretischer Art wesentliche Einsichten in die Natur der ›Invarianten‹ einer ›Realität‹ zu erhalten, wenn ›Realität‹ als ›Abbild‹ *für* einen verstehenden Apparat aufgefaßt wird. Das werden Invarianten des ›*Wie* wir wissen‹ sein, die durch unsere neurophysiologische Beschaffenheit gegeben sind (z. B. einige der Wahrnehmung), aber auch viel fundamentalere, die durch unsere Existenz als *verstehender Automat* bedingt sein dürften. Denn für *jeden* Automaten, der die Welt oder einen Teilaspekt davon (sich selbst und sein Denken mit inbegriffen) zu erfassen sucht, wird die ›gesehene‹ ›Isomorphie‹ zwischen den vermeintlichen Daten und seinem internen Modell des zu Erfassenden (›der Welt‹) durch eine Struktur erzeugt, die er nicht in sein ›Bild‹ bekommen kann. Das gilt insbesondere auch für den Meßprozeß in der Quantentheorie, wenn man die ›ganzheitliche‹ Auffassung von Bohr zugrundelegt.[3] Da für die Modellbildung nur eine begrenzte Kapazität zur Verfügung steht, werden bestimmte Denk- und Wahrnehmungsformen unvermeidlich, so zum Beispiel das Kausalitätsdenken. Darauf beruht auch das Induktionsproblem. Durch diese Betrachtungsweise werden daher auch Invarianten des ›*Was* können wir wissen‹ zugänglich – Grenzen und Invarianten von Weltbildern, die zu ermitteln letzthin das Bestreben aller wissenschaftlichen Aktivitäten gewesen ist. Daß Feyerabend bei deren Betrachtung in *Wider den Methodenzwang* zu dem Schluß gelangt, es gäbe »Revolutionen, die keinen Stein auf dem anderen lassen, keinen Grundsatz unangetastet«, zeigt nur, wie sehr sein Denken noch auf als Beschreibung gegebene ›Inhalte‹ ausgerichtet ist.[4]

Alle bisherigen Weltbilder, insbesondere die wissenschaftlichen Theoriebildungen, können als Vorstufen der Erkenntnistheorie angesehen werden, da sie durch ihre beständige Adaption an die Verstehensstruktur und das Anrennen an deren Grenzen so etwas wie ein verzerrtes Spiegelbild davon sind. Erst ein gewisser Entwicklungsstand der Mathematik, der Wissenschaften und der Technologie kann daher Erkenntnistheorie möglich machen. Die Problematik bisheriger ›Erkenntnistheorien‹ war es, sich *in* ihren Ausdrucksformen bewegen zu müssen, um darin etwas über ›Inhalte‹, ›Entitäten‹ etc. auszusagen. Ein hoffnungsloses Unterfangen in Anbetracht der wechselseitigen Abhängigkeiten sprachlicher und formaler Darstellungsweisen von den (darzustellenden) Denk- und Wahrnehmungsformen. Die Begriffsanstrengungen innerhalb der Philosophiegeschichte, der Geschichte der Wissenschaft und der Wissenschaftstheorie zeugen davon. Das trifft natürlich auch für die von Feyerabend in *Wider den Methodenzwang* angestellten Betrachtungen zu. Daher sollte der von ihm in Aussicht gestellte »stets anwachsende Ozean miteinander unverträglicher (und vielleicht sogar inkommensurabler) Alternativen«[5] auch nicht davon abhalten, weiterhin die Frage zu stellen, wann zwei Theorien oder sprachliche Ausdrücke ›dasselbe‹ sagen. Nur daß ›dasselbe‹ sich auf Strukturen von verstehenden Automaten zurückführen lassen muß und nicht auf irgendwelche »Basissätze«

in einer der Theorien oder in für unabhängig gehaltenen »Beobachtungssprachen«. Eine innerhalb derartiger Formalismen feststellbare »Stabilität des Sinns« ist in der Tat zum »Verständnis« nicht notwendig.[6] Das bedeutet aber keineswegs, daß es nicht invariante Strukturen dessen geben kann, was Verständnis überhaupt erst möglich macht. Diese Invariante (die auch das fehlende Glied zwischen »inkommensurablen« Theorien ist) wird nicht nur bei Feyerabends Betrachtungsweise übersehen, sondern bei allen, die sich von dem jeweiligen ›Bild‹ der Wirklichkeit gefangenhalten lassen, und genau das ist meines Erachtens die Ursache für die erkenntnistheoretische Bedeutungslosigkeit der Wissenschaftstheorie. Man kann allerdings nicht erwarten, daß die für die Untersuchung des verstehenden Apparats erforderlichen ›Bilder‹ weniger komplex sein werden als die der fortgeschrittensten Gebiete der Wissenschaft und der Selbstbeobachtung.

Wer über die ›Freiheit‹, die wir in unserem Denken haben, etwas erfahren will, wird auch diesen Weg in Betracht ziehen müssen. Das vorherrschende Interesse an den Symptomen des Denkens, also an den ›Inhalten‹ und den damit verbundenen Vorteilen oder Repressionen, hat lange genug unter dem Namen »Erkenntnistheorie« oder »Philosophie« als Religionsersatz gedient. Dieser Wendepunkt der erkenntnistheoretischen ›Blickrichtung‹ ist es, der unsere Zeit kennzeichnet. Das kann nicht nur aus der wissenschaftlichen Entwicklung abgelesen werden, sondern auch an der diese kontrastierenden Suche nach ›neuen‹ Inhalten und Formen des Denkens und des Erlebens, auf die sich heute ein Großteil der literarisch-philosophischen Intelligenz begeben hat.[7] Die Bemühungen Feyerabends nach *Wider den Methodenzwang* sind nur *ein* Beispiel für den Versuch dieser Intellektuellen, einen Ausweg aus einem Denken zu finden, das, als es noch Philosophie hieß, auch das ihre gewesen ist. Wenn Feyerabend sagt, das wissenschaftliche Denken unserer Zeit sei nur eine von vielen Formen des Denkens, die der Mensch hat, so ist das, zumindest im Hinblick auf die vielfältigen ›Inhalte‹, kaum zu bezweifeln. Demzufolge sei auch eine sich auf die moderne Wissenschaft gründende »Erkenntnistheorie« gleichwertig mit jedem anderen Ideenkomplex, mit dem ein menschliches Bewußtsein seine Relation zur ›Welt‹ herstellt.[8] Das trifft auf die Erkenntnistheorie nicht zu, der es um die Natur dieser Relation geht. Sie ist daher für mich höher zu bewerten als ein Weltbild, das diese Relation nicht reflektiert. Damit sollen weder persönliche Vorlieben noch Rechte von »Traditionen« in Frage gestellt werden – das sind moralische Fragen.

In *Wider den Methodenzwang* stellt Feyerabend die Geschichte der Wissenschaft und der Kunst als eine Mannigfaltigkeit einander abwechselnder Theorien und Weltbilder dar. Denn das, was wahrgenommen, beobachtet wird, läßt sich nicht von dem jeweiligen Weltbild, der entsprechenden Theorie trennen, und damit von den Annahmen über die Natur des Erlebten, des Beobachteten. So ergibt sich die Vorstellung von einem durch diese Annahmen zu beeinflussenden ›Bild‹, das den Charakter des Wirklichen zugesprochen bekommt. Als ›Bild‹ ist die Wirklichkeit variabel. Und neue oder alte Ideen können diese Wirklichkeit mitunter erheblich verändern. Ich kann in meinem ›Modell der Welt‹ »natürliche Interpretationen«[9] ändern, zum Beispiel die Erde in Bewegung versetzen oder absolute Bewegung für sinnlos erklären, doch welche Freiheit habe ich bei dieser Art von (relativistischer, methodologischer) ›Illusion‹? Es ist weder möglich, die Wirkung einer Wasserstoffbombe »durch Veränderung der *Bedingungen*, aufgrund derer man von Gegenständen oder Situationen bestimmter Art sprechen kann«[10], wegzuzaubern, noch sich ›Elementarteilchen‹ auf diese Weise ›anzusehen‹. Bestimmte mathematische Vorstellungen, die einem »natürlich« erscheinen können, sind nicht realisierbar (z. B. unendlich viele Messungen oder Rechenschritte durchzuführen). Das läuft stets darauf hinaus, daß durch das Vorhandensein einer Vorstellung auch schon die ›Realität‹ deren Züge annehmen soll. Es ist aber eine andere Art von *Realität*, wenn sich jemand an der Struktur vergreifen kann, die die ›Isomorphie‹ zu meinem ›Modell der Welt‹ erzeugt, als wenn ›ich‹ ›etwas‹ ›sehe‹ (und sei es in einer «Traumwelt« à la Castaneda[11]). Da befindet sich der harte Kern des Wirklichen.

Es liegt also nahe, sich diesem zuzuwenden, nachdem die Wissenschaft (soweit sie der Tradition Machs zuzurechnen ist) ohnehin schon den Glauben daran überwunden hat, in dem jeweiligen ›Bild‹ *die* erfaßte Wirklichkeit zu sehen. Feyerabend jedoch verwendet die Vielfalt an Varianten, die im Lauf der Geschichte durch die unvermeidliche anarchistische und »irrationale« Komponente der Wissenschaft zustande gekommen ist, dazu, dem einzelnen eine weitestgehende Modellierbarkeit seines

Denkens zu suggerieren. Die ›Existenz‹ dieser Vielfalt und deren scheinbare Verfügbarkeit und Beliebigkeit ihrer Proliferation stellen dann den Ersatz für eine Erkenntnistheorie dar (»anarchistic theory of knowledge«). Natürlich können Intuition und Erklärung nicht formal dargestellt werden als Ableitbarkeit auf der Basis »stabiler Sinnelemente« innerhalb der Theorien.[12] Es muß jedoch eine ganz anders geartete Stabilität von Begriffsbildungen in unserem ›Bewußtsein‹ geben, die – bei aller Unschärfe und Mehrdeutigkeit – möglicherweise sehr viel starrer ist, als es auf der durch Introspektion zugänglichen ›Innenseite‹ aussehen mag oder es aus dem ›Vergleich‹ inkommensurabler Theorien und antiker Wahrnehmungswelten[13] zu ersehen wäre. Diese Stabilität entgeht der Aufmerksamkeit, da sie auch das Erfassen *neuer* Inhalte überhaupt erst zustande kommen läßt.[14] Unser bewußtes Erleben und dessen Glaube an das Wollen müssen als ›Oberfläche‹ einer unserem Denken unzugänglichen Struktur angesehen werden. Es steht einem nicht frei, *diese* zu wählen. Insofern ist auch eine Beschreibung der Vorgänge des Denkens, der Begriffsbildung etc. durch diese selbst, zum Scheitern verurteilt. Sie kann bestenfalls zu Plausibilitäten führen. Man steht ›sich‹ im ›Bild‹ dabei und verdeckt das Wesentliche.[15] Das kann auch nicht durch die anthropologische Forschungsmethode Feyerabends umgangen werden.

Zu welcher »Freiheit« wird also dem Menschen verholfen durch den Nachweis, daß Wissenschaft ihrer Natur nach »irrational« sei? Einem, der sich mit der ›methodologischen Rationalität‹ eingelassen hat, mag das immerhin als Befreiung vorkommen.[16] Aber es soll ja wohl heißen, daß der einzelne tatsächlich eine Freiheit besitzt, die er zu verlieren hat. Etwa eine ›Freiheit‹, die darin bestünde, sich sein Weltbild aus einem Warenhauskatalog der Zukunft auszuwählen?[17]

Was Erkenntnistheorie für den einzelnen beinhaltet und was sie demzufolge mit einer für mich ernstzunehmenden *Kunst* gemeinsam hat, ist der Versuch, hinter Denk-, Wahrnehmungs- und Darstellungsformen zu kommen, um so den Traditionen und den Klischees des Erlebens auszuweichen.[18] Wer heute etwas darstellt, ist in deren Metaphern verloren. Und die Metakunst kann sich ebensowenig wie die Metamathematik aus dem Formalismus durch infinite Vermehrung der Ebenen herausschrauben.

Ich glaube, daß auch Feyerabend das einmal so gesehen hat:

»Meine erste Aufgabe, falls ich je wieder das Schreiben aufnehmen sollte, wäre diese Grenzen zu erforschen und deren Überschreitung zu wagen.«[19]

Anmerkungen

1 »Dies ergibt eine Art praktischen Nachdenkens über unsere Existenz als Erkennende.« F. Nietzsche, *Werke,* Bd. VII.1., ed. G. Colli/M. Montinari, Berlin 1977, S. 699. Zum evolutionären Aspekt von Erkenntnistheorie vgl. ebenda, S. 697, sowie O. Wiener, *notizen zum konzept des bio-adapters, essay,* in: *die verbesserung von mitteleuropa, roman,* reinbek 1969. Denen zur Lektüre empfohlen, die eine Ahnung davon bekommen wollen, wie *anarchistische* Erkenntnistheorie sich von innen anfühlt.

2 Erkenntnistheorie ist weder die Suche nach neuen inhaltlichen Interpretationen eines (formalisierten) Weltbildes noch die Bemühung durch Adaptionen und das Erfinden neuer Strukturen, mehr oder andere Erscheinungen zu erfassen (Erkenntnisfortschritt). Sie ist nicht eine Beschreibung dieser Vorgänge durch Regeln und Gesetze oder die Suche danach in der Abfolge von Theorien (Methodologie, Wissenschaftstheorie, Against Method). Auch kann Erkenntnistheorie nicht sein: a) jedes Weltbild abzulehnen (Anarchismus), b) zu bejahen (Feyerabendscher Traditionalismus), c) sich nach Lust und Laune zu verhalten (Feyerabendscher Dadaismus) oder d) ein neuer Mythos (Feyerabendscher Humanismus).

3 Zum Meßprozeß und der Rolle des Beobachters in der Quantentheorie vgl. B. D'Espagnat, *Conceptual Foundations of Quantum Mechanics,* Reading, Mass. [2]1976.

4 P. Feyerabend, *Wider den Methodenzwang (WM),* Frankfurt am Main 1976, S. 262. So behauptet er beispielsweise unter Hinweis auf die Interpretation des Einstein-Podolsky-Rosen Arguments durch Bohr, daß »inkommensurable Theorien«, die »›beide‹ zusammen niemals sinnvoll sind«, von »verschiedenen Welten« handeln (S. 386). Dabei entspricht den »Welten« offenbar der »Sinn von Beobachtungsaussagen«, und der hängt wiederum von den Annahmen über die Natur der für beobachtet gehaltenen »Gegenstände« ab. Diese Annahmen können sich natürlich grundlegend ändern (und das auch durch Veränderung der experimentellen Bedingungen) (S. 390). In diesem *»Sinne«* träumen wir *nur,* und verschiedene ›Wirklichkeiten‹ sind verschiedene Träume. Aber die ›physikalischen Invarianten‹, denen der Charakter des Wirklichen zukommt, sind auch in der Interpretation durch Bohr an anderer Stelle zu finden. Wenn darin das Separabilitätspostulat A. Einsteins in Frage gestellt wird, weil sich eine »Welt« eröffnet, mit der es nicht zusammen ›existieren‹ könnte, so interessiert auch daran nicht eine etwaige ›Beliebigkeit‹ von *»Bedingungen,* aufgrund derer man von Gegenständen oder Situationen bestimmter Art sprechen kann« (S. 387), sondern die Existenz einer derartigen Grenze unserer Möglichkeiten, zu *einer* konsistenten Modellbildung (Theorie, ›Naturbeschreibung‹) zu gelangen: Vermutlich sind die »komplementären« Zerlegungsmöglichkeiten von ›Daten‹ in ›Modelle‹, die bei Meßprozessen der Quantentheorie auftreten, unumgängliche ›Artefakte‹ unserer Existenz als verstehende Automaten. Sie ergeben sich somit aus

der Unerreichbarkeit jener Auflösung, in der der ›verstehende Automat‹ das Universum selbst wäre (d. h. identisch mit seiner eigenen Beschreibung – wenn das irgendeinen ›Sinn‹ ergäbe). (Vgl. R. Herken, in Vorbereitung, sowie die ähnliche Argumentation bei D. Finkelstein, *Holistic Methods in Quantum Logic*, in: *Quantum Theory and the Structures of Time and Space*, vol. 3, ed. L. Castell, C. F. von Weizsäcker, München 1979).

5 *WM*, S. 48.

6 P. Feyerabend, *Journ. Phil.*, May 13, 1965, p. 177 laut Angabe in *WM*, S. 391.

7 Leider werden diese Anstrengungen von einer Gesellschaft assimiliert, in der die ›Vielfalt‹ der ›kulturellen‹ Interessen und der ›Unterhaltung‹ zum gängigen Bewertungsschema gehört.

8 *WM*, S. 392 ff. und S. 250.

9 *WM*, S. 108 ff.

10 *WM*, S. 387.

11 *WM*, S. 264.

12 *WM*, S. 391.

13 Vgl. *WM*, S. 337: »Diese Menschen leben in der Tat in einer ebensolchen Welt, wie sie von ihren Künstlern dargestellt wird.« Was wissen wir denn über das Erleben der Griechen? Der Schluß von den homerischen Epen auf das Erleben der homerischen Zeitgenossen sollte durch entsprechende Übungen anhand eines Opus unserer Zeit ergänzt werden, z. B. *Finnegans Wake*. Derartige Imaginationen über die Zusammenhänge zwischen Stil und Weltbild zu substantiieren kann selbst bei den zeitlich näherliegenden Phänomenen der Geistesgeschichte kaum noch geleistet werden. Vgl. Feyerabends Bemerkungen zum Dadaismus als einer Art Naturschutzverein für das »Wunder der Sprache« in *Unterwegs zu einer dadaistischen Erkenntnistheorie*, in: *Unter dem Pflaster liegt der Strand*, Bd. 4, ed. H. P. Duerr, Berlin 1977, S. 76, und in *Erkenntnis für freie Menschen*, Frankfurt am Main 1979, S. 211 f.

14 Davon wird durch den beliebten Hinweis, daß es auch in der Mathematik so etwas wie »empirische Prinzipien« gibt, nur abgelenkt (*WM*, S. 355). Ich finde diese Tatsache weitaus weniger bemerkenswert als die, daß es überhaupt möglich ist, einen Beweis zu ›sehen‹. (Es ist bisher von keinem Feyerabend-Schüler auch nur ein einziges elementares Gebiet der Mathematik revolutioniert worden, obwohl sie doch als ein Produkt des menschlichen Verstandes gilt, von dem üblicherweise nicht behauptet wird, daß es das Abbild irgendeiner ›Wirklichkeit‹ sei.)

15 Daher die Notwendigkeit konstruktiver Aufweisung dessen, was wir über das ›Verstehen‹ verstanden zu haben meinen. Vgl. dazu E. Mach, *Erkenntnis und Irrtum*, Leipzig [5]1926, S. 29 f. (»Eine psycho-physiologische Betrachtung«).

16 *WM*, S. 385.

17 Vgl. die Bemerkungen über Feyerabend in H. P. Duerr, *Traumzeit*, Frankfurt am Main 1978, S. 306.

18 Das Wandern von »Traumwelt« zu »Traumwelt«, wie es sich Feyerabend in *WM*, S. 51, vorstellt, wird dafür nicht ausreichen. Diese Metapher ist nicht mehr so erhellend, wie sie es einst gewesen sein mag (vgl. F. Nietzsche, *Werke*, Bd. V.2., Berlin 1973, S. 401), und das nicht nur für die Untersuchung wissenschaftlichen Denkens, sondern auch für die Kunst in einer Zeit, in der sie »als Pflege des Wahnes« (Nietzsche) schon katalogisiert und zum Klischee geworden ist.

19 *WM*, S. 113 (meine Übersetzung, vgl. *Against Method*, London 1975, S. 73); vgl. *WM*, S. 265 und S. 317.

Alan Musgrave
Der Mythos vom Instrumentalismus in der Astronomie

Die zentrale These von Paul Feyerabends Aufsatz *Realismus und Instrumentalismus* [1] ist die, daß es neben allgemeinen philosophischen Argumenten für und wider den Instrumentalismus auch spezifisch *wissenschaftliche* Argumente gebe, die für die instrumentalistische Auffassung sprächen. Die allgemeine Form dieser wissenschaftlichen Argumente sei folgende: Eine neue Theorie »realistisch aufzufassen muß zu Widersprüchen mit bewährten Theorien führen«;[2] die neue Theorie muß daher als bloßes Instrument interpretiert werden. Feyerabends Beispiele für Theorien, auf die derartige Argumente angewendet worden seien, sind die kopernikanische Astronomie im 16. und die Quantenmechanik im 20. Jahrhundert. Feyerabend weist eindringlich darauf hin, daß wir auf keinen Fall derartige wissenschaftliche Argumente übersehen sollten, denn im Unterschied zu allgemeinen philosophischen Gründen beruhten sie auf »Tatsachen und wohlbewährten physikalischen Gesetzen«.[3]

Dies ist eine sonderbare These. – Instrumentalismus, wie Feyerabend und ich ihn verstehen, ist eine Auffassung über wissenschaftliche Theorien *im allgemeinen*. Feyerabend bestimmt den Instrumentalismus folgendermaßen: »Nach dem Instrumentalismus beschreibt auch eine völlig richtige Theorie nichts, sondern dient nur als Instrument zur Voraussage der Tatsachen, die ihren empirischen Gehalt ausmachen.«[4] Die sogenannten wissenschaftlichen Argumente, die zugunsten des Instrumentalismus angeführt werden, sind nun aber weit davon entfernt, wohlbewährte und einleuchtende Argumente für diese allgemeine Position zu sein. Im Gegenteil, sie sind offenkundig unzulänglich und nahezu widersprüchlich. Allenfalls könnte ein derartiges Argument geltend machen, daß die eine oder andere *besondere* Theorie als bloßes Instrument betrachtet werden muß; und aus dem Satz: »Diese besondere Theorie ist ein bloßes Instrument der Voraussage« den Schluß zu ziehen: »Alle Theorien sind bloße Instrumente der Voraussage«, ist offenkundig unzulässig; es ist sogar noch schlimmer. Wissenschaftliche Argumente, wie Feyerabend sie darstellt, enthalten die Annahme, daß bestehende Theorien wahre Beschreibungen der Welt *sind*. Weil die Physik des Aristoteles (derzufolge die Erde sich nicht bewegte) realistisch aufgefaßt wurde und als Wahrheit galt, mußte die kopernikanische Astronomie als bloßes Instrument aufgefaßt werden. Und weil einige klassische Gesetze als wahre Beschreibungen galten, mußte die Quantentheorie als Instrument aufgefaßt werden. Instrumentalismus überhaupt kann aus Feyerabends wissenschaftlichen Argumenten nicht abgeleitet werden, da seine Negation bereits in der Prämisse enthalten ist.

Es ist deutlich, daß Feyerabends wissenschaftliche Argumente durchaus keine Argumente für den Instrumentalismus überhaupt sind, sondern lediglich für eine instrumentalistische Auffassung der einen oder anderen *besonderen* Theorie angeführt werden. Sie sind, könnten wir sagen, Argumente für einen *lokalen*, im Gegensatz zu einem *globalen* Instrumentalismus. Ich glaube, daß Feyerabend mit dieser Feststellung einverstanden wäre, denn er selbst schreibt:

> An diesem Punkt ist es sehr wichtig zu betonen, daß das Argument [gegen eine realistische Auffassung der kopernikanischen Theorie] in keiner Weise von einer allgemeinen philosophischen Ansicht über die Natur unserer Erkenntnis abhängt; keine derartige globale Annahme wird gemacht oder vorausgesetzt. Das Argument hat es mit einer *bestimmten Theorie*, der heliozentrischen Hypothese, zu tun.[5]

Lokaler Instrumentalismus ist jedoch eine Position, die sich von einem globalen Instrumentalismus deutlich unterscheidet. Lokaler Instrumentalismus ist mit einer im ganzen *realistischen* Auffassung der Wissenschaft durchaus vereinbar. Ein Realist, der zu seiner Enttäuschung feststellen muß, daß eine bestimmte Theorie keine wahre Beschreibung der Wirklichkeit sein kann, wird mit einiger Wahrscheinlichkeit zugeben, daß diese Theorie bloß instrumentellen Wert hat. Enttäuschte Realisten sind keine Instrumentalisten, obwohl wir dies fälschlich annehmen könnten, wenn wir versäumen, zwischen globalem und lokalem Instrumentalismus zu unterscheiden.

Ein weiterer offenkundiger Unterschied ist in diesem Zusammenhang von Bedeutung. Für Realisten sind wissenschaftliche Theorien wahre oder falsche Beschreibungen der Wirklichkeit. Einige Realisten meinen darüber hinaus, wir könnten *sicher wissen*, welche Theorien wahr und welche falsch sind (dies ist als *dogmatischer Realismus* zu bezeichnen), während andere Realisten diese Meinung nicht teilen (dies ist als *kritischer Realismus* zu bezeichnen). Ein kritischer Realist wird mit einiger Wahrscheinlichkeit den spekulativen oder hypothetischen Charakter einiger wissenschaftlicher Theorien einräumen. Damit betrachtet er jedoch diese Theorien nicht im Sinne des Instrumentalismus: Eine Hypothese bleibt eine wahre oder falsche Beschreibung der Wirklichkeit; sie ist mehr als eine bloße »mathematische Hypothese« oder eine Hilfskonstruktion, um »die Erscheinungen festzuhalten«.[6] Kritische Realisten sind keine Instrumentalisten, obwohl wir dies fälschlich annehmen könnten, wenn wir versäumen, zwischen kritischem und dogmatischem Realismus zu unterscheiden.

Sind derartige falsche Identitätszuordnungen je vorgekommen? – Ich glaube ja, und sogar in erheblichem Ausmaß. Sie sind weitgehend für die orthodoxe und, wie ich glaube, irrige Doktrin verantwortlich, derzufolge es lange vor der Zeit des Kopernikus eine instrumentalistische Auffassung von der astronomischen Theorie gegeben habe. Diese Doktrin wurde zuerst vollständig ausgeführt in Duhems bewundernswertem Büchlein *To Save the Phenomena*[7]; und eines von Duhems Hauptargumenten hatte genau dieselbe Form wie das Argument Feyerabends. Feyerabend behauptet, eine instrumentalistische Auffassung der kopernikanischen Astronomie sei entwickelt worden, um den Widerspruch zwischen ihr und der aristotelischen Physik aufzuheben. Duhem behauptet, eine instrumentalistische Auffassung der ptolemäischen Astronomie sei entwickelt worden, um den Widerspruch zwischen ihr und der aristotelischen Physik aufzuheben. Aber Duhem geht noch weiter. Er behauptet, die instrumentalistische Auffassung sei auf *alle* astronomischen Hypothesen ausgedehnt worden; und er behauptet, daß der »Instrumentalismus in der Astronomie« durch die Reihe der großen hellenistischen Astronomen: Ptolemäus, Apollonius, Hipparch und Eudoxos bis auf die platonische Akademie zurückverfolgt werden könne. Damit schreibt Duhem der instrumentalistischen Auffassung eine lange und vornehme Ahnenreihe zu.

Duhem macht auch kein Geheimnis daraus, daß er die instrumentalistische Auffassung für die richtige hält. Für ihn waren die frühen Astronomen die ersten, die den Status der Theorie in den

Wissenschaften richtig würdigten. Natürlich habe ihre verhältnismäßig fortgeschrittene Auffassung weniger differenzierte, realistische Denker schockiert, insbesondere die Aristoteliker. Die daraus folgende Auseinandersetzung zwischen Realisten und Instrumentalisten habe bis in die Zeit von Kopernikus, Kepler und Galilei hinein gewütet. Die Instrumentalisten waren für Duhem die aufgeklärte und fortschrittliche Partei und brachten die Sache der Astronomie voran; die Realisten schwelgten nach seiner Auffassung in naiven und irreführenden Kritiken der neuen Entwicklungen in der Astronomie und traten für eine Wiedereinführung des überholten astronomischen Systems des Aristoteles ein, das ihren physikalischen (oder besser: metaphysischen) Vorurteilen entgegenkam. Die instrumentalistische Astronomie wurde von der realistischen Physik geschieden, und das Paar ging erst mit der wissenschaftlichen Revolution eine neue Ehe ein. Manche sehen diese erneute Ehe als eine Ausdehnung der realistischen Auffassungen der Physik auf die Astronomie an. Duhem jedoch sieht in ihr die Ausdehnung der instrumentalistischen Auffassungen der Astronomie auf die Physik; dem tun für ihn auch die – wie er zugibt, realistischen – Auffassungen der Ehe-*Vermittler* (Kopernikus, Kepler, Brahe und Galilei) keinen Abbruch. Duhem zufolge war die eigentliche Lektion der wissenschaftlichen Revolution des 17. Jahrhunderts die, daß alle Wissenschaften sich allein das »Festhalten der Erscheinungen« mit Hilfe »mathematischer Hypothesen« zum Ziel setzen sollten. Viele Historiker nach Duhem waren gegenüber seinen philosophischen Behauptungen skeptisch; beinahe einhellig akzeptierten sie jedoch seine *historischen* Behauptungen. Es wurde die orthodoxe Ansicht unter Historikern, daß es für die hellenistische Astronomie eine instrumentalistische Tradition und eine Scheidung zwischen instrumentalistischer Astronomie und realistischer Physik gegeben habe. Diese Orthodoxie ist nicht völlig unwidersprochen geblieben; in letzter Zeit sind in ihrem Panzer sogar einige beträchtliche Risse aufgetaucht. Die Zeit für eine völlige Neubewertung der orthodoxen Position ist reif.

Für einen einzelnen Aufsatz wäre dies eine zu große Aufgabe. Ich möchte mich deshalb auf die großen *Astronomen* der Antike beschränken und lediglich zeigen, daß Platon, Eudoxos, Apollonios, Hipparch und Ptolemäus – im Gegensatz zu dem, was die meisten Historiker behaupten – keine Instrumentalisten waren. Es wäre immer noch möglich, daß ein »astronomischer Instrumentalismus« nicht unter den Astronomen selbst, sondern unter denjenigen entstanden ist, die wir die späten *Philosophen der Astronomie* nennen könnten. Am Ende meines Aufsatzes will ich kurz – und ich fürchte, ziemlich dogmatisch – auch dies diskutieren.

1. Platons Problem und das »Dogma der Kreisförmigkeit«

Duhem führt die instrumentalistische Tradition in der Astronomie auf die platonische Akademie zurück. Er zitiert Simplicius:

> Platon hat das Prinzip aufgestellt, daß die Bewegung der Himmelskörper kreisförmig, gleichförmig und stets regelmäßig ist. Darum stellt er den Mathematikern das folgende Problem: Welche Kreisbewegungen, gleichförmig und völlig regelmäßig, müssen als Hypothesen zugelassen werden, dergestalt, daß es vielleicht möglich wird, die Erscheinungen, die wir an den Planeten beobachten, festzuhalten?[8]

Duhem findet in dieser Stelle die charakteristischen Bestandteile einer instrumentalistischen Anschauungsweise: Die einzige Aufgabe astronomischer Theorie ist es, »die Erscheinungen festzuhalten«, und dies soll mit Hilfe geometrischer Fiktionen (gleichförmiger Kreisbewegungen) erreicht werden, denen in der Realität nichts entspricht.

Duhems Interpretation ist in mehrfacher Hinsicht problematisch: Ist es plausibel, die angeführte Formulierung des Problems der Astronomen Platon zuzuschreiben? Warum wird hier so beharrlich an der Idee gleichförmiger Kreisbewegungen festgehalten? Und ist es plausibel, diese Idee als bloße geometrische Fiktion anzusehen, und daher als die Stelle, die den Übergang zu einer instrumentalistischen Auffassung in der Astronomie bezeichnet? – Diese Fragen sind, wie wir sehen werden, untereinander nicht unverbunden.

Wenn Platon für eine instrumentalistische Auffassung der Astronomie eingetreten wäre, dann hätte dies einen abrupten Bruch mit der griechischen Tradition bedeutet. Seine Vorgänger, die vorsokratischen Astronomen, waren mehr an astronomischer Erklärung als an astronomischen Voraussagen interessiert. Darin unterschieden sie sich deutlich von den Babyloniern, die präzise astronomische Daten sammelten, aus ihnen die Zyklen für Eklipsen, Konjunktionen usw. herausfanden und algebraische Regeln aufstellten, mit deren Hilfe Voraussagen möglich waren. Aber weiter reichte ihre astronomische Theorie nicht, und sie sind anscheinend der Frage, *warum* es Bewegungen am Himmel gibt – im Unterschied zur bloßen »Wie?«-Frage – nicht weiter nachgegangen. (Duhem hätte seine Instrumentalisten in Babylon suchen sollen; dort hätte er damit einigen Erfolg gehabt.) Die Vorsokratiker waren gänzlich anders. Sie waren mehr an der qualitativen Erklärung des Problems, *wie* es zu Eklipsen kam, interessiert als an der Aufstellung von Regeln über ihre Vorhersage. Alle die spekulativen astronomischen Systeme, die sie hervorbrachten (das platonische eingeschlossen) wurden durch Daten widerlegt, die die Babylonier bereits kannten. In der Tat sind die Griechen oft kritisiert worden, weil sie nicht mehr Daten gesammelt hätten, bevor sie anfingen zu spekulieren. Ich stimme jedoch Hanson zu, wenn er auf diese Kritik antwortet:

> Sie hätten diese Kritik nicht verstanden. Vor ihnen gab es bereits *mehr als genug Beobachtungsdaten*, die alle nach Erklärungen verlangten. Ihr Problem war, in der Welt ihrer Erfahrung eine allgemeine einsehbare Ordnung zu finden; dazu war Reflexion vonnöten, nicht noch mehr Datenmaterial. Wer so viel Honig hat, daß er schon daran festklebt, braucht nicht noch mehr davon.[9]

Die vorplatonische griechische Astronomie war also durch und durch realistisch und erklärend. Wir können aus ihr, wie ich glaube, auch einiges über die wirkliche Bedeutung des sogenannten »Dogmas der Kreisförmigkeit« lernen. – Kreise tauchten in der griechischen Astronomie zuerst als ein Nebenprodukt dessen auf, was Kuhn das »Zwei-Sphären-System« nennt. Die Theorie, nach der die Sterne an eine rotierende Sphäre geheftet sind, in deren Zentrum die Erdsphäre stationär feststeht, ist glänzend geeignet, die Sternenbewegungen zu erklären: die Tatsache, daß jeder Stern in jeder Nacht sich entlang einem Kreisbogen bewegt; die Tatsache, daß sich das Verhältnis der Positionen der Sterne nicht ändert, so daß diese Kreisbögen sämtlich konzentrisch um einen Fixpunkt oder Pol angeordnet sind; die Tatsache, daß Sterne, die sich in der Nähe dieses Poles befinden, nicht auf- oder untergehen, wohl aber andere, die weiter vom Pol entfernt sind. Die Theorie sagt auch richtig voraus, daß Sterne, die auf- und untergehen, sich wie Sterne, die dem Himmelspol benachbart sind, zu verhalten beginnen, wenn wir nach Norden reisen. Die Sternensphäre war für die frühen griechischen Astronomen offenbar ziemlich real, und die Idee der Kreisbewegung der »Fixsterne« war ein bloßes Nebenprodukt dieser Vorstellung: Körper, die an die Oberfläche sich gleichförmig bewegender Sphären geheftet sind, werden ihre Kreise mit gleichförmiger Geschwindigkeit ziehen.

Das Zwei-Sphären-System kann natürlich nicht die Bewegungen von Sonne, Mond und Planeten erklären: Da diese ihre Position im Verhältnis zu den Fixsternen ändern, kann man sich nicht denken, daß auch sie an die Fixsternsphäre geheftet sind. Von Pythagoras wird berichtet, er habe die Idee der Sphären auch auf diese Himmelskörper ausgedehnt. Er soll gesagt haben, daß sie »an ihren eigenen Sphären befestigt« seien und sich »durch ihre eigene Bewegung« bewegten.[10] Bei Anaximander wurden die Planetensphären rotierende Räder, die mit Feuer erfüllt waren; und Sonne, Mond und Planeten waren für ihn nur Löcher in diesen Rädern, durch die man den Feuerschein erblickte. Die Vorstellung von Sphären oder Rädern erhielt sich, wie wir sehen werden, bei Platon, Eudoxos, Aristoteles, Ptolemäus und sogar noch bei Kopernikus.[11] Nun ist unter einem rein bewegungstheoretischen oder *geometrischen* Gesichtspunkt die Vorstellung von Planetensphären redundant – man könnte ebensogut auf sie verzichten und bloß von kombinierten Kreisbewegungen sprechen.[12] Unter einem *physikalischen* Gesichtspunkt aber besteht ein großer Unterschied zwischen einem *frei* sich auf einer Kreisbahn bewegenden Körper und einem Körper, der sich kreisförmig bewegt, *weil er an einer rotierenden Sphäre befestigt ist. Wir* jedenfalls wissen, daß zwischen beiden ein großer physikalischer Unterschied besteht – aber vielleicht hatten auch die Griechen eine Ahnung davon.

Popper hat die Überlegung angestellt, daß es auf einer »instinktiven« Wahrnehmung dessen, was für uns das Gesetz der Erhaltung des Drehimpulses ist, beruht haben mag, wenn die Griechen so beharrlich an der Vorstellung von Sphären oder Rädern festhielten. Er schlägt die Deutung vor, daß für diese Wahrnehmung ihre Erfahrung mit gut geschmierten Wagenrädern entscheidend gewesen sein könnte. Er faßt zusammen:

Man sollte sich auch daran erinnern, daß die antike Theorie von der kreisförmigen Drehung der Himmelssphären (die sich von dieser Erfahrung ableitet) letzten Endes durch die Erhaltung des Drehimpulses der Erde ersetzt wurde; das zeigt, daß die Kreise weder so naiv noch geheimnisvoll waren, wie sie oft hingestellt werden.[13]

Dies ist ein schöner Gedanke. Vielleicht haben die Griechen »instinktiv« wahrgenommen, daß Hohlkugeln oder Räder, die um ihre Achse gedreht werden, fortfahren werden, sich mit gleichförmiger Geschwindigkeit zu drehen, es sei denn, etwas halte sie auf. Vielleicht sahen sie darin eine mögliche *physikalische Erklärung* des Problems, *warum* die Sterne und Planeten sich so bewegen, wie sie sich bewegen: Sie sind an unsichtbare rotierende Sphären geheftet, deren Bewegung niemals langsamer wird, weil sie aus einem Stoff bestehen, der keine Reibung kennt. Vielleicht war das sogenannte »Dogma der Kreisförmigkeit« in Wirklichkeit ein *Dogma* der *Sphärenförmigkeit*, das aus diesem einleuchtenden Stück Himmelsmechanik herrührte. Und vielleicht schlug es Generation für Generation von Astronomen in seinen Bann, weil seine Leugnung bedeutet hätte, daß man ohne jegliche Himmelsmechanik hätte auskommen müssen.

Norwood Hanson hat dargelegt, daß das Festhalten am »Prinzip der Kreisförmigkeit« nur schwer erklärlich wäre, wenn diejenigen, die an ihm festhielten, eine instrumentalistische Auffassung von ihrer Aufgabe gehabt hätten:

> Warum haben die hellenistischen Astronomen überhaupt ... auf dem Prinzip der Kreisförmigkeit bestanden? ... Wenn die Richtigkeit von Vorhersagen das Hauptkriterium für den Erfolg in der astronomischen Theoriebildung war, warum hätte man dann nicht von Anfang an nicht-kreisförmige Kurven benutzen und diese philosophische Fassade von Kreisen und Kreisförmigkeit fallen lassen sollen? ...
>
> Die Antwort: Ein wenig von dem Bedürfnis der alten Naturphilosophen nach umfassendster Erklärung (und nach kosmologischer Spekulation) war in den »Vorhersagern« noch lebendig. ... *Wenn* ein physikalisch richtiges Bild des Universums möglich war, fühlten die Astronomen ..., würde es in irgendeiner Modifikation jenes Kosmos aus ineinandergeschachtelten Sphären bestehen, den Aristoteles ersonnen hatte ... Daher sollte wenigstens ein physikalisches Prinzip der Kosmologie und der Astronomie gemeinsam sein: *Letztendlich sind alle Himmelsbewegungen ihrer Natur nach kreisförmig* ...[14]

Hanson erklärt nicht, warum jemand, der das »Prinzip der Kreisförmigkeit« vertritt, damit ein *physikalisches* Prinzip vertritt. Wir können dies jedoch mit dem Hinweis auf die Vorstellung der aufgrund ihrer Trägheit sich drehenden Sphären erklären, die der Idee der kreisförmigen Bewegung zugrunde liegt. Hanson sieht auch nicht, daß er selbst zu einem Teil das Rätsel produziert hat, vor dem er steht. Die These seines Buchs entspricht genau der Duhemschen von der Scheidung zwischen Naturphilosophen, die sich für kosmologische Erklärungen interessieren (vor allem Aristoteles und seine Nachfolger) und professionellen Astronomen, die an astronomischen Voraussagen interessiert sind (dazu gehören Eudoxos, Apollonios, Hipparch und Ptolemäus). Es ist in der Tat schwer einzusehen, warum Instrumentalisten so sehr mit einer bestimmten »geometrischen Hilfskonstruktion« – und sei es auch die allereinfachste – verheiratet sein sollten. Daher das Rätsel, vor dem Hanson steht, und sein halbherziges Eingeständnis, »ein wenig« von dem Bedürfnis nach Erklärung sei »in den ›Vorhersagern‹ noch lebendig« gewesen. Wenn wir einmal eingesehen haben, daß Hansons instrumentalistische »Vorhersager« gar nichts dergleichen waren, wird das Rätsel sich verflüchtigen, und Hansons *Ad-hoc*-Lösung wird überflüssig werden.

Bis jetzt habe ich ausgeführt, daß nichts in der vorplatonischen griechischen Philosophie dafür spricht, daß es dort eine instrumentalistische Auffassung von der Astronomie gab. Im Gegenteil, die frühen astronomischen Spekulationen waren als realistische Erklärungen beabsichtigt. Ich habe weiter die Interpretation vorgeschlagen, daß das sogenannte »Dogma der Kreisförmigkeit« zumindest in seinen Ursprüngen von der Spekulation abhängig ist, derzufolge es Himmelssphären gibt, aus deren Trägheitsbewegungen eine Himmelsmechanik und eine astronomische Bewegungslehre abgeleitet werden können. Ich möchte nun zu Platon und zu seiner Formulierung des Problems der Planetenbewegung zurückkehren.

Es ist zuweilen bezweifelt worden, daß Platon das Problem der Planetenbewegung in der von Simplicius überlieferten Weise formuliert haben könne. Der Nachweis, daß er es getan hat, verläuft sehr indirekt: Simplicius zitiert genaugenommen Sosigines, der seinerseits Eudemos zitiert. Überdies schreibt Geminus die Problemstellung eher den Pythagoräern als Platon zu:

Es liegt nämlich der gesamten Astronomie die Annahme zu Grunde, daß die Sonne, der Mond und die fünf Planeten sich erstens mit gleichförmiger Geschwindigkeit, zweitens in kreisförmigen Bahnen und drittens in einer der Bewegung des Weltalls entgegengesetzten Richtung bewegen. Die

Pythagoreer waren die ersten, welche an derartige Untersuchungen herantraten und für die Sonne, den Mond und die fünf Planeten kreisförmige (Bahnen) und die gleichförmige Bewegung annahmen. Konnten sie doch für die göttlichen und ewigen Himmelskörper nicht eine derartige Unregelmäßigkeit annehmen, vermöge welcher sich dieselben bald schneller, bald langsamer bewegen, bald gar stillstehen sollen, wie man bekanntlich bei den fünf Planeten von »stationär werden« spricht. Darf man ja selbst bei einem gebildeten und gesetzten Menschen in seinem Gange eine derartige Unregelmäßigkeit der Bewegung nicht voraussetzen. Freilich werden für die Menschen die Bedürfnisse des Lebens häufig Ursache zu langsamerer oder schnellerer Bewegung; allein bei der unvergänglichen Beschaffenheit der Gestirne ist zu schnellerer oder langsamerer Bewegung keinerlei Ursache denkbar. Aus diesem Grunde stellten sie die Frage in dieser Form, wie sich wohl bei Annahme kreisförmiger (Bahnen) und gleichförmiger Bewegungen die Himmelserscheinungen erklären ließen.[15]

Schließlich erscheint es auch unplausibel zu vermuten, Platon liege überhaupt das »Festhalten der Erscheinungen« am Herzen, wenn er an anderen Stellen die Menschen dazu ermahnt, die Erscheinungswelt abzutun und statt dessen sich der Betrachtung der Welt idealer Formen hinzugeben.

Wenn wir allerdings Platons eigenen Beitrag zur astronomischen Theoriebildung in Betracht ziehen (der zweifellos den Pythagoräern viel verdankte), wird es ziemlich wahrscheinlich, daß er das Planetenproblem in der von Simplicius überlieferten Form stellte. Platon skizziert zwei astronomische Theorien, beide Male in höchst allegorischen Begriffen. Keine von beiden vermag alle bekannten Erscheinungen festzuhalten, obwohl die zweite eine Verbesserung der ersten darstellt. In der ersten Theorie ist die Vorstellung von acht konzentrischen Sphären enthalten, deren äußerste sich täglich einmal von Osten nach Westen um ihre Achse dreht und die Fixsterne trägt, während die anderen Sphären sich mit unterschiedlicher Geschwindigkeit von Westen nach Osten drehen und die Sonne, den Mond und die fünf Planeten tragen (wobei sie an der täglichen Bewegung der äußersten Sphäre teilhaben). Diese Theorie erklärt qualitativ die west-östliche Bewegung von Sonne, Mond und Planeten am Fixsternhimmel zu verschiedenen Zeiten.[16] Aber da alle Sphären hier dieselbe Achse haben, kann sie nicht die Schiefe der Ekliptik erklären. Platon verbessert dann die Theorie, indem er die Achsen der sieben Planetensphären in Winkelverhältnisse zu der der Sternensphäre setzt. Dies erklärt die Schiefe der Ekliptik und daher auch den Wechsel der Jahreszeiten.[17]

Platons verbesserte Theorie kann jedoch nicht das »Wandeln« der Planeten erklären, welches nach Platons Worten »schwer zu berechnen und von erstaunlicher Komplexität« ist. Er macht auf das Problem folgendermaßen aufmerksam:

Wollte man aber die Reigentänze dieser Gestirne beschreiben und ihre gegenseitigen Begegnungen und wie ihre Kreise voreinander zurückweichen und wieder vorrücken und welche dieser Götter bei diesen Vereinigungen in nähere Berührung kommen und welche sich bloß gegenübertreten und hinter welchen anderen und zu welchen Zeiten sich einzelne jeweils gegenseitig voreinander und vor uns verbergen und dann wieder zum Vorschein kommen und dadurch bei denjenigen, die das nicht berechnen können, Furcht erregen und ihnen künftige Ereignisse anzeigen – wenn man das erklären wollte, ohne davon wieder Nachbildungen zur Anschauung zu bringen, so wäre dies eine vergebliche Mühe. Wir sollten uns also damit begnügen . . .[18]

Plato räumt also ein, daß seine eigene Theorie das Planetenproblem nicht völlig lösen kann. Es ist ziemlich wahrscheinlich, daß er das Problem – wie Simplicius überliefert – seinen Nachfolgern hinterlassen hat.

Aber wie läßt sich ein Platon, der um das Festhalten der astronomischen Erscheinungen bemüht war, mit dem empiriefeindlichen Plato der philosophischen Legende vereinbaren? Was sollen wir mit dem Platon anfangen, der uns mahnt, »die Gebilde am Himmel beiseite [zu] lassen, wenn wir uns wirklich mit Astronomie beschäftigen wollen«? Nun, vielleicht sollten wir die Empiriefeindlichkeit in den Reden des Sokrates anders bewerten. Das folgende führt Sokrates gegenüber Glaukon aus:

Die glänzenden Bilder am Himmel, die ja im Sichtbaren geschaffen sind, sollen wir wohl für die schönsten und genauesten dieser Art halten, aber doch für etwas, das hinter den wahren Gebilden weit zurückbleibt und hinter jenen Bewegungen, welche die wirkliche Schnelligkeit und die wirkliche Langsamkeit in der wahren Zahl und in allen wahren Figuren im Verhältnis zueinander ausführen und dabei das, was in ihnen begriffen ist, bewegen, alles Dinge, die ja wohl in vernünftiger Rede und im Nachdenken faßbar sind, nicht aber mit dem Gesichtssinn . . . wir wollen sie [die Himmelserscheinungen] also nur als Anlässe zum Nachdenken gebrauchen und die Astronomie gleich wie die Geometrie behandeln, . . . wollen aber die Gebilde am Himmel beiseite lassen, wenn wir uns wirklich mit der Astronomie beschäftigen wollen . . .[19]

Was uns Platon in dieser schwierigen Passage mitteilen will, ist vielleicht, daß die sichtbaren Gegenstände am Himmel und ihre sichtbaren Bewegungen nicht die wirklichen Gegenstände des Himmels oder ihre wirklichen Bewegungen sind. Vielleicht sind die wirklichen Gegenstände die unsichtbaren Sphären und die wirklichen Bewegungen die Drehungen dieser Sphären, die bedingen, daß die sichtbaren Gegenstände sich auf scheinbar unregelmäßigen Bahnen bewegen. Und vielleicht erkannte Platon, daß keine noch so große Menge bloßer astronomischer Beobachtungen uns etwas über diese wirklichen Gegenstände und ihre wirklichen Bewegungen mitteilen kann. Statt dessen müssen sie »in *vernünftiger* Rede« und durch das Studium von *Problemen* (der »Anlässe zum Nachdenken«) begriffen werden, von Problemen der Art: »Welche Kombination rotierender Sphären wird die sichtbaren Phänomene hervorbringen?« – Diese Interpretation, obgleich sie zugegebenermaßen spekulativ ist, hat den Vorteil, Platons astronomische Theoriebildung mit seiner Auffassung von der rechten Weise, Astronomie zu treiben, vereinbaren zu können.[20]

Ich möchte zu der Feststellung des Simplicius zurückkehren, daß »Plato das Prinzip« aufgestellt habe, daß »die Bewegung der Himmelskörper kreisförmig, gleichförmig und stets regelmäßig« sei. Wenn wir davon ausgehen, daß diese Darstellung als richtig zu gelten hat, wird die Feststellung wichtig, daß Platon mit »Himmelskörpern« *nicht* Sonne, Mond und Planeten gemeint haben *kann*. Denn in Platons eigener Theorie bewegen sich Sonne, Mond und Planeten überhaupt nicht auf Kreisbahnen – sie bewegen sich in geschlossenen Spiralen und brauchen unterschiedliche Zeiten, um vom unteren Ende der Spiralen zum oberen Ende zu gelangen (die Sonne braucht dazu sechs Monate und durchläuft während eines Tages jeweils einen der Spiralbögen). Dasselbe gilt für alle folgenden astronomischen Theorien, die dem »Dogma der Kreisförmigkeit« entsprachen: In keiner dieser Theorien bewegten sich Sonne, Mond und Planeten auf Kreisbahnen und mit gleichförmiger Geschwindigkeit. In welchem Sinne entsprechen diese Theorien dann dem »Dogma der Kreisförmigkeit«? Platon muß unter »Himmelskörpern« statt Sonne, Mond und Planeten vielmehr die *Sphären, die sie trugen*, verstanden haben; und er muß mit »gleichförmigen Kreisbewegungen« die *gleichförmigen Drehungen dieser Sphären um ihre Achsen gemeint haben.* Platons »Dogma der Kreisförmigkeit« muß in Wirklichkeit ein Dogma der

Sphärenförmigkeit gewesen sein. Dort, wo nur eine einzige Sphäre sichtbaren Himmelsgegenständen (wie den Sternen) zugeordnet wird, ist der Unterschied zwischen den beiden Formulierungen des Dogmas nicht so offensichtlich: Die gleichförmige Drehung der Sphäre bewirkt hier eine gleichförmige Kreisbewegung des an sie gehefteten Gegenstands. Sobald aber die Bewegung des sichtbaren Gegenstands als die *Resultante* der Drehungen zweier oder mehrerer Sphären aufgefaßt wird (wie in Platons Theorie und allen folgenden hellenistischen Theorien), hört die Bewegung des sichtbaren Gegenstands auf, gleichförmig zu sein und einer Kreisbahn zu folgen. An dieser Stelle ist das »Dogma der Kreisförmigkeit« im strengen Sinn aufgegeben, und es bleibt nur das Dogma der Sphärenförmigkeit zurück; und dies blieb so lange bestehen, so war meine Vermutung, weil es den Anstronomen eine fertige Himmelsmechanik – ein *physikalisches* Erklärungsmuster – zur Verfügung stellte. Daher könnte Platons Problem ausführlicher so wiedergegeben werden: »Welche Kreisbewegungen, gleichförmig und völlig regelmäßig, müssen als Hypothesen zugelassen werden, dergestalt, daß es vielleicht möglich wird, die Erscheinungen festzuhalten, die wir an den sichtbaren Gegenständen, welche an jene Sphären geheftet sind, beobachten können?«

War Platon der Urheber der instrumentalistischen Tradition in der Astronomie, wie Duhem behauptet? – Es wird nun, wie ich hoffe, deutlich geworden sein, daß es für diese Behauptung nicht die Spur eines Beweises gibt, wohl aber eine Reihe von Beweisspuren für das Gegenteil.

2. Eudoxos

Die Auffassungen von Eudoxos, Platons unmittelbarem Nachfolger in der Astronomie, tragen viel zur Stützung der Interpretationen des vorigen Abschnitts bei. Eudoxos gelangen *qualitative* Erklärungen für einige der hauptsächlichen Anomalien der Planetenbewegung (wie Geschwindigkeitsveränderungen, Bewegungen oberhalb und unterhalb der Ekliptik und Retrogradationen), obwohl er am »Dogma der Sphärenförmigkeit« festhielt. Wie Platon arbeitete er mit ineinander verschachtelten Sphären, deren innere zum Teil an der Bewegung der äußeren teilhatten, während sie zugleich Eigendrehungen vollzogen. Jedem Planeten wurden vier Sphären zugeschrieben: Eine vollzog dieselbe Bewegung wie die Fixsternsphäre, damit die täglichen Bewegungen erklärt werden konnten; der Äquator einer zweiten lag auf einer Ebene mit der Ekliptik, damit die periodische Bewegung durch die Ekliptik erklärt werden konnte; zwei weitere dienten der Erklärung von Retrogradationen und Variationen oberhalb und unterhalb der Ekliptik. Der Planet sollte auf dem Äquator der innersten Sphäre befestigt sein. – Diese Theorie war eine deutliche Verbesserung der Theorie Platons, weil sie im Prinzip Erscheinungen zu erklären vermochte, zu deren Erklärung Platons Theorie nicht geeignet war. Und sie wurde durch Kallippos noch weiter verbessert, der weitere Sphären einführte, um die verbleibenden Anomalien zu erklären.

Bei der Bewertung der Theorie des Eudoxos sollten wir uns zunächst daran erinnern, daß Eudoxos »ein persönlicher Bekannter Platons [war], so daß seine Lösung legitimerweise als ein Hinweis darauf genommen werden kann, wie Platon sich die Vorgehensweise der theoretischen Astronomie wünschte«.[21] Eudoxos versuchte, die hauptsächlichen Anomalien der Planetenbewegung mit Hilfe der Sphären zu erklären. Wenn dies darauf hinweist, »wie Platon sich die Vorgehensweise der theoretischen Astronomie wünschte«, so werden dadurch meine vorhin aufgestellten Thesen gestützt, daß Platons »Dogma der Kreisförmigkeit« in Wirklichkeit ein »Dogma der Sphärenförmigkeit« war und daß Platon an der Erklärung von Himmelserscheinungen interessiert *war*.

Eine andere Interpretation ist jedoch zweifellos möglich. Es könnte sein, daß Eudoxos seine Sphären lediglich als geometrische Hilfskonstruktionen ansah, nicht aber als eine reale Beschreibung des Aufbaus des Himmels. In diesem Fall würden seine scharfsinnigen Konstruktionen die Erscheinungen eigentlich nicht *erklären*, sondern wären bloße Hilfskonstruktionen, um sie vorherzusagen. Kurz, es könnte sein, daß die instrumentalistische Tradition in der Astronomie, wenn schon nicht mit Platon, dann doch wenigstens mit seinem unmittelbaren Nachfolger begann.

Dies ist Duhems Auffassung des Sachverhalts. Er spricht davon, daß »Eudoxos . . . und Kallippos . . . der Methode der Astronomie gefolgt [waren], genau wie Plato sie festgelegt hatte« – und für Duhem war dies die instrumentalistische Methode.[22] Und an späterer Stelle postiert er Eudoxos und Kallippos angesichts der (vorgeblichen) Trennung von instrumentalistischer Astronomie und realistischer Physik auf die »richtige« Seite:

Auf der einen Seite stand die Astronomie – Geometer wie Eudoxos und Kallippos ersannen mathematische Theorien, mit deren Hilfe die Bewegungen am Himmel dargestellt und vorhergesagt werden konnten . . Auf der anderen Seite stand die eigentliche Physik, oder, um es modern auszudrücken, die Kosmologie des Himmels – Denker wie Platon und Aristoteles meditierten über die Natur der Sterne und über die Ursache ihrer Bewegungen.[23]

Duhems Auffassung wurde in der Folge von den Historikern fast einhellig übernommen. Hier einige Beispiele:

Es scheint nicht, daß Eudoxos Spekulationen anstellte über die Gründe dieser Drehbewegungen oder über die Weise, wie sie von einer Sphäre zur anderen übertragen würden; er stellte auch nicht die Frage, aus welchem Material sie bestünden und welches ihre Größe und ihre Entfernungen voneinander seien . . . Es möchte scheinen, daß er seinen Sphären keinerlei Stofflichkeit oder mechanische Verbindung beimaß; das ganze System war eine rein geometrische Hypothese, bzw. eine Gruppe theoretischer Konstruktionen, die zu dem Zweck ausgearbeitet waren, die scheinbaren Bahnen der Planeten darzustellen und ihre Berechnung zu ermöglichen.[24]

Aber da Eudoxos keinen Versuch unternahm, die Bewegungen der verschiedenen Gruppen von Sphären miteinander in Verbindung zu bringen, kann als wahrscheinlich gelten, daß er sie lediglich als geometrische Konstruktionen ansah, die geeignet waren, die scheinbaren Bahnen der Planeten zu berechnen.[25]

Eudoxos und Kallippos betrachten die Sphären anscheinend nicht als materielle Körper, sondern als rein theoretische Hilfsmittel für ein geometrisches Verständnis der Bewegungen. Außerdem ist jede Gruppe konzentrischer Sphären . . . von den anderen Gruppen getrennt [26]

Die Theorien des Eudoxos und des Kallippos waren rein mathematische Konstruktionen. Keiner dieser beiden Astronomen hat irgend etwas zur Mechanik der Bewegungen am Himmel ausgesagt, über die Natur der konzentrischen Sphären oder darüber, wie Bewegungen von einer Sphäre in die andere übertragen würden.[27]

Aristoteles übernahm das System des Eudoxos mit einigen Modifikationen im Detail. Aber statt sich mit den rein mathematischen Kombinationen des Eudoxos zufriedenzugeben, interpretierte er das System im Sinne des Realismus. In seiner Sichtweise wurden die verschiedenen Himmelskörper von einer Maschinerie von festen – obgleich hohlen – körperlichen Sphären im Kreis herumgetragen.[28]

... die Sphären des Eudoxos waren mathematische Sphären, keine materiellen, und stellten eine mathematische Beschreibung der Bewegungen am Himmel dar, nicht aber ein physikalisches Modell. Das System des Eudoxos entsprach den Anforderungen Platons ...[29]

Das geometrische Modell des Eudoxos (wie seine spätere Verbesserung durch Kallippos) war ursprünglich nur als mathematisches Modell gedacht und nicht als Abbild des wirklichen physischen Systems des Universums intendiert. Sein einziger Zweck war es, eine mathematische Technik bereitzustellen für die Vorhersage künftiger Positionen der sieben beweglichen Himmelskörper. Eudoxos stellte sich das Universum nicht so vor, als bestehe es wirklich aus vielen konzentrischen Sphären von irgendeiner physischen Stofflichkeit; denn dann hätte er vermutlich auch über Fragen spekulieren müssen wie die nach der physischen Beschaffenheit der Sphären; er hätte fragen müssen, wie sie untereinander verbunden und wie die Himmelskörper wirklich an ihnen befestigt seien. Solche Spekulationen hat Eudoxos nicht angestellt. Tatsächlich hat er nicht einmal über die Größen der Sphären und ihre relative Entfernung voneinander spekuliert. Vielmehr versuchte er, die Bewegungen der Himmelskörper aufgrund der Vermutung vorherzusagen, daß ihre Bewegungen mathematisch mit dem von ihm vorgeschlagenen geometrischen Modell übereinstimmten.[30]

Es sollte klar sein, daß das Schema [des Eudoxos] ein rein mathematisches Modell war ... Aristoteles, der eine »physikalische« Erklärung benötigte, versuchte aus dem System eines von wirklichen, stofflichen Sphären zu machen ... Im Sinn der Mechanik war es unbrauchbar: Es war in der Tat unsinnig; aber dies war nicht, was Eudoxos gemeint hatte ... Eudoxos macht statt dessen keine physikalischen Voraussetzungen, sondern erprobt ein rein abstraktes Modell und sieht zu, wie weit er damit kommt.[31]

Eudoxos ... erfand seine Sphären einzig als geometrische Bilder, aus denen sich eine klare Lösung des von Platon gestellten Problems ergab. Offenbar hatte er nicht die Absicht, dieses rein geometrische Modell, das als ein mathematisches Hilfsmittel gedacht war, in ein Bild der physischen Wirklichkeit zu verwandeln.[32]

Das Schema des Eudoxos ist durchaus nicht *systematisch*, ... außer in der Hinsicht, daß er nur diese eine Rechenhilfe [ineinandergeschachtelte Sphären] auf alle astronomischen Probleme anwendet ... Dadurch wird weder ein kosmologisches noch auch nur ein astronomisches System begründet ... Das ganze Schema ist für Eudoxos grundsätzlich nichts als eine Berechnungshilfe ...

Eudoxos sucht nicht nach den physischen Ursachen dieser Umdrehungen. Er scheint auch nicht angenommen zu haben, daß solche ineinandergeschachtelten Sphären im dreidimensionalen Raum wirklich existierten; erst recht befaßt er sich nicht mit der Frage, aus welchem Material solche Sphären bestehen könnten, und mit der, wie weit sie voneinander entfernt seien. Überdies setzt Eudoxos niemals die Bewegungen in einer Gruppe von Sphären mit denen in irgendeinem anderen System in Beziehung ... Nein, die Sphärenbündel des Eudoxos sind lediglich geometrische Formeln – bloße Rechenhilfsmittel.[33]

Wie wir gesehen haben, folgen die Historiker fast einhellig Duhems Interpretation. Ich will gleich auf die zwei Historiker eingehen, von denen ich weiß, daß sie eine abweichende Auffassung vertreten. Diese Einhelligkeit ist angesichts der kargen Beweislage erstaunlich. Das Werk des Eudoxos, *Über die Geschwindigkeiten (der Planeten)*, ist verlorengegangen, und sein System muß aus Darstellungen des Aristoteles und des Simplicius rekonstruiert werden, von denen keiner sagt, daß für Eudoxos die Sphären bloße »geometrische Fiktionen« gewesen seien.[34] So gibt es für diese Interpretation weder einen direkten Beweis noch einen aus zweiter Hand. Sie ist in der Tat höchst spekulativ.

Überdies handelt es sich um eine ausgesprochen *unplausible* Spekulation, wie Gomperz schon vor langer Zeit aufgezeigt hat:

Einige der hervorragendsten Fachmänner unserer Tage [sagen, daß] für *Eudoxos* und *Kallippos* ... die Planeten-Sphären nicht das [waren], als was Aristoteles sie betrachtet hat, nämlich (durchsichtige) *Körper*. Sie galten ihnen lediglich als *Vorstellungsbehelf* ...; ihre Darlegung war eine rein geometrische, die erst von Aristoteles für eine physikalische Hypothese gehalten, mit anderen Worten: die von ihm gröblich mißverstanden worden ist.

Gern würden wir uns der von hohen zeitgenössischen Autoritäten gefällten Entscheidung fügen; allein wir vermögen es nicht, gewichtige dagegen in uns aufsteigende Bedenken niederzuringen. Zugegeben, was sich wahrlich nicht leicht zugeben läßt, daß der Stagirit eines so groben Mißverständnisses fähig war; zugegeben, daß er, der doch in diesen Erörterungen fortwährend auf das Urteil der Spezialisten ... hörte, sich in Wahrheit so wenig Mühe gegeben hat, deren wirkliche Meinung zu ergründen – auch mit diesen weitgehenden Zugeständnissen ist die Sache keineswegs erledigt. Es waren Zeitgenossen, ihm persönlich ... nahe stehende Zeit- und Schulgenossen ... deren Theorien er so völlig mißverstanden, und von denen kein einziger es versucht oder vermocht haben soll, ihn eines Besseren zu belehren. Auch unter seinen engsten Schülern befand sich einer, *Eudemos*, der in diesen Dingen so gut wie kaum ein anderer Bescheid wußte ... Auch dieser sollte gegen das aristotelische Mißverständnis niemals ein Wort der Einsprache gewagt oder mit einem solchen nur den allerleisesten Erfolg erzielt haben. ... von einem Mißverständnis des Aristoteles verlautet auch bei [Sosigines] ... kein Sterbenswörtchen ... Endlich und hauptsächlich: die Lehre von den konzentrischen Sphären hat alsbald, zuerst durch *Apollonios* ... später durch Hipparch, eine tiefgreifende Umwandlung erfahren ... Allein ... haben die Planetensphären, und zwar als körperliche ..., weiter fortgelebt. ... Claudius Ptolemäus ... behandelt aufs eingehendste die Lehre von den Himmelssphären. Er bespricht ihre Beschaffenheit, ihre Anordnung, ihre Befestigungsweise usw. in weitläufiger Erörterung; doch auch er deutet mit keiner Silbe an, daß die Planetensphären jemals anders und in bloß idealem Sinne verstanden worden seien.[35]

Angesichts der philologischen Ungesichertheit und Unwahrscheinlichkeit der orthodoxen Auffassung gilt es, sorgfältig die Argumente, die für sie sprechen, abzuwägen. Es gibt eigentlich nur ein Argument, welches aus dem Umstand hergeleitet wird, daß Eudoxos und Kallippos nicht erklärt haben, wie die verschiedenen Sphärengruppen miteinander *verbunden* seien, oder darüber spekuliert haben, aus welchem *Stoff* sie bestünden. Aristoteles versuchte eben diese Lücken zu schließen, woraus wir folgern können (zu Recht, wie ich glaube), daß Eudoxos und Kallippos sie offengelassen hatten.

Aber keinesfalls folgt hieraus, daß für Eudoxos und Kallippos die Sphären *nicht real* gewesen sind. Larry Wright legt dar, daß Eudoxos die Sphären für wirklich existent gehalten haben mag, auch wenn er nichts über ihren Stoff ausgesagt hat:

Wenn Eudoxos seinen Sphären nicht ausdrücklich stoffliche Existenz zuspricht, so ist dies etwas ähnliches, wie wenn Newton es ablehnt, über irgend etwas real Existierendes zu sprechen, das die Planeten aus ihrer »natürlichen« geradlinigen Bahn zieht. Newton war nach seinen eigenen Worten »nicht in der Lage, die Ursache jener Gravitationskräfte zu entdecken ... es reicht aus, daß die Gravitation wirklich existiert und sich den Gesetzen entsprechend verhält, die wir erläutert haben«. Im selben Sinn könnte Eudoxos feststellen: »Ich war nicht in der Lage, den Stoff, aus dem die Sphären bestehen, zu entdecken; es reicht aus, daß sie wirklich existieren und sich dem Modell entsprechend verhalten, das ich erläutert habe«.[36]

Wrights weiteres Argument gegen eine instrumentalistische Interpretation des Eudoxos ist:

> ... daß vieles in seinem System willkürlich und unverständlich ist, solange es als bloßes Recheninstrument für Vorhersagen aufgefaßt wird, aber einsichtig wird, ja sogar als scharfsinnig erscheint, wenn es als ein Versuch erklärender, physikalischer Astronomie betrachtet wird.[37]

Wright führt aus, daß das System des Eudoxos alles andere als *genau* und alles andere als *einfach* war, während doch Genauigkeit und Einfachheit die zwei Hauptanforderungen an eine instrumentalistische Theorie sind. Er fügt hinzu, daß es für ein mathematisches Genie wie Eudoxos ein leichtes gewesen wäre, andersartige »mathematische Hypothesen« von größerer Genauigkeit oder Einfachheit zu finden. Er hätte mit exzentrischen Sphären oder nicht-gleichförmigen Drehgeschwindigkeiten experimentieren können, wie es spätere Astronomen tun sollten. Er hätte, bloß im Sinne eines geometrischen Kunstgriffes, der Erde eine tägliche Drehung um eine eigene Achse zuschreiben können und dadurch auf acht seiner Sphären verzichten können. Er hätte auf alle Sphären verzichten und nur noch von den aus ihrem Bewegungsverhältnis resultierenden geometrischen Bahnen sprechen können (von der »sphärischen Schleife« im Falle des Bewegungsverhältnisses der zwei inneren Sphären eines jeden Planeten) und hätte jeweils entweder bei der Geschwindigkeit des Planeten auf einer solchen Bahn oder bei der Form der Bahn improvisieren können, um insgesamt höhere Genauigkeit zu erzielen. Schließlich hätte er überhaupt auf geometrische Hilfsmittel verzichten können, zugunsten von Funktionen von Koordinatenpositionen, ähnlich den »Zickzack-Funktionen« der Babylonier. Eudoxos hat nichts von alledem unternommen, sondern standhaft an *gleichförmigen* Drehungen von Sphären festgehalten, die auf eine *stationäre* Erde zentriert waren. »Indem er sich auf die Idee der gleichförmigen Bewegung festlegte», sagt Wright, »war für Eudoxos eine Berechnung auch der geringsten Bahnänderung nur um den Preis einer enormen Komplexität möglich.«[38] Aber diesen Preis war er zu zahlen bereit im Interesse »einer *Erklärung* dessen, was am Himmel vorging«.[39]

Wright betrachtet das System des Eudoxos als ein Stück *Physik*, als Himmelsmechanik. Er sagt jedoch nicht, worin das ihr zugrundeliegende physikalische Prinzip im einzelnen wirklich bestand. Wir können seine Beweisführung ausdehnen und erhärten, wenn wir annehmen, daß Eudoxos wie Platon mit dem physikalischen Prinzip einer »Trägheit« der (reibungslosen) Rotationsbewegung einer jeden Sphäre arbeitete. Denn dieses Prinzip *verlangt* die Annahme von Himmelssphären, die sich mit gleichförmiger Geschwindigkeit drehen. Es ist nicht nötig, über den »Stoff« dieser Sphären etwas zu sagen, außer daß sie sich in einem reibungslosen Medium drehen. Es ist auch nicht nötig, etwas über die Verbindung der verschiedenen Sphärensysteme untereinander zu sagen, da konzentrische Sphären, die sich nur aufgrund ihrer Trägheit drehen, keiner mechanischen Verbindung bedürfen. Schließlich ist es auch nicht nötig, etwas über die *Ursachen* ihrer Drehungen zu sagen, denn die Fortdauer einer Trägheitsbewegung hat keine Ursache und verlangt keine Erklärung. Wie wir gesehen haben, wird der Umstand, daß Eudoxos sich zu diesen Punkten ausschweigt, häufig als ein Beweis für seinen angeblichen Instrumentalismus angeführt. Derselbe Umstand ist jedoch ebensosehr mit der Annahme zu vereinbaren, er habe ein realistisches physikalisches Prinzip vertreten.

3. Aristoteles

Aristoteles, der unmittelbar auf Eudoxos folgt, hat mit Sicherheit keine instrumentalistische Auffassung von astronomischer Theorie gehabt, und er hat auch Eudoxos eine solche Auffassung nicht zugeschrieben. Aristoteles hat das System des Eudoxos nicht modifiziert, um es geeigneter zu machen, »die Phänomene festzuhalten«, sondern um es physikalisch zusammenhängender und einsichtiger zu gestalten. Für Eudoxos bewegten sich die Sphärensysteme der Sonne, des Mondes und eines jeden Planeten unabhängig voneinander. Wir haben gesagt, daß Eudoxos, ausgerüstet mit der Idee der Trägheitsbewegung der Sphären, nicht *notwendig* die verschiedenen Systeme miteinander in Verbindung bringen mußte. Es bleibt jedoch die Tatsache, daß in seinem System rein *zufällig* acht der Sphären (die Fixsternsphäre und die äußersten Sphären der Sphärensysteme von Sonne, Mond und Planeten) täglich dieselbe Rotationsbewegung vollziehen. Aristoteles versucht, diese Tatsache mechanisch zu *erklären*, indem er »entgegenwirkende« Sphären für jedes außer dem innersten System zusätzlich einführt: Diese heben irgendwie die Bewegungen der inneren Sphären eines jeden Systems auf und ermöglichen dadurch der äußersten Sphäre des nächsten Systems die tägliche Drehung um ihre Achse. Auf diese Weise vereinheitlicht er das System des Eudoxos:

> Ferner sey nothwendig, wenn die astronomische Zusammenstellung sämtlicher Sphären den Himmelserscheinungen entsprechen solle, anzunehmen, daß auf jeden Planeten eine um Eins geringere Anzahl von anderen Sphären komme, welche die erste Sphäre des jedesmal untergeordneten Gestirns umzuwenden und auf den richtigen Stand zurückzuführen hätte: nur bei dieser Annahme sey es möglich, daß der Umlauf der Planeten alle Erscheinungen hervorbringe.[40]

Das System des Aristoteles führt zu denselben *Beobachtungsergebnissen* wie das des Eudoxos.[41] Die Veränderung, die er anbrachte, sollte nicht die Genauigkeit des Systems verbessern, sondern es im *physikalischen* Sinne vernünftiger gestalten.

Alle Historiker, Duhem eingeschlossen, sind sich sehr wohl dessen bewußt, daß Aristoteles und seine Nachfolger keine instrumentalistische Auffassung von astronomischen Hypothesen vertraten. Diese machten sehr deutlich, daß astronomische Hypothesen nicht nur dazu dienen sollten, »die Erscheinungen festzuhalten«, sondern auch wahre Beschreibungen der Natur des Himmels sein sollten. Deshalb legte Aristoteles gewisse physikalische (vielleicht auch metaphysische) Grundprinzipien fest, denen jedes System astronomischer Hypothesen genügen sollte. Für Duhem wird er dadurch zum Schurken des Stücks, weil er die Astronomie seiner Himmelsphysik unterordne. Da diese aristotelischen physikalischen Prinzipien eine wichtige Rolle in den folgenden Erörterungen spielen, möchte ich sie hier aufzählen:

(1) *Endlichkeit:* Das Universum ist durch die Sternensphäre, die die Fixsterne trägt, begrenzt.
(2) *Geozentrismus:* Die Erde ist sphärenförmig, befindet sich im Zentrum des Universums und bewegt sich nicht.
(3) *Sphärenförmigkeit:* Die Sonne, der Mond und die Planeten werden von unsichtbaren himmlischen Sphären getragen, die aus der reibungsfreien »Quintessenz« bestehen.
(4) *Konzentrizität:* Alle Himmelssphären sind konzentrisch, dergestalt, daß für sie alle, wie für die Sternensphäre, die Erde den Mittelpunkt darstellt.

(5) *Gleichförmigkeit:* Die natürliche Bewegungsform aller Himmelssphären ist gleichförmige Rotation.

(6) *Erfülltheit:* Das Universum enthält keinen leeren Raum und ist gerade groß genug, um alle Himmelssphären in sich aufzunehmen.

Diese Einteilung der aristotelischen Prinzipien und ihre Bezeichnungen finden sich nicht bei Aristoteles; der Grund für diese bestimmte Einteilung wird im weiteren deutlich werden.

Nun genügen das System des Eudoxos, seine Modifikation durch Kallippos und das weiter modifizierte System des Aristoteles sämtlich den Prinzipien (1) bis (6). Unglücklicherweise vermochte keines dieser Systeme alle der zu ihrer Zeit bekannten Erscheinungen festzuhalten. Die Retrogradationen und Variationen im Breitengrad, die aus ihnen hervorgingen, waren bei weitem zu regelmäßig. Keines der Systeme konnte die bekannte unterschiedliche Länge der Jahreszeiten erklären. Die offensichtlichste Schwierigkeit bestand jedoch in der unterschiedlichen Helligkeit der Planeten (und der scheinbaren Größe des Mondes), die zu beweisen schien, daß sie sich nicht stets in derselben Entfernung von der Erde befanden, wie es das Prinzip der Konzentrizität verlangte. Sosigines schreibt:

> Nichtsdestoweniger gelingt es den Theorien des Eudoxos und seiner Nachfolger nicht, die Erscheinungen festzuhalten, und nicht nur jene, die zu einem späteren Zeitpunkt beobachtet wurden, sondern auch jene, die zuvor bekannt waren und von den Autoren selbst akzeptiert wurden ... Ich hebe auf die Tatsache ab, daß die Planeten zuweilen uns nahe scheinen und zuweilen sich zurückgezogen zu haben scheinen ... Auch der Mond ... befindet sich offenbar nicht immer in derselben Entfernung von uns ... Doch in der Tat kann man nicht behaupten, daß diese Unterschiedlichkeit des Abstands eines jeden Sternes zu verschiedenen Zeiten den Autoren der Theorie von den konzentrischen Sphären selbst unbekannt gewesen sei. Denn Polemarchos von Kyzikos ist sie offenbar bekannt ... Auch Aristoteles zeigt, daß er sich ihrer bewußt ist, wenn er in seiner Schrift über Probleme der Physik Einwände diskutiert, die sich aus der Tatsache ergeben, daß auch die Größen der Planeten offenbar nicht immer dieselben sind.[42]

Der sich aus den scheinbar unterschiedlichen Entfernungen der Planeten ergebende Einwand, auf den spätere Theorien zu antworten vermochten, führte schließlich zur Aufgabe der Annahme von konzentrischen Sphären.

Es lohnt sich, bei diesem Einwand zu verweilen; denn er macht einen wichtigen Unterschied zwischen einer realistischen und einer instrumentalistischen Interpretation des Systems des Eudoxos deutlich. Wenn wir von der Realität der Sphären ausgehen, dann geht aus dieser Theorie (zusammen mit einigen weiteren nicht kontroversen Annahmen) die Vorhersage hervor, daß die scheinbare Helligkeit der Planeten nicht variieren sollte, da diese in Wirklichkeit stets denselben Abstand von der Erde haben. Die beobachteten Helligkeitsunterschiede *widerlegen* diese Vorhersage und mit ihr die Annahme konzentrischer Sphären (vorausgesetzt natürlich, daß nicht die zusätzlichen Annahmen verantwortlich gemacht werden können).[43] Wenn wir aber davon ausgehen, daß die Sphären eine bloße geometrische Hilfskonstruktion sind, daß die Planeten sich nur so bewegen, *als ob* sie an die Sphären des Eudoxos geheftet seien, dann folgt daraus keine derartige Vorhersage.[44] Es ist richtig, daß nach dieser Interpretation aus dem System keine Helligkeitsvariationen *hervorgehen:* Diese würden eine Erscheinung bleiben, die nicht festgehalten werden kann. Doch die Feststellung »Theorie *T* vermag die Erscheinung *A* nicht festzuhalten« ist ambivalent: Sie könnte bedeuten, daß *T* nicht *A* impliziert (ohne deshalb Nicht-*A* zu implizieren); sie könnte aber auch bedeuten, daß *T* Nicht-*A* impliziert (so daß *A* der Theorie *T* widerspricht). Die erste Interpretation ist die weniger weitgehende: In ihrem Fall stellt *A* lediglich eine »Anwendbarkeitsgrenze« der Theorie dar, während im zweiten Fall *A* eine Widerlegung der Theorie darstellt. Der auf den Helligkeitsvariationen basierende Einwand ist weit stärker, wenn wir die Systeme konzentrischer Sphären bei Eudoxos realistisch auffassen (weil er die Theorie von solchen Systemen dann widerlegt), als wenn wir jene Systeme instrumentalistisch auffassen (weil er dann lediglich eine Anwendbarkeitsgrenze der Theorie aufzeigt).

In der Geschichte wurde der Einwand sehr ernst genommen. Er wurde herangezogen, um die völlige Unangemessenheit einer jeden Theorie von Systemen konzentrischer Sphären zu beweisen, nicht aber bloß um zu zeigen, daß die Theorie solcher Systeme auf die Erklärung der Phänomene der beobachtbaren Größen der Planeten nicht angewendet werden könnte. Dies wiederum legt die Vermutung nahe, daß die nachfolgenden Astronomen eine realistische Auffassung von den Himmelssphären vertraten.

4. Ptolemäus

Das Unvermögen jeglicher Systeme mit konzentrischen Sphären, »die Erscheinung« unterschiedlicher Helligkeit der Sterne »festzuhalten«, führte dazu, daß nachfolgende Astronomen neue Hypothesen vorbrachten, die sämtlich – wenn auch in verschiedenem Maß – von aristotelischen Prinzipien ausgingen. Diese neuen Entwicklungen kulminierten im System des Ptolemäus, in das einige der neuen Ideen eingingen, während andere zurückgewiesen und manche Vorstellungen erstmalig eingeführt wurden. Ich möchte kurz die Hauptlinien der Entwicklung zusammenfassen, bevor ich zu der Frage komme, ob während dieser Periode eine instrumentalistische Tradition entstanden ist.

Herakleides, ein Zeitgenosse des Aristoteles, schlug für die begrenzten Elongationen und die Umlaufzeiten von Merkur und Venus die Erklärung vor, daß sie um die Sonne kreisten, welche sich ihrerseits um die Erde drehe. Damit konnten (in qualitativer Weise) auch ihre Retrogradationen erklärt werden und die Tatsache, daß sie näher und daher heller erscheinen, wenn sie retrogradieren. Apollonios dehnte den Gedanken auf die oberen Planeten aus: Da diese nicht die jährliche Umlaufzeit mit der Sonne teilen, können sie nicht um die Sonne kreisen; sie kreisen statt dessen um einen Punkt, der mit unterschiedlichen Umlaufzeiten um die Erde kreist. Auf diese Weise entstand die Idee des (großen) Epizykels. Apollonios und Ptolemäus verwendeten diese Idee auch zur Beschreibung der Bewegungen von Merkur und Venus, indem sie auch für diese eine Bewegung in Epizykeln postulierten, deren Zentren sich um die Erde bewegten. Dadurch konnten sie jedoch nicht mehr wie Herakleides die begrenzten Elongationen dieser Planeten und den Umstand erklären, daß sie dieselbe Umlaufzeit wie die Sonne hatten: Beides mußte nun in den unabhängigen Aussagen erklärt werden, daß die Deferenten von Merkur und Venus ihre Umlaufzeiten mit der Sonne teilten und daß die Zentren ihrer Epizykel sich auf einer Linie mit dem Zentrum der Sonne befänden. Die großen Epizykel verletzten das aristotelische Prinzip der Konzentrizität, da die epizyklischen Sphären (oder Kreisbahnen) nicht die Erde als Zentrum hatten. Das Prinzip des Aristoteles mußte verwässert werden zu:

(4') *Konzentrizität*:* Alle *hauptsächlichen* (nicht-epizyklischen) Sphären sind konzentrisch.

Herkleides wird auch die Idee zugeschrieben, daß die täglichen Bewegungen sämtlicher Himmelskörper als eine Art optischer Täuschung erklärt werden könne, die durch die tägliche Drehung der Erde um ihre eigene Achse zustande komme. Aristarch übernahm diese Idee und fügte hinzu, daß die Erde und die anderen Planeten um die Sonne kreisten. Bekanntlich fanden die Griechen an heliozentrischer Astronomie keinen großen Gefallen, und sie haben sie anscheinend nicht sehr weit entwickelt. Ebenfalls ist bekannt, daß der Heliozentrismus aus *realistischen* Gründen abgelehnt wurde: Er stand im Gegensatz zum aristotelischen Prinzip des Geozentrismus und mußte die aristotelische Physik der Erde *ad absurdum* führen. Historiker mit Sympathien für den Instrumentalismus haben davon viel Aufhebens gemacht, wie wir sehen werden.[45]

Hipparch bemerkte, daß die Idee der Epizykel sich auf die Erklärung der ungleichen Dauer der Jahreszeiten ausdehnen ließ. Er ließ die Sonne sich auf einem *kleinen Epizykel* einmal im Jahr von Osten nach Westen bewegen, während ihr Deferent einmal im Jahr eine Bewegung von Westen nach Osten beschreiben sollte. Er beobachtete auch, daß die nach diesem System bestimmte Bahn einen Kreis darstellte, dessen Zentrum im Verhältnis zu dem der Erde verschoben – exzentrisch – war, und zwar um einen Betrag, der dem Radius des kleinen Epizykels entsprach. Auf diese Weise kam es zu zwei Hypothesensystemen, dem des kleinen Epizykels und dem des exzentrischen Deferenten, die beide gleich gut geeignet waren, die Phänomene festzuhalten. Hipparch zog das erstere System vor, denn es »entspricht besser der Natur der Dinge«.[46] Ptolemäus bevorzugte das letztere, denn »es ist einfacher und setzt nur eine einzige Bewegung statt zweier voraus«.[47] Hipparch hielt an der modifizierten Fassung des Konzentrizitätsprinzips (Konzentrizität*) fest, Ptolemäus hingegen nicht. Duhem macht davon viel Wesens, wie wir sehen werden.

Die letzte Hilfskonstruktion des Ptolemäus war seine eigene Erfindung: der bekannte *Äquant.* Um die verbliebenen Geschwindigkeitsvariationen der oberen Planeten erklären zu können, nahm Ptolemäus an, daß die Drehung ihrer Deferenten gleichförmig *nicht* in bezug auf ihre Mittelpunkte sei, sondern in bezug auf einen *Ausgleichspunkt* – den Äquanten – außerhalb des Zentrums. Diese Konstruktion wurde in Verbindung mit einem großen Epizykel (um Retrogradationen zu erklären) und einem exzentrischen

Deferenten gebraucht (tatsächlich befanden sich Erde und Äquant im gleichen Abstand vom Zentrum der Planetenbahn, jedoch auf einander entgegengesetzten Seiten). Die Einführung des Äquanten bezeichnet unmittelbar einen Bruch mit der Tradition, denn mit ihr wird das *Prinzip der Gleichförmigkeit* geleugnet, das in der Astronomie seit den Pythagoräern und Platon geherrscht hatte. Darüber wird weiter unten noch mehr zu sagen sein.

Wie wohlbekannt ist, gelang es Ptolemäus durch Kombinationen dieser Hilfskonstruktionen, die Bewegungen von Sonne, Mond und Planeten mit bemerkenswerter Genauigkeit darzustellen. Es paßte allerdings nie alles ganz genau zusammen, und weitere Verbesserungen mußten eingeführt werden: Das genaueste der »ptolemäischen Systeme« enthielt über achtzig Kreisbewegungen. Die Einzelheiten der ptolemäischen Systeme werden uns jedoch nur insofern interessieren, als sie zur Lösung der Frage beitragen: *War Ptolemäus ein Realist oder ein Instrumentalist?*

Duhem zweifelt nicht, welches die richtige Antwort ist:

> Wie sollen wir genau das Verhältnis zwischen diesen Hypothesen [des Ptolemäus] und den Prinzipien der Physik verstehen? Oder, um es anders auszudrücken, welche restriktiven Bedingungen kann die Physik immer noch an die Hypothesen der Astronomie stellen? Dies ist eine Frage, bei der sich Ptolemäus, eher ein Geometer und Philosoph als ein Astronom, nicht lange aufhält ... Der Astronom ist darauf aus, Hypothesen zu finden, die geeignet sind, die scheinbaren Bewegungen der Sterne festzuhalten, und er hat keinen Leitfaden außer der Regel, die größtmögliche Einfachheit verlangt ... Zweifellos ist Ptolemäus der Meinung, daß den vielen Bewegungen, die er in der *Syntaxis* kombiniert, um die Bahn eines Planeten zu bestimmen, keine physische Realität zukommt ... Die vielfältigen Umdrehungen – in konzentrischen oder exzentrischen Kreisen oder in Epizykeln –, die wir zusammensetzen, um die Bahnen der Planeten herauszubekommen, sind Konstruktionen, die in Hinblick darauf zusammengefügt werden, wie wir die Phänomene unter Verwendung der einfachsten Hypothesen festhalten können, die wir finden. Wir müssen sehr auf der Hut sein vor der Idee, diesen mechanischen Konstruktionen komme auch nur die geringste Realität oben am Himmel zu. ... die Planeten folgen ihren mehr oder weniger komplizierten Bahnen, ohne daß irgendwelche starren Sphären ihren Lauf bestimmen.[48]

Und es hat nicht an Unterstützung für Duhems Interpretation gefehlt, wie die folgenden Passagen zeigen:

> Diese Beobachtung des Ptolemäus (oder Hipparchs) [die der Gleichbedeutendheit von Exzentrizität und kleinem Epizykel] steht für eine

interessante Anschauungsweise, die wir in der Antike nur gelegentlich beobachten können: daß es die Aufgabe des Astronomen (und des mathematischen Wissenschaftlers überhaupt) sei, das ökonomischste mathematische System vorzulegen, das die Phänomene erklären kann, ohne daß es sich notwendig auf die wirkliche Natur des Systems bezieht.[49]

Ptolemäus ... hat besser als irgend jemand vor ihm »die Phänomene festgehalten«; unglücklicherweise jedoch befanden sich seine Hypothesen in glattem Widerspruch zu den Prinzipien der aristotelischen Physik. Diejenigen, die die aristotelische Physik akzeptierten, standen vor einem Dilemma. Eine Reihe von antiken Denkern löste diese Schwierigkeit, indem sie sich auf eine nicht-realistische Auffassung von astronomischen Hypothesen zurückzogen. Ptolemäus selbst hatte bereits eine solche Auffassung in seiner *Syntaxis* (dem *Almagest*) vorgeschlagen: Wir sollten nicht annehmen, daß es wirklich ein physisches System von Himmelssphären gibt. Die Astronomie ist einfach ein mathematisches Hilfsmittel für die Berechnung der scheinbaren Bewegungen. Sie erhebt nicht den Anspruch, daß die Bewegungen, von denen sie in ihren Hypothesen ausgeht, die »wirklichen« Bewegungen sind. Unter verschiedenen Systemen, die uns gleichermaßen in die Lage versetzen, »die Phänomene festzuhalten«, ist das einfachste vorzuziehen. Dies ist die einzige Möglichkeit, die Hypothesen zu erproben. Es ist nicht nötig, daß sie physischen Tatsachen entsprechen.[50]

... wenn man Ptolemäus, diesem großen Wissenschaftler, gerecht werden will, sollte man anmerken, daß er vermutlich recht gut verstand, daß seine Antwort [auf Platons Problem] lediglich eine mathematische Konstruktion war, die nicht beanspruchte, eine absolut wahre Darstellung der Bewegungen der Himmelskörper zu sein.[51]

Ptolemäus bemüht sich fortwährend, die »Erscheinungen« – die Lichtpunkte am Firmament – aufzulisten und vorherzusagen. Der *Almagest* gibt jeden Versuch auf, die Maschinerie hinter diesen Erscheinungen zu erklären.

Apollonios, Hipparch und Claudius Ptolemäus ... entscheiden sich dafür, abstrakte mathematische Hilfskonstruktionen zu ersinnen. Eine *Erklärung* der Bewegungen am Himmel liegt nach ihrer Auffassung jenseits des Menschenmöglichen ...[52]

Die großen Astronomen der antiken Welt ... – Eudoxos, Apollonios, Hipparch, Claudius Ptolemäus – vermochten vorherzusagen, wo Planeten und Sterne zu künftigen Zeitpunkten erscheinen würden. Jeder von ihnen schließt jedoch ausdrücklich die Möglichkeit aus, die physischen Kräfte hinter den sichtbaren Bewegungen des Kosmos zu erklären ... In der Tat könnte man die Geschichte der Planetentheorie als einen Kampf gegensätzlicher Kräfte um die richtige Auffassung ansehen, – zwischen dem Willen zur Erklärung und dem zur Voraussage ... Ptolemäus opferte ein philosophisch zusammenhängendes und einheitliches Bild des Himmels zugunsten eines genauen Vorhersageinstruments ...

Ptolemäus hob hervor, daß er niemals erhoffen könne, die Wanderungen der Planeten zu *erklären*. Der Gedanke, der ihn leitete, war lediglich, ein geometrisches Kalkül zu finden, mit dessen Hilfe er vorhersagen könnte, wann ein bestimmter Planet das nächste Mal in seiner Bewegung nach Osten halten, ein paar Grade »zurücksetzen« und sich dann wieder vorwärts bewegen würde. Der Versuch, darüber hinaus die Vorgänge zu verstehen, lag jenseits von Ptolemäus' Absichten. Der *Almagest* war nichts als ein Recheninstrument; er war ziemlich erfolgreich in der Vorhersage von Ereignissen am Himmel, unternahm aber nicht einmal den Versuch zu fragen, warum sie geschahen.[53]

Aristarch ist der letzte prominente Philosoph oder Astronom der griechischen Welt, der ernsthaft den Versuch unternahm, ein physikalisch wahres System der Welt zu finden. Nach ihm kam es zu vielerlei scharfsinnigen mathematischen Theorien ..., deren Autoren schrittweise dazu gelangten, diese Kombinationen von Kreisbewegungen als bloße Hilfsmittel für die Berechnung der Position eines jeden Planeten zu jedem Zeitpunkt anzusehen, ohne auf der tatsächlichen physikalischen Wahrheit des Systems zu beharren. Drei Namen ragen hervor ... Apollonios (230 v. Chr.), Hipparch (130 v. Chr.) und Ptolemäus (140 n. Chr.) ...

Hipparch betrachtete die Bewegungen der Planeten lediglich vom mathematischen Gesichtspunkt und machte sich keine Gedanken über die physikalische Wahrheit seiner Kombinationen von Kreisbahnen ...

Für den griechischen Geist muß die Theorie [des Ptolemäus] eine schwerwiegende Unzulänglichkeit aufgewiesen haben: Das Prinzip, nach dem eine Bewegung auf jeden Fall gleichförmig zu sein hatte, war verletzt worden ... durch die Einführung eines Punktes außerhalb des Mittelpunkts des Deferenten, hinsichtlich dessen die Winkelgeschwindigkeit gleichförmig war ... unter physikalischen Gesichtspunkten war dies völlig unhaltbar, aber mathematisch war es natürlich durchaus zulässig ... Die Tatsache (welche Hipparch und Ptolemäus unmöglich entgangen sein kann), daß ihre Theorie der Mondbewegung extreme Unterschiede in der Entfernung des Mondes – und daher auch in seinem sichtbaren Durchmesser – verlangte, die niemals in der Realität vorkamen – diese Tatsache zeigt, daß sie ihr Werk nicht als realistisches System der Welt, sondern bloß als ein Hilfsmittel für Berechnungen verstanden.[54]

Ptolemäus genügte es, »die Erscheinungen festzuhalten«, und er spekulierte nicht über die Substanz des Himmels. Er kümmerte sich nicht einmal darum ..., ob die von ihm angewendeten mathematischen Konstruktionen miteinander vereinbar waren ...

Immer, wenn zwei Konstruktionen gleichwertige mathematische Ergebnisse hervorbrachten, gab es nach Ansicht des Ptolemäus für die Astronomie keinen Unterschied zwischen ihnen ... es steht uns frei, die eine Anomalie durch eine Theorie der »Exzentrizität« und die andere durch eine Theorie von »Epizykeln« zu beschreiben – einmal so und einmal so, wie es uns gefällt. Was Ptolemäus betrifft, so ist die Frage der physischen Wirklichkeit oder Unwirklichkeit dieser Bewegungen unerheblich ...

Vom Blickpunkt des Physikers aus betrachtet, war der Äquant eine sehr unbefriedigende Hilfskonstruktion. Mathematisch mochte er zu etwas nütze sein, aber ihm haftete etwas irgendwie Unvernünftiges an ... Ptolemäus ... hielt die Physik hinsichtlich der Astronomie für irrelevant und beschränkte sich auf Mathematik.[55]

Auf der einen Seite stand die beschreibende physikalische Kosmologie, die von der aristotelischen Tradition beherrscht wurde ... Auf der anderen Seite stand die außerordentlich komplexe mathematische Theorie, die sich mit der phänomenologischen Bestimmung von Planetenbewegungen und der Vorhersage ihrer Unregelmäßigkeiten befaßte ... Wir werden diese mathematische Theorie die »ptolemäische Theorie« nennen ... Es gibt viele verbreitete falsche Vorstellungen über diese ptolemäische Theorie ... Zunächst einmal gab es niemals so etwas wie ein ptolemäisches *System*. Die komplexe mathematische Theorie ist so beschaffen, daß sie sich mit jedem Planeten für sich und einzeln befaßt. Es gibt keine einzige mathematische Verbindung zwischen diesen verschiedenen Modellen, nur eine allgemeine Ähnlichkeit zwischen den für jedes von ihnen angewandten Methoden.[56]

... das System des *Almagest,* so brillant es unter mathematischen Gesichtspunkten auch sein mochte, wies fatale – nicht bloß ernsthafte – Mängel auf: Mit seiner Hilfe ließen sich die tatsächlichen Entfernungen zu keinem Himmelskörper außer Sonne und Mond berechnen (es enthielt nicht einmal die Grundlagen für eine solche Berechnung); es behandelte alle Teile des Sonnensystems unabhängig voneinander und enthielt keinerlei Versuch, ein zusammenhängendes Bild herzustellen; und vor allem stellte es nicht die Grundlage dar, auf der ein Newton eine vereinheitlichte Beschreibung des Universums im Rahmen einer *physikalischen* Theorie hätte aufbauen können, denn es war rein *geometrischer* Natur.[57]

Zweifellos lassen sich starke Argumente für die Auffassung anführen, Ptolemäus sei hinsichtlich der theoretischen Astronomie ein Instrumentalist gewesen. Da ist erstens die reine Komplexität seiner geometrischen Konstruktionen: Konnten sie wirklich als eine realistische Beschreibung der Physik des Himmels beabsichtigt gewesen sein? Da ist zweitens der Umstand, daß er sich bei der Entscheidung zwischen zwei gleichermaßen von der Beobachtung gestützten Modellkonstruktionen auf das Kriterium der »Einfachheit« beruft (Duhem macht viel Aufhebens davon). Da ist drittens der Umstand, daß (im *Almagest*) jede Spekulation über den Realitätsgehalt oder über die mechanische Wirkungsweise dieser Modelle fehlt. Da ist viertens die Tatsache, daß (im *Almagest*) die Theorien über die Sonne, den Mond und die Planeten ziemlich unabhängig voneinander ausgearbeitet sind. Da ist fünftens die Tatsache, daß die Theorie über die Mondbewegung einer *realistischen* Interpretation zufolge zu einer offensichtlich falschen Vorhersage über die Veränderung der scheinbaren Mondgröße führen mußte; daß Ptolemäus diesen Mangel nicht beachtete, bedeutet sicherlich, daß er keine realistische Interpretation dieser Theorie wollte. Da ist sechstens die Einführung des Äquanten, einer von Standpunkt des Realisten absurden Hilfskonstruktion, die jedoch vom Standpunkt des Instrumentalisten völlig akzeptabel ist.

Und doch ist die instrumentalistische Interpretation falsch. Dies läßt sich vor allem durch die Einbeziehung eines anderen Werks des Ptolemäus in die Untersuchung zeigen, nämlich der *Hypothesen über die Planeten.* Hier geht Ptolemäus genau diejenigen Probleme an, die ein Instrumentalist hätte ignorieren müssen.[58] Es ist interessant, daß Duhem in seinem Buch *To Save the Phenomena* dieses Werk des Ptolemäus an keiner Stelle diskutiert. Allerdings gibt er später eine Darstellung von ihm.[59] Doch statt seine instrumentalistische Interpretation des *Almagest* zu revidieren, sucht er den Widerspruch bei Ptolemäus selbst:

> Man könnte die Hypothesen der Astronomie als einfache mathematische Fiktionen auffassen, die der Geometer zusammenstellt, um die Bewegungen am Himmel seinen Berechnungen zugänglich zu machen. Oder man könnte sie als die Beschreibung konkreter Körper, tatsächlich wahrgenommener Bewegungen ansehen ... Was astronomische Hypothesen betrifft, so teilte der Autor des *Almagest* ... die erste dieser beiden Auffassungen. Im Gegensatz dazu wollte ... der Autor der *Hypothesen* [über die Planeten] allerdings, daß die gedachten Hypothesen ... den wirklichen Bewegungen real existierender fester oder flüssiger Körper entsprächen.[60]

Duhem ist sich natürlich sehr wohl der Tatsache bewußt, daß die »zwei Autoren«, von denen er spricht, ein und dieselbe Person sind.

Eine Reihe anderer Historiker ist Duhem darin gefolgt, Ptolemäus widersprüchliche Auffassungen zuzuschreiben:

Hier [im *Almagest*] sehen wir Ptolemäus sich mit einer Einstellung bescheiden, die die eines Relativisten oder eher noch die eines Positivisten genannt werden könnte: Wir müssen uns bemühen, eine möglichst einfache Beschreibung von komplexen Phänomenen zu geben, die sich auf jeden Fall außerhalb der Reichweite unserer gewöhnlichen Begriffe von Verstehen und Erklären befinden. Aber dies war nicht alles, was Ptolemäus im Blick hatte. In einem späteren Buch, den *Hypothesen über die Planeten*, verläßt er den rein deskriptiven Standpunkt und bringt einige Ideen vor über die mögliche physikalische Struktur des Planetensystems und die Ursachen, die in ihm wirken ... Zwei Seelen wohnen in der Brust so manchen Wissenschaftlers ...[61]

Nicht weniger als neununddreißig von anderen Reifen eingeschlossene Reifen waren vonnöten, damit die Bewegungen dargestellt werden konnten; und einige dieser Reifen waren in der Tat recht abstrakt, so wie der »Äquantenkreis« des Ptolemäus, mit dessen Hilfe Geschwindigkeiten reguliert werden sollten, die in bezug auf den Deferenten durchaus nicht regelmäßig waren: Aber schließlich waren dies zulässige Hilfskonstruktionen, solange es sich um ein mathematisches Modell handelte.

Aber handelte es sich *wirklich* um ein mathematisches Modell? Jahrhunderte der Anwendung hatten die Astronomen an es gewöhnt, und man empfand es allmählich als etwas Reales ... Ptolemäus macht sich in den *Hypothesen über die Planeten* darüber Gedanken, aus welcher kristallischen Substanz die Himmel wohl bestünden und welcher Art Achsen sie für ihre Drehungen wohl bedürften ... Der Geozentrismus war für ihn eine Realität geworden.[62]

In diesem Werk [dem *Almagest*] bezieht der Autor den rein formalen Standpunkt, daß es seine Aufgabe sei, die Bewegungen der Himmelskörper mit mathematischen Mitteln darzustellen. Er ist darin so konsequent, daß er nicht einmal die Beschränkungen in der Art der zulässigen Hilfsmittel beachtet, die Platon aus religiösen und Aristoteles aus physikalischen Gründen gefordert hatten. Tatsächlich verhüllt die Konstruktion des *circulus aequans* nur sehr dürftig, daß in ihr das Axiom von der Gleichförmigkeit aller Bewegungen am Himmel zurückgewiesen wird, das seine Weihen durch diese zwei Autoritäten empfangen hatte ...

Aber Ptolemäus steckt voller Widersprüche ... in einem späteren Werk über die Bewegung der Planeten (den *Hypotheses Planetarum*) war sein

Standpunkt gegenüber der physischen Realität der astronomischen Hypothesen ziemlich unterschiedlich zu dem, den er im *Almagest* eingenommen hatte.[63]

Nun ist es *möglich*, daß beide Interpretationen richtig sind und daß Ptolemäus »voller Widersprüche steckte«. Vielleicht müssen wir uns Ptolemäus verdoppelt vorstellen: den instrumentalistischen Autor des *Almagest* und den realistischen Autor der *Hypothese über die Planeten*.

Es gibt aber noch eine weitere Möglichkeit: Vielleicht war der Autor des *Almagest* überhaupt kein Instrumentalist, so daß die »Widersprüche« nur in den Köpfen seiner jüngsten Leser stecken. Einige Historiker sind zu diesem Schluß gekommen – und sei es auch bloß versuchsweise:

> Das System der Epizykel war rein mathematisch; es enthielt keine Aussagen über irgendwelche mechanischen Sphären (obwohl es in keiner Weise die Anwendung dieser Vorstellung ausschloß), noch über irgendein mechanisches Modell ... Ptolemäus behielt die sublunare Physik des Aristoteles sowie die Unterscheidung zwischen Physik des Himmels und Physik der Erde bei; tatsächlich spricht viel dafür, daß er an die Existenz kristallischer Sphären für jeden Planeten glaubte, auch wenn er darüber im *Almagest*, der ein rein mathematisches Werk ist, nichts aussagt.[64]

> Wegen des abstrakten Charakters des *Almagest* ist Ptolemäus oft ein Theoretiker genannt worden ... In seinen *Hypothesen über die Planeten* allerdings, die er einige Zeit nach dem *Almagest* verfaßte, bekannte sich Ptolemäus zu der Vorstellung eines physischen, aus Sphären bestehenden Universums. Jede Sphäre, so nahm er an, sei eine sphärische Schale, die eine Reihe von ätherischen Körpern enthalte, nämlich die Deferenten und die Epizykel, außerdem einige weitere Körper, die die Aufgabe hatten, jene an ihrer Stelle zu halten.[65]

Es besteht aber kein Grund, so vorsichtig zu formulieren. Der *Almagest* des Ptolemäus ist *nicht* »rein mathematisch« oder »abstrakt«. Im Gegenteil: *allein aus dem Almagest* läßt sich vielfach belegen, daß er nicht das Werk eines Instrumentalisten war.

Der Almagest beginnt mit einem Katalog von fünf Grundannahmen:

> 1. Das Himmelsgewölbe hat Kugelgestalt und dreht sich wie eine Kugel;

2. Ihrer Gestalt nach ist die Erde, als Ganzes betrachtet, gleichfalls kugelförmig;

3. Ihrer Lage nach nimmt die Erde einem Zentrum vergleichbar die Mitte des ganzen Himmelsgewölbes ein;

4. Ihrer Größe und Entfernung nach steht die Erde zur Fixsternsphäre in dem Verhältnis eines Punktes;

5. Die Erde hat ihrerseits keinerlei Ortsveränderung verursachende Bewegung.[66]

Hier liegt uns die Bestätigung einiger der physikalischen Prinzipien des Aristoteles vor: Die Punkte 1), 2), 3) und 5) des Ptolemäus laufen auf die aristotelischen Prinzipien der *Endlichkeit* und des *Geozentrismus* hinaus (Punkt (4) des Ptolemäus erklärt, warum es zu keiner Parallaxe der Sterne kommt, wenn wir uns auf der Erdoberfläche bewegen). Aus der bei Ptolemäus folgenden Diskussion seiner Annahmen geht klar hervor, daß sie als wahre Beschreibungen der Struktur des Himmels vorgebracht werden. Ptolemäus verteidigt die Wahrheit dieser Annahmen mit astronomischen und physikalischen Gründen, ganz in der Manier des Aristoteles. Die Sternensphäre jedenfalls ist als reale gemeint:

Da muß zuallererst über diese Benennung [»Fixsterne»] folgende Bemerkung vorausgeschickt werden. Weil die Sterne an sich sowohl die gleichen Figuren als auch die gleichgroßen Abstände scheinbar ewig zueinander beibehalten, so dürften wir sie treffend als »Fixsterne« bezeichnen. Weil aber ihre ganze Sphäre, an welcher sie wie angewachsen umschwingen, in der Richtung der Zeichen, d. i. gegen den ersten Umschwung nach Osten zu, scheinbar auch ihrerseits einen eigenen fest geregelten Fortschritt bewerkstelligt, so dürfte für die *Sphäre* die Bezeichnung der »Unbeweglichkeit« nicht zutreffend sein.[67]

Auch kann es keinen Zweifel darüber geben, daß Ptolemäus sich anfänglich an das aristotelische *Prinzip der Gleichförmigkeit* gebunden fühlte:

... sind wir ... der Meinung, daß für den Mathematiker das Endziel seiner Aufgabe in dem Nachweis bestehen muß, daß die Erscheinungen am Himmel sich alle infolge gleichförmiger und auf Kreisen vor sich gehender Bewegungen vollziehen, ... [und] die Aufstellung von Tafeln, welche zunächst die Teilbeträge der *gleichförmigen* Bewegung ... *getrennt* zeigen von der scheinbaren *Anomalie* ..., die bei der Annahme von Kreisen eintritt, und dann wieder aus der Mischung und Vereinigung dieser beiden Bewegungen ... den Nachweis des *scheinbaren* Laufs der Gestirne ermöglichen.

> ... muß die allgemeine Bemerkung vorausgeschickt werden, daß auch die nach den östlichen Teilen des Himmels vor sich gehende Ortsveränderung der Planeten, genauso wie auch der nach Westen zu erfolgende Umschwung des Weltganzen, durchaus *gleichförmig* ist und naturgemäß auf *Kreisen* vor sich geht ... Die scheinbaren Anomalien, welche an den Umlaufsbewegungen wahrgenommen werden, treten lediglich ein als Folge der (wechselnden) Lagen und Stellungen der an den Sphären der Gestirne verlaufenden Kreise, auf denen sie ihre Bewegungen vollziehen.[68]

Bemerkenswert ist hier, daß die verschiedenen *kreisförmigen* Bewegungen der Planeten auf die Drehungen der *Sphären* zurückgeführt werden. (Natürlich läßt der Umstand, daß Ptolemäus das Prinzip der Gleichförmigkeit mehrfach bestätigt, es als noch mysteriöser erscheinen, daß er den Äquanten einführt.)

Und schließlich kann auch daran kein Zweifel bestehen, daß Ptolemäus sich an die aristotelische These gebunden fühlte, daß die Erde *wirklich unbewegt* sei. Nachdem er dies in aristotelischer Manier vorgebracht hat, erwägt Ptolemäus die alternative Hypothese einer täglichen Umdrehung der Erde um eine eigene Achse:

> Nun stellen sich manche Philosophen, ohne gegen die hier entwickelten Ansichten etwas einwenden zu können, ein nach ihrer Meinung glaubwürdigeres System zusammen und geben sich dem Glauben hin, daß keinerlei Zeugnis wider sie sprechen werde, wenn sie z. B. das Himmelsgewölbe als unbeweglich annähmen, während sie die Erde um dieselbe Achse von Westen nach Osten täglich nahezu eine Umdrehung machen ließen ... Wenn auch vielleicht, was die Erscheinungen in der Sternenwelt anbelangt, *bei der größeren Einfachheit des Gedankens nichts hinderlich sein würde, daß dem so wäre,* so ist doch diesen Männern entgangen, daß aus den uns selbst anhaftenden Eigenschaften und den eigenartigen atmosphärischen Verhältnissen die ganze Lächerlichkeit einer solchen Annahme ersichtlich werden muß.[69]

Ptolemäus widerspricht der Hypothese nicht aus instrumentalistischen Gründen. Er *räumt ein,* daß sie geeignet sein könnte, »die Erscheinungen festzuhalten«, und er stellt nie auch nur *ansatzweise* ihre »Einfachheit« in Frage. Statt dessen sind seine Einwände durch und durch aristotelisch-realistische: Wenn die Erde sich um ihre eigene Achse drehte, so »würde sich weder eine Wolke noch sonst etwas, was da fliegt oder geworfen wird, in der Richtung nach Osten ziehend bemerkbar machen, weil die Erde stets alles überholen und in der Bewegung nach Osten vorauseilen würde«.[70] Hier also war eine »Hypothese«, die Ptolemäus nicht zu erwägen bereit war. Offenbar ist er recht geneigt, astronomische Hypothesen unter eine Reihe von physikalischen Prinzipien des Aristoteles unterzuordnen.

Vielleicht war Ptolemäus bereits schizophren, als er den *Almagest* schrieb: ein Realist hinsichtlich des »Zwei-Sphären-Systems« von Erde und Fixsternsphäre, aber ein Instrumentalist, wenn die Rede auf das Problem der Planetenbahnen kam. Die *Hypothesen über die Planeten* des Ptolemäus zeigen, daß dies unrichtig ist. Dort versucht er einen physikalischen Mechanismus für die epizyklische Bewegung zu beschreiben: Der Epizykel ist eine Sphäre, an die der Planet geheftet ist, und bewegt sich wie ein Kugellager zwischen der inneren und äußeren Oberfläche zweier weiterer konzentrischer Sphären, die in typischer Weise exzentrisch in bezug auf die Erde sind.[71] Ptolemäus macht deutlich, daß jede dieser Sphären ihre eigene angemessene Bewegung hat und nicht *durch* irgend etwas außerhalb ihrer selbst *bewegt wird*. Er stellt den Vergleich mit Vögeln an, die ebenfalls selbstbewegt sind:

> Es gibt keinerlei zwingenden Grund für die Annahme, daß die Bewegungen von ... Vögeln durch ihre Berührung miteinander zustandekomme. Im Gegenteil muß man davon ausgehen, daß sie einander nicht berühren, damit sie sich gegenseitig nicht behindern. Entsprechend müssen wir annehmen, daß unter den Himmelskörpern ein jeder Planet für sich eine lebendige Kraft besitzt, und daß er sich selbst bewegt und seine Bewegung den Körpern mitteilt, die natürlicherweise mit ihm vereinigt sind.[72]

Ptolemäus hatte bereits im *Almagest* klargestellt, daß diese verschiedenen rotierenden Sphären nicht störend aufeinander wirken (weil sie alle aus der reibungsfreien Quintessenz des Aristoteles bestehen) und daß es keine Schwierigkeit darstellt, wenn die Sphäre eines Epizykels sich in einer Richtung dreht, während sie in eine andere vorangetragen wird:

> Es wird sich wohl niemand im Hinblick auf die Dürftigkeit menschlicher Machwerke der Technik Gedanken machen, daß die hier vorgetragenen Hypothesen zu künstlich seien. Darf man doch Menschliches nicht mit Göttlichem vergleichen ... Denn was könnte es Ungleichartigeres geben als Wesen, die sich ewig gleichmäßig verhalten, gegenüber Geschöpfen, die sich niemals so verhalten, oder Ungleichartigeres als Geschöpfe, die von

jeder Kleinigkeit aus ihrem Gleise gebracht werden können, gegenüber Wesen, die nicht einmal durch sich selbst Störungen erleiden? Versuchen freilich soll man, soweit es möglich ist, die einfacheren Hypothesen den am Himmel verlaufenden Bewegungen anzupassen; wenn dies aber durchaus nicht gelingen will, so soll man zu den Hypothesen schreiten, welche diese Möglichkeit bieten. Denn lassen sich einmal alle Himmelserscheinungen aufgrund der Hypothesen genügend erklären, wie könnte dann noch jemand die Möglichkeit wunderbar erscheinen, daß den Bewegungen der himmlischen Körper ein so kompliziertes Ineinandergreifen eigen sei, wo doch bei ihnen keinerlei in ihrer Natur begründeter Zwang herrscht, sondern die angemessene Kraft obwaltet, den allen himmlischen Körpern je nach ihrer Beschaffenheit eigenen Bewegungen auszuweichen und nachzugeben, auch wenn diese Bewegungen in entgegengesetzter Richtung verlaufen. So kommen denn alle diese Wesen durch alle nur denkbaren Ströme der Materie glücklich hindurch und können sie mit ihrem Lichte durchdringen.[73]

Also sind ihre Drehbewegungen den verschiedenen Sphären natürlich oder eigentümlich, und sie gehen in einer Region vor sich, in der nichts störend oder hindernd auf sie einwirken kann. Daraus folgt für Ptolemäus, daß jeglicher Apparat von »gegenläufigen Sphären« – wie die des Aristoteles – physikalisch unnötig ist:

Und sinnlos sind auch die gegenläufigen Sphären – gar nicht zu reden von dem ungeheuren Wachstum an Zahl, das sie mit sich bringen. Denn sie nehmen viel Platz im Äther ein und sind nicht für die Erklärung der Planetenbewegungen vonnöten.[74]

Schließlich führt Ptolemäus aus, daß für sein physikalisches Modell der Epizykelbewegung die Annahme *ganzer* Sphären nicht wirklich nötig ist: Das System funktioniert auch dann, wenn wir statt dessen nur *Scheiben* von Sphären haben. Dies ist sein tatsächlicher Vorschlag:

Es ist nicht angemessen zu unterstellen, daß es in der Natur überflüssige Dinge gebe, die sinnlos sind, nämlich ganze Sphären bei Bewegungen, für die auch ein kleiner Teil dieser Sphären hinreichte.[75]

Wir wollen bei diesen Stellen, in denen sich Ptolemäus auf Prinzipien der Ökonomie oder Einfachheit beruft, für einen Moment verweilen. Ptolemäus zog den Gedanken einer exzentrischen Bahn dem in gleicher Weise von Beobachtungen gestützten des (kleinen) Epizykels vor, weil er »einfacher« sei, indem er nur eine und nicht zwei Bewegungen unterstellte. Duhem und seine

Nachfolger sehen darin einen Hinweis auf den Instrumentalismus des Ptolemäus. Doch die Berufung auf »Einfachheit« ist nicht *notwendig* ein Zeichen von Instrumentalismus. Wenn jemand den metaphysischen Glauben an die *Einfachheit der Natur* vertritt, dann bezeichnet Einfachheit *Wahrheit*, und wenn sich jemand auf sie beruft, so ist dies ein Hinweis auf *Realismus*. Und genau dies war, wie wir gesehen haben, der Fall bei Ptolemäus. So verflüchtigt sich also eines der Hauptargumente für seinen angeblichen Instrumentalismus.

Im verbleibenden Teil der *Hypothesen über die Planeten* finden wir Ptolemäus mit der Untersuchung der Anordnung, der Entfernung und der Größe der Himmelskörper beschäftigt. Er kennt die absoluten Entfernungen zum Mond und zur Sonne.[76] Die Entfernungen zu den Planeten oder den Sternen kann er nicht messen, da diese keine Parallaxe aufweisen. Die Regel für die *Ordnung* der Planeten (je länger die Umlaufzeit, desto weiter die Entfernung von der Erde) ist für Merkur und Venus nicht eindeutig, da sie in der geozentrischen Astronomie wie die Sonne eine (durchschnittliche) Umlaufzeit von einem Jahr haben. Und aus der Theorie des *Almagest* kann Ptolemäus nur die *relativen* Größen der großen Epizykel und der Deferenten entnehmen.

Ptolemäus löst das Problem, indem er sich auf das aristotelische *Prinzip der Erfülltheit* beruft und die Epizykel als Realität auffaßt. Er beobachtet, daß es zwischen Mond und Sonne einen leeren Raum gibt, der durch die Epizykelsysteme von Merkur und Venus gerade ausgefüllt werden könnte:

> Merkur und Venus müssen nicht oberhalb der Sonne angesiedelt werden, sondern zwischen der Sonne und dem Mond, damit dieser Raum, der dem Anschein nach und auch nach den Folgerungen, die wir über die Entfernungen gezogen haben, so groß ist, nicht leer bleibe, so, als ob die Natur ihn vergessen und vernachlässigt und deshalb keinen Gebrauch von ihm gemacht habe. Doch er ist geeignet, die Entfernungen der beiden obenerwähnten Planeten zu umfassen, welche näher als die anderen zur Erde sind, so daß dieser Raum gerade durch diese zwei Planeten allein gefüllt wird.[77]

Ptolemäus' Gedanke ist der, daß die größte Entfernung zum Mond dieselbe ist wie die geringste Entfernung zum Merkur; wir fügen den Durchmesser des großen Epizykels des Merkur hinzu und erhalten seine größte Entfernung; diese ist wiederum die geringste Entfernung zur Venus. Diese Berechnungen ergeben eine geringste Entfernung zur Sonne von 1079 Erdradien, während unabhängige Berechnungen sie bei 1160 Erdradien ansetzen. Die Diskrepanz beträgt lediglich 5 %. Ptolemäus schlägt die Erklärung vor, daß die Entfernung zum Mond leicht unterschätzt worden sein könnte, und weist darauf hin, daß hier möglicherweise ein minimaler Irrtum für die Diskrepanz verantwortlich sei.[78]

Offenbar kann man denselben Gedanken auch auf die äußeren Planeten anwenden; so käme schließlich eine Schätzung der Entfernung zur Fixsternsphäre und damit der Größe des Universums zustande. Genau dies tut Ptolemäus in dem kürzlich entdeckten Teil seiner *Hypothesen über die Planeten.*[79] Er geht sogar noch weiter und berechnet – ausgehend von den Entfernungen und der scheinbaren Größe – die absoluten Größen der verschiedenen Planeten und Sterne. *Methodologisch* ist an all dem natürlich der Nachweis von Interesse, »daß das ptolemäische System tatsächlich eine Schöpfung des Ptolemäus ist«, um es in den Worten von Goldstein zu sagen.[80] Die Vorstellung, Ptolemäus habe die Bewegungen der Sonne, des Mondes und der Planeten *unabhängig voneinander* behandelt und habe kein Interesse daran gehabt, die verschiedenen Theorien zu einem einheitlichen System zu verbinden, erweist sich als unrichtig. Es bleibt richtig, daß der *Almagest* keinerlei Aussagen über die absoluten Entfernungen und die Größen der Planeten enthält: Aber was hätte Ptolemäus angesichts des Fehlens meßbarer Parallaxen anderes tun sollen? Auch das folgende sollte hervorgehoben werden: Wenn die Berechnungen des Ptolemäus einen Sinn haben sollen, müssen wir als wesentlich annehmen, daß die Epizykel der verschiedenen Planeten *reale* Gegenstände am Himmel sind; bloße »geometrische Fiktionen« hätten ihm die Berechnungen minimaler und maximaler Entfernungen nicht ermöglicht.

Wenn wir noch einmal die Argumente zugunsten eines Instrumentalismus des Ptolemäus betrachten, die ich oben (auf S. 259 f.) zusammengefaßt habe, so zeigt sich nun, daß die meisten von ihnen zutrafen. Ungeachtet ihrer Kompliziertheit faßte Ptolemäus seine Konstruktionen realistisch auf. Wenn er sich auf das Prinzip der Einfachheit berief, so war dies der Ausdruck eines metaphysischen Glaubens an die Einfachheit der Natur. Und was im *Almagest* fehlt (eine Darstellung der Mechanik der Epizykelbewegung und der Weise, wie die Planetensysteme untereinander verbunden sind), finden wir in den *Hypothesen über die Planeten.*

Zwei strittige Punkte bleiben: die ins Auge springende Unrichtigkeit der Theorie des Ptolemäus über die Mondbewegung, wenn sie realistisch interpretiert wird – und die Tatsache, daß die Einführung des Äquanten nur schwer mit seinem Realismus zu vereinbaren ist.

Ich weiß nicht, was ich zum ersten Punkt sagen soll, außer daß jemand, der eine falsche Theorie entwickelt, deshalb noch kein Instrumentalist wird. (Er wird es auch nicht dadurch, ließe sich hinzufügen, daß er bei einer falschen Theorie als bloßem Mittel, »die Erscheinungen festzuhalten«, bleibt, während er nach einer besseren Theorie sucht.)

Der Äquant stellt ein wirkliches Problem für jeden dar, der daran festhalten möchte, daß Ptolemäus ein Realist war. Seine Einführung hat etwas Mysteriöses an sich. Der *Effekt* des Äquanten ist im Grunde derselbe wie der des exzentrischen Deferenten: Durch ihn werden – von der Erde aus betrachtet – Veränderungen der Bahngeschwindigkeit auf dem Deferenten erzeugt. Wenn unterschiedliche Geschwindigkeiten das einzige Problem gewesen wären, hätte Ptolemäus demnach anscheinend nur die Exzentrizität der Deferenten *vergrößern* zu brauchen. Unglücklicherweise jedoch *beschränken* die beobachteten Veränderungen der scheinbaren Planetengrößen das Maß, in dem die Erde aus dem Mittelpunkt ihrer Deferenten entfernt werden kann: Gib der Erde eine zu exzentrische Position, und der Planet wird ihr während seiner Retrogradationen *zu* nahe kommen. Der Äquant des Ptolemäus löst dieses Problem, indem er die Geschwindigkeitsvariationen so, wie sie von der Erde aus erscheinen, vergrößert, *ohne* den minimalen Abstand zwischen Erde und Planet zu verringern. Wenn dies die Erklärung für die Einführung des Äquanten durch Ptolemäus *ist,* so ist bemerkenswert, daß sie dann aufgrund einer *realistischen* Auffassung von exzentrischen Bahnen und Epizyklen erforderlich wurde.[81] Dennoch war dies für einen Realisten eine geradezu verzweifelte Lösung. Das Prinzip der Gleichförmigkeit war damit aufgegeben: Die »Bahnsphäre« (oder die konzentrischen Sphärenscheiben, die die Sphäre des Epizykels eingrenzen), dreht sich in bezug auf ihren Mittelpunkt nicht mehr mit gleichförmiger Geschwindigkeit. Das grundlegende physikalische Prinzip der griechischen Astronomie ist außer Kraft, und mit ihm die physikalische Erklärung der Planetenbewegungen.

Es ist übrigens kein Wunder, daß die arabischen Nachfolger des

Ptolemäus, die Realisten waren, ohne den Äquanten auszukommen suchten. Eine Reihe von ihnen war damit erfolgreich.[82] Ihr Problem war natürlich dasselbe, das Kopernikus dazu inspirierte, den Heliozentrismus neu zu beleben.

5. Astronomischer Instrumentalismus oder astronomischer Skeptizismus?

Bisher habe ich die orthodoxe Auffassung Duhems kritisiert, daß die großen Astronomen Griechenlands – Platon, Eudoxos, Kallippos, Apollonios, Hipparch und Ptolemäus – ihre Wissenschaft im Sinne des Instrumentalismus betrachtet hätten. Es bleibt jedoch die Möglichkeit, daß sich in der Folgezeit in der Astronomie eine instrumentalistische Tradition entwickelte. Wie wir gesehen haben, war das Problem, vor dem die Astronomen standen, dieses: Astronomische Systeme, die mit sämtlichen der physikalischen Prinzipien des Aristoteles übereinstimmten, vermochten nicht, »die Erscheinungen festzuhalten«, während die Systeme, die am besten geeignet waren, »die Erscheinungen festzuhalten«, einige der physikalischen Prinzipien des Aristoteles verletzten. Das Problem bestand, kurz gesagt, im Zusammenstoß von aristotelischer Physik und ptolemäischer (von heliozentrischer gar nicht zu reden) Astronomie. Eine Möglichkeit der Lösung (oder besser: der *Auf*lösung) dieses Problems ist der Übergang zu einer instrumentalistischen Auffassung von Astronomie.[83] Wir stehen nun vor der Frage, ob und von wem das Problem in dieser Weise aufgelöst wurde.

Zweifellos ist Duhem der Ansicht, daß es zu dieser Auflösung des Problems kam, und er rechnet eine bunt gemischte Gruppe von Denkern dem Lager der Instrumentalisten zu: Proklos, Simplicius, Maimonides, Thomas von Aquin und Nikolaus von Kues vor der Zeit des Kopernikus und Osiander, Ursus sowie Kardinal Bellarmin danach. Die Behauptungen Duhems sind – ganz oder teilweise – von vielen weiteren Forschern akzeptiert worden.[84]

Es wäre ein großes Unterfangen, eine detaillierte Darstellung der Ansichten all jener zu geben, die Duhem und seine Nachfolger für das Lager des Instrumentalismus rekrutiert haben. Und es wäre sicherlich ein Unterfangen, das über meine historische Kompetenz ginge. Glücklicherweise allerdings ist dies nicht wirklich erforderlich; denn in letzter Zeit sind zwei Aufsätze erschienen, in denen begründeter Zweifel an der Ansicht geäußert wird, der Instrumentalismus habe sich in der Astronomie nach Ptolemäus und vor Kopernikus entwickelt. In seinem Aufsatz *Saving the Appearances* [85] weist Lloyd nach, daß die zwei wichtigsten Quellen für den Instrumentalismus in der Astronomie sowie für die angebliche Scheidung zwischen *instrumentalistischer* Astronomie und *realistischer* Physik in grober Weise fehlinterpretiert worden sind. Die Quellen, um die es sich handelt, sind Proklos und Simplicius, und Lloyd weist nach, daß beide Denker Realisten waren. Und in seinem Aufsatz *The Forging of Modern Realism: Clavius and Kepler Against the Sceptics* [86] weist Jardine nach, daß die methodologischen Debatten, die wirklich stattfanden, Dispute zwischen dogmatischen Realisten und skeptischen Realisten, nicht aber zwischen Realisten und Instrumentalisten waren. Jardine zeigt auch auf, daß wir schwerlich denjenigen eine instrumentalistische Einstellung zuschreiben können, die (wie Peucer, Reinhold und Pretorius) die kopernikanische Astronomie ablehnten oder sich auf ihre Wahrheit nicht festlegen wollten, während sie darauf bestanden, daß einige der Hypothesen des Kopernikus nützlich seien. Wenn die in diesen beiden Aufsätzen vorgebrachten Argumente und Interpretationen richtig sind (und ich jedenfalls glaube, daß sie es sind), dann stellt sich heraus, daß die angebliche Tradition des Instrumentalismus in der hellenistischen Astronomie nichts als ein historischer Mythos ist. Es gab hinsichtlich astronomischer Theoriebildung überhaupt keine hundertprozentigen Instrumentalisten. Es gab enttäuschte Realisten, die den instrumentellen Wert von Theorien zugaben, die sie für falsch hielten (lokale Instrumentalisten). Es gab kritische Realisten, die behaupteten, daß astronomische Theorien Hypothesen seien, deren Wahrheit nicht bewiesen werden könne. Aber weder die einen noch die anderen wären als Instrumentalisten richtig bezeichnet. Und wenn es keine Instrumentalisten gab, dann kann es auch keine große Debatte zwischen Instrumentalisten und Realisten gegeben haben. Es gab allerdings eine methodologische Debatte zwischen dogmatischen und kritischen Realisten. Und es gab eine Grundsatzdebatte – wiederum unter Realisten – über den Konflikt zwischen ptolemäischer Astronomie und aristotelischer Physik. Dieses Problem, ebenso wie das spätere des Konflikts zwischen kopernikanischer Astronomie und aristotelischer Physik, war ein *fruchtbares* Problem. Durch einen astronomischen Instrumentalismus wären, wenn er sich durchgesetzt hätte, diese fruchtbaren Probleme beseitigt worden. Und er wäre deshalb – im Gegensatz zu dem, was Duhem behauptet – alles andere als eine fruchtbare Lehre gewesen.

Wer sind dann die wahren Instrumentalisten? – Diejenigen, die Instrumentalisten *aus Prinzip* sind. Nun, da ist Bischof Berkeley, dessen immaterialistische Metaphysik Gott ein sicheres Plätzchen in der Scheinwelt der Dinge einräumte, aber die Ansprüche der Naturwissenschaft herabwürdigte. Da ist Mach, der die idealistische Metaphysik ohne ihre theologischen Stützen beibehielt (und aus ihr damit, ließe sich argumentieren, eine viel *schwächere* Metaphysik machte). Und da ist Duhem selbst, der kein Geheimnis daraus machte, daß er die »Physik eines Gläubigen« vertrete, und der sich dazu gezwungen sah, seinen Instrumentalismus mit einer Prise Realismus zu würzen, um der Praxis der von ihm so sehr bewunderten Physiker gerecht zu werden. Dies ist keine lange und vornehme Ahnenreihe, sondern eine unangenehm kurze. Tatsache ist, daß die Wissenschaft ein realistisches Unternehmen ist und daß die meisten Wissenschaftler sie keinen Pfifferling wert fänden, wenn sie es nicht wäre.

Aus dem Englischen von Edmund Jacoby

Anmerkungen

1 P. K. Feyerabend, *Realismus und Instrumentalismus: Bemerkungen zur Logik der Unterstützung durch Tatsachen* (1964), als 5. Kap. in: ders., *Der wissenschaftstheoretische Realismus und die Autorität der Wissenschaften (Ausgewählte Schriften Bd. 1)*, Braunschweig/Wiesbaden 1978, S. 79-112.

2 Ebenda, S. 99.

3 Ebenda, S. 99.

4 Ebenda, S. 79.

5 Ebenda, S. 87 f.

6 Engl. »To save the appearances« macht die Idee, daß die nicht »geretteten« Erscheinungen verlorengehen müssen, noch plastischer.

7 P. Duhem, *To Save the Phenomena: An Essay on the Idea of Physical Theory from Plato to Galileo*, Chicago/London 1969 (zuerst erschienen als: ders., *Essai sur la notion de théorie physique de Platon à Galilée*, in: *Annales de philosophie chrétienne* VI [1908].).

8 Simplicius, *Kommentar zu Aristoteles' De Caelo,* II, 12.292b10.

9 N. R. Hanson, *Constellations and Conjectures,* S. 50 f.

10 Theon von Smyrna schreibt diese Theorie dem Pythagoras zu, und Chalkidios gibt an, es sei Pythagoras bekannt gewesen, daß die Planeten »an ihre eigenen Sphären geheftet sind und so herumgetragen werden«. (Vgl. T. L. Heath, *Aristarchus of Samos: The Ancient Copernicus,* Oxford 1913, S. 270.)

11 Viele Historiker behaupten, Kopernikus sei bei einem agnostischen Standpunkt hinsichtlich der Realität der Himmelssphären geblieben; einige wenige Historiker behaupten sogar, daß er die Vorstellung von Sphären aufgegeben habe. Doch der Titel seines Buches war schließlich: *Über die Umdrehungen der Himmelssphären* und nicht etwa *Über die Umdrehungen der Himmelskörper.* Das »Regularitätsprinzip«, das Kopernikus aufstellt, bezieht sich außerdem unzweideutig auf die *Rotation* einer Sphäre an der *gleichen Stelle,* und nicht nur auf eine Kreisbewegung: »Wir stellen nun fest, daß die Bewegung der Himmelskörper kreisförmig ist. Die Drehbewegung ist einer Sphäre natürlich, und durch diesen Akt selbst ist ihre Form bestimmt. Denn hier haben wir es mit einem Körper der einfachsten Art zu tun, an dem kein Anfang und kein Ende festgestellt werden kann und an dem, wenn er sich immer an der gleichen Stelle dreht, auch nicht das eine vom anderen unterschieden werden kann« (De Revolutionibus I, 4). Endlich wäre es schwer verständlich, warum Kopernikus der Erde seine »dritte Bewegung« zugeschrieben haben sollte (die jährliche konische Drehung ihrer Achse), wenn er nicht geglaubt hätte, daß die Erde von einer rotierenden Sphäre um die Sonne getragen werde (vgl. A. Koyré, *The Astronomical Revolution: Copernicus – Kepler – Borelli,* Paris/London/New York 1973, S. 88 f., Anm. 58).

12 Ein beobachtbarer Unterschied resultiert aus der Vorstellung von Sphären nur im Falle des Mondes. Wenn dieser an einer rotierenden Sphäre fixiert ist, wird er uns immer dieselbe Seite zuwenden – was er auch tut. Zu diesem kleinen Beweisstück für die Realität der Mondsphäre vgl. Aristoteles, *De Caelo,* 290a26, u. J. Burnet, *Greek Philosophy: Thales to Plato,* London 1914, S. 226 f.

13 K. R. Popper, *Objektive Erkenntnis. Ein evolutionärer Entwurf,* Hamburg 1973, S. 196.

14 Hanson, a.a.O. (s. Anm. 9), S. 117 ff.

15 Geminus, *Elementa Astronomiae (Isagoge)* 1, 19-21, n. d. Übers. v. Karl Manitius, Leipzig 1898.

16 Dies ist die Theorie in *Der Staat,* 616c–617b.

17 Dies ist die Theorie im *Timaios,* 38c–40d. Für eine ausgezeichnete Darstellung der Theorie vgl. G. Vlastos, *Plato's Universe,* Oxford 1975.

18 *Timaios,* 39d u. 40c-d, n. d. Übers. v. R. Rufener, in: *Plato, Sämtliche Werke (Jubiläumsausgabe),* Zürich/München 1974. An dieser Stelle bezieht sich Platon auf Konjunktionen und Oppositionen, Stationen und Retrogradationen, Okkultationen und Eklipsen. Er kann viele von diesen Phänomenen nicht erklären (ebensowenig kann seine Theorie die bekannte Ungleichheit in der Dauer der Jahreszeiten erklären).

19 *Der Staat,* 529c–530c, n. d. Übers. v. R. Rufener (s. Anm. 18).

20 Die Interpretation könnte noch weitergetrieben werden mit dem Versuch, die Himmelssphären mit den *Formen* zu identifizieren (sie könnte dann auch auf Platons Atomismus in der Geometrie ausgedehnt werden). Aber ich bezweifle, daß dies mit allen platonischen Texten in Einklang zu bringen wäre.

21 O. Petersen u. M. Pihl, *Early Physics and Astronomy: A Historical Introduction,* London/New York 1974, S. 69.

22 Duhem, a.a.O. (s. Anm. 7), S. 7.

23 Ebenda, S. 114.

24 Heath, a.a.O. (s. Anm. 10), S. 195 f. An anderer Stelle führt Heath aus: »Eudoxos ließ einen ziemlichen Abstand zwischen den Sphären, die einen Planeten bewegen, und denen, die die anderen bewegen ... Diese Hypothese war rein mathematisch; Eudoxos machte sich keine Gedanken über das Material, aus dem die Sphären bestehen, und über ihre mechanische Verbindung.« (Heath, *A History of Greek Mathematics*, 2 Bde., Oxford 1921, Bd. I, S. 331).

25 J. L.E. Dreyer, *A History of Astronomy from Thales to Kepler*, New York [2]1953, S. 91.

26 M. R. Cohen u. I. E. Drabkin (Hrsg.), *A Source Book in Greek Science*, Cambridge, Mass. 1948, S. 102. An früherer Stelle (S. 91, Anm. 2) führen Cohen und Drabkin aus: »Als die griechischen Astronomen den Versuch unternahmen, die beobachteten Bewegungen der Himmelskörper als Teilbewegungen einer Reihe von Sphären zu erklären, hielten einige die Sphären für rein geometrische Konstrukte oder Modelle, in denen die beobachteten Bewegungen sich darstellen ließen, während andere dem ganzen Mechanismus physische Realität zuschrieben. Zu den ersteren gehörte Eudoxos, zu den letzteren Aristoteles ...«

27 G. E. R. Lloyd, *Early Greek Science: Thales to Aristotle*, London 1970, S. 92.

28 R. M. Blake, *Theory of Hypothesis among Renaissance Astronomers*, in: E. H. Madden (Hrsg.), *Theories of Scientific Method: The Renaissance Through the Nineteenth Century*, Seattle/London 1960, S. 22-49, hier: S. 22.

29 A. R. Hall u. M. B. Hall, *A Brief History of Science*, New York 1964, S. 38.

30 J. A. Coleman, *Early Theories of the Universe*, New York 1955, S. 30 f.

31 G. Santillana, *The Origins of Scientific Thought from Anaximander to Proclus*, New York 1961, S. 244 f.

32 S. Sambursky, *The Physical World of the Greeks*, London 1965, S. 60. An anderer Stelle erfahren wir: »Platons Schüler standen vor einem geometrischen Problem, und die Lösungen, die Eudoxos und Kallippos anboten, waren offensichtlich auf diesen rein geometrischen Aspekt beschränkt und bloß deskriptiv. Der Realist Aristoteles hatte sich ein höheres Ziel gesetzt ...« (*Conceptual Developments and Modes of Explanation in Later Greek Scientific Thought*, in: A. C. Crombie (Hrsg.), *Scientific Change*, London 1963, S. 61-78, hier: S. 65).

33 Hanson, a.a.O. (s. Anm. 9), S. 49 u. 57 f. In einer Fußnote bemerkt Hanson: »Es gibt auch ein Argument für das Gegenteil, es würde mich an dieser Stelle jedoch aufhalten« (S. 49).

34 Die Darstellung des Aristoteles findet sich in der *Metaphysik*, 1073b17–1074a14. Die Darstellung des Simplicius (eigentlich zitiert er Sosigines, der wiederum die verlorengegangene *Geschichte der Astronomie* des Eudemos zitiert) findet sich in seinem *Kommentar zu Aristoteles' De Caelo*. Es ist wert, hervorgehoben zu werden, daß keine der beiden Darstellungen die ausdrückliche Feststellung enthält, daß Aristoteles über die Realität der Sphären eine andere Auffassung hatte als Eudoxos und Kallippos.

35 Th. Gomperz, *Griechische Denker. Eine Geschichte der antiken Philosophie*, 3 Bde., Leipzig [3]1911, [3]1912 u. 1909, Bd. III, S. 181 ff. Ich werde später ausführen, daß Gomperz' Darstellung des Ptolemäus richtig ist und daß die orthodoxe Ansicht, er habe eine instrumentalistische Auffassung von der Astronomie vertreten, nicht richtig ist. Gomperz fährt fort, daß »alles, was wir den hervorragenden Fachschriftstellern [hauptsächlich Schiaperalli], denen wir diesesmal zu widersprechen uns

genötigt sehen, einräumen zu können glauben«, sei, daß »eine gewisse Akzentverschiebung« zwischen Eudoxos und Aristoteles stattgefunden haben könnte, darin nämlich, daß Aristoteles mehr als Eudoxos von der Wahrheit der Sphärentheorie überzeugt gewesen sein mag. – Vielleicht (vgl. aber unten, S. 250 ff.). Jedoch die Aussage: »Ich bin nicht sicher, ob die Theorie richtig ist – vielleicht ist sie es nicht, und es gibt in Wirklichkeit keine Sphären« – diese Aussage ist *nicht* dasselbe wie die Aussage: »Ich habe nicht die *Absicht,* daß meine Theorie überhaupt eine wahre Beschreibung des Himmels wird«. Ein Realismus, der die Möglichkeit der Täuschung in Betracht zieht, ist nicht dasselbe wie ein Instrumentalismus, auch wenn beide systematisch verschmolzen werden.

36 L. Wright, *The Astronomy of Eudoxos: Geometry or Physics?,* in: *Studies in History and Philosophy of Science,* 4 (1973/74), S. 165-172, hier: S. 171 (der letzte der zitierten Sätze erscheint als Fußnote).

37 Ebenda, S. 166.

38 Ebenda, S. 169.

39 Ebenda, S. 168.

40 Aristoteles, *Metaphysik,* 1074a12, n. d. Übers. v. A. Schwegler (Nachdruck, Frankfurt am Main 1960).

41 Wright geht zu weit, wenn er behauptet, das System des Aristoteles habe »Konsequenzen gehabt, die im Modell des Eudoxos nicht enthalten waren, z. B. dafür, wie die Bewegung des Jupiter vom Saturn aus betrachtet erscheinen würde« (Wright, a.a.O. [s. Anm. 36], S. 171).

42 Sosigines nach dem Zitat im *Kommentar zu Aristoteles' De Caelo* des Simplicius, ed. Heiberg, S. 504 f., zit. nach Heath, a.a.O. (s. Anm. 10), S. 221 ff. Sosigines führt als Argument für die unterschiedliche Entfernung des Mondes den Unterschied zwischen ringförmigen und totalen Eklipsen an. Polemarchos war ein Freund des Eudoxos und ein Lehrer des Kallippos. Das Buch des Aristoteles über *Probleme der Physik* ist verlorengegangen; eines der Probleme soll jedoch gewesen sein: »Sind die Himmelssphären wirklich konzentrisch?«

43 Die zusätzlichen Annahmen sind hier, daß die scheinbare Helligkeit eines Planeten, so wie sie in einer klaren Nacht beobachtet wird, allein von seinem Abstand zum Betrachter abhängt, daß die Planeten durch reflektiertes Licht scheinen, daß sie nicht größer werden oder schrumpfen usw.

44 So jedenfalls erfahren wir es von den Instrumentalisten selbst. Sie behaupten, daß es nicht die Absicht des Eudoxos gewesen sein könne, daß sein System realistisch interpretiert würde, weil ihm dann offensichtlich beobachtete Helligkeitsvariationen widersprochen hätten. Aber die *Logik* in all dem ist doch recht dunkel. Wie kann eine instrumentalistische *Interpretation* eine logische Inkonsistenz beseitigen, von der angenommen werden muß, daß sie in *allen* Interpretationen fortwährt (nach der einzigen klaren Bedeutung von »Interpretation«, die ich kenne). Was die »Philosophie des Als-Ob« betrifft, zu der man gewöhnlich für die Beantwortung dieser Frage Zuflucht nimmt, so glaube ich nicht, daß sie hinreichend sein wird. Vieles spricht für die Ansicht, daß der Satz »Es ist, *als ob A* ein *B* wäre« alle logischen Konsequenzen von »*A* ist ein *B*« hat, *außer* der Aussage »*A* ist ein *B*« selbst. Wenn diese Ansicht aber richtig ist, kann die »Interpretation« der Theorie des Eudoxos als einer »Als-ob«-Aussage nicht verhindern, daß sie als solche auch Helligkeitsvariationen postulieren müßte.

Diese Schwierigkeit wird wieder auftauchen. Man sagt, daß die Theorie der Mondbewegung bei Ptolemäus (und dies soll auf alle seine Theorien ausgedehnt werden können!) nicht für eine realistische Interpretation gedacht gewesen sein könne, weil ihr dann offensichtlich durch den Umstand widersprochen worden wäre, daß die scheinbare Größe des Mondes sich nicht in dem Maße, das die Theorie verlangte, verändert. Wieder einmal soll die instrumentalistische »Interpretation« einer Theorie ihre logischen Konsequenzen ändern.

Ich habe mich dazu entschlossen, diese Schwierigkeiten im Text zu ignorieren und den Instrumentalisten ihre merkwürdige und unerklärte Logik zu lassen.

45 Petersen u. Pihl (a.a.O. [s. Anm. 21], S. 64) behaupten, für Aristarch sei der Heliozentrismus »lediglich eine mathematische Hypothese« gewesen und nicht die Beschreibung der »wirklichen physischen Struktur des Universums«. Die einzige Grundlage für ihre Interpretation ist der (für uns zuverlässige) Bericht des Archimedes, Aristarch habe *Hypothesen* aufgestellt. Eine Hypothese muß jedoch nicht eine »mathematische Hypothese«, ein bloßer geometrischer Kunstgriff sein: Sie kann auch eine Hypothese über die »wirkliche physische Struktur des Universums« sein. Andere Historiker bedauern, daß der Heliozentrismus *nicht* als bloße »mathematische Hypothese« aufgestellt und bewertet worden sei, weil er in diesem Fall nicht so schnell abgelehnt worden wäre!

46 So jedenfalls teilt es uns Adrastos (nach einem Zitat bei Theon) mit: »Es ist klar . . ., daß von den beiden Hypothesen, deren jede aus der anderen folgt, die der Epizyklen offenbar . . . besser der Natur der Dinge entspricht. Denn der Epizykel ist ein großer Kreis auf einer festen Sphäre, nämlich der Kreis, den der Planet beschreibt, wenn er sich auf der Sphäre bewegt, während die exzentrische Bahn ganz anders als der Kreis ist, der der Natur angemessen ist und nur ›willkürlich‹ beschrieben wird. Hipparch war davon überzeugt, daß dies die Weise ist, in der die Phänomene zustandekommen, nahm die Epizykel-Hypothese als die seine an und erklärte, daß wahrscheinlich alle Himmelskörper hinsichtlich des Zentrums der Welt in der gleichen Weise angeordnet sind . . .« (Theon, *Astronomia,* Kap. 34, zit. n. Duhem, a.a.O. [s. Anm. 7], S. 9). Merkwürdigerweise stellt Duhem seinem Zitat dieser Passage folgende Bemerkung voran: »Wenn wir Adrastos glauben wollen, so war Hipparch, der doch in der Astronomie kompetenter als in der Physik war, nicht in der Lage, sich [zwischen den beiden Hypothesen] zu entscheiden!«

47 *Almagest,* 3, 4, zit. bei Duhem, a.a.O. (s. Anm. 7), S. 18.

48 Duhem, a.a.O. (s. Anm. 7), S. 16 ff. – Ich möchte den Leser nicht mit der wiederholten Behauptung der Historiker langweilen, Apollonios und Hipparch seien Instrumentalisten gewesen. Solche Behauptungen beruhen auf *keinerlei Beweisen,* da wir von den Neuerungen dieser großen Denker nur aufgrund späterer Berichte (hauptsächlich des Ptolemäus) wissen. Es gibt ein kleines Stück Beweis dafür, daß Hipparch ein Realist war, welches von Duhem in ausgesprochen erstaunlicher Manier vom Tisch gewischt wird (s. Anm. 46). Die Interpretation dieser Astronomen im Sinne des Instrumentalismus ist jedoch in Wirklichkeit nur so glaubhaft (oder unglaubhaft) wie die instrumentalistische Interpretation des Ptolemäus, der so viele ihrer Ideen verwandte. Diese Interpretation des Ptolemäus werde ich bekämpfen, denn in dieser Frage verfügen wir über eine Reihe von Beweisen. Im übrigen möchte ich bloß anmerken, daß es ziemlich unglaublich ist, wie Historiker ohne den geringsten historischen Beweis Dinge als völlig gesichert annehmen, wenn sie erst einmal eine instrumentalistische fixe Idee haben.

49 M. Clagett, *Greek Science in Antiquity,* New York 1955, S. 94.

50 Blake, a.a.O. (s. Anm. 28), S. 23. Blake folgt dann Duhem in der Behauptung, Proklos, Simplicius, Philoponoos, Maimonides und Thomas von Aquin seien derselben Ansicht gewesen.

51 B. Farrington, *Science in Antiquity,* London 1936, S. 204.

52 N. R. Hanson, *Patterns of Discovery*, London 1958, S. 178, Anm. 2 u. S. 201 f., Anm. 1.

53 N. R. Hanson, *The Concept of the Positron*, London 1963, S. 26 u. 34.

54 Dreyer, a.a.O. (s. Anm. 25), S. 149, 165, 196 u. 201. Der letzte der zitierten Sätze bezieht sich auf den Umstand, daß die Theorie des Mondes bei Ptolemäus erfordert, daß der Mond bei seiner größten Erdnähe fast doppelt so groß erscheint wie bei seiner größten Entfernung von der Erde.

55 S. Toulmin u. J. Goodfield, *The Fabric of the Heavens*, London 1961, S. 136, 139 u. 140.

56 D. J. Price, *Contra-Copernicus: A Critical Re-estimation of the Mathematical Planetary Theory of Ptolemy, Copernicus and Kepler*, in: M. Clagett (Hrsg.), *Critical Problems in the History of Science*, Wisconsin 1959, S. 197-218, hier: S. 199. An späterer Stelle (S. 217, Anm. 6) folgt Price Neugebauer, wenn er beklagt, daß diejenigen, die (wie Kopernikus) Einwände gegen den Äquanten des Ptolemäus erhoben, sich mangelnde Differenzierung zwischen »der kosmologischen Abteilung der Astronomie« und »ihrer mathematischen Methode« hätten zuschulden kommen lassen.

57 G. E. M. Ste. Croix, *Commentary*, in: A. C. Crombie (Hrsg.), *Scientific Change*, London 1963, S. 79-87, hier: S. 86.

58 Die *Hypothesen über die Planeten* des Ptolemäus existieren auf griechisch (Buch I) und arabisch (Bücher I u. II). In Heibergs Übersetzung der arabischen Version fehlt jedoch eine entscheidende Passage vom Ende des Buches I, die von B. R. Goldstein: *The Arabic Version of Ptolemy's Planetary Hypotheses*, in: *Transactions of the American Philosophical Society*, 57 (1967, Nr. 4) S. 3-12 übersetzt und veröffentlicht worden ist. Goldstein kann keine Erklärung für die Auslassung angeben und findet, daß sie eine Ironie sei, denn »die ausgelassene Passage beinhaltet etwas, was für den Historiker wirklich außerordentlich interessant ist: daß das ptolemäische System in der Tat die Schöpfung des Ptolemäus ist« (ebenda, S. 3).

59 In seinem Werk *Le Système du Monde*, Bd. II, S. 91.

60 Ebenda, Bd. II, S. 131 f.

61 Sambursky, *Conceptual Developments*, a.a.O. (s. Anm. 32), S. 66 f.

62 Santillana, a.a.O. (s. Anm. 31), S. 252. Wie wir gleich sehen werden, war der Geozentrismus für Ptolemäus nicht eine Realität *geworden*. – Aus dem *Almagest* läßt sich deutlich beweisen, daß für ihn der Geozentrismus von Anfang an eine Wahrheit war.

63 E. J. Dijksterhuis, *The Mechanization of the World Picture*, London 1961, S. 66.

64 Hall u. Hall, a.a.O. (s. Anm. 29), S. 41 f.

65 Petersen u. Pihl, a.a.O. (s. Anm. 21), S. 100.

66 Ptolemäus, *Handbuch der Astronomie (Almagest)*, I, 2, nach d. Übers. v. K. Manitius, neu hg. v. O. Neugebauer, Leipzig 1963.

67 *Almagest*, VII, 1.

68 *Almagest*, III, 1 u. 3.

69 *Almagest*, I, 7.

70 *Almagest*, I, 7.

71 Vgl. *Hypothesen über die Planeten*, Buch I. Die Idee stammt von Derkyllides und Adrastos, deren Ansicht Ptolemäus Duhem zufolge *abgelehnt* haben soll (vgl. Duhem, a.a.O. [s. Anm. 7], S. 14 ff.). Tatsächlich nahm das physikalische Modell des Ptolemäus, wie wir sehen werden, keine ganzen Sphären, sondern Sphärenscheiben an. Und es ist wert festgehalten zu werden, daß unter der Voraussetzung dieses

Modells der sogenannte »Deferentenkreis« (die Bahn, auf der der Mittelpunkt des Epizykels sich bewegt), eine bloße »geometrische Hilfskonstruktion« *ist,* der nichts in der Wirklichkeit entspricht.

72 *Hypothesen über die Planeten,* Buch II, 7. Die »lebendige Kraft« besitzen natürlich die Sphären, die den mit ihnen vereinigten Planeten ihre Bewegung mitteilen.

73 *Almagest,* XIII, 2. Duhem führt zu dieser Stelle aus (a.a.O. [s. Anm. 7], S. 17): »Zweifellos möchte Ptolemäus in dieser Passage andeuten, daß den vielfältigen Bewegungen, die er in seiner *Syntaxis* kombiniert, um die Bahn eines Planeten zu bestimmen, keine physische Realität zukommt; nur die resultierende Bewegung geschieht am Himmel wirklich«. Ptolemäus möchte nichts dergleichen andeuten. Er sagt nur, daß unser Unvermögen, die Epizyklenbewegung in einem Modell *aus Metall oder Holz* nachzuvollziehen, angesichts der verschiedenen *Stoffe,* die jeweils eine Rolle spielen, nicht verwunderlich ist.

74 *Hypothesen über die Planeten,* Buch II, 6.

75 Ebenda.

76 Die Werte werden im wesentlichen nach der Methode des Aristarch gewonnen: Die größte Entfernung zum Mond beträgt nach Ptolemäus 64 Erdradien und die geringste Entfernung zur Sonne 1160 Erdradien. (Der letztere Wert ist natürlich viel zu gering und resultiert letztlich aus einem kleinen Fehler bei der Messung des Trennungswinkels zwischen Sonne und Mond. Dieser Fehler wirkt sich auf alle folgenden Berechnungen aus.)

77 *Hypothesen über die Planeten,* Buch II. Ptolemäus war bereits im *Almagest* für diese Anordnung eingetreten, denn in ihr wird die Sonne verwendet als »eine natürliche Trennungslinie zwischen jenen Planeten, die sich in jeglicher Winkelentfernung von der Sonne befinden können, und jenen, die dies nicht können, sondern sich stets in ihrer Nähe bewegen« (*Almagest,* IX, 1). Das Argument ist nicht überzeugend, denn der Mond befindet sich ebenfalls unterhalb der Sonne, kann aber dennoch in Opposition zu ihr stehen (wie Kopernikus ausgeführt hat – vgl. *De Revolutionibus,* I, 10).

78 Vgl. *Hypothesen über die Planeten,* Buch I, Teil 2, Abschnitt 3; vgl. Goldstein, a.a.O. (s. Anm. 58), S. 6. Proklos war von der Übereinstimmung der zwei Berechnungen recht beeindruckt: »Zweifellos müssen die Sphären des Merkur und der Venus zwischen Sonne und Mond angesiedelt werden. Denn die größte Entfernung des Mondes fällt mit der geringsten Entfernung des Merkur zusammen; die größte Entfernung des Merkur mit der geringsten Entfernung der Venus; und deren größte Entfernung mit der geringsten Entfernung der Sonne, und dies fast genau. Denn es soll keinen leeren Raum geben.« (*Kommentar zu Platons Timaios,* zit. n. E. Rosen, *A Full Universe,* in: *Scientific Monthly,* 1946, S. 213-217, hier: S. 215).

79 Vor Goldsteins Entdeckung war angenommen worden, daß nur die arabischen Nachfolger des Ptolemäus diese Erweiterung seines Gedankens vorgenommen hätten, obwohl sie in vielen Aussagen Ptolemäus zugeschrieben wird. Doch auch vor Goldsteins Entdeckung hätten aufgrund der verfügbaren Teile der *Hypothesen über die Planeten* die Historiker der Vorstellung, Ptolemäus sei ein Instrumentalist gewesen, skeptisch gegenüberstehen sollen.

80 Goldstein, a.a.O. (s. Anm. 58), S. 3.

81 Ich sollte betonen, daß diese Erklärung für die Einführung des Äquanten hypothetisch ist. Die meisten Historiker erwähnen den Äquanten und die Beseitigung des Prinzips der gleichförmigen Bewegung, die seine Annahme nach sich zieht; aber

sie sagen nichts darüber aus, *warum* er eingeführt wurde, außer daß »die Erscheinungen es so verlangt« hätten.

82 Vgl. E. S. Kennedy, *Late Medieval Planetary Theory*, in: *Isis* 57 (1966), S. 365-378, oder für eine kurze Darstellung: Petersen u. Pihl, a.a.O. (s. Anm. 21), S. 271-277.

83 Dies ist nicht dasselbe, wie einen »lokalen Instrumentalismus« hinsichtlich der ptolemäischen Astronomie anzunehmen und einzuräumen, daß sie – obgleich falsch – das für das Festhalten der Erscheinungen am besten geeignete Instrument sei. Enttäuschte Realisten werden immer noch darauf hoffen, die ptolemäische Astronomie durch ein Instrument zum Festhalten der Erscheinungen ersetzen zu können, das auch wahr ist – Instrumentalisten werden keinen solchen Wunsch haben. Aus diesem Grunde nenne ich die Entwicklung einer instrumentalistischen Auffassung lieber eine Auflösung als eine Lösung des Problems: Der Konflikt wird nicht durch die Modifikation einer der widerstreitenden Theorien oder beider überwunden; vielmehr wird der Konflikt durch die bloße Reinterpretation seiner einen Seite auf eine instrumentalistische Weise aufgelöst.

84 Blake etwa akzeptiert sie völlig und schreibt einfach Duhems Liste prominenter Instrumentalisten ab; dabei läßt er Duhems (angebliche) Belege fort (vgl. Blake, a.a.O. [s. Anm. 28], S. 23 ff.).

85 Vgl. G. E. R. Lloyd, *Saving the Appearances*, in: *Classical Quarterly* 28 (1978 Nr. 1), S. 202-222.

86 Vgl. N. Jardine, *The Forging of Modern Realism: Clavius and Kepler Against the Sceptics*, in: *Studies in History and Philosophy of Science* 10 (1979, Nr. 2), S. 141-173.

Dwight Van de Vate, Jr.
Das Turmexperiment unter neuem Blickwinkel

Kernstück in Galileis Widerlegung der Aristoteliker ist das »Turm«experiment (im weiteren »TXP«), wie Paul K. Feyerabend in *Wider den Methodenzwang* zu Recht hervorhebt. Vor kurzem wurde von Prof. F. Avantissimi von der Volkshochschulabteilung der Universität Pisa und mir neue Information dazu aufgefunden, die unsere Kenntnis des TXP und seine Deutung durch Galilei auf eine entscheidend höhere Stufe bringt und außerdem die von Feyerabend so wortgewandt vorgetragenen methodologischen Prinzipien tendenziell bekräftigt. Mit dieser kurzen Bemerkung möchte ich die neue Information publik machen.

Daß Galilei ein nicht ganz zureichender Experimentator war, ist seit langem Gemeingut.[1] Wir wissen, daß er gern für die tatsächliche Durchführung seiner Experimente Hilfskräfte beschäftigte und sich selbst damit begnügte, die Ergebnisse zu interpretieren und zu publizieren.[2] (Wir wissen sogar aus Galileis Briefwechsel und anderem Quellenmaterial von vielen dieser Hilfskräfte, wer sie waren, eine Tatsache, die, wie sich zeigen wird, für das TXP von Bedeutung ist.[3]) Soweit ich allerdings weiß, hat noch niemand behauptet, Galilei habe nicht höchstpersönlich das TXP durchgeführt. Schließlich erklärt Galilei ausdrücklich, daß er dort war und den Versuch selbst leitete, und diese Erklärung wird durch eine Fülle autobiographischer Einzelheiten über seine Empfindungen, das Wetter usw. noch glaubwürdiger gemacht.[4]

Man kann sich meine Überraschung vorstellen, als ich durch puren Zufall in der Vatikanischen Bibliothek ein Manuskript[5] entdeckte, das einen Augenzeugenbericht über das TXP enthielt, ein Bericht, der unzweideutig feststellt, daß Galilei *nicht* selbst bei der Durchführung des Experiments anwesend war. Das Manuskript ist auf den 11. Juli 1643 datiert, also den Tag nach dem Experiment. Zwar wird der Name des Verfassers nicht genannt, aber es ergibt sich aus dem Inhalt, daß es sich um ein Bruchstück eines Berichtes einer Hilfskraft an Galilei selbst handelt. (Wir werden sehen, daß der Inhalt auch einen Schluß darauf zuläßt, wer diese Hilfskraft gewesen sein könnte.)

Die Existenz dieses Berichts ist natürlich überraschend. Was der Bericht enthält, ist jedoch noch überraschender. Es läßt sich dem Bericht deutlich entnehmen, daß die aristotelische These, deren Widerlegung TXP galt, *nicht* das Ruhen der Erde war, sondern – wie früher das Gerücht ging – die These des Aristoteles aus *De Motu Animalium*, daß schwere Körper schneller als leichte fallen.[6] So berichtet der Verfasser, »ein schweres Gewicht« und »ein leichtes« seien fallen gelassen worden und beide seien »mit einem einzigen Krachen«, also gleichzeitig, aufgeprallt. Anscheinend ist Galilei die Deutung dieses Ergebnisses als Bestätigung des Kopernikanismus erst im Nachhinein eingefallen.[7] Sogar noch überraschender waren die physikalischen Einzelheiten und Meßergebnisse, von denen berichtet wird. Sie veranlaßten mich, Prof. Avantissimi in Pisa um Unterstützung zu bitten.

Denn der Bericht erwähnt ein Paar »Einbeulungen« *(incavi)* in einer Entfernung von 5,37 m von dem Fuß des Turms.[8] Prof. Avantissimi konnte mir bestätigen, daß diese Einbeulungen im weichen Basalt der Piazza jetzt, 337 Jahre nach dem Experiment, noch zu erkennen sind, und zwar genau an der im Bericht von 1643 genannten Stelle! Jedoch ist dies keineswegs der bemerkenswerteste Aspekt dieser bemerkenswerten Entdeckung.

Der Neigungswinkel des Turms zur Vertikalen beträgt gegenwärtig 15,47°. Man weiß, daß dieser Winkel um einen durchschnittlichen Jahresbetrag von annähernd 15,6 zehntausendstel Grad zugenommen hat.[9] Somit wäre der Neigungswinkel im Jahre 1643 bei 9,6° gewesen. Wird diese geringere Neigung des Turmes in Betracht gezogen, dann müssen direkt von der Turmesspitze fallen gelassene Gegenstände im Jahre 1643 annähernd 3,21 m entfernt von der Basis niedergegangen sein, zumal wenn die Gegenstände das Gewicht besaßen, um die heute noch erkennbaren Beulen zu hinterlassen. (Mit anderen Worten, Auswirkungen des Windes oder der Methode des Fallenlassens können getrost unberücksichtigt bleiben.) Jedoch noch bemerkenswerter ist das Faktum, auf das der Verfasser des Berichts selbst großes Gewicht legt: *Diese Abweichung von der Vertikalen geht gegen Westen.* [10] Eine einfache Berechnung zeigt zur Genüge, was der Leser sicher bereits vermutet: Die Versetzung in der Horizontalen entspricht haarscharf dem, was die Hypothese der ostwärts gerichteten Erdumdrehung für den Zeitraum des freien Falles voraussagen würde.[11]

Wenn nun die Authentizität unseres Manuskripts vorausgesetzt wird – eine Authentizität, die durch das tatsächliche Vorhandensein der im Manuskript erwähnten physischen Spuren wohl als in sehr starkem Maße bestätigt angesehen werden kann –, dann stimmt Galileis Reaktion aufs schönste überein mit Feyerabends Vermutungen über seine Arbeitsmethodik. Feyerabend zeigt, daß Experimentalwissenschaft von einer wesentlich begrifflichen Aufarbeitung der Wahrnehmungen abhängt, die er »natürliche Interpretationen« nennt,[12] und daß Galilei die Erkenntnis besaß, daß zwar einige davon für die Möglichkeit des Experiments erforderlich sind, andere aber im Fortschreiten der Wissenschaft einer neuen Deutung unterliegen dürften. So widerlegt Galilei nach Feyerabend die Einwände der Aristoteliker gegen die Bewegung der Erde, indem er stillschweigend – sogar tückisch – in den Einwänden enthaltene natürliche Interpretationen gegen andere vertauscht.[13] Was die Einwände gegen die Hypothese, die Planeten bewegten sich um die Sonne, hingegen betrifft, so führt Feyerabend an, daß Galilei sich hier eines zweiten methodologischen Prinzips bedient, das man »Prinzip des Ignorierens lästiger Beobachtungen« nennen könnte, in diesem Falle Beobachtungen von Veränderungen der Helligkeit der Planeten.[14] Unser Manuskript zeigt jedoch, daß es im Falle des TXP für Galilei nötig wurde, das zweite der Prinzipien vor dem ersten anzuwenden. So ergibt sich eine zusätzliche, die Lage komplizierende Schicht zur Deutung von Feyerabend, die mit dieser harmoniert und sie bestätigt.

Ein Problem, das sich aus dem Manuskript ergibt, bleibt noch zu erörtern. Wer ist der Verfasser? Wer war diese Hilfskraft, die diese potentiell schädlichen Ergebnisse an Galilei mitteilte – Ergebnisse, die fraglos das galileische Vermögen zu methodologischer Reinterpretation strapaziert haben würden? Es lassen sich hier nur Vermutungen anstellen. Die ziemlich unelegante Ausdrucksweise und die gewundene Satzstruktur des Manuskripts lassen – jedenfalls nach meiner Ansicht – vermuten, daß die Muttersprache des Verfassers nicht Italienisch war, sondern vermutlich Deutsch. Unter den Hilfskräften deutscher Abstammung, die Galilei der Überlieferung nach anstellte, war der allerbefremdlichste jener rätselumwobene Joachim-Casimir Schmöller, ein Schwabe. Man weiß, daß er dem Heiligen Offizium verdächtig wurde, er muß folglich Kardinal Bellarmin bekannt gewesen sein.[15] Auch ist bekannt, daß er mit nahezu völliger Sicherheit ein Freimaurer gewesen ist.[16] Somit ergibt sich die bizarre, aber unbezweifelbare Möglichkeit, daß wir es mit einer Art Doppelagent zu tun haben, was im Italien der Renaissance nicht eben selten war. Hier müssen wir mit den Mutmaßungen abbrechen, aber es läßt sich sagen, daß diese Mutmaßungen eine These unterstützen, für die Feyerabend mit großer Schicklichkeit und Begeisterung eintritt, daß nämlich alle Theorie einschließlich der wissenschaftlichen politische Handlungen darstellen – was man nicht im Ernst ignorieren kann.

Aus dem Amerikanischen von Horst Gundlach

Anmerkungen

1 H. T. Pledge, *Science since 1500*, London 1939, S. 61.

2 Nicolai Hartmann, *Die Philosophie des deutschen Idealismus*, Bd. 1, Berlin 1929, bemerkt: »Diese Tendenz erweist sich als überaus fruchtbar, und zwar schon rein in sich, unabhängig von der Metaphysik des Absoluten.« (S. 397).

3 Vgl. die Liste in Giorgio de Santillana, *The Crime of Galileo*, Chicago 1955, S. 140n.

4 Galileo Galilei, *Dialog über die beiden hauptsächlichsten Weltsysteme*, Leipzig 1892, Anhang XI.

5 ISBN 0-7167-0464-1.

6 In Aristoteles' Worten: ». . . ϑεωρία A_C καί οὐ ϑεωρία A_D . . .« (*De Mot. An.*, 160a–41).

7 Vgl. Anm. 11.

8 ». . . ne c'erano due, i quali da chi cammina con la testa abbassata non si potevano ignorare né l'uno né l'altro . . .«

9 Jacob Burckhardt, *Die Cultur der Renaissance in Italien*, Basel 1860, S. 381.

10 ». . . sono caduti verso l'ovest . . .«

11 Vgl. Anm. 7.

12 *Wider den Methodenzwang*, Frankfurt 1976, S. 113.

13 Ebenda, S. 134.

14 Ebenda, S. 148 f.

15 J. Fuligatti, *Vita del Cardinale Bellarmino*, Rom 1624, S. 32.

16 I. Newton, *The Correspondence of Isaac Newton*, Bd. 3, Cambridge, 1961, S. 446.

Willy Hochkeppel
Paul K. Feyerabend und die Wahrheit

Als ein weiterer der vielen »Analphabeten« und »Sonntagsleser«, die sich offenbar mit Vorliebe an die Schriften Paul Feyerabends heranmachen, werde ich im folgenden Kontexte zerstören und nach Gutdünken aus dem Zusammenhang reißen, in der schwer zu erschütternden Annahme, manchmal könne man einen Satz einfach beim Wort nehmen und seinen Sinn ohne Rücksicht auf flankierende Neben-Sätze feststellen. Im übrigen glaube ich, daß vieles in PKFs Schriften in einem nur losen Verbund steht. Allerdings ist es möglich, daß »irgendwie« alles mit allem zusammenhängt . . .

Ich greife also hinein ins volle Gedankenleben Feyerabends – und wo man's packt, da ist's interessant – und hole hervor, was da über Wahrheit, das Wörtchen »Wahrheit« – ein sprachliches Zeichen mit acht Buchstaben – und das damit Bezeichnete – ein Monstrum mit vielen Gesichtern – zu finden ist.

Feyerabend hält sich nicht mit irgendwelchen Definitionsfragen auf, noch setzt er sich mit den augenblicklich viel diskutierten Wahrheitstheorien auseinander. Schon gar nicht versucht er, einen Beitrag zur Lösung des sogenannten Wahrheitsproblems zu leisten. Höchst indirekt bestenfalls, im größeren Rahmen erkenntnis- oder wissenschaftstheoretischer Untersuchungen, wird das Wahrheitsproblem berührt, wobei nicht auszumachen ist, ob Feyerabend irgendeiner der gegenwärtig kursierenden Theorien den Vorzug gibt oder sie überhaupt für belangvoll hält – der Korrespondenztheorie oder der Kohärenztheorie, der pragmatischen oder der Konsensustheorie der Wahrheit. Am ehesten scheint man Feyerabend noch ein allgemein pragmatisches Wahrheitsverständnis – und Wahrheitskriterium – unterschieben zu können, in dem Wahrheit nach ihrem Nutzeffekt, nicht so sehr für die Erkenntnis und den wissenschaftlichen Fortschritt als für das Zusammenleben, ja das Glück der Menschen bemessen wird. Letztlich aber hält er in beiden Bereichen »die Wahrheit« – das Wort packt er, offensichtlich angewidert, am liebsten nur mit der Pinzette der Anführungszeichen an – für nutzlos oder sogar für schädlich. Nicht also diesen oder jenen Wahrheitsbegriff verwirft er, sondern den Wert, die Idee der Wahrheit selbst mitsamt der verbissenen Suche danach. Feyerabends verstreute Bemerkungen zum Prinzip Wahrheit sind auch eigentlich keine Propositionen, sondern Expressionen des Überdrusses, und wenn man sie ganz ernst nimmt, ernster womöglich, als er selbst sie meint, dann kündigt sich darin der radikalste Bruch mit einer »Tradition« an, der uns bisher zu Ohren kam. Pilatus mit seiner spöttischen Frage »Was ist Wahrheit?« war nur ein Skeptiker, der an seiner Frage litt. Man kann wohl ohne Übertreibung sagen, daß unsere Tradition, unsere Kultur mit dem »Wunder« der griechischen Wissenschaft in fast allen ihren Ausprägungen und Gestalten, epistemologisch, moralisch und ästhetisch, und oftmals bis zur Identifizierung von verum, bonum und pulchrum auf den Wahrheitsbegriff zentriert ist. Und sofern diese abendländische Tradition eine christliche ist, galt auch in ihr Wahrheit nicht weniger als der Grundstoff des Lebens: »Ich bin der Weg und die Wahrheit und das Leben« (Joh. XIV,6). Geben wir diesen Begriff, dieses Prinzip auf, so fürchten wir selbst in unseren opportunistischen Zeiten, dann muß die Welt im Chaos versinken.

Natürlich ist im Laufe der Geschichte immer wieder am Prinzip der Wahrheit herumgemäkelt worden. »Absolute« oder auch »objektive« Wahrheit wurden als illusorisch oder chimärisch deklariert, und nur relativiert oder auch subjektiviert erschien deren Idee rettbar. In skeptizistischer Vermengung von Wahrheit und Gewißheit verflüchtigte sich Wahrheit zum Unerkennbaren und Unwißbaren, und die Suche nach ihr erwies sich damit als vergebliche Liebesmüh'. Doch alle diese Destruktionen oder auch Remeduren geschahen durchaus noch im Zeichen einer wenn auch ermatteten Liebe zur Wahrheit, und zwar nach objektiver, womöglich absoluter Wahrheit. Philosophie – wie später Wissenschaft – versteht sich bis auf unsere Tage als intensivste, reinste Form der Wahrheitssuche, selbst dann noch, wenn man sich mit der Wahrheit im verdünnten Aggregatzustand der Bewährung einstweilen zufrieden gibt. Bei Feyerabend hingegen wird die Idee der Wahrheit als solche kompromittiert. Sie wird zu einer »Sucht«, »um seine niedrigen Instinkte zu befriedigen«[1], zu einem »Schlagwort«[2], das »die Menschen sicherlich hypnotisiert, aber sonst zu nicht viel gut ist«.[3] »Das Scherzen, die Unterhaltung, die Illusion, nicht ›die Wahrheit‹ macht uns frei«[4], proklamiert er einmal ebenso emphatisch wie fragwürdig; denn ob uns die Wahrheit frei macht oder nicht, das Scherzen, die Unterhaltung, namentlich aber die Illusion tun das gewiß nicht. Die Illusion macht uns bestenfalls zu zufriedenen Narren, die sich von dem »an Verstopfung leidende(n) ›Wahrheitssucher‹«[5] nicht gerade vorteilhaft abheben. Nun muß das pathetisch-leichtfertige Gerede von der Suche nach Wahrheit zweifellos delikatere Geschmäcker beleidigen, und das Wort Wahrheit, als eher düsteres Mahnmal an allen Horizonten eingerammt – meist ist ja die Wahrheit »bitter« –, kann lebensbejahende Geister rabiat machen. Auch Nietzsche lehnte sich gegen die »Tyrannei des Wahren« auf, wenn er schrieb:

Selbst wenn wir so toll wären, alle unsere Meinungen für wahr zu halten, so würden wir doch nicht wollen, daß sie allein existierten: Ich wüßte nicht, warum die Alleinherrschaft und Allmacht der Wahrheit zu wünschen wäre; mir genügte schon, daß sie eine große Macht habe. Aber sie muß kämpfen können und eine Gegnerschaft haben, und man muß sich von ihr im Unwahren ab und zu erholen können – sonst wird sie uns langweilig, kraft- und geschmacklos werden und uns eben dazu auch machen.[6]

Ich glaube, hierzu könnte Feyerabend dem Friedrich Nietzsche, lebte er noch, begeistert auf die Schulter klopfen, denn was der Philosoph da sagt, klingt ja so, als hätte er in nuce Feyerabends anarcho-dadaistisch-relativistisches Erkenntnisprogramm für freie Menschen vorweggedacht. »Ohne häufiges Abrücken von der Vernunft kein Fortschritt«, heißt es bei Feyerabend[7], und »Vernunft« sowie »die verdummende Wirkung der ›Gesetze der Vernunft‹«[8] stehen bei ihm auf der gleichen untersten Stufe wie »die Wahrheit« oder »Objektivität« oder »Gerechtigkeit« oder »Liebe« – alles Wortfetische, die er entzaubert. Aber Feyerabend steht anscheinend schon so jenseits der Wahrheit, wie Nietzsche sich jenseits von Gut und Böse wähnte. Noch gegen die »große Macht«, die Nietzsche der Wahrheit zugesteht, zieht Feyerabend zu Felde. Als Anarchist will und muß er ihre Autorität »untergraben«[9], bis, schenkt man seinen Verbalinjurien Glauben, von der Idee der Wahrheit kaum noch etwas übrigbleibt. Und als Ästhet, Artist und Humanist verweist er auf die verdörrende, verdüsternde Wirkung der Wahrheitssuche:

Ist es denn nicht möglich, daß die Wissenschaft, wie wir sie heute kennen, oder eine »Wahrheitssuche« im Stile der herkömmlichen Philosophie, ein Ungeheuer schaffen? Ist es nicht möglich, daß sie dem Menschen schadet, ihn in einen elenden, unfreundlichen, selbstgerechten Mechanismus ohne Grazie und ohne Humor verwandelt? »Ob es denn aber nicht meine ganze ethische Leidenschaft schwächt«, fragt Kierkegaard, »daß ich ein objektiver ((oder kritisch-rationalistischer)) Naturbetrachter werde?« Ich habe den Verdacht, daß die Antwort auf alle diese Fragen positiv sein muß, und ich halte eine Reform der Wissenschaften, die sie anarchistischer und (in Kierkegaards Sinne) subjektiver macht, für dringend nötig.[10]

Wir müßten also, so suggeriert uns Feyerabend aufgrund seines bloßen Verdachtes, von Wahrheitssuche und Wissenschaft ablassen, sie zumindest subjektiver – oder parteiischer, wie das gelegentlich heißt – machen. Da verlangt er, finde ich, ein bißchen viel von uns; auf puren Verdacht hin wollen wir nichts verwerfen oder amputieren. Ferner gibt es, überblickt man die Geistes- und Wissenschaftsgeschichte, fraglos eine große Anzahl von Wahrheitssuchern, Philosophen oder Wissenschaftlern, denen diese Suche nicht geschadet hat; im Gegenteil, sie sind heiter und human dabei geblieben – oder allererst dadurch geworden. Zuletzt hat sich der Philosoph Karl Popper, beliebteste Zielscheibe Feyerabendschen Hohns, dazu bekannt, daß er in eben dieser endlosen Wahrheitssuche sein Glück gefunden habe. Und so wie ich Sir Karl kenne, macht er keineswegs den Eindruck eines »elenden, unfreundlichen, selbstgerechten Mechanismus ohne Grazie und ohne Humor«. Natürlich würde Feyerabend im Falle Popper gerade das behaupten; aber dann möchte ich ihn doch fragen, welches seine Kriterien für elend, unfreundlich, ungraziös und so fort sind und warum sie den meinen vorzuziehen sein sollten.

Unglücklicher scheint mir noch Feyerabends Berufung auf Kierkegaard. Kierkegaard hatte es nicht damit zu tun, über die Wahrheit zu reflektieren und zu räsonieren, sondern in der Wahrheit zu existieren. Seine Wahrheit war seine Innerlichkeit, seine Existenz vor Gott. Deshalb war seine Subjektivität seine Wahrheit, über die objektivierend zu denken allerdings sinnlos gewesen wäre; das hätte seine Subjektivität, um die allein es ihm ging, qua Subjektivität vernichtet. Darum wollte er um keinen Preis ein »objektiver Naturbetrachter«, nämlich seiner selbst, werden. Über die objektive Betrachtung der »Natur« ist damit nichts gesagt. So wie Kierkegaards »ethische Leidenschaft«, die Bedingung seiner Wahrheit also, in der er zu existieren trachtete, durch objektive Naturbetrachtung geschwächt werden mußte, so könnte wohl der objektive Naturbetrachter in seinem legitimen objektivierenden Begreifenwollen, das in diesem Augenblick seine gewiß asketische Existenzweise ausmacht, durch ethische Leidenschaft geschwächt werden. Feyerabends Ambitionen sind, verglichen mit dem, worum es Kierkegaard ging, erkenntnis- und wissenschaftstheoretische in einem objektivierenden Sinn; selbst noch sein Anrennen gegen den Wahrheitsbegriff geschieht in dieser Dimension, die nichts mit derjenigen Kierkegaards kommensurabel machen kann.

Feyerabend hat, wie man zur Genüge weiß, einen freien, mündigen Menschen vor Augen, der scherzend, unterhaltend, denkend, phantasierend – alles dies in einem – mit allen Fasern seiner Sinne und allen Fasern seines Hirns und unter Verwendung aller bunten Versatzstücke aller Traditionen – ja, was eigentlich macht? Wahrscheinlich, wie Feyerabend in Anlehnung an altehrwürdige traditionelle Ideale immer wieder zu verstehen gibt, seine persönlichen Anlagen voll entfaltet, zu welchem Zweck auch immer; sich vielleicht der Kunst widmet, zum Theater geht, Romane schreibt (Feyerabend bewegt sich zu sporadisch in dieser Sphäre, um zu wissen, wie abgedroschen, verbraucht, vermarktet im Zeitalter totaler Reproduzierbarkeit von Kunst auch hier alles ist, wie müde, zynisch und desillusioniert die Kunst-»Produzenten« sind), oder ganz einfach das Leben genießt. Für diesen Typus scheint jedenfalls in der Feyerabendschen hedonistischen Society, die offenbar gleichwohl wissenschaftlich etabliert werden muß – »Science in a Free Society«, »Erkenntnis für freie Menschen«, wobei übrigens die relativistische Erkenntnislehre die Menschen frei machen soll, andererseits jedoch bereits freie Menschen zur Praxis dieser Lehre vorausgesetzt werden, – genügend Platz zu sein. Nur die, die trotz Feyerabends Verdikt weiterhin Lustgewinn aus der Wahrheitssuche ziehen möchten, Wissenschaftstheoretiker vor allem, müßten in eine Enklave abgeschoben werden, nachdem ihnen zuvor das Geld entzogen wurde, worauf Feyerabend ja unentwegt dringt. Wenn er aber doch meint, die Illusion mache uns frei – warum läßt er dann nicht diesen Intellektuellen ihre »Illusion« der Wahrheit?

Ungeachtet aller dieser Einwände bringt es Feyerabend dennoch fertig, uns ein wenig den Geschmack an »der Wahrheit« und deren Suche zu verderben. Zumindest hat er uns mißtrauisch gegenüber der Vorstellung gemacht, man könne mit der Wahrheit und ihrer Erforschung sozusagen sein Leben bestreiten und am Ende noch die »Zeit« danach. Plato und, wenn ich mich recht erinnere, auch Kant glaubten das äußerste Glück darin zu finden, an jenem Jüngsten Tage die ganze Wahrheit und nichts als die Wahrheit zu schauen und in ihrer Betrachtung auf ewig zu verharren. Das ist eine merkwürdige, man möchte sagen weltfremde Vision. Denn dem philosophischen Eros erginge es wohl nicht anders als der profanen Lust: Nach der Befriedigung stellt sich alsbald die *tristitia post* ein. Die einmal deflorierte Wahrheit läßt einen abgekühlten Erotiker zurück, und war es die absolute Wahrheit, der er beiwohnte, dann ist damit alle intellektuelle Liebeslust ein für allemal getilgt. Obwohl zumindest Plato darum wußte, wollte er – und nach ihm viele andere – auf seine Vision der seligen Wahrheitsschau nicht verzichten.

Vielleicht ändert sich die Situation, und eine Art andauernde Klimax stellt sich ein, wenn man Wahrheit mit Sinn in eins setzt, was vielfach dann geschieht, wenn von der Wahrheit der Kunst gesprochen wird – nachdem man freilich der Kunst zuvor Funktionen der »Daseinserhellung«, der Erkenntnis zugeschrieben hat, wie das auch Feyerabend tut. Jüngst ist aber eine strikte Trennung von Sinnsuche und Wahrheitssuche vollzogen worden, die dergleichen Redeweisen verbietet. Hannah Arendt hat entschieden zwischen dem Denken und dem Erkennen einen Trennungsstrich gezogen; das Erkennen, vom Verstand geleitet, sucht nach Wahrheit; das vernunftgeleitete philosophische Denken trachtet nach Sinn. »Erwartet man vom Denken Wahrheit, so zeigt das, daß das Bedürfnis zum Denken mit dem Erkenntnisdrang verwechselt wird.«[11] Der platonisch-sokratische Eros, die Liebe, ist für Hannah Arendt Sinn-Suche, nicht Erkenntnisdrang nach Wahrheit, die im übrigen mit dem Aufstieg der Wissenschaften sich in bloße Richtigkeit verwandelt habe. Ergebnisse des Denkens, Sinn also, brauchen sich demnach auch keinen Wahrheitskriterien zu beugen; andererseits sind die Produkte des Denkens deshalb auch nicht »gültig« wie Erkenntnisergebnisse, wie Wahrheiten. Vernunft und Denken sind für Arendt deutlich »höhere« Vermögen, Sinn ist ein höherer Wert als das von Verstand und Erkenntnis abgeworfene Produkt Wahrheit.

Nun glaube ich nicht, daß Feyerabend ins Konzept paßt, was Hannah Arendt da anhand der kantischen Dichotomie von Verstand und Vernunft über Wahrheit und Sinn auskultiert hat. So suspekt ihm die Vernunft ist, so anrüchtig werden ihm wahrscheinlich auch Begriffe wie Sinn oder das hier so feierlich initiierte Denken sein. Doch die auffällige Deplazierung von Wahrheit und Wahrheitssuche bei Hannah Arendt könnten ihn zumindest darin bestärken, daß sein Unbehagen am Mythos der Wahrheit keine bloß persönliche Idiosynkrasie ist.

Feyerabend bemüht sich mehrfach um den Nachweis, daß die Idee der Wahrheit (und die Idee der Humanität, Rationalität oder Objektivität) sowie das »allgemeine und abstrakte Streben nach Wahrheit« nur die besondere Tradition der Intellektuellen auszeichne, daß andere Gesellschaften und Traditionen schadlos ohne dieses Streben ausgekommen seien, ja daß erst mit einer solchen Idee wie derjenigen der abstrakten Wahrheit »jene typische menschliche Bestialität« entstanden sei. »Die Furcht vor den Göttern und der Kampf um Ideen« hätten in Griechenland mit der Einführung allgemeiner Begriffe und damit auch »eines allgemeinen Wahrheitsbegriffs« eingesetzt.[12] »Die Behauptung, daß soziale Ordnung nur durch eine Grundtradition mit Wahrheit, Humanität, Objektivität etc. erreicht werden kann, trifft einfach nicht zu.«[13] Mehrmals und ausführlich macht Feyerabend darauf aufmerksam, daß es etwa bei Homer nichts dergleichen wie »die Wahrheit« gegeben habe, »sondern es gab verschiedene Weisen des Sichanpassens an die Welt, die sich nicht leicht unter einen gemeinsamen Nenner bringen lassen. Das heißt, wir haben eine Zivilisation, in der ›die Wahrheit‹ überhaupt keine Rolle spielt.«[14] Allmählich bildet sich dann jener »theoretische Totalitarismus« aus, der unter anderem eine »Vereinfachung der Sprache« zusammen mit dem »Glauben an eine ›Wahre Welt‹« zur Folge hat. »Außerdem richten sich jetzt die ganzen vielfältigen Fähigkeiten der Beobachter auf diese ›Wahre Welt‹, sie werden einem *einheitlichen* Ziel untergeordnet, auf einen *bestimmten* Zweck zugeschnitten, einander stärker angeglichen, und das bedeutet, daß der Mensch zusammen mit seiner Sprache verarmt . . .«[15] Was Feyerabend hier skizziert und beklagt, ist der allmählich einsetzende und dann immer mehr sich beschleunigende Abstraktionsprozeß, der für unsere »Tradition« so charakteristisch ist und in den sie ihren Stolz setzt; das Bilden allgemeiner Begriffe, mit dem Vernunft-Begriff und der Idee der Wahrheit schließlich an der Spitze, indiziert er, mehr moralisch und ästhetisch als erkenntnistheoretisch, als Konformismus und Verarmung, so als seien sämtliche Bereiche dieser Tradition davon in Mitleidenschaft gezogen. Sofern Wahrheit von Feyerabend nun überhaupt noch in Betracht gezogen wird, scheint das jene vielberufene »konkrete« Wahrheit zu sein, eine Wahrheit gleichsam von Fall zu Fall, eine Art Situations-Wahrheit, wie sie seinem relativistischen Konzept wohl ansteht.

»Die Idee«, erklärt er einmal auf einem Symposion, »daß es da so etwas wie ein allgemeines Übereinstimmen von Rede und Welt geben muß, diese Idee kam erst mit den Vorsokratikern auf, früher war man mehr daran interessiert, wie bestimmte Dinge in bestimmten Situationen passen. Nun kann man sicher alle diese Dinge in einen und denselben großen Hut werfen und den dann ›Wahrheit‹ nennen – aber damit verliert der Begriff Wahrheit seinen Inhalt. Denn dann heißt ja ›die Wahrheit suchen‹ nicht mehr, etwas Bestimmtes tun, sondern was immer man tut, ist Suche nach der Wahrheit.«[16]

Unmißverständlicher als anderswo erfährt man in dieser, wie ich meine, taschenspielerischen Verallgemeinerung, daß Feyerabend nicht unbedingt und nicht immer gegen Wahrheit überhaupt polemisiert, sondern gegen das, was er häufig »abstrakte Wahrheit« nennt. Er plädiert für Wahrheiten, nicht für »die« Wahrheit. Dabei fragt er weder sich noch seine Leser, ob sich »Wahrheiten« denken lassen, ohne daß zuvor oder zugleich so etwas wie die Idee der Wahrheit ins Bewußtsein gleitet. Hat sich erst einmal, phylogenetisch wie ontogenetisch, ein Begriff von »der Wahrheit« herauskristallisiert, dann ist er nicht mehr loszuwerden. Die Abstraktion braucht keineswegs störend zu sein oder realitätsverkümmernd, solange man sich bewußt ist, daß die Redeweise von »der Wahrheit« eine Kürzel ist, eine *Façon de parler*, ein, meinetwegen verarmtes, Stück Sprache, kein Sein, und sie muß nicht unbedingt Ausdruck des Glaubens an die Entität einer absoluten Wahrheit sein. Insofern werde ich den Verdacht nicht los, daß sich Feyerabend bei seinen Attacken auf »die Wahrheit« mit bloßen Windmühlen eingelassen hat, daß er sich über pure Sprachkonventionen erregt, die niemandem wehe tun. Wir haben Schnaps, Wein und Bier, was brauchen wir da noch Alkohol – fragten sich schon die Bauern am Stammtisch. Und wenn er meint, mit solch abstrakten Begriffen wie dem der Wahrheit sei jene »typische menschliche Bestialität« in die Welt gekommen, also etwa Selbstgerechtigkeit, Wahrheits-Besitz und folgende Kreuzzüge im Zeichen der Wahrheit, so wird man ihm da nicht widersprechen wollen, wenn das auch mehr mit dem Gebrauch zu tun hat, den die Menschen von der Wahrheit machen, so wie sie von vielen Gütern üblen Gebrauch machen; aber er sollte sich auch fragen, ob nicht durch die Wahrheit, die Idee der Wahrheit, eine Menge jener typischen menschlichen Bestialität aus der Welt herausgeschafft worden ist.

Auf den Einwand eines Diskussionsredners, Menschen, die miteinander reden wollten, müßten doch ein gemeinsames Ziel haben, zusammen »eine bestimmte Wahrheit« anstreben, keine dogmatische, verabsolutierte, entgegnete Feyerabend auf dem schon erwähnten Symposion:

> Woran Sie zu denken scheinen, ist so etwas wie eine rationale Diskussion unter Studenten der Philosophie. Da ist schon ein gewisser Rahmen gegeben, eine Minimallogik, da sind gewisse gemeinsame Ziele, und unter solchen *sehr speziellen* Umständen kann man sagen, daß beide Parteien gemeinsam um die Auffindung der Wahrheit bemüht sind. Aber in der Gesellschaft, von der ich spreche, sind alle Traditionen gleichberechtigt, das heißt, es gibt keinen gemeinsamen Rahmen außer dem, den sich die Diskutanten für einen bestimmten und ganz konkreten Zweck *erst schaffen* – und ob dieser Rahmen die Wahrheit enthalten wird, das ist noch die Frage.[17]

Wie sollte, um mit dem letzten zu beginnen, dieser zu einem bestimmten Zweck von den verschiedenen Diskussionsteilnehmern selbstgeschaffene Rahmen nicht die Wahrheit als regulative Idee enthalten – und die Lüge ausschließen? Was sollte anders ihre Diskussion, außer einer reinen Lautkundgabe, bewirken? Haben die Diskutanten sich erst einmal einen gemeinsamen Rahmen geschaffen und einen besonderen Zweck gesetzt, dann müssen sie dieselbe »Minimallogik« einhalten wie jene zur rationalen Diskussion angetretenen Studenten der Philosophie. Das ist nicht eine Sache allein der Logik, sondern der Ethik der Logik. Unter Lügnern und Irren wird erst gar kein »Rahmen«, kein »Zweck« und nicht jenes »Minimum« an Logik herzustellen sein, das den fraglichen Wahrheitswert enthalten muß. Je mehr Teilnehmer aus verschiedenen Traditionen an einem Diskurs teilnehmen, desto weiter wird freilich der zum besonderen Zweck geschaffene gemeinsame Rahmen ausfallen, und desto weiter, desto »abstrakter« wird auch der diesem Rahmen inhärente Wahrheitsbegriff sein müssen. Damit bilden sich ganz von selbst Stufen der Abstraktion des Begriffs Wahrheit, die der Pluralismus geradezu erzwingt, und es ist dann nur die Frage, auf welche Abstraktionsstufe von

Wahrheit Feyerabend seine Diskutanten festnageln will. Dabei wird er beiläufig feststellen müssen, wie abstrakt auch noch die Rede von den »konkreten« Wahrheiten ist.

Ich vermute, Feyerabend ist sich darüber im klaren, daß er sich mit jedem Satz, den er gegen »metaphysische Monstren wie ›die Wahrheit‹«[18] schreibt, ausschließlich an die Club-Mitglieder jener Intellektuellen-Tradition wendet, denen eben dieses Monstrum Wahrheit, wenn nicht heilig, so doch unentbehrlich ist. Sie möchte er davon überzeugen, daß es »stimmt«, daß »zutrifft«, daß »der Fall ist«, – um das Wörtchen mit den acht Buchstaben auszusparen –, was er über Monstrositäten wie die Wahrheit sagt und schreibt, und daß es »richtiger« ist, eine Position der Anti-Wahrheit oder der Null-Wahrheit zu beziehen, »falsch« oder »irrsinnig« hingegen, was andere, vorwiegend, wie er meint, kritische Rationalisten, seinem krassen Wahrheits-Relativismus oder Wahrheits-Nihilismus vorwerfen. Ob er aber mit Zustimmung oder Ablehnung seitens dieser Intellektuellen-Clique rechnet – er muß einen zumindest latenten Konsensus zwischen sich und diesen unterstellen, ein gemeinsames Wahrheitskriterium etwa oder einen praktikablen Wahrheitsbegriff. Erst wenn er sich an Anhänger einer Tradition ohne Verpflichtung auf die »Wahrheit« wendet – sofern es heute eine solche Tradition gibt –, braucht er sich um dieses Element eines Konsensus nicht mehr zu kümmern. Dann könnte er ganz anders schreiben, reden und »argumentieren«. Aber das hat er uns bisher noch nicht vorgemacht, und so lange haben wir – und er selbst womöglich auch – keinen »Begriff« davon. Er müßte dann wohl auch von der traditionellen formalen Logik ablassen, gegen die er in der Tat in letzter Zeit, anders als früher,[19] immer schärfer vorgeht. Am Prinzip des auszuschließenden Widerspruchs jedenfalls hält er, gelegentlich mit Berufung auf Hegels »Logik«, nicht mehr unbedingt fest, wenn er schreibt: »Es gibt eine Erfahrung, die richtig beschrieben wird durch die Aussage, daß sich *derselbe Gegenstand gleichzeitig und in derselben Hinsicht bewegt und nicht bewegt.* Die Regel, daß ein Widerspruch zwar fruchtbar sein könnte, aber doch beseitigt werden müsse, würde uns hier eine unrichtige Beschreibung einer Erfahrung vorschreiben.«[20] Es kann hier nicht darum gehen, diese Sätze kritisch zu analysieren, zu prüfen, ob sie »wahr« sind; sie fungieren an dieser Stelle lediglich als demonstratives Beispiel dafür, welche Konsequenzen sich aus der Abspaltung des Wahrheitsbegriffs auch für die Logik ergeben (oder umgekehrt: welche sich aus einer Transformation der formalen Logik für den Wahrheitsbegriff ergeben).[21] Die Wahrheitsidee im übrigen aufzugeben, solange man noch um eine verbindliche Wahrheitsdefinition streitet – solange man sich noch nicht klar ist, was Wahrheit »ist« –, könnte sich als voreilig und leichtfertig erweisen.

Feyerabend glaubt indes mehrfach nachgewiesen zu haben, daß eine freie Gesellschaft sehr wohl ohne Bindung an »die Wahrheit« »blühen und gedeihen« kann; sein Beweismaterial besteht allerdings vorwiegend aus projektierten Muster-Gesellschaften oder aus von ihm entsprechend interpretierten alten und exotischen Gesellschaftsformen. Immer wieder beschwört er die homerische Welt als »wahre« Gegenwelt herauf:

> Wie es den griechischen Philosophen gelang, das reiche und flexible Begriffsystem Homers, des »Erziehers aller Griechen«, durch ihre eigenen trockenen Erfindungen zu ersetzen, ist immer noch ein Rätsel für die Ideengeschichte. Aber es ist klar, daß die Rede von »Wahrheit« jetzt eine Ideologie impliziert, die von Intellektuellen für ihre partikularen Zwecke konstruiert worden ist. Und es ist auch klar, daß wir einer Wahrheit in diesem Sinne nicht zu folgen brauchen.[22]

Ich will mich jetzt nicht darauf einlassen, ob es glücklich ist, vom »Begriffssystem« Homers zu sprechen – Feyerabends Nabelschnur zur Mutter Wissenschaftstheorie ist wohl doch noch nicht ganz durchschnitten –, ob es wirklich noch ein Rätsel ist, wie die griechischen Philosophen dieses »Begriffssystem« ersetzen konnten, ob die Rede von der Wahrheit von Intellektuellen »konstruiert« wurde; ich will vielmehr darauf hinweisen, daß Feyerabend, nach Art aller müden Abendländer, stets uralte oder exotische Lebenswelten als die »reicheren« gegen unsere Zivilisation setzt, daß er die Welt der Dichtung und Kunst gegen die des Denkens ausspielt, daß er uns – und darauf kommt es an – als Alternativen suggeriert, was in Wirklichkeit Momente eines geistesgeschichtlichen und bewußtseinsmäßigen Prozesses sind, Momente, die wir durchaus in unser Bewußtsein integrieren, darin »aufheben« sollten, aber nicht als Gegenbilder anderen Momenten schroff konfrontieren. Feyerabend, so fürchte ich, unterläuft mit solchen Thesen seinen eigenen Pluralismus, indem er Präferenzen setzt, wo es auf Einheit des Widersprüchlichen ankäme, auf eine Diaphanität des Bewußtseins für alle geistesgeschichtlichen Phänomene, statt auf Regressionen zu von Feyerabend bevorzugten Momenten oder historischen Phasen. Und noch einmal gröber gefragt: Was geht es uns heute an, daß man in der homerischen Welt ohne die Idee der Wahrheit angeblich gut sein Auskommen fand? Die homerische Welt ist mit der unseren in kaum einem Detail vergleichbar, und es ist zumindest möglich, daß unsere auch bewußtseinsmäßig so unerhört komplizierte Welt der Idee der Wahrheit bedarf, um nicht zusammenzubrechen. Man mag es bedauern, daß diese unsere Welt einen solchen Status der Reflexion erreicht hat, aber ein Zurück gibt es nicht mehr.

Feyerabend fährt dann fort:

> Das menschliche Leben wird von vielen abstrakten Ideen geleitet. Wahrheit in dem Sinne, um den es hier geht, ist nur eine von ihnen. Freiheit, Glück, ungeprüfte Annahme der Befehle göttlicher Wesen, Glauben sind anders. Wenn die Wahrheit mit Freiheit oder Glauben in Konflikt gerät, haben wir die *Wahl.* Wir können Freiheit oder Glauben aufgeben, aber ebensogut auch die Wahrheit. Und da die Notwendigkeit einer solchen Wahl nur dann klar wird, wenn die Alternativen klar sind, folgt daraus, daß das Verfolgen von Unternehmungen, die der »Wahrheit« entgegenstehen, nicht nur zulässig, sondern sogar erforderlich ist.[23]

Die Wahrheit ist also, dies zunächst, doch eine der abstrakten Ideen, von denen unser Leben »geleitet« wird. Scheinbar ist nun wieder nicht von einer Preisgabe der Wahrheitsidee, sondern bloß von ihrer Relativierung die Rede. Denn anderenorts hat Feyerabend ja hinlänglich Rhetorik aufgeboten, um uns zur Wahl der Freiheit auf Kosten der Wahrheit zu überreden. (Nebenbei bemerkt: Welche Idee ist vager als die des Glücks, welche abstrakter als die der Freiheit, in deren Namen die schlimmsten Bestialitäten begangen worden sind?) Schließlich konstruiert Feyerabend einen Konflikt: Freiheit oder Wahrheit. Ist das aber ein wirklicher Konflikt, eine Alternative? Wann und wo können Freiheit und Wahrheit so miteinander in Konflikt geraten, daß man ernsthaft vor der Wahl des einen oder anderen steht? Muß dazu nicht schon Wahrheit als etwas die Freiheit Restringierendes definiert werden und Freiheit als etwas, das sich mit der Wahrheit schlecht verträgt? Wenn zum Beispiel, wie es Feyerabend proklamiert, die »Illusion«, nicht aber die »Wahrheit« uns »frei« macht, dann hat er zumindest eine ganz besondere, höchst feyerabendliche Vorstellung von der Freiheit, die allerdings mit der Wahrheit in Konflikt geraten muß. Stellt man sich hingegen auf den

Standpunkt, daß es die Illusion ist, die der Freiheit entgegensteht, dann nimmt sich das Verhältnis von Freiheit und Wahrheit wieder ganz anders aus, nämlich keineswegs als ein Entweder–Oder. Ich glaube also, Feyerabend stellt uns vor künstliche, falsche Alternativen, jedenfalls mit dem Exempel von Freiheit und Wahrheit. Anders scheinbar ist es im Falle von Wahrheit und Glauben. Man kann den Glauben wählen und die (Vernunft)-Wahrheit verwerfen – eine Menge Menschen tut das; aber wenn Menschen die Wahrheit um des Glaubens willen verleugnen, dann tun sie das vielleicht nicht ohne ein schlechtes Gewissen gegenüber der Wahrheit. Davon legen die jahrhundertelangen Versuche ganzer Scharen von Theologen, philosophische oder wissenschaftliche Wahrheit mit Glaubens-Wahrheit in Einklang zu bringen, Zeugnis ab. Feyerabend glaubt auch hier offenbar kurzen Prozeß machen zu können.

Dennoch stimme ich ihm letztlich zu, wenn er es für erforderlich hält, die großen Ideen, insbesondere die Idee der Wahrheit, in Frage zu stellen. Es gibt in der Tat so etwas wie die »Tyrannei der Wahrheit«. Sie setzt dann ein, wenn die Suche nach Wahrheit Selbstzweck wird und der Wahrheitssucher in heiligem – tierischem – Ernst über Leichen geht. Gegenüber derartigen geistigen Ausschweifungen und gegen solche Wahrheits-Apostel will uns Feyerabend allergisch machen. Und er lockt uns mit anderen Gütern, die *neben* der Wahrheit existieren und zweifellos ebenso erstrebenswert sind. Aber sie sind, meine ich, keine Alternativen zur Wahrheit – einfach darum nicht, weil die Wahrheit keine Alternative ist.

Anmerkungen

1 Paul Feyerabend, *Wider den Methodenzwang (WM)*, Frankfurt am Main 1976, S. 45.

2 *WM*, S. 239.

3 *WM*, S. 318.

4 Paul Feyerabend, *Erkenntnis für freie Menschen (EfM)*, Frankfurt am Main 1979, S. 214.

5 *WM*, S. 153, Anm. 22.

6 F. Nietzsche, *Morgenröthe*, Viertes Buch, Nr. 507; in: *Werke*, Bd. 4, Stuttgart 1921.

7 *WM*, S. 250.
8 *WM*, S. 32.
9 *WM*, S. 52.
10 *WM*, S. 244.
11 Hannah Arendt, *Vom Leben des Geistes*, Bd. 1: *Das Denken*, München–Zürich 1979, S. 70.
12 *EfM*, S. 134.
13 *EfM*, S. 135.
14 *EfM*, S. 118, 134.
15 *WM*, S. 359.
16 *EfM*, S. 259.
17 *EfM*, S. 258.
18 Paul Feyerabend, *Der wissenschaftstheoretische Realismus und die Autorität der Wissenschaften, Ausgewählte Schriften (WRAW)* Bd. 1, Braunschweig/Wiesbaden 1978, S. 248.
19 Vgl. *WRAW*, S. 117, 119, 120; siehe auch: *Wie wird man ein braver Empirist?*, in: *Erkenntnisprobleme der Naturwissenschaften;* Lorenz Krüger (Hrsg.), Köln–Berlin 1970, S. 333, Anm. 53).
20 Paul Feyerabend: *Eine Lanze fürAristoteles – Bemerkungen zum Postulat der Gehaltvermehrung*, in: *Fortschritt und Rationalität der Wissenschaft*, G. Radnitzky u. G. Andersson (Hrsg.), Tübingen 1980, S. 177.
21 In dieser Richtung hat einzig Gotthard Günther intensiv und ein Leben lang geforscht. Siehe sein *Grundzüge einer neuen Theorie des Denkens in Hegels Logik*, Hamburg [2]1978; und *Idee und Grundriß einer nicht-Aristotelischen Logik*, [2]1978. Günther gilt zwar als Außenseiter, aber das dürfte ja Feyerabend nicht schrecken.
22 Paul Feyerabend: *Unterwegs zu einer dadaistischen Erkenntnistheorie*, in: *Unter dem Pflaster liegt der Strand*, Bd. 4; S. 26/27.
23 Ebenda, S. 27.

John Worrall
Feyerabend und die Fakten[1]

Paul Feyerabend stellt die meisten seiner Vorläufer gern als Leute dar, die die Ansicht hegten, die Entwicklung der Wissenschaft sei wesentlich kontinuierlich verlaufen. Nach dieser Ansicht könnten, grob skizziert, zwar diese oder jene Naturwissenschaften verfehlte Anläufe nehmen, aber sobald richtiggehende Wissenschaftlichkeit eingesetzt habe (in der Astronomie vielleicht mit Kepler und Galilei, in der Optik vielleicht mit Young und Fresnel), dann seien weitere Veränderungen der theoretischen Grundlagen in ihrem Wesen kumulativ. Es mag die neue Theorie eingestandenermaßen von der alten, strenggenommen, abweichen, aber die neue Theorie sei nicht mehr als eine ›Modifizierung‹ der alten und enthalte sicherlich alle wesentlichen Bestandteile ihrer Vorläuferin.

Schwieriger als Feyerabend anscheinend glaubt, ist es, Philosophen zu finden, die diese Kontinuitätsthese irgendwie in der ausgeprägten Form vertreten, in der er sie darstellt. (Feyerabend verknüpft zum Beispiel diese These mit einer ›Konsistenzbedingung‹, die ausschließen müßte, daß spätere Theorien frühere auch nur *modifizieren.*) Aber einige Philosophen sind ihr nahe gekommen. William Whewell zum Beispiel beschreibt die Entwicklung der Astronomie so:

> Die *Gesetze,* die Kepler entdeckt hatte, wurden von Newton als Thatsachen, als *Facta* angesehen, von denen er Rechenschaft zu geben suchte; und was Kepler und nach ihm Horrox als ihre *Theorien* bekannt machten, wurde von Newton als eine bereits etablirte Wahrheit betrachtet, die ihm nur als Mittel zur Konstruktion anderer, höherer Theorien diente. In dieser Art, kann man sagen, daß eine Theorie auf einer anderen erbaut ward, indem man von dem Einfachen zu dem Allgemeinen überging, und so auf verschiedenen Stufen der Induktion allmählig immer höher zu steigen suchte. Newton nahm die Gesetze Keplers als Thatsachen an, so wie Kepler im Grunde die Resultate der epicyklischen Planetentheorie des Ptolemäus auch als eine Thatsache seinen Untersuchungen zu Grunde gelegt hatte. Auf diese Weise geht, in der Welt der Wissenschaften, die Theorie einer jeden Generation, wenn sie einmal vollständig ausgebildet und in allen ihren Theilen verificirt ist, immer wieder bei der nächstfolgenden Generation (die aber oft viele Jahrhunderte der vorhergehenden

entfernt ist), in eine bloße Thatsache über, um darauf eine neue, allgemeinere Theorie zu erbauen, der in der Folgezeit dasselbe Schicksal wartet. Newton's Theorie ist als der große Kreis zu betrachten, der alle Theorien seiner Vorgänger umschließt; sie ist der höchste Punkt, welchen die induktive Kraft des menschlichen Geistes bisher erstiegen hat; sie ist die Peripetie des großen philosophischen Drama's, zu dem Plato und Aristoteles den Prolog geschrieben haben; sie ist das endliche Ziel der langen Reise, auf welcher der Menschengeist seit mehr als zwei Jahrtausenden gewandelt hat.[2]

Dem stellt Feyerabend seine eigene These der *Diskontinuität* der Entwicklung der Wissenschaft entgegen. Nach Feyerabends Ansicht sind aufeinander folgende Theorien in gleich welchem Gebiet allgemein inkonsistent miteinander; einige (vielleicht die meisten) Wechsel von einer Theorie zur nächsten brachten radikale Veränderungen in der zugrunde liegenden Metaphysik mit sich. Diese Veränderungen lassen sich nicht abtun als bloße Veränderungen des Hausanstrichs, wie einige Positivisten sie auffassen würden, denn sie haben wichtige Veränderungen von Problemen, die Wissenschaftler für vorrangig halten, und von Erklärungen, nach denen sie suchen, mit sich gebracht.

So weit kann natürlich Feyerabends Diskontinuitätsthese weithin akzeptiert werden – sicher auch von Popper, der diese These seit den dreißiger Jahren vertritt. (Whewells Textstelle legt in der Tat nahe, daß eine voll ausgeprägte Kontinuitätsthese die Einsteinsche Umwälzung kaum sehr lange überleben dürfte.) Jedoch sind gewiß die meisten Wissenschaftler und Philosophen der Gegenwart der Meinung, daß zwar radikale Diskontinuitäten in der Wissenschaft auf hochgradig theoretischen Ebenen vorkommen können, daß aber diese Diskontinuitäten sich nicht auf die ›Beobachtungs-‹ oder ›instrumentelle‹ Ebene erstrecken. Nach dieser vermittelnden Ansicht gibt es auf der untersten Beobachtungsebene keine radikalen Veränderungen der Wissenschkft. Obendrein können zwar einige Theoriewechsel vereinzelte Verluste an erklärendem Gehalt mit sich bringen (zum Beispiel hat Descartes' Wirbeltheorie anscheinend erklärt, warum alle Planeten sich *in derselben Richtung* um die Sonne bewegen, Newtons Theorie erklärt das nicht), aber nachfolgende Theorien haben im weiteren Verstande mehr und mehr der unveränderten Beobachtungstatsachen erklärt.[3]

Feyerabend hat sogar diese schwächere Kontinuitätsthese angegriffen.[4] Nach seiner Ansicht reichen die Diskontinuitäten in der Wissenschaft bis hinunter auf die Ebene der Empirie. Es gibt in der Tat keine neutralen Beobachtungstatsachen; alle ›Tatsachen‹ hängen von anerkannten Theorien ab *und* unterliegen der Veränderung im Verlauf der Entwicklung der Wissenschaft. Das, so seine Folgerung, schließt den alten Gedanken aus, konkurrierende Theorien ließen sich danach einordnen, wie gut sie dem neutralen Schiedsspruch der festen, empirischen Tatsachen standhielten, da derartige Fakten nicht existieren. Und die Verwerfung dieses Gedankens führt Feyerabend auf den langen Weg hin zu Relativismus oder ›anarchistischer Erkenntnistheorie‹.

Feyerabend (und andere) haben einige tatsächlich vorhandene Schwierigkeiten dargelegt, die unterschiedlichen, einfach gehaltenen Darlegungen der Vorstellung, die Entwicklung der Wissenschaften sei im schwächeren (empirischen) Sinne kontinuierlich verlaufen, innewohnen. Nur bezweifle ich kaum, daß diese Vorstellung im wesentlichen richtig ist; zweifelsfrei dagegen hat Feyerabend die Schwierigkeiten, die sie erzeugt, übertrieben dargestellt. Diese Behauptung zu belegen, ist Sinn dieses Aufsatzes. Ich will darlegen, daß Feyerabends so erschütternd klingenden Thesen über »Theorieabhängigkeit« odec »Theoriedurchdrungenheit« der Tatsachen bei genauerer Analyse sich als Thesen erweisen, die aus einem vernünftigen »harten Kern« vernünftiger Ansicht (die bereits von Poincaré und Duhem klar dargelegt wurde) und einem »Schutzwall« verwirrender Rhetorik bestehen.

Zunächst soll der Anteil der »vernünftigen Ansicht« erörtert werden, danach Feyerabends zwei Hauptargumente für die unvermeidliche Theorieabhängigkeit von Tatsachen; dabei ist zu prüfen, wie weit sie uns wirklich weiterbringen.

1. ›Wissenschaftliche‹ und ›rohe Tatsachen‹: Poincaré und Duhem

Der Ausdruck ›Tatsache‹ ist gefährlich unbestimmt; und diese Unbestimmtheit ist verantwortlich für einige Verwirrung. Wenn über Wissenschaft gesprochen wird, stellt man gewöhnlich Tatsachen und Theorien einander gegenüber. Tatsachen sind das Material, an dem Theorien überprüft werden. Aber bekanntlich hält ein Wissenschaftler, der seine neuesten Theorien überprüft, alle möglichen anderen Theorien für zutreffend, zumal wenn sie bereits seit längerer Zeit unumstritten sind. Die ›Tatsachen‹, an denen die neuen Theorien überprüft werden, setzen diese älteren Theorien (gewöhnlich einer ›niedereren Ebene‹ zugehörig) voraus. Die newtonsche Theorie der Schwerkraft ließ sich beispielsweise an den ›Tatsachen‹ der Planetenstellungen überprüfen. Aber der empirisch arbeitende Astronom könnte auch sagen, er vergleiche *Theorien* über Planetenstellungen mit ›Tatsachen‹, die sich darauf beziehen, wann bestimmte typische Lichtflecken auf den Achsen eines passend aufgerichteten Fernrohrs erscheinen. Die ›Daten‹ über Planetenstellungen sind alles andere als ›roh‹: Sie werden *mit Hilfe* einer Berechnung gewonnen, die Daten ›niederer Ebene‹ über die Neigung des Fernrohrs in ›Daten‹ über Planetenstellungen verwandelt. Diese Berechnung beruht auf vielerlei *Annahmen* – beispielsweise optischen Annahmen über Brechungswinkel in der Atmosphäre; und diese Annahmen sind im Grunde Theorien – gut bestätigte Theorien möglicherweise, aber dennoch Theorien. Genauso können wir darüber reden, daß wir Theorien über den Aufbau der Materie mit den ›Tatsachen‹ über das Verhalten bestimmter Partikel in Nebelkammern vergleichen. Aber es ist klar, daß diese ›Tatsachen‹ hochgradig interpretierte sind – interpretiert im Lichte unterschiedlicher Theorien, in die wir schon einiges Vertrauen setzen.

Heutzutage neigen Wissenschaftstheoretiker dazu, ihre Vorgänger so darzustellen, als hätten sie naiv angenommen, es gäbe eine selbstverständliche und natürliche Unterscheidung zwischen Theorie und (beobachtbarer) Tatsache. Aber selbst der logische Positivist Carnap erklärte (in *Testability and Meaning*): »Es existiert keine präzise Trennlinie zwischen Beobachtungs- und Nicht-Beobachtungs-Prädikaten.« Und in seinem Buch *Einführung in die Philosophie der Naturwissenschaften* weist er darauf hin, daß Wissenschaftler den Ausdruck ›Observable‹ um einiges weiter ausdehnen, als ein strikt positivistischer Philosoph zugestehen würde:

... Größen, die man mit relativ einfachen Verfahren bestimmen kann – die Länge mit einem Maßstab, die Zeit mit einer Uhr, die Lichtfrequenz mit einem Spektrometer –, nennt man (d. h. die Wissenschaftler) beobachtbare Größen oder Observable. Ein Philosoph könnte einwenden, daß eine elektrische Stromstärke nicht wirklich beobachtet wird. Nur eine Zeigerstellung werde beobachtet. ... Man kann hier nicht fragen, wer den Ausdruck ›Observable‹ richtig benützt. Es gibt ein Kontinuum von Bedeutungen, das bei den direkten sinnlichen Wahrnehmungen beginnt und bis zu ganz außerordentlich komplizierten indirekten Beobachtungsmethoden fortschreitet. Man kann offensichtlich dieses Kontinuum nicht durch eine scharfe Linie unterteilen. Es ist eine Frage des mehr oder weniger. (1969, S. 226)

Dieses Kontinuum von theoretisch bis observabel wurde schon um die Jahrhundertwende recht klar dargestellt – von den französischen Konventionalisten, vornehmlich Poincaré und Duhem. Poincaré etwa führte die Unterscheidung zwischen ›rohen‹ und ›wissenschaftlichen Tatsachen‹ ein:[5] eine Aussage wie »der Strom in diesem Draht hat 10 Amp« ist, wenn überhaupt eine Tatsache, dann eine ›wissenschaftliche Tatsache‹, denn sie gründet auf bestimmten wissenschaftlichen Theorien; dagegen ist eine Aussage wie »der Zeiger dieses Geräts stand auf ›10‹« eine Aussage über eine ›rohe Tatsache‹. Ähnlich kann eine Aussage über die Wellenlänge einer bestimmten Lichtart eine ›wissenschaftliche Tatsache‹ ausdrücken, während die entsprechende ›rohe Tatsache‹ mit Entfernungen zwischen den Mittelpunkten zweier Gebiete maximaler Lichtstärke in einem bestimmten Muster heller und dunkler Streifen oder mit dem Abweichungswinkel eines bestimmten Lichtstrahls zu tun hätte.

Seit langem hat man somit die Erkenntnis, daß das, was Wissenschaftler als ›Tatsachen‹ akzeptieren, von theoretischen Annahmen abhängt. Anzumerken ist, daß Duhem den Ausdruck ›theoretische Tatsache‹ einführte, um damit ungefähr das gleiche zu bezeichnen wie Poincarés ›wissenschaftliche Tatsache‹.[6] Die Theoriearten, an die Poincaré und Duhem im Zusammenhang mit ›wissenschaftlichen‹ oder ›theoretischen Tatsachen‹ dachten, sind gewöhnlich ›Hilfs-‹ oder ›instrumentelle Theorien‹. Aber wir können ihren Analysen hinzufügen, daß, wenn Wissenschaftler sich auch ihrer Theorien ›höherer Ebene‹ sicher werden, sie sogar einmal von *sehr* wissenschaftlichen ›wissenschaftlichen Tatsachen‹ zu sprechen sich verleiten lassen können: diejenigen Tatsachen, die zur Zeit akzeptierte Theorien auch als solche ansehen. In einem sehr weiten Sinne (›Tatsache‹ als Gegensatz zu ›Fiktion‹ oder vielleicht ›Werten‹) bezieht sich anscheinend der Ausdruck ›Tatsache‹ auf alles, was der Fall ist – alles, was als wahre, synthetische und deskriptive Aussage beschreibbar ist. Das heißt soviel wie:

Jede synthetische, deskriptive Aussage, die für wahr gehalten wird, drückt etwas aus, das wir für eine Tatsache halten; und in jedem Entwicklungsstadium der Wissenschaft werden viele Theorien ziemlich hoher Ebene gewißlich für wahr gehalten. In diesem weiten Sinne ist es zur Zeit anscheinend eine Tatsache, daß der Raum in der Anwesenheit von Materie gekrümmt ist, daß es Neutrinos gibt, usw. usw. Sicher überdehnt man den Ausdruck ›Tatsache‹ nicht, wenn man sagt, daß Wissenschaftler im 19. Jahrhundert es für eine Tatsache hielten, daß etwa der Planet Mars sich auf einer Bahn bewegt, die durch das Zusammenspiel seiner Schwerkraft mit der aller anderen Körper im All determiniert war.

Es ist keine Neuigkeit, daß ›wissenschaftliche‹ oder ›theoretische Tatsachen‹ in entweder diesem weiten oder aber einem engeren Sinne theorieabhängig sind. Und neu ist es auch nicht, daß solche ›Tatsachen‹ bezweifelt und im Verlauf der Entwicklung der Wissenschaft verworfen werden können. Das bedeutet einfach, daß die Theorien, auf denen diese ›Tatsachen‹ beruhten, angezweifelt und ersetzt worden sind. Ein bekanntes Beispiel – Newtons Gravitationstheorie stand zu Anfang in Widerspruch zu einigen ›theoretischen Tatsachen‹ Flamsteeds, die Planetenstellungen betrafen. Die Lösung bestand darin, daß Newton Flamsteed zeigte, wie man diese ›Tatsachen‹ ›neu berechnen‹ konnte, so daß sie mit seiner Theorie in Einklang standen. Das bedeutet schlicht, daß Newton eine Revision einer der theoretischen Annahmen (über die Stärke der Brechung in der Atmosphäre) vorschlug, auf denen die ursprünglichen ›theoretischen Tatsachen‹ beruhten.

Will Feyerabend uns hier etwas Neues aufzeigen, dann muß er sicher mehr tun, als uns von der Selbstverständlichkeit zu überzeugen, daß ›theoretische Tatsachen‹ von der Theorie abhängig sind. Wie sich im weiteren zeigen wird, hängen unglücklicherweise seine Hauptargumente davon ab, daß ›Tatsachen‹ auf einer sehr hohen theoretischen Ebene begriffen werden.

Aber sind nicht *alle* Tatsachen, gleichviel welcher ›unteren Ebene‹ oder wie ›roh‹, in Wirklichkeit ›theoretische Tatsachen‹? Wenn *irgendeine* Behauptung, egal wie ›empirisch‹, über die Welt aufgestellt wird, werden dann nicht in Wirklichkeit auch bestimmte Annahmen gemacht, so daß auch die ›rohesten‹ Tatsachen nur unter der Voraussetzung dieser Annahmen Tatsachen sind? Die Antwort auf diese Fragen lautet offensichtlich: »Ja«. Selbst wenn wir berichten, die Spitze eines bestimmten Zeigers stehe ungefähr bei dem Zeichen ›10‹ auf irgendeiner Skala, nehmen wir an, daß der Zeiger tatsächlich vorhanden ist, daß wir nicht ununterbrochen halluzinieren, daß kein böser Geist uns verblendet, und ähnliches. Diese (allerdings reichlich langweilige) Tatsache sollte uns nicht blind gegenüber einer interessanteren Frage machen.

Das ist die Frage, ob es bei allen Fällen von Uneinigkeit in der Wissenschaft möglich ist, die betreffenden Tatsachen auf einer *ausreichend rohen* Ebene zusammenzubringen, alle Beteiligten sich über die Tatsachen einigen zu lassen und so die Uneinigkeit auf die jeweils anerkannten Theorien zu beschränken. Daraus ergäbe sich, daß sich die verschiedenen Theorien vergleichen ließen, indem man feststellt, wie gut sie mit den *anerkannten* Tatsachen zu vereinbaren sind. Dies erscheint in der Tat immer möglich zu sein.

Greifen wir wieder den Fall Newton gegen Flamsteed als ein Beispiel auf und nehmen die von Flamsteed angeführten Tatsachen auf einer ›roheren‹ Ebene – als nicht die tatsächlichen Planetenstellungen betreffend, sondern vielleicht die Neigungswinkel der Fernrohre Flamsteeds zu dem Zeitpunkt, zu dem bestimmte typische Lichtpunkte auf ihren Achsen zu sehen waren. Natürlich ist hier nicht die Rede davon, Flamsteed habe auf dieser Ebene fehlerhafte Beobachtungen angestellt. *Diese* Tatsachen bestritt Newton gewiß nicht. Wie Duhems Analyse der Überprüfung wissenschaftlicher Theorien deutlich warnt, liegt hier das Problem darin, daß Newtons Theorie (der Schwerkraft und Mechanik) keine Aussagen über diese ›rohe‹ Ebene enthält. Seine Theorie bezieht sich ja auf die Bewegung von Körpern unter der Einwirkung von Kräften und *nicht* auf Lichtpunkte, die im Fernrohr zu sehen sind. Um aus der Theorie Aussagen abzuleiten, die mit diesen ›rohen Tatsachen‹ in Beziehung zu setzen sind, muß sie in ein theoretisches System eingebracht werden, *das auch unterschiedliche astronomische, optische und Instrumente betreffende Theorien umfaßt, die den ursprünglichen ›wissenschaftlich-tatsächlichen‹ Aussagen über Planetenstellungen zugrunde liegen.* Das würde bedeuten, wie ebenfalls schon Duhem in aller Deutlichkeit gezeigt hat, daß jede empirische Widerlegung ein massiges Ziel im Visier haben müßte – ein umfangreiches theoretisches System nämlich, nicht eine ›isolierte‹, ›einzelne‹ Theorie. Der ›Gewinn‹ jedoch wäre die Rückkehr zu einer Situation schlichten

Mutmaßens – unangefochtenen Widerlegens – neuen Mutmaßens; über ›Tatsachenkorrektur‹ müßte nicht mehr gesprochen werden. Das gesamte theoretische System – Newtons Theorie umfassend ebenso wie etliche astronomische, optische und Instrumente betreffende Hilfssätze – kollidierte mit Flamsteeds ›rohen Tatsachen‹ über Fernrohrwinkelstellungen. Diese wurden allseits akzeptiert. Daher war das ganze theoretische System eindeutig widerlegt und nicht imstande, ein ›come back‹ zu feiern. Jedoch bestand das Ergebnis der Kollision darin, daß man zu einem neuen theoretischen System überging, das sich von dem alten nur in einer nebensächlichen Annahme unterschied (über den Brechungsindex der Atmosphäre). Da die Kerntheorie im alten wie im neuen theoretischen System die gleiche ist, kann man versucht sein zu sagen, Newtons Theorie habe ›eine Widerlegung überlebt‹. Nun kann und sollte man, wie meine Analyse zeigt, dieser Versuchung widerstehen. Duhems zentrale These ist genau, daß Newtons Theorie *für sich genommen* durch all diese ›rohen Tatsachen‹ nicht widerlegbar ist.

Ich bin der Ansicht, daß alle Fälle von ›Tatsachenkorrektur‹ in der Wissenschaftsgeschichte in dieser Weise betrachtet werden können. Denn gäbe es nicht immer irgendeine Ebene, auf der man sich über die ›Tatsachen‹ einig werden könnte, dann wäre der empirische Charakter der Wissenschaft mit Sicherheit verloren.[7] Wie steht es nun mit anderen Fällen, in denen unterschiedliche Wissenschaftlergruppen anscheinend über die ›Tatsachen‹ keine Einigung erreichen? Wir müssen natürlich zubilligen, daß über Theorien oft Uneinigkeit herrscht, folglich auch über ›theoretische Tatsachen‹ – zumal wenn wir sie im weiteren Sinne auffassen und als Abkömmlinge von Theorien ziemlich hoher Ebene zulassen. Die Kopernikaner, zum Beispiel, waren von der Tatsache überzeugt, daß die Erde ständig um ihre eigene Achse und gleichzeitig um die Sonne rotiert, während die Aristoteliker der Ansicht waren, es sei Tatsache, daß die Erde fest steht. Auf dieser Ebene sollten wir eine Einigung nicht einmal *erwarten.*[8] Aber diese Uneinigkeit schließt selbstverständlich nicht aus, daß man ›praktischere‹ oder ›rohere Tatsachen‹ auffindet, über die man sich mit Vergnügen verständigt und mit deren Hilfe ihre unterschiedlichen Theorien sich vergleichen ließen.

Kurz, sollte es sich erweisen, daß Feyerabends Argumentationsgänge nur die These vertreten, daß Wissenschaftler als Tatsachenaussagen Aussagen auffaßten, die sich in Wirklichkeit auf theoretische und verbesserte Annahmen stützten, dann können wir mit gutem Recht enttäuscht sein. Was wir gern sähen (und was Feyerabends Bekanntheitsgrad zu versprechen scheint), ist etwas, das die alten, eben skizzierten methodologischen Lektionen, die alle sicher von Poincaré und Duhem zu lernen sind, erweitert oder, noch schöner, in Frage stellt. Wenden wir uns also Feyerabends Hauptargumenten zu. Wir werden, befürchte ich, der prophezeiten Enttäuschung nicht entgehen.

2. Feyerabends ›Beobachtungs-Ideologie‹: Galilei und das Turmargument

Nach Feyerabend werden die ›Daten‹ oder ›Tatsachen‹ in jedem Stadium der Entwicklung der Wissenschaft ›durch ältere Ideologien konstituiert‹ (S. 91).[9] Es wäre deshalb »äußerst unklug, die Daten ohne weitere Umstände über Theorien entscheiden zu lassen. Eine direkte und nicht näher qualifizierte Beurteilung von Theorien im Lichte von ›Tatsachen‹ eliminiert Ideen oft nur darum, weil sie nicht in den Rahmen einer älteren Kosmologie hineinpassen« (S. 106) Wir können keine Tatsachenaussage von uns geben, ohne die jeweils gängige Beobachtungs-Ideologie vorauszusetzen. Das bedeutet, daß der Wettstreit zwischen Theorie und empirischen Tatsachen zugunsten des *status quo* angelegt ist und deshalb um des Fortschritts willen versucht werden muß, diese ›Ideologie‹ zu kritisieren. Diese Kritik ist äußerst beschwerlich, da die ›Ideologie‹ als Voraussetzung dient; um die Kritik zu üben, müssen wir zu ziemlich drastischen Maßnahmen greifen:

> Daher besteht der erste Schritt unserer Kritik an herkömmlichen Begriffen und Reaktionen darin, aus dem Kreis herauszutreten und entweder ein neues Begriffssystem zu erfinden, etwa eine neue Theorie, die im Gegensatz zu den bestfundierten Beobachtungsergebnissen steht und die einleuchtendsten theoretischen Grundsätze über den Haufen wirft, oder ein solches System aus einer anderen Wissenschaft, aus der Religion, aus der Mythologie, aus den Ideen Unzuständiger oder aus den Ergüssen Verrückter zu entnehmen. (S. 107)

So weit Feyerabends (ziemlich herausfordernde) Aussagen. Er begründet sie nahezu völlig aus der Untersuchung eines einzelnen historischen Beispiels: des Falls Galilei und des Turmarguments.

Angenommen, die Erde drehe sich wirklich nach Osten, wie es sich aus der kopernikanischen Hypothese ergibt. Dann, so argumentierten viele Gegner des heliozentrischen Weltbildes, müßte ein von der Spitze eines hohen Turmes herabgefallener Stein einige Meter westlich von der Basis des Turms aufgetroffen sein, da ja die Erde während des Fallens einige Meter nach Osten sich weitergedreht hätte. Deshalb widerlegt das allgemein bekannte Ergebnis dieses Experiments – der Stein landet (ziemlich genau) an der Basis des Turms – die Theorie des Kopernikus.

Nach Feyerabend konnte Galilei diesen Einwand gegen Kopernikus nur dadurch ›entschärfen‹, daß er eine neue ›Beobachtungs-Ideologie‹ erfand, die die ›Tatsachen‹ des Falls von Grund auf veränderte, mit dem Ergebnis, daß sie jetzt Kopernikus nicht widerlegten, sondern *bekräftigten.* Das heißt, »daß die Erfahrung, auf die Galilei die Kopernikanischen Auffassung gründen möchte, nichts anderes ist als das Ergebnis seiner eigenen fruchtbaren Phantasie, daß sie *erfunden* worden ist« (S. 123).

Worauf läuft diese verblüffende Forderung hinaus? Schlicht, daß Galilei das Gesetz der Trägheit aufstellte, aus dem sich ergab, daß der Stein während des Fallens die Kreisbewegung (bezüglich des Raumes) beibehielt, die auf ihn übertragen wurde, als er auf der Spitze des Turmes noch festgehalten wurde. Oder, was auf das gleiche hinausläuft, daß Galilei die Vorstellung ablehnte, alle ›wirkliche‹ Bewegung (d. h. Bewegung in bezug auf den Raum) sei ›operativ‹ (d. h. hat Auswirkungen, die *wir* beobachten können). Feyerabend behauptet, diese Vorstellung sei vor Galilei nahezu Allgemeingut gewesen. Mir ist allerdings keine Spur eines ernsthaften Arguments für diese Behauptung begegnet; auch vermöchte ich nicht einzusehen, warum Feyerabend Galileis vollkommen vernünftigen Einwand als ›Propaganda‹ abqualifiziert, daß nämlich ein Prinzip der Relativität oder Nichtbeobachtbarkeit gemeinsamer Bewegung für bestimmte Bewegungen seit alters anerkannt war – etwa auf fahrenden Schiffen.

Was nun auch immer der Status der gedanklichen Strategie Galileis sein mag und ob sie von Grund auf neue Vorstellungen enthält oder nicht, man kann sie fraglos in ganz einfacher Weise darstellen, wenn man die im ersten Abschnitt eingeführte Unterscheidung Poincarés zwischen ›roher Tatsache‹ und ›wissenschaftlicher Tatsache‹ verwendet.

Setzen wir die ›Tatsachen‹ dieses Vorfalls auf einer ausreichend hohen theoretischen Ebene an, dann ist nichts leichter als zu sagen, Galilei und seine Gegner seien über sie uneins. Aristoteliker, läßt sich sagen, stellen fest, das Ergebnis des Turmversuchs zeige, daß die ›wirkliche‹ Bewegung des Steins gerade verläuft, während von Galilei auf dieser Ebene die Ansicht vertreten wird, daß die ›wirkliche‹ Bewegung kurvenförmig verläuft. Wenn diese ›Tatsachen‹ analysiert werden, findet sich, daß sie die Vorstellung eines absoluten Raumes enthalten; daher kann es nicht überraschen, daß sie theorieabhängig sind. Gleichfalls aber ist nichts leichter, als Aussagen über ausreichend ›rohe Tatsachen‹ zu machen, über die sich Kopernikaner und ihre Gegner einig sind. Alle stimmen darin überein, daß der Stein (ziemlich genau) an der Basis des Turms landet, *d. h.*, alle negieren die Aussage: »Der Stein landete einige Meter westlich der Basis des Turms.« Es ist schwer zu begreifen, wie dies durch jemandes Ideologie betroffen werden könnte, was sogar Feyerabend selbst eingesteht. (»Die Richtigkeit der Beobachtung steht nicht zur Frage.« S. 110) Die Gegner der Kopernikaner machten jedoch nur einen einfachen logischen Fehler, wenn sie behaupteten, die angeführte negierte Tatsachenbehauptung folge direkt aus der Theorie der täglichen Erdumdrehung. Was das betrifft, so weist Galilei darauf hin, daß für einen solchen Schluß ein weiterer Satz notwendig ist: ein Satz in diesem Falle, der besagte, daß der Stein, einmal fallen gelassen, nicht länger die mit dem Turm gemeinsame Bewegung verfolgt. Aus dieser Perspektive weist Galilei darauf hin, daß derartige Experimente *nicht* die Theorie des Kopernikus als solche widerlegen, sondern ein weiter zu fassendes theoretisches System; sein Vorschlag ist, daß eher der genannte Satz ersetzt werden sollte als die Theorie des Kopernikus; und er ersetzt ihn dann durch einen anderen, der das Trägheitsprinzip enthält. Durch diesen Ersatz wird ein neues theoretisches System erzielt, das darauf überprüft werden kann, wie gut es mit den Tatsachen übereinstimmt – den ›rohen Tatsachen‹, versteht sich. All dies entspricht genau der Duhemschen Analyse des Überprüfens von Theorien. Und wenn man Galileis gedankliche Strategie auf diese Weise darstellt, zeigt sich in aller Deutlichkeit, daß ihr Erfolg in keiner Weise für die Devise *Anything goes*, für das Beiseitefegen von Tatsachen und Logik, spricht.

Mir kommt es so vor, daß Feyerabend, abgesehen von gelegentlich ergötzlichen, wenn auch durchgängig wirren Redensarten, hier nichts zu Duhem hinzufügt.

3. Feyerabend und empirischer Gehalt: Brownsche Bewegung und das zweite Gesetz

In mehreren Aufsätzen hat Feyerabend eine weitere Behauptung über die ›Theoriedurchdrungenheit‹ der Tatsachen aufgestellt: »Nicht nur die Beschreibung jeder einzelnen Tatsache ist von irgendeiner Theorie abhängig . . ., sondern es gibt auch Tatsachen, auf die man nur stoßen kann mit Hilfe von Alternativen zu der zu überprüfenden Theorie und die nicht mehr zugängig sind, sobald solche Alternativen ausgeschlossen werden.«[10] Daraus folgt, daß der empirische Gehalt einer Theorie davon abhängt, was für rivalisierende Theorien existieren – das Erfinden eines neuen Rivalen wird den empirischen Gehalt einer bestimmten Theorie gewöhnlich erhöhen, die Unterdrückung eines Rivalen dagegen vermindern. (Feyerabend arbeitet durchgehend mit dem Popperschen Begriff des empirischen Gehalts einer Theorie als der Menge ihrer ›potentiellen Falsifikatoren‹.)

Wiederum *klingt* dies wie eine radikale Attacke gegen orthodoxe methodologische Ansichten. Und wiederum besteht Feyerabends Hauptargument in der Betrachtung eines einzelnen historischen Beispiels. (Wenn auch in diesem Fall in einer vermeintlichen ›Verallgemeinerung‹ des Beispiels.) Das Beispiel handelt von der Brownschen Bewegung und ihrer Bedeutung für das zweite Gesetz der Thermodynamik. Feyerabend konstatiert: »Man weiß heute, daß das Brownsche Teilchen ein perpetuum mobile zweiter Art ist und daß sein Vorhandensein den zweiten Hauptsatz der phänomenologischen Wärmelehre widerlegt.« (S. 58) Dann behauptet er, nur durch die Entwicklung (besonders durch Einstein) der neuen statistischen kinetischen Theorie sei sowohl die *Bedeutung* der Brownschen Bewegung für das zweite Gesetz als auch die ›Tatsache‹, daß die Bewegung dieses Gesetz *widerlegt*, wahrnehmbar geworden.

Was die Bedeutung betrifft, so hat Feyerabend gewiß unrecht. Er behauptet, ohne die Einsteinsche Entwicklung der kinetischen Theorie wäre es zumindest höchst wahrscheinlich, daß man losgelöst von der phänomenologischen Theorie »das Brownsche

Teilchen als eine Anomalie betrachtet hätte« (ebenda). Aber es hat eine ganze Reihe Physiker (wie Exner, Gouy und Poincaré) vor der Arbeit Einsteins erkannt, daß die Brownsche Bewegung eine bedeutsame Schwierigkeit in der phänomenologischen Theorie darstellt. Feyerabends zentrale methodologische Behauptung betrifft jedoch nicht die Bedeutung dieser ›Tatsache‹ für die phänomenologische Theorie, sondern ihr Vermögen, diese Theorie zu widerlegen.

Er stellt nicht nur die (sicher keinen Widerspruch erregende) heuristische Behauptung auf, daß eine neue Theorie neue Überprüfungsmöglichkeiten einer alten Theorie nahelegen kann und daß dadurch die Theorie widerlegt werden könnte. Feyerabend vertritt anscheinend die sehr viel stärkere *logische* Behauptung: daß der tatsächliche empirische Gehalt einer Theorie davon abhängt, welche rivalisierenden Theorien es gibt.

Bei näherer Untersuchung jedoch verglimmt diese provozierend klingende These auf enttäuschende Weise. Feyerabend behauptet, »eine ›direkte‹ Widerlegung des zweiten Hauptsatzes, die sich nur auf die phänomenologische Theorie und die ›Tatsachen‹ der Brownschen Bewegung stützt, (sei) unmöglich . . .« (S. 60), und zwar weil die Feststellung einer solchen Inkonsistenz es erforderlich machen würde, festzustellen, daß das Brownsche Teilchen ein perpetuum mobile zweiter Art ist, und dazu wiederum

. . . wäre erforderlich: (a) eine Messung der genauen *Bewegung* des Partikels, um die Veränderung seiner kinetischen Energie und den Energiebetrag, dessen es bedurfte, um den Widerstand der Flüssigkeit zu überwinden, zu bestimmen; und (b) wären erforderlich genaue Messungen der Temperatur und des Wärmeaustauschs in der Umgebung, . . .

Solche Messungen überschreiten die Möglichkeiten der Experimentierkunst.[10a]

Feyerabends Erfordernis (a) betrifft anscheinend die Überprüfung eines perpetuum mobile der *ersten*, nicht der zweiten Art. Aber die genauen Einzelheiten des Falls sind hier nicht wichtig. Der Hauptpunkt ist, daß Feyerabend ausdrücklich zugibt, daß die ›Tatsache‹ über das Brownsche Teilchen, die das zweite Gesetz widerlegt – die ›Tatsache‹, daß es ein perpetuum mobile der zweiten Art ist – experimentell nicht belegt werden konnte und werden kann – vor oder nach der Entwicklung der kinetischen Theorie.

Natürlich folgt aus der kinetischen Theorie, daß ein kleines Teilchen an der Oberfläche einer Flüssigkeit, die ein geschlossenes System in thermodynamischem Gleichgewicht darstellt, permanent von den Molekülen der Flüssigkeit getroffen wird. Das Teilchen kann unter diesem Hagel sich bewegen, und damit kann Arbeit (gegen den Widerstand der Flüssigkeit) geleistet werden, ohne daß eine weitere Wärmequelle anderer Temperatur dabei ins Spiel käme. Das widerspricht dem phänomenologischen zweiten Gesetz. Aber nur in einem gedehnten, besser überdehnten Sinne kann man sagen, dies sei eine *experimentelle* Widerlegung. Und nur im gleichen überdehnten Sinne kann man von der neuen kinetischen Theorie sagen, sie habe den *empirischen* Gehalt der phänomenologischen Theorie erweitert.

Die ›Tatsache‹, um die es geht – daß das Brownsche Teilchen ein perpetuum mobile der zweiten Art ist –, ist ganz klar eine *sehr* ›wissenschaftliche‹. Wenn wir jede ›Tatsache‹, gleich welch ›hoher Ebene‹, gleich welcher ›Theoriedurchdrungenheit‹, als Teil des *empirischen* Gehalts einer Theorie gelten lassen, dann ist es natürlich eine Binsenwahrheit, daß der empirische Gehalt davon abhängt, was für rivalisierende Theorien existieren. Die Photonentheorie des Lichts sagt, daß das, was ich ›tatsächlich‹ sehe, wenn ich einen Lichtstrahl sehe, in Photonenstrom ist. Diese ›Tatsache‹ widerspricht der klassischen Wellentheorie, war aber nicht ›auffindbar‹, bevor die neue Theorie formuliert wurde. Somit wurde der ›empirische Gehalt‹ der alten Wellentheorie durch die Einführung der Photonentheorie erweitert! Wenn am Ende die Kosmologen sich darauf einigten, daß es eine Tatsache ist, daß das Universum mit einem Urknall begann, was der Aristotelischen Theorie der Unveränderlichkeit des Himmels widerspricht, dann würde Feyerabend vermutlich in gleicher Weise sagen, der empirische Gehalt der aristotelischen Theorie sei dank der Urknalltheorie erweitert worden!

Ich brauche kaum zu erwähnen, daß Poppers ursprüngliche Absicht gewiß darin bestand, den empirischen Gehalt einer Theorie auf Aussagen beträchtlich niedrigerer Ebene einzuschränken. Mit Sicherheit gibt es eine spezifische Beschränkung auf raum-zeitlich singuläre Sätze;[11] und Sätze über perpetua mobilia lassen sich kaum als raum-*zeitlich* singulär auffassen.

Wird der empirische Gehalt einer Theorie auf Sätze einer niedrigeren oder ›roheren‹ Tatsachenebene beschränkt, dann spricht nichts von dem, was Feyerabend vorbringt, dafür, daß eine neue Theorie den empirischen Gehalt einer bereits vorhandenen rivalisierenden Theorie erweitert. Die ganze Materie wird sehr viel einfacher und leichter einsichtig, wenn sie in diesen Ausdrücken wiedergegeben wird; und ihre methodologischen Lehren sind, wie wir gleich sehen werden, wiederum typisch Duhem.

Nehmen wir an, die ›Tatsachen‹ müßten relativ ›roh‹ sein und es ginge darum, ob oder ob nicht bestimmte Teilchen sich erkennbar ungesetzmäßig bewegen, oder darum, ob oder ob nicht eine Menge Teilchen in einer Umgebung eine bestimmte räumliche Verteilung einnimmt. Es ist eine logische Tatsache, daß die phänomenologische Theorie allein keine Folgerungen zuläßt, die auf dieser Ebene überprüfbar wären. Die Theorie allein impliziert jedoch, daß ein Teilchen an der Oberfläche einer Flüssigkeit keine Beschleunigung aufweist, *vorausgesetzt,* es unterliegt keiner Krafteinwirkung und die Flüssigkeit, an deren Oberfläche es sich befindet, befindet sich in einem thermischen Gleichgewicht. Wenn wir daher der phänomenologischen Theorie *(T)* die (ins Reich der Mutmaßungen gehörende) Annahme hinzufügen, jedes System, das bestimmte (rohe) beobachtbare Bedingungen erfüllt, erfülle auch die Bedingungen, geschlossen und in thermalem Gleichgewicht zu sein, dann erhalten wir ein theoretisches System, das auf der erforderlichen Ebene direkt überprüfbar *ist.* Unterschiedliche Hilfsannahmen *A* solcher Art sind aufgestellt worden. Ursprünglich waren sie so beschaffen, daß das ganze System *T* & *A* inkonsistent mit den ›rohen Tatsachen‹ der Brownschen Bewegung war – *d. h.*, nach ihrer Vorhersage hätte es keine bemerkbare Bewegung der Teilchen geben dürfen. Diese Inkonsistenz wurde jedoch dadurch beseitigt, daß nicht *T*, sondern *A* verändert wurde, *d. h.*, es wurde angenommen, daß bis dahin verborgen gebliebene Störkräfte oder Ursachen für Gleichgewichtsstörungen auf das System einwirkten, von dem zunächst angenommen worden war, es sei ausgeschlossen und thermisch im Gleichgewicht. Eine besonders beliebte Annahmemodifizierung war, daß das für das Sehen des Vorgangs erforderliche Licht lokale Störungen im thermischen Gleichgewicht erzeugte, die wiederum die Bewegungen der Brownschen Teilchen erklärten. Daraus ergibt sich ein anderes theoretisches System *T* & *A′*, aus dem sich bestimmte neue ›rohe‹ Voraussagen ableiten. Beispielsweise, daß unter gleichen experimentellen Bedingungen die Verwendung einer geringeren Lichtmenge das Ausmaß der Bewegung verringerte. Diese Tatsachenvorhersage erwies sich jedoch als falsch. In Lakatos' Worten: Das phänomenologische Programm machte, zumindest in dieser Hinsicht, keine Fortschritte. Schließlich wurde jedoch eine neue zentrale Theorie *T'* (die statistisch-kinetische Theorie) als Ersatz für die phänomenologische Theorie vorgeschlagen. Aus *T'*, einigen neuen Hilfssätzen und den alten Hilfssätzen darüber, welche Systeme (zumindest annähernd) geschlossen und in thermischem Gleichgewicht sind, ergaben sich verblüffende neue Voraussagen. Insbesondere zeigte Einstein auf, daß eine Menge von Teilchen, aufgelöst in einem bestimmten Medium, eine bestimmte, präzise räumliche Verteilung einnimmt. Durch Explizierung der Annahmen über die Eigenschaften des Mediums und die Beobachtungsmethode kann ein theoretisches System erstellt werden, das ›rohe Tatsachen‹-Voraussagen sogar auf etwa der Ebene der Verteilung von Punkten auf einer Photographie erlaubt. Diese Voraussage kann überprüft werden, und sie trifft zu.

Anders ausgedrückt, die wichtige methodologische Rolle der (ziemlich rohen) empirischen Ergebnisse bestand darin, eine Vorhersage zu verifizieren, die sich aus dem neuen theoretischen System mit der neuen Theorie als Mittelpunkt ergibt. Damit entspricht dieser Vorfall genau den allgemeinen methodologischen Ansichten Duhems (und Lakatos'). Es ist einfach nicht erforderlich, davon zu reden, die alte phänomenologische Theorie sei widerlegt worden. Und bestimmt kann man nicht im Ernst sagen, der empirische Gehalt der alten phänomenologischen Theorie sei während dieses Vorgangs erweitert worden. Duhems methodologische Hauptthese ist genau, daß solche Theorien nicht isoliert widerlegbar sind, da sie, für sich genommen, *keinen* empirischen Gehalt haben.[12]

Wie steht es nun mit Feyerabends ›Verallgemeinerung‹ des Beispiels der Brownschen Bewegung? Man dürfte erwarten, daß die Verallgemeinerung eines Beispiels, das uns nicht mehr als bekannte methodologische Lehren liefert, auch nicht mehr liefern kann. Aber hier haben wir es mit fintenreicher Feyerabendscher Denkweise zu tun; und, wie sich gleich zeigt, es besteht kaum eine wirkliche Verbindung zwischen dem Beispiel und seiner ›Verallgemeinerung‹. Deshalb muß Feyerabends These separat behandelt werden.

Er schreibt:

Wir dürfen das Beispiel wie folgt verallgemeinern: Gesetzt, eine Theorie *T* hat als Folge *F*, und der tatsächlich vorfindbare Zustand der Dinge ist mit *F'* richtig beschrieben, wobei *F* und *F'* experimentell nicht unterscheidbar sind. Gesetzt zudem, *F'* aber nicht *F* bewirke oder verursache einen makroskopischen Vorgang *M*, der sehr leicht zu beobachten ist ... In diesem Fall liegen Beobachtungen vor, nämlich die Beobachtungen von *M*, die ausreichen, *T* zu widerlegen, obwohl keinerlei Möglichkeit besteht, dies nur über *T* und die Beobachtungen herauszufinden. Man braucht, um die durch die Existenz von *M* implizierten Unzulänglichkeiten von *T* zu finden, eine andere Theorie *T'*, aus der *F'* folgt, die *F'* mit *M* verknüpft, unabhängig bestätigt werden kann und ein befriedigender Ersatz für *T* auf den Gebieten, für die *T* richtig ist, zu sein verspricht. Solch eine Theorie muß inkonsistent mit *T* sein, und sie muß nicht eingeführt werden, weil sich *T* als ersatzbedürftig erwiesen hat, sondern um die Ersatzbedürftigkeit von *T* zu entdecken.[13]

Dabei gibt es einige ziemlich offenkundige Schwierigkeiten – besonders manche Verwechslungen von Zuständen mit ihren Beschreibungen. Ich möchte denn, so gut ich es vermag, Feyerabends Botschaft ableuchten.

Es wird eine Theorie *T* gesetzt, aus der der Satz *F* logisch folgt. Zwar ist *F* nicht *direkt* empirisch überprüfbar, aber am Ende wird herausgefunden, daß er falsch ist: Der ›tatsächlich vorfindbare Zustand der Dinge‹ ist beschrieben durch *F'*, das mit *F* nicht konsistent ist. Bis jetzt geht es noch nicht um eine experimentelle Widerlegung von *T*, da *F* und *F'* ›experimentell nicht unterscheidbar‹ sind. Feyerabend beabsichtigte ganz offensichtlich, dies durch die Erfindung einer neuen Theorie *T'* zu ändern. Die Formulierung von *T'* soll irgendwie zu einer ›neuen‹ experimentellen Widerlegung der alten Theorie *T* führen. Aus der neuen Theorie *T'* folgt in Feyerabends Darstellung (der wahre Satz) *F'*, und *T'* ›verknüpft‹ auch *F'* mit einem ›makroskopischen Vorgang *M*, der sehr leicht zu beobachten ist ...‹. Da es um eine Widerlegung von *T* geht, brauchen wir wohl einen Satz, der den Vorgang *M* beschreibt – *P* sei dieser Satz.

Nach Feyerabend ›bewirkt‹ jetzt *F' M*. Ich vermute, das soll heißen, der mit *F'* beschriebene Zustand der Dinge verursacht (über das Wirken von Naturgesetzlichkeiten) den Vorgang *M*. Nach Feyerabend ›verknüpft‹ die neue Theorie *T' F'* mit *M*. *Dies* interpretiere ich folgendermaßen: Aus *T'* folgt der Konditionalsatz $F' \rightarrow P$. (*P*, so sei erinnert, ist eine Beschreibung von *M*.) Es ergibt sich des weiteren, daß *P* aus *T'* folgt, da *F'* aus *T'* folgt. Und das wiederum bedeutet, daß T' (durch den empirisch wahren Satz P) bestätigt wird, was die ältere Theorie T nicht wurde. Aber wo steckt die von Feyerabend versprochene neue Widerlegung der alten Theorie T? Bis jetzt hat sich keine blicken lassen. Wenn Feyerabend sagt, der Folgesatz F von T ›bewirke‹ nicht M, beabsichtigt er vermutlich, in uns die Annahme zu erwecken, F ›bewirke‹ (oder besser, würde, wenn wahr, ›bewirken‹) einen anderen ›makroskopischen Vorgang‹ N, ›der leicht zu beobachten ist‹. (N kann dabei einfach das Nichteintreffen von M sein.) Setzen wir Q als Beschreibung von N, dann ist Q falsch, denn M, nicht N ist der Fall (und zudem natürlich logisch inkonsistent mit P). Wenn F N ›bewirkt‹, dann läßt sich das in Analogie zum obigen Beispiel durch den Konditionalsatz $F \rightarrow Q$ beschreiben. Wenn aus irgendeiner Theorie $F \rightarrow Q$ folgt, und gesetzt, daß Q empirisch falsch ist, dann scheint eine Widerlegung in Sicht zu sein.

In Feyerabends Geschichte ist nur von zwei Theorien die Rede. Die alte Theorie T ließ sich nicht durch M widerlegen, bevor T' auf der Bildfläche erschien, und deshalb kann Q nicht aus T folgen. Aber dies bedeutet, daß es nicht T sein kann, aus dem $F \rightarrow Q$ folgt (denn F folgt definitiv aus T, und folgte auch $F \rightarrow Q$ aus T, dann folgte auch Q aus T – all das ohne den Beistand von T').

Anscheinend muß es daher die neue Theorie T' sein, aus der $F \rightarrow Q$ folgt. Auf den ersten Blick könnte das Feyerabends Absichten entsprechen, denn wenn $F \rightarrow Q$ wirklich aus T' folgt, dann ergibt sich unter der Voraussetzung, daß F definitiv aus T folgt, daß $T \rightarrow Q$ aus T' folgt. Da nun Q empirisch falsch ist, scheint die Einführung von T' uns in der Tat zu gestatten, eine neue, überprüfbare (und tatsächlich falsche) Folgerung aus T abzuleiten. Jedoch läßt sich leicht sehen, daß hier ein Fehler vorliegt. Nach Feyerabend sind T und T' inkonsistent (aus ihnen folgen jeweils die wechselseitig inkonsistenten F und F'). Das bedeutet, daß für *jeden* beliebigen Satz R aus T' der Konditionalsatz $T \rightarrow R$ folgt. Wenn das Feyerabends Kriterium für erweiterten empirischen Gehalt ist, vertritt er die absurde Behauptung, daß die Äußerung *jedweder* Theorie, die mit einer bereits bekannten inkonsistent ist, den empirischen Gehalt der letzteren unmittelbar erweitert, so daß *jeder* mögliche empirische Satz eingeschlossen ist.

Diese besondere These Feyerabends droht bei etwas genauerer Prüfung gänzlich dahinzuscheiden (unter Anwendung jener ›Schulknabenlogik‹, die Feyerabend gern mit seinem Hohn

bedenkt). Er mag natürlich etwas ganz anderes im Sinn gehabt haben als das, was er sagt. Eine einigermaßen plausible Vermutung lautet folgendermaßen: Die Annahme, *F* ›bewirke‹ *N*, ist eine Hilfsannahme *A*, die unabhängig von *T* oder *T'* ist. Das bedeutete, daß, da *F* aus *T* folgt und $C \uparrow Q$ aus *A* folgt, dann die Verknüpfung *T & A, anders als T allein*, die weitere (und empirisch falsche) Folge *Q* hätte. Nur wiederholt dies einen bekannten Punkt Duhems. Er hat deutlich dargelegt, daß das, was wir gewöhnlich für eine einzelne wissenschaftliche Theorie halten, keine empirischen Folgerungen hätte, wäre es nicht mit Hilfssätzen verknüpft. Es ist allerdings schlicht verwirrend zu sagen, das Hinzufügen einer Hilfsmaßnahme *A* sei eine Erweiterung des empirischen Gehalts einer Theorie *T*. Es gibt vielmehr zwei getrennte Theorien *T* und *T & A*, die beide ihren festen und unveränderten empirischen Gehalt haben, wobei die stärkere zweite im allgemeinen mehr empirischen Gehalt hat als die schwächere erste. Sollte es dies sein, was Feyerabend tatsächlich meinte, dann muß er immer noch belegen, in welchem kohärenten Sinne eine gegebene und *festgelegte* Theorie *T* durch die Äußerung einer rivalisierenden Theorie einen erweiterten empirischen Gehalt bekommen kann.
Kurz, mir kommt es so vor, als seien Feyerabends Behauptungen über ›Theoriedurchdrungenheit‹ nur verwirrende Weisen, alte methodologische Positionen noch einmal zu äußern.

Meine Besprechung von *Against Method*[14] legte diesen Eindruck dar. Feyerabends Entgegnung[15] bestand teils darin, dies zuzugestehen, teils mich eines Rückfalls in den Positivismus zu beschuldigen. Zweifelsfrei wird meine Verwendung der Unterscheidung ›wissenschaftliche und rohe Tatsachen‹ wieder ›positivistisch‹ tituliert werden. Ich wüßte aber gern, ob Feyerabend außer Schimpfwörtern irgendwelche wirklichen Argumente gegen diese Unterscheidung weiß. Mein allgemeiner Eindruck ist, daß Feyerabend zu vielen seiner am verblüffendsten klingenden methodologischen Behauptungen kommt, indem er mit ›Tatsachen‹ arbeitet, die man hochgradig theoretische ›Tatsachen‹ nennen könnte. Beispielsweise wird seine berühmte These, daß während wissenschaftlicher Umwälzungen immer Gehalt verlorengeht (eine wichtige Prämisse seines Eintretens für ›Inkommensurabilität‹), durch Beispiele wie das folgende untermauert. Gehalt der Aussagen über die spezifische Schwerkraft des Phlogiston ging im Verlauf der chemischen Umwälzung verloren; Gehalt der Aussagen über die

Eigenschaften von Hexen ging mit dem Übergang zu moderneren Theorien psychischer Erkrankung verloren; Gehalt der Aussagen über den kosmischen Äther ging während der Relativitätsumwälzung verloren. *Selbstverständlich* gibt es auf diesen hohen theoretischen Ebenen Gehaltsverluste. Der interessante Punkt der Behauptung liegt aber darin, daß es Verluste *empirischen* Gehalts geben soll, gleich wie ›roh‹ wir ›empirische Tatsache‹ interpretieren. *Natürlich* ändern sich ›die Tatsachen, von denen gerade gängige Theorien behaupten, daß sie so seien‹, wenn sich die gerade gängigen Theorien ändern; *natürlich* ändern sich die ›theoretischen Tatsachen‹, wenn die ihnen zugrundeliegenden Hilfssätze und Beobachtungstheorien sich ändern. Aber wir kommen zu unangefochtenen und unveränderten Tatsachen, wenn wir uns auf eine Ebene begeben, die ›niedrig‹ genug ist. (Diese Vorstellung, um *oben* Gesagtes zu wiederholen, beruht *nicht* auf einer Umkehrung einer absoluten Unterscheidung zwischen theoretisch und beobachtbar.) Gewiß können experimentelle Ergebnisse mit vereinbarten Ausdrücken beschrieben werden, die in bezug auf rivalisierende Theorien höherer Ebene neutral sind, etwa in bezug auf die Phlogiston- und die Sauerstofftheorie. Welche experimentellen Resultate *dieser Art* ließen sich mit Priestleys Phlogistontheorie, nicht aber mit Lavoisiers Sauerstofftheorie erklären? Zweifellos kann es selbst auf dieser Ebene Verluste im erklärenden Gehalt geben. Aber wann immer diese auftreten, zeigt die Geschichte, daß anscheinend die Wissenschaftler das als wirkliches Problem auffassen und versuchen, die Theorie so zu verändern, daß diese Verluste wieder wettgemacht werden. Wenn andererseits die ganze Vorstellung des Phlogistons oder der Hexen oder des kosmischen Äthers fallen gelassen wurde, dann bemühen sich die Vertreter der neuen Theorien in Feyerabends Beispielen nicht, *diesen* verlorenen Gehalt wiederherzustellen. Dabei handelt es sich sicher nicht um ›Inkommensurabilität‹ in irgendeinem interessanten Sinne.[16]

Feyerabend verwendet Ausdrücke wie ›Tatsache‹, ›Tatsachenaussage‹, ›empirischer Gehalt‹ in einem inflationär überzogenen Sinne; damit hat er Philosophen so ins Bockshorn gejagt, daß sie zu dem Glauben kamen, er griffe eher überkommene Weisheit mit staunenerregenden Herausforderungen an.

Aus dem Englischen von Horst Gundlach

Anmerkungen

1 Ich möchte Peter Urbach und John Watkins für ihre harten und kritischen Kommentare zu einer früheren Fassung dieses Aufsatzes meinen Dank sagen.

2 William Whewell, *Geschichte der inductiven Wissenschaften*, 2. Theil, dt. von J. J. von Littrow, Stuttgart 1840; S. 196 f.

3 Diese vermittelnde Ansicht wird beispielsweise sehr klar von John Watkins formuliert: »Typischerweise *lehnt* (die neue Theorie) S_2 mehr oder weniger deutlich die Ontologie (der alten Theorie) S_1 *ab*, . . . (dabei) bleibt auf der Ebene der Empirie nahezu Kontinuität von den implizierten Vorhersagen der alten Theorie S_1 zu denen der neuen Theorie S_2 bestehen.« (S. 396, *The Unity of Popper's Thought*, in: Paul A. Schilpp (Hrsg.), *The Philosophy of Karl Popper*, Bd. 1, S. 371-412). Peter Urbach brachte mir das Descartes-Newton-Beispiel eines Kuhnschen Erklärungsgehaltsverlustes in Erinnerung.

4 Oder zumindest hat es den *Anschein*. S. u. 308.

5 Henri Poincaré, *Der Wert der Wissenschaft*, Leipzig 1906, insbes. Teil III, Kap. X.

6 Pierre Duhem, *Ziel und Struktur der physikalischen Theorie*, Leipzig 1908, insbes. Teil II, Kap. IV.

7 Diese Position ist nahezu analog derjenigen, die Popper besonders in seiner *Logik der Forschung*, Tübingen [2]1966, entwickelte. Wenn ich auch in vielen grundlegenden Punkten in bezug auf ›Tatsachen‹ übereinstimme, so scheint mir seine Position doch dadurch etwas verundeutlicht, daß er nur widerstrebend zugibt, daß Tatsachen intuitiv sicherer, »weniger korrigierbar« werden, wenn wir »weiter hinab« gehen. Popper behauptet auch, daß sich *jeder* ›Basissatz‹ weiter überprüfen ließe; ich bin mir allerdings nicht sicher, wie dies angestellt werden kann (vorausgesetzt natürlich, daß der ›Basissatz‹ bereits intersubjektiv geprüft und angenommen wurde).

8 Darin liegt der Grund dafür, daß Hansons Gedankengänge in *Patterns of Discovery*, London 1958, so gänzlich trivial erscheinen. (Besonders zu der Nichtübereinstimmung zwischen Kepler und Tycho über die ›Tatsachen‹ eines Sonnenaufgangs.)

9 Dies wie alle weiteren Zitate ohne besondere Angaben bezieht sich auf Feyerabends *Wider den Methodenzwang*, Frankfurt 1976.

10 S. 175 in Feyerabends Aufsatz *Problems of Empiricism*, in: R. Colodny (Hrsg.), *Beyond the Edge of Certainty*, Englewood Cliffs 1965, S. 145-260.

10a S. 40 der englischen Ausgabe von Feyerabend, a.a.O. (s. Anm. 9) 1976: *Against Method*, London 1975, die nicht mit der deutschen Ausgabe völlig textidentisch ist. (A. d. Ü.)

11 Der empirische Gehalt einer Theorie ist für Popper die Menge der ›Basissätze‹, die nicht mit der Theorie konsistent sind, und »Basissätze sind . . . Sätze, die behaupten, daß sich in einem individuellen Raum–Zeit-Gebiet ein beobachtbarer Vorgang abspielt.« A.a.O. (s. Anm. 7), S. 69.

12 Ronald Laymon hat in einer sehr anregenden Analyse der Ansichten Feyerabends erwogen, man *könne* davon sprechen, daß die alte Theorie hier eine zusätzliche Widerlegung erfährt. Laymon argumentiert so: Der alte Hilfssatz (nach dem Systeme geschlossen und in Gleichgewicht sind) sowie die neue statistisch-kinetische Theorie erfahren eine zusätzliche Bestätigung. Da die phänomenologische Theorie in Verbindung mit dem alten Hilfssatz nicht mit den akzeptierten experimentellen Ergebnissen konsistent ist, ›verfestigt‹ diese zusätzliche Bestätigung die

Widerlegung der phänomenologischen Theorie. Diese Anschauung ist zwar gescheit, sie scheint mir aber wenig bis gar nichts mit Feyerabends *gedruckten* Ansichten zu tun zu haben. Noch wichtiger, sie scheint mir in Relation zu Duhems Analyse des Vorgangs einen Schritt zurück zu sein. Wenn *nur* theoretische *Systeme* experimentell widerlegt werden können, dann sollten (und brauchen) wir nicht darüber reden, einer ihrer Bestandteile sei widerlegt, selbst wenn der Rest des Systems bestätigt ist. (Ich werde dies in einem demnächst erscheinenden Artikel über Duhem weiter ausführen. Laymons Aufsatz heißt: *Feyerabend, Brownian Motion and the Hiddenness of Refuting Facts,* in: *Philosophy of Science,* 44 [1977], S. 225-247).

13 Feyerabend, a.a.O. (s. Anm. 10), S. 197. Colin Howson hat mich darauf hingewiesen, daß Feyerabends Darstellung an der Oberfläche konsistent ist. Wie *können* »Beobachtungen, die für eine Widerlegung von *T* ausreichen, vorhanden sein«, aber gleichzeitig »keine Möglichkeit, dies allein aufgrund von *T* und den Beobachtungen herauszufinden«? Ist die Beobachtung von *M ausreichend,* um *T* zu widerlegen, dann müssen gewiß einige durch *M* falsifizierte Sätze aus *T* folgen. Aber wie wir im weiteren sehen, erstreckt sich die Inkohärenz der Feyerabendschen Darstellung auch unter die Oberfläche.

14 In: *Erkenntnis,* 13 (1978), S. 279-295.

15 Feyerabends Entgegnung *(Life at the LSE?)* erschien als Kap. 5 des dritten Teils von *Science in a Free Society,* London 1978 (Nicht in der deutschen Version *Erkenntnis für freie Menschen,* Frankfurt 1979, A. d. Ü.) Der Titel des dritten Teils lautet »Unterhaltungen mit Analphabeten«. Dann war es sicher absichtliches Vorgehen (erwachsen aus Paul Feyerabends bekanntem Sinn für Spaß), meinen Namen durchgängig falsch zu schreiben und mindestens zweimal meine Behauptungen mit der Titulierung ›disingenious‹ (unehrlich) zu versehen. (Korrekte englische Orthographie: ›disingenuous‹, Feyerabends Schreibweise ist nach dem Oxford English Dictionary ein für das 17. Jahrhundert typischer Fehler; A. d. Ü.)

16 Feyerabends Eingeständnis, daß Theorien, die in seinem Sinne inkommensurabel sind, dennoch ›auf einer instrumentellen Stufe‹ kommensurabel sein mögen, bestätigt anscheinend noch einmal das Urteil über ihn, daß er, indem er Verwirrung stiftet, jedermann zu dem Glauben bringt, er vertrete eine wirklich anspruchsvolle unorthodoxe Ansicht, während er in Wirklichkeit eine Behauptung vertritt, die niemand bestreiten würde. Wäre Feyerabend Bürger des Vereinigten Königreichs, liefe er sicher auf Kollision mit dem »Trades' Description Act«.

Paul Feyerabend
Rückblick

(1) In *WM* (abgekürzt für *Wider den Methodenzwang;* Suhrkamp 1976) und *EfM* (*Erkenntnis für freie Menschen*, revidierte Fassung Suhrkamp 1980) habe ich Betrachtungen angestellt zu den folgenden Themen:

1. Die *Struktur* der Wissenschaften und die Rolle der Wissenschaftstheorie
2. Die *Autorität* der Wissenschaften im Vergleich zu anderen Traditionen
3. Die Autorität *beliebiger Traditionen* und die Rolle der Philosophie (der politischen Theorie, der Ethik, der Religion und der sie vertretenden Fachleute).

(2) Zum ersten Thema ist meine Ansicht die: Die Wissenschaften haben keine »Struktur« in dem Sinn, daß es Elemente gibt, die in allen wissenschaftlichen Vorgängen auftreten, notwendig sind zur Beendigung der Vorgänge und doch verschieden von Elementen in anderen Bereichen, wie etwa in der Kunst, der Metaphysik, der Religion. Natürlich haben konkrete Entwicklungen gelegentlich eine sehr klare Struktur, und man kann auch sagen, daß und warum das Vorliegen dieser Struktur zu dem geführt hat, was wir heute Erfolge nennen. Aber das ist nicht immer so (Beispiel: die ältere Quantentheorie oder die Entwicklung der Ansichten von der Elektrizität im 17. und 18. Jahrhundert), und eine Struktur, die in einem besonderen Fall vorliegt, braucht sich in anderen Fällen nicht zu wiederholen. Erfolgreiche wissenschaftliche Untersuchungen genügen auch nicht allgemeinen (kritischen oder dogmatischen – das ist gleich) Maßstäben; sie folgen einmal dieser Regel, dann wieder jener, und die befolgten Regeln sind dem Forscher nicht immer bewußt. Eine Wissenschaftstheorie, d. h. eine Theorie, die eine allen Wissenschaften zugrunde liegende Struktur mit dazugehörigen Maßstäben und Regeln aufdeckt, ordentlich beschreibt und zeigt, wie sie mit noch allgemeineren Gesetzen der Vernunft zusammenhängt, ist also nicht möglich. Man kann Faustregeln aufzählen, historische Beispiele, man kann anhand

von Fallstudien zeigen, wie kompliziert und geschichtsbedingt der Weg zu wissenschaftlichen Resultaten ist, und so den Wissenschaftler auf den Morast vorbereiten, in dem er sich bewegen soll; man kann ihm anhand der Beispiele ein Gefühl geben für den Reichtum des historischen Prozesses, den er betritt, und ihn so zu einer komplexeren Denkweise erziehen – mehr aber kann nicht geleistet werden, und zwar wegen der Struktur des Materials. Eine Theorie, die mehr zu leisten versucht, verliert den Kontakt mit der Wirklichkeit, und das auch dann, wenn sie vorgibt, rein normativ zu sein: Ihre Normen *werden* nicht nur *nicht befolgt;* sie *können* gar *nicht befolgt werden,* genauso, wie es unmöglich ist, hohe Berge mit den Schritten des klassischen Balletts zu ersteigen.

Die Ideen, die ich eben kurz skizziert und in *WM* anhand von historischen Beispielen etwas weiter ausgeführt habe, sind nicht neu. Sie finden sich bei Forschern des 19. Jahrhunderts wie Boltzmann, Mach, Duhem und dann, in philosophisch schon sehr verdünnter Weise, bei Ludwig Wittgenstein. Helmholtz, Mach, Duhem, Boltzmann und andere untersuchten Abstraktionen wie Raum, Zeit, Substanz, Tatsache, selbst die Gesetze der Logik entgingen nicht ihrem Zweifel. Dabei leitete sie der Gedanke, daß die intellektuellen Umstände (Tatsachen, Regeln, Prinzipien), die eine Wissenschaft beeinflussen, auch von ihr geprüft werden müssen. Forschen, das heißt nicht: Probleme auf Grund stabiler Randbedingungen einer Lösung zuführen, deren allgemeine Züge in diesen Randbedingungen schon vorweggenommen sind (zum Beispiel: alle Lösungen sind »rational«); Forschen heißt verschiedene und miteinander oft unverträgliche Dinge auf eine Weise einander angleichen, die den Erfordernissen und den Einsichten eines bestimmten Augenblicks genügt. Ein Forscher ist nicht ein Hohepriester, der über die Erhaltung grundlegender Gesetze wacht; er ist ein Opportunist, der Errungenschaften der Vergangenheit bald für diesen, bald für jenen Zweck zurechtbiegt – falls er sie überhaupt beachtet.[1] Allgemeine Prinzipien spielen eine Rolle, aber sie werden nach Maßgabe der Forschungslage eingesetzt und gedeutet. Es hat keinen Sinn, sie unabhängig von der konkreten Forschung »begründen« und »systematisch darstellen« zu wollen, und in der Tat nannten die Wissenschaftler, von denen jetzt die Rede ist, ihre Betrachtungen »Aperçus« oder »Randbemerkungen« oder »Witze« (siehe die letzte Fußnote), und insbesondere Mach hat sich geweigert, seinen Ideen den (Un)ehrentitel einer

»Philosophie« zu verleihen. Für Mach gibt es keine Wissenschaftstheorie. Es gibt die Forschung; und es gibt historisch illustrierte Faustregeln für zukünftige Forscher: »Die Schemata der formalen Logik und auch der induktiven Logik sind (für die Forschung) von nur geringem Nutzen – denn die intellektuelle Situation wiederholt sich nie in genau derselben Weise. Aber die Beispiele großer Wissenschaftler sind sehr lehrreich.«[2] Alle Wissenschaften, vor allem die Psychologie und die Physiologie arbeiten bei der Untersuchung traditioneller Kategorien zusammen, und auch das Studium der Geschichte macht seinen Beitrag zu dieser Aufgabe (Mach, Duhem). Boltzmann betont, daß selbst fundamentale Denkgesetze im Verlauf des Fortschritts der Wissenschaften aufgehoben werden können. Das war nicht leeres Gerede, das waren fruchtbare Gedanken: Die Revolution in der modernen Physik ist ohne sie nicht vorstellbar.[3] So entstand eine Physik, die nicht nur reines Vorhersageschema war, sondern ein philosophischer Entwurf, und dieser Entwurf war seinerseits nicht Intellektuellengeschwätz, sondern mit konkretem Inhalt erfüllt.

Es ist nun interessant zu sehen, wie diese fruchtbare Zusammenarbeit von philosophischem Denken und empirischer Forschung plötzlich abbricht und durch einen neuen philosophischen Primitivismus ersetzt wird. Umgeben von revolutionären Entdeckungen in den Wissenschaften, angeregt von interessanten neuen Gesichtspunkten in Kunst und Politik, ziehen sich die »Philosophen« des Wiener Kreises und ihre kritisch-rationalistischen Konkurrenten auf eine enge und schlecht gebaute Bastion zurück. Die Verbindung zur Geschichte reißt ab; der Einsatz verschiedener Fachgebiete zur Lösung philosophischer und wissenschaftlicher Aufgaben kommt zum Stillstand; eine sachfremde Terminologie und sachfremde Probleme machen sich breit.[4] Kuhn war nach langer Zeit der erste Autor, der die resultierende Schulphilosophie mit ihrem Gegenstand, d. h. eben den Wissenschaften, verglich und ihren illusionären Charakter demonstrierte. Das hat die Lage nicht verbessert. Man hat nicht begonnen, sich die Geschichte der Wissenschaften genauer anzusehen. Man gab die logischen Charaden nicht auf; man fügte dem philosophischen Begriffsapparat weitere abstrakte Begriffe hinzu, die man in Kuhns Buch gefunden und aus dem Zusammenhang gerissen hatte (Paradigma; Revolution; Krise und so weiter) und komplizierte so die Doktrin, ohne sie der Wirklichkeit nur einen Schritt näherzubringen. Der vorkuhnsche Positivismus war infantil, aber klar. Der nachkuhnsche Positivismus ist noch immer infantil – aber er ist auch sehr unklar.

Unter den Wissenschaftstheoretikern nahm allein Lakatos Kuhn beim Wort. Er versuchte Kuhn mit seinen eigenen Waffen zu schlagen, nämlich auf dem Boden der Geschichte. Er gab zu, daß die Ideen des Wiener Kreises und des Popperschen Falsifikationismus den Wissenschaften nicht gerecht wurden. Aber er bestritt, daß ein näheres Herantreten an die Geschichte alle Maßstäbe relativiert. Das glaubt zwar der verwirrte Rationalist, der zum erstenmal die Vielfalt historischer Prozesse vor sich sieht. Eine gründlichere Untersuchung führt jedoch zur Entdeckung, daß die Prozesse eine gemeinsame Struktur haben und allgemeinen Maßstäben genügen. Es gibt eine Theorie der Wissenschaften, weil die Geschichte wissenschaftlicher Entdeckungen gesetzmäßig verläuft.

In *WM* habe ich versucht, diese These von Lakatos zu widerlegen, und zwar nicht nur abstrakt, d. h. durch eine Kritik seiner Interpretation der Wissenschaftsgeschichte, sondern auch konkret, mit Hilfe historischer Beispiele. Einige der Beiträge bestreiten, daß die Beispiele ihr Ziel erreichen – auf diese Einwände gehe ich weiter unten ein. Aber wenn ich recht habe, dann ist es nötig, zur Position von Mach zurückzukehren. Es gibt dann keine Wissenschafts*theorie* – es gibt nur den *Prozeß der Forschung* und historisch illustrierte *Faustregeln*, die bei der Förderung dieses Prozesses helfen, die aber immer erst an der vorliegenden Forschungssituation gemessen werden müssen.[5]

Damit ergibt sich eine Antwort an verschiedene Kritiker, die mir entweder vorwerfen, trotz meiner Opposition zur Wissenschaftstheorie doch selbst eine Wissenschaftstheorie zu propagieren, oder die mir den Mangel einer Wissenschaftstheorie oder einer »positiven Bestimmung dessen, was gute Wissenschaft ausmacht« (Werner Diederich), ankreiden: Nennt man eine zwanglose Sammlung von Faustregeln, verbunden mit der Bemerkung, daß man der Natur der Sache nach nicht mehr leisten kann, eine »Theorie«, dann habe ich natürlich eine Theorie, aber sie unterscheidet sich sehr von den Luftschlössern Kants, Hegels, Carnaps, Poppers, sowohl im Inhalt als auch in der Form. Andrerseits ist das Fehlen eines eindrucksvolleren Gedankengebäudes bei Mach und Wittgenstein nicht Zeichen eines Mangels an spekulativer Kraft, sondern der Einsicht, daß sich zwar *in* den Wissenschaften durch Spekulation viel erreichen läßt, daß aber das *separate* Spekulieren über sie nur zu leerem Gerede führt.[6] Auch betreten die Wissenschaften und vor allem die Physik und die Astronomie die Szene nicht darum, weil ich von ihnen »fasziniert« bin, sondern weil sie Gegenstand der Untersuchung sind: An der Physik, an der Astronomie haben sich die Positivisten aufgerichtet, an der Physik und der Astronomie sollen sie zu Fall kommen. (Und von »Fortschritt« ist die Rede, nicht weil ich selbst an einen »wissenschaftlichen Fortschritt« glaube, sondern weil die Positivisten daran glauben und weil ich ihnen auch aus diesem Glauben einen Strick drehen will: vgl. *WM*, S. 44.) Mit dem Slogan »Anything goes« ist die Sache aber sehr einfach. Der Slogan kommt im Text nur einmal vor, und es wird genau erklärt, was gemeint ist: »Wer sich dem reichen, von der Geschichte gelieferten Material zuwendet und es nicht darauf abgesehen hat, es zu verdünnen, um seine niedrigen Instinkte zu befriedigen, nämlich die Sucht nach geistiger Sicherheit in Form von Klarheit, Präzision, ›Objektivität‹, ›Wahrheit‹, der wird einsehen, daß es nur *einen* Grundsatz gibt, der sich unter *allen* Umständen und in *allen* Stadien der menschlichen Entwicklung vertreten läßt. Es ist der Grundsatz: *Anything goes*« (*WM*, S. 45). Das ist schon ziemlich deutlich, läßt aber immer noch zwei Interpretationen zu: Ich *vertrete* den Grundsatz und schlage ihn als eine neue Basis des Denkens vor; ich vertrete den Grundsatz *nicht* und beschreibe nur, wo ein Liebhaber von Grundsätzen endet, der auf die Geschichte achtet. Auf Seite 52 (wiederholt in *EfM*) lehne ich die erste Deutung ausdrücklich ab – bleibt also nur die zweite. Ein erzürnter, aber leider nicht mit hinreichenden Denkmitteln ausgestatteter Herr nennt Bemerkungen wie diese Versuche der »Immunisierung« – doch man muß unterscheiden zwischen Berichtigungen, die ohne Textverweise der Sache hinterher einen neuen Sinn geben, und Berichtigungen, die bereits im kritisierten Werk vorhandene, aber vom Kritiker übersehene Stellen heranziehen. Meine Berichtigung ist von der letzten Art und die Ursache des Mißverständnisses also leider wirklich die Dummheit oder die mangelnde Aufmerksamkeit vieler Kritiker. Ein weiterer Umstand macht die Sache noch deutlicher.

Unmittelbar nach dem ersten und einzigen Auftreten des Slogans schreibe ich: »Diesen abstrakten Grundsatz müssen wir jetzt in seinen konkreten Einzelheiten untersuchen und erklären.« Das heißt: So, wie er dasteht, hat der Grundsatz noch keinen Sinn. Er empfängt seinen Sinn erst im Verlauf einer Betrachtung konkreter Vorgänge genauso, wie etwa der Begriff der Renaissance seinen Sinn erst im Verlauf einer Betrachtung vieler und komplexer Situationen erhält. Die konkreten Vorgänge sind natürlich die Fallstudien. Die Fallstudien zeigen die Wege, auf denen Galilei, Kopernikus, Newton, die Vorsokratiker zu dem gelangt sind, was man heute ihre Errungenschaften nennt. Diese Wege sind nicht richtungslos, doch ist ihre Richtung vor dem Beschreiten ganz unbekannt: Man weiß nicht, wohin sie führen, man weiß nicht, welches die beste Methode ist, sie zu befahren, man schreitet aber resolut ins Niemandsland hinein. Die Wege verlaufen auch nicht im Sand – sie sind stellenweise sehr deutlich zu sehen (vgl. *WM*, Kap. 11) – aber ihr Verlauf unterscheidet sich ganz wesentlich von den Grundrissen, die die Philosophen für die Forschung bereitstellen (vgl. Descartes' ungehaltene Kritik an Galileis Forschungsverfahren in *WM*, S. 108), und er ist außerdem nicht vorgegeben, er ist auch nicht das direkte Ergebnis bewußter Eingriffe, sondern Zufall, Eingriff, Natur arbeiten immer auf höchst merkwürdige Weise zusammen. Die Fallstudien haben also ein negatives und ein positives Ergebnis. Das negative Ergebnis: Zahlreiche Maßstäbe werden verletzt und müssen verletzt werden, wenn wir die Ergebnisse erhalten wollen, die wir heute so schätzen (das »müssen« bedarf besonderer Argumente, von denen ich einige im Fall Galilei vorgelegt habe). Verallgemeinert: Es gibt keine universellen Maßstäbe. Das positive Ergebnis: Verfahren, die, aus historischer Perspektive gesehen, eine gewisse systematische Abgeschlossenheit zu haben scheinen (zur Zeit ihrer Anwendung sah es allerdings nicht so aus – vgl. Margolis), haben Erfolg und sind daher nützliche Faustregeln für die künftige Forschung. (Das positive Ergebnis zeigt, daß ich keinesfalls die Abschaffung aller Methoden empfehle: Ich erkläre ja, wie, das heißt auf Grund welcher Verfahren, bekannte Erfolge zustande kamen. Nur warne ich eben, daß die Erfolge unter ganz spezifischen Umständen eintraten, die man selbst heute noch nicht ganz durchschaut; daß ihre Wiederholung nicht selbstverständlich ist und daß sich auch die Idee eines Erfolgs im Laufe der Geschichte unseres Denkens und Handelns ändert.)

Nur wenige Leser sind meinem Rat gefolgt und haben sich die

Fallstudien näher angesehen. Insbesondere die Kritiker scheinen ihre Lektüre gleich nach dem ersten Auftreten von »Anything goes« abgebrochen zu haben (falls sie sich nicht schon mit dem Inhaltsverzeichnis begnügten). Für sie sind die Fallstudien entweder zu schwer oder zu detailliert, oder sie hielten, die Leere ihres eigenen Kopfes sich zum Vorbild nehmend, den unerklärten, leeren Satz schon für die Sache selbst.

Die eben gemachten Bemerkungen treffen nicht nur auf Kritiker zu, sondern auch auf Autoren, die meinen Büchern anscheinend freundlich gegenüberstehen. Denn viele dieser Autoren verwenden meine Ausführungen nicht, um ihre Forschung zu verbessern, sondern *um es sich leicht zu machen*, zum Beispiel als Handhabe gegen gerechte und sachliche Kritik. Meine Antwort darauf ist, daß die Abwesenheit »objektiver« Maßstäbe die Forschung nicht erleichtert, sondern beträchtlich erschwert. Der Forscher kann sich ja nicht mehr auf feste Leidfäden des Denkens und Tuns verlassen. Er kann nicht mehr sagen: Die Methoden und die Maßstäbe richtigen Forschens sind schon da, ich brauche nur noch das Material für ihre Anwendung zu besorgen und sie dann auf dieses Material anwenden. Er ist jetzt verantwortlich nicht nur für die sachgemäße Anwendung von Maßstäben, sondern auch für die Maßstäbe selbst. Nicht einmal die Gesetze der Logik kann er nunmehr so einfach hinnehmen, sondern er muß darauf achten, daß es Umstände geben kann, in denen auch sie einer Revision unterworfen werden müssen. Für sein Verhältnis zu Herausgebern von Zeitschriften und Verwaltern von Forschungsgeldern gilt genau dasselbe. Der Glaube an »objektive« Maßstäbe hatte eine gewisse Übereinstimmung zwischen ihm und seinen Richtern zur Folge. Verschwindet der Glaube auf Grund einer reiferen Erkenntnis der Natur der wissenschaftlichen Forschung, dann vermindert sich damit auch die Übereinstimmung – d. h. sowohl der Forscher als auch seine Richter müssen sich jetzt mehr anstrengen als vorher, sie müssen sich ihre Argumente genauer ausdenken, sie können sich nicht mehr auf Phrasen verlassen (ihre Diskussion ist nicht mehr gelenkt, sondern frei – *EfM*, S. 71). Was bedeutet in dieser Situation das Verlangen »anarchistischer« Wissenschaftler nach einer »Liberalisierung« der Maßstäbe der Richter (Verwalter von Forschungsgeldern; Herausgeber von Zeitschriften etc.)? Es bedeutet, daß die Übereinstimmung wiederhergestellt werden soll, aber nicht auf Grund relevanter

Überlegungen, sondern einfach so, nur um dem Forscher das Leben leichter zu machen. Und das Argument, das man dafür angibt, ist, daß eine zu Beginn ganz unglaubliche Geschichte, für die man nur schwer akzeptable Argumente findet, oft zum Erfolg führt und daß unglaubliche Geschichten daher schon ohne Argumente Unterstützung verdienen. Die Vertreter des Arguments übersehen, daß die Richter das Umgekehrte mit genau demselben Recht sagen können – *»Anything goes« gilt ja auch für sie* – und daß es daher nötig ist, über die arrogante Forderung nach größerer Liberalität hinaus doch noch etwas mehr zu bieten. Die Fallstudien zeigen dann, daß Rebellen in den Wisssenschaften ja auch wirklich mehr geboten haben. Galilei, zum Beispiel, hat nicht einfach um mehr Freiheit gewinselt, sondern er hat versucht, seine Gegner, und zwar jeden Gegner, auf die für ihn zutreffende Weise durch Argumente zu überzeugen. Die Argumente entsprachen sehr oft nicht den Maßstäben, die Wissenschaftstheoretiker vorbringen und verteidigen, und sie wichen auch gelegentlich von zeitgenössischen Maßstäben ab – das ist die anarchistische Komponente in Galileis Forschung –, aber sie erreichten oft, wenn auch nicht immer, ihr Ziel. Und bedenken wir nur, daß eine volle Demokratisierung der Wissenschaften die Sache für den Forscher noch weiter erschweren wird – und zwar mit vollem Recht –, denn nun spricht er ja nicht nur zum Kollegen, sondern auch zu Menschen, die nicht einmal seine Grundinteressen teilen. Was werden wohl unsere »anarchistischen« Wissenschaftler unter solchen Umständen tun? Wo ihre Gegner nicht mehr verhaßte Bonzen, sondern geliebte Bürger sind?

(3) Meine Deutung der Fallstudien wird von zwei Herren kritisiert – klar und humorvoll von Gunnar Andersson (von nun an GA), verworren und zornig von Jonathan Wurril (JW). Auf meine allgemeinen Überlegungen (*WM*, S. 281 ff., S. 392 f.; *EfM*, erster Teil, Abschnitte 5 und 6) gehen diese Kritiker nicht ein, wohl aber auf das historische Material. Dieses Material, so sagt ihr Einwand, unterstützt meine Argumente nicht. Nach GA, zum Beispiel, trifft meine Kritik (Galilei nimmt Falsifikationen nicht ernst) nur einen »übervereinfachten und naiven Falsifikationismus«, nicht aber eine Theorie, in der Beobachtungen fehlbar sind, und meine Deutung der Hypothesen, die Galilei verwendet, zeigt nur, daß ich die Poppersche Definition von Ad-hoc-Hypothesen

nicht verstanden habe: Ad-hoc-Hypothesen, so erklärt GA, sind nicht einfach Hypothesen, die zum Zweck der Erklärung bestimmter Effekte und Probleme eingeführt werden, sie sind Hypothesen, die den Falsifikationsgrad des Systems, in dem sie auftreten, herabsetzen. Das letzte trifft nun auf den vorliegenden Fall durchaus zu (Galileis Verwendung seines zirkulären Trägheitsgesetzes): Nicht nur wird hier eine Dynamik eingeführt, die das Turmargument aus einer Widerlegung der Kopernikanischen Lehre in eine Bestätigung verwandelt; der Gehalt dieser Dynamik ist außerdem noch viel geringer als der Gehalt der Dynamik des Aristoteles, die ihr vorhergeht (*WM*, S. 145 f.). Die Aristotelische Dynamik (von der die Impetustheorie ein Spezialfall war und nicht eine Alternative, wie GA sagt) war eine Lehre, die Grundgesetze und Grundbegriffe aufstellte zur kohärenten Beschreibung aller Arten von Veränderung, Ortsbewegung, qualitative Veränderung, Entstehen und Vergehen eingeschlossen. Die Erklärung war kohärent: Man zählte nicht einfach die verschiedenen Arten der Bewegung in einer Liste auf, man verwendete einen einheitlichen Begriffsapparat (Form und Materie; Potentialität und Aktualität; und so weiter) und die Grundgesetze (Definition der Bewegung; das daraus hervorgehende Trägheitsgesetz; das Gesetz der Kräfte) wurden mit Hilfe dieses Begriffsapparates formuliert.[7] Die Theorie war auch in hohem Grade korroboriert (nicht nur konfirmiert). In der Physiologie, der Biologie, der Epidemiologie, selbst in der Elektrizitätslehre[8] hat sie die Forschung angeregt und zu zahlreichen Entdeckungen geführt. Sporen, Fliegeneier, Bakterien, Viren hätte man nie gefunden ohne die Annahme, daß sich Dinge nicht von selbst verändern, sondern immer von einer äußeren Ursache verändert werden.[9] Der Erfolg der Theorie dauert auch heute noch an, und nach den Entdeckungen der Quantentheorie und neuerer Prozeßlehren (Prigogine) scheint es, daß sie die Vorgänge in unserer Welt besser darstellt als das mechanische Denken des 17. und 18. Jahrhunderts. Was tut Galilei? Er ersetzt die Theorie durch sein Trägheitsgesetz, das nur für Ortsbewegungen gilt, und verringert »den Falsifizierbarkeitsgrad des Systems« in beträchtlichem Maße.

Was aber die Fehlbarkeit von Beobachtungsaussagen betrifft, so ist die Lage die: Entweder ist der kritische Rationalismus, den GA verteidigt, eine Philosophie, die die Forschung in eine bestimmte Richtung zu lenken vermag, weil ihre Regeln oder ihre Maßstäbe in den Forschungsbetrieb eingreifen; oder er ist leeres Geschwätz, das sich mit jedem Vorgehen vereinbaren läßt. Popperianer betonen das erste (Ablehnung des »Naturalismus«). Darum das Bestehen auf hochkorroborierten Basissätzen: Ein Basissatz ist nicht einfach ein Satz, den jemand irgendwann äußert, es ist ein Satz, der geprüft wurde und der den Prüfungen standhielt. Die Prüfungen können sich natürlich über längere Zeit erstrecken, aber sie müssen beendet sein, bevor man den Basissatz in kritischer Funktion verwendet (man muß ein Medium, seine Fähigkeiten, die theoretische Grundlage seiner Künste schon ganz genau kennen, bevor man ihm mehr vertraut als einem physikalischen Experiment). Gerade das ist aber bei den teleskopischen Beobachtungen nicht der Fall. Nicht alle Beobachter können die Beobachtungen wiederholen; jene, die sie wiederholen können, wie Galilei selbst, finden Widersprüche (hohe Berge auf Grund der Evidenz des Schattenwurfes; keine Berge auf Grund der Evidenz der Struktur des Mondrandes – man beachte, daß die *genaue* Höhe hier gar nicht diskutiert wird); es gibt keine Theorie, die uns hilft zu entscheiden, wann Phantome vorliegen und wann nicht (die physikalische Optik, die allmählich aufgebaut wurde, war für diese Frage irrelevant, denn die Basissätze betreffen nicht Strahlen im Fernrohr, sondern Position, Größe und Struktur wahrgenommener Lichtflecken, und außerdem war die Korrelationshypothese, die die ersten mit den zweiten verband, eindeutig widerlegt, auch in einem nicht naiv-falsifikatorischen Sinn). Die Basissätze Galileis waren also kühne Hypothesen, ohne befriedigende Korroboration, während es auf der Gegenseite, d. h. auf der Seite der Befürworter des natürlichen Sehens, gut bestätigte Theorien und Erklärungen von Abweichungen gab. GA scheint gelegentlich zuzugeben, daß diese Beschreibung (Details in *WM*, S. 208 ff.) den Tatsachen entspricht – es braucht eben Zeit, bevor sich die für die Basissätze nötige korroborative Evidenz (und die dazugehörigen »touchstone theories« – um einen treffenden Ausdruck von Imre Lakatos zu verwenden) einstellt. Aber nach der ersten Auffassung des kritischen Rationalismus hat ein Basissatz während dieser Zeit keine widerlegende Kraft. Behauptet man also, daß Galilei durch seine Beobachtungen gewisse Dinge widerlegt – und das tut GA –, dann bewegt man sich von der ersten Auffassung hinüber zur zweiten, wo man Basissätze beliebig verwenden und Theorien beliebig widerlegen kann. Die Redeweise bleibt zwar kritisch, aber sie ist jetzt vereinbar mit jeder Praxis und daher leer. Als ein Gegner babylonischer Sprachverwirrungen sollte GA den Hund beim Namen nennen und zugeben, daß er ein anarchisches Vorgehen billigt, wenn er sich auch scheut, es offen zu zeigen, und es daher mit rationalistischen Rüschen, Röcken und Feigenblättern bedeckt.

JW geht der Sache heftiger auf den Leib, aber kaum mit größerem Erfolg. Zunächst einmal beruhigt es zu sehen, daß die Popperianer langsam die Geschichte ihres Faches zu studieren beginnen. Vor noch nicht zu langer Zeit schien es (und in Deutschland scheint es immer noch), als gebe es in der neueren Philosophie nur drei (oder vier oder fünf) Philosophen, nämlich: Popper$_1$, Popper$_2$, Popper$_3$ (Popper$_4$ und Popper$_5$). Jetzt hört man plötzlich von Duhem und Poincaré, und selbst Mach wird schamhaft da und dort erwähnt. Da ist doch die Entdeckung gar nicht mehr ferne, daß die ganze Poppersche Philosophie nichts anderes ist als eine durch den Wiener Kreis verhunzte Fassung von Ideen, die man im 19. Jahrhundert für eine Selbstverständlichkeit hielt. Das ist allerdings nicht das Ziel, dem JW zusteuert. Seine historischen Bemühungen haben nicht den Zweck, den Rahmen der Diskussion zu erweitern, sondern mich bloßzustellen: Nichts Originelles habe ich zu sagen, stelle nur alte Ideen in neuem, zirkushaften Gewande vor und täusche so das lesende Publikum. Dabei unterlaufen ihm verschiedene Fehler. Es gelingt ihm nicht immer, die Thesen zu identifizieren, deren Erfindung er mir abspricht. Zum Beispiel verweist er darauf, daß schon Carnap die Grenze zwischen beobachtbaren Prädikaten und nichtbeobachtbaren Prädikaten als eine fließende beschrieben hat. Aber in den Diskussionen, auf die JW sich bezieht, ist das Problem nicht die Schärfe der Grenze, sondern die Natur der Unterscheidung: Ist der Unterschied zwischen Beobachtungsprädikaten und theoretischen Prädikaten ein semantischer Unterschied, d. h., gibt es Sinnelemente, die nur in Beobachtungsaussagen vorkommen und sonst nirgends, oder ein pragmatischer, d. h. psychologischer Unterschied – d. h., kann ein Beobachtungssatz jede Art von Sinn haben? Oder er spricht von Theorienabhängigkeit oder Theorienimprägniertheit oder von theoretischen Fakten im Gegensatz zu Fakten anderer Art, wo es doch um die These geht, daß Tatsachen nicht nur von Theorien *abhängen* oder mit Theorien *geladen* sind, sondern auf Grund von Theorien *konstituiert* werden und also *durch und durch theoretisch sind.* »Das Höchste zu begreifen wäre, daß alles Faktische schon Theorie ist«, schreibt Goethe *(Aus den Wanderjahren)* – *das* ist die These, die ich diskutiere, und nicht der »Truismus, daß theoretische Fakten theoretisch sind«.[10] Für diese These gibt es natürlich viele Vorläufer, aber nicht jene, die JW zitiert. Ich erwähne nur (vgl. *EfM*, S. 251, Fn. 15) Platon, Aristoteles, Newton in seinen praktischen Momenten, Kant, John Stuart Mill, Ernst Mach (für den schon im Namen der *Empfindung* »eine einseitige Theorie liegt«), Boltzmann und andere mehr. Im 20. Jahrhundert haben dann Neurath, Popper und, ihnen folgend, Carnap diese Auffassung wieder zum Leben erweckt und in der etwas steifen Terminologie des Wiener Kreises ausgedrückt. – Drittens aber frage ich mich: Was soll diese ganze pseudo-historische Charade? Macht einer eine Behauptung, entweder philosophischer oder anderer Art, dann tut er das oft, um einem Argument weiterzuhelfen oder einen offenkundigen Unsinn bloßzustellen, und nicht, um einen Originalitätsanspruch aufzustellen. Die Behauptung kann sehr trivial sein, aber sie ist an der angegebenen Stelle eben nötig, weil zufällig niemand an sie denkt. »Verwirrt« (vgl. JWs Fußnote 16) werden von einem solchen Vorgehen nur Mitglieder von Traditionen, deren Urheber auch die trivialste Randbemerkung für ihren ureigensten Besitz halten – also zum Beispiel Popperianer. Ich hingegen beschreibe genau die Quelle meiner Ideen[11] und habe mich mehr als einmal geweigert, die doch sehr zweifelhafte Ehre des Gründers einer neuen Philosophie oder einer neuen Form des Realismus für mich in Anspruch zu nehmen.[12] Warum also die Aufregung? Eine plausible Erklärung ist die folgende: JW, wie auch viele andere Popperianer, ist eben ein historischer Analphabet; er hat meine Aufsätze nur oberflächlich (falls überhaupt) gelesen und die historischen Hinweise in ihnen nicht bemerkt; auf Grund dieser oberflächlichen Lektüre hielt er mich für sehr originell – und dann entdeckte der arme Mann, daß er einem Phantom aufgesessen war! Ich kann nur hoffen, daß ihm nach dieser Vorbereitung die analoge und schon längst fällige Entdeckung im Falle Poppers nicht zu große Schmerzen verursachen wird. – Schließlich hat JW große Schwierigkeiten mit der Natur der Tatsachen selbst. Er will unterscheiden zwischen empirischen Tatsachen und mehr theoretischen Tatsachen, aber er weiß nicht, worin der Unterschied bestehen soll. Bald definiert er ihn, wie Carnap (»Testability and Meaning«) und ich

(»Attempt« etc.), als einen psychologisch-soziologischen Unterschied, d. h. als einen Unterschied zwischen Tatsachen, die von allen kompetenten Fachleuten im zuständigen Sachbereich akzeptiert werden oder über die man im Fall von Schwierigkeiten doch zu einer Einigung kommen kann,[13] und anderen Tatsachen, wo sich die Übereinstimmung nicht so schnell herstellt; dann wieder scheint er anzunehmen, daß die Übereinstimmung, die die empirischen Tatsachen festlegt, mehr ist als ein psychologisch-sozialer Umstand und in den Tatsachen selbst ihren Grund hat: Empirische Tatsachen sind weniger mit Theorien getränkt als theoretische Tatsachen. Ich würde sagen, daß uns solche Tatsachen weniger mit Theorien getränkt zu sein *scheinen:* Götter erschienen den alten Griechen direkt – Theorien waren in den Phänomenen nicht zu sehen –, bis man dann das komplizierte Gebäude entdeckte, das solchen Erscheinungen zugrunde lag und damit zeigte, wie komplex die Struktur ist, die selbst psychologisch sehr einfache Tatsachen erzeugt (*WM*, Kap. 17). Wir beschreiben, und klassische Physiker beschrieben, unsere Umgebung in einer Sprache, in der die Beziehung zum Beobachter eine nur geringe Rolle spielt; wir nehmen objektive, stabile, von uns unabhängige Gegenstände wahr und postulieren sie in unseren Experimenten (oder bauen einfach die Experimente aus ihnen auf, ohne etwas zu »postulieren«) – aber die Relativitätstheorie und die Quantentheorie zeigen uns, daß sowohl diese Sprache als auch diese Wahrnehmung kosmologische Folgen haben, die zwar nicht direkt formuliert vorliegen – und darum bemerkt man sie auch nicht und hält die entsprechenden Umstände für »empirisch« –, die aber allen physikalischen Tatsachen zugrunde liegen, d. h., die scheinbar empirischen Tatsachen sind bei näherer Untersuchung wieder durch und durch theoretisch.[14] Das ändert sich auch dann nicht, wenn sie als Richter zwischen alternativen Theorien amtieren.[15] JW nimmt an, daß Fakten, die eine solche Rolle spielen, entweder eine neutrale theoretische Komponente enthalten oder einen nichttheoretischen »faktischen Kern« – d. h., er nimmt an, daß Wissenschaftler, die gewisse Fakten zum Zweck der Untersuchung sehr verschiedener Theorien verwenden, sie nicht antasten, sie etwa im Verlauf der Debatte nicht in andere Fakten verwandeln. Gerade das geschieht aber fortwährend. Relativisten und Äthertheoretiker sprechen von verschiedenen Tatsachen, auch auf der Beobachtungsebene. Für die einen sind die beobachteten

Längen, Massen, Zeitintervalle Projektionen vierdimensionaler Gebilde in bestimmte Bezugssysteme, für die anderen sind sie einem physikalischen Prozeß innewohnende Eigenschaften. Der Relativist gibt zu, daß die klassischen *Beschreibungen*, die genau auf die klassischen Tatsachen passen, gelegentlich auch gewisse Züge der relativistischen Tatsachen wiedergeben; also verwendet er sie in den relevanten Umständen. Damit akzeptiert er aber die klassischen *Tatsachen* genausowenig wie ein Psychiater, der mit einem Patienten über die Probleme seines Besessenseins spricht, und zwar in der Terminologie des Patienten, eine Ontologie von Teufeln, Engeln etc. akzeptiert: Unsere gewöhnliche Rede und auch die Rede von Wissenschaftlern ist viel elastischer, als JW meint. Alle diese Dinge sind in der Literatur der letzten 30 Jahre eingehend behandelt worden, zuletzt in Lakatos' meisterhafter Abhandlung über Forschungsprogramme – aber JW hat davon keine Ahnung. Seine Problemstellung, die Weise, wie er sich ausdrückt, seine Lösungsvorschläge fallen zurück selbst hinter die Periode der ersten Aufklärung im Wiener Kreis, die mit Carnaps *Testability and Meaning* ihren vorläufigen Abschluß fand. Ich gebe also zu, daß ich JW mit Unrecht einen unehrlichen Mann genannt habe, aber ich hatte gute Gründe; ich hielt eben den ehemaligen Schüler von Lakatos für viel besser informiert, als er tatsächlich ist. JWs Beitrag zeigt, daß ich mich geirrt habe. JW ist nicht unehrlich, er ist einfach inkompetent.

Seine Inkompetenz zeigt sich ganz deutlich in seiner Analyse der Fallstudien. Nach JW hat Galilei das Turmargument so entschärft: Die bewegte Erde, zusammen mit der Aristotelischen Bewegungslehre, führt zu einem Stein, der sich beim Fall vom Turm wegbewegt. Der Stein bewegt sich nicht vom Turm weg. Also, sagte sich Galilei, »widerlegt das Experiment nicht die Theorie des Kopernikus selbst, sondern ein umfassenderes theoretisches System«. Galilei ersetzte die Aristotelische Dynamik, die ein Teil dieses Systems war, durch sein eigenes Trägheitsgesetz und blieb dabei völlig im Rahmen von Duhems Analyse der Prüfung von Theorien. Insbesondere korrigierte er einen »logischen Irrtum« der Antikopernikaner, die die falsche Voraussage (den sich vom Turm wegbewegenden Stein) direkt aus der Rotation der Erde folgen ließen. So weit JW.

Nun ist erstens der angebliche »logische Irrtum« von den Antikopernikanern nie begangen worden. Sie wußten genau, daß die Herleitung zumindest zwei Prämissen braucht. Sie erwähnten auch beide Prämissen, richteten aber den Pfeil der Falsifikation nur auf eine von ihnen – die Bewegung der Erde –, denn die andere war in hohem Grade korroboriert (siehe oben, Antwort an GA) und war außerdem nicht Gegenstand der Diskussion (siehe Poppers »Behandlung« des Duhemschen Arguments). Zweitens ist die bloße Ersetzung des allgemeinen Aristotelischen Trägheitsgesetzes durch eine »neue Hilfshypothese« nur ein Teil der Veränderungen, die Galilei durchgeführt hat. Sie genügt zwar dem Duhemschen Schema, ist aber nicht der einzige Prozeß, der vorliegt. Das Aristotelische Trägheitsgesetz betrifft die absolute Bewegung eines Körpers, und das Turmargument betrifft daher auch die absolute Bewegung der Erde (der Satz über die Abweichung vom Turmfuß ist natürlich ein Satz über die Differenz zweier Absolutbewegungen, also über eine Relativbewegung – aber das Problem ist ja, was Galilei verändert hat und auf welche Weise, und nicht, auf Grund welcher Tatsachen er die Veränderung für nötig hielt). Führt man einfach eine »neue Hilfshypothese« ein, dann muß sich auch diese der Absolutbegriffe bedienen, d. h., sie wäre eine Form der Impetustheorie. Galilei ist aber ein kinematischer Relativist (*WM*, S. 120, fn. 10; S. 142, fn. 15). *Seine* Hilfshypothese arbeitet ohne Impetus und spricht von kreisförmigen Bewegungen relativ zu materiellen Dingen, etwa der Erde, und auch die Bewegung der Erde ist für ihn eine relative Bewegung. Er ändert also nicht nur eine *Hypothese* eines sonst unveränderten Begriffssystems (die absolute Bewegung des Steins ist kreisförmig und nicht gerade auf das Zentrum zu); er ersetzt auch die *Begriffe* des Systems durch andere. Der erste Vorgang läßt sich im Duhemschen Schema darstellen, nicht aber der zweite. Dieser erniedrigt außerdem den Gehalt aller dynamischen Aussagen über die Bewegung (Aussagen über absolute Bewegung haben größeren Gehalt als Aussagen über Relativbewegungen), und auch der empirische Gehalt des neuen Trägheitsgesetzes ist sehr viel geringer als der empirische Gehalt der Aristotelischen Theorie.

In Sachen der Brownschen Bewegung bietet JW eine pedantische Analyse und einige giftige Randbemerkungen. Die Randbemerkungen sind zu naiv, um milde zu sein: *Warum* sahen Gouy und Exner in der Brownschen Bewegung eine Gefahr für den zweiten Hauptsatz der phänomenologischen Theorie? Weil sie die Atomhypothese in Betracht zogen – und diese führte sie sofort in

Schwierigkeiten (vgl. Exners Messungen, *WM,* S. 60, fn. 7). Die Balanceberechnungen sollen feststellen, ob die Energie des Teilchens ohne Arbeitsaufwendung aus der Wärme der Flüssigkeit gewonnen wurde, stützen sich also auf den ersten Hauptsatz, ohne ihn zum Gegenstand der Untersuchung zu machen. Was aber die Analyse selbst betrifft, so ist meine Antwort wie folgt: ich lege ein Argument vor. JW sagt, daß er das Argument nicht versteht. Das ist weiter nicht tragisch. Es gibt viele Dinge, die von vielen Leuten nicht verstanden werden. Um das Argument zu verstehen, übersetzt es JW in eine Sprache, die er kennt, eine Art Küchenlatein. Auch das ist ein ganz vernünftiger Vorgang: Verstehe ich etwas nicht, dann versuche ich es mir auf eigene Weise zurechtzulegen. Aber JW behauptet mehr. Er beklagt sich, weil ich das Argument nicht schon von Anfang an in seiner Sprache formuliert habe. Damit meint er nicht, daß ich die Grenzen seines Verstehens hätte in Betracht ziehen sollen, er meint, daß die Sprache, die er versteht, die einzige brauchbare Sprache ist. Das ist sie aber ganz sicher nicht, wie die Schwierigkeiten zeigen, auf die JW bei seinen Übersetzungsversuchen stößt. Wie jeder naive Sprecher einer Sprache, der ihre Grenzen nicht kennt, projiziert er diese Schwierigkeiten auf mein Argument. Ich aber würde schließen, daß man gewisse Sachen viel besser in der informellen Sprache der Physiker sagen kann, etwa so: T sagt (und T ist dabei der ganze Komplex

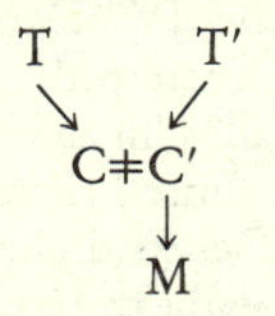

Theorie plus Anfangsbedingungen und Hilfshypothesen etc.), daß C eintreten soll. C tritt nicht ein, C' tritt ein. Wüßte man das, so könnte man sagen, daß T widerlegt ist, und C' wäre die widerlegende Evidenz (ich mache hier keinen Unterschied zwischen Tatsachen und Sätzen, denn die Sache ist ja auch ohne diese Unterscheidung klar genug). C' läßt sich aber von C nicht unterscheiden, und zwar nicht nur darum, weil die Instrumente schlecht sind, sondern weil die Naturgesetze eine direkte Unterscheidung unmöglich machen: Aus physikalischen Gründen kommt C' nicht als Evidenz gegen T in Frage – außer es gelingt, das Vorliegen von C' irgendwie auf raffinierte Weise festzustellen, etwa mit Hilfe eines besonderen Effekts, der auf C′, nicht aber auf C anspricht. Bei einem solchen Effekt wäre C′ notwendige Bedingung für das Auftreten eines Makroprozesses M, und wir wüßten natürlich auch, daß die Verbindung besteht und wie sie zustande kommt. Das Wissen wird uns vermittelt von einer Theorie T′, die C′ mit M verbindet, noch weitere Aussagen macht und also eine gewisse Plausibilität besitzt. Wir können jetzt sagen, daß wir mit Hilfe von T′ Evidenz gegen T gefunden haben, die sonst nicht hätte entdeckt werden können (*für Gott* ist M oder C Evidenz gegen T – *wir* aber brauchen T′, um das feststellen zu können). Der Fall der Brownschen Bewegung folgt durch Spezialisierung: C sind die Vorgänge in einer ungestörten und im Wärmegleichgewicht befindlichen Flüssigkeit nach dem phänomenologischen zweiten Hauptsatz, C′ sind die Vorgänge in einer Flüssigkeit unter denselben Bedingungen, aber nach der kinetischen Theorie. M ist die makroskopisch feststellbare Bewegung des Brownschen Teilchens, T′ die kinetische Theorie. Es ist natürlich möglich, die Beziehung zwischen gewissen Elementen dieses Arguments in das Duhemsche Schema zu pressen, etwa indem man sagt, eine Hilfshypothese werde durch eine andere ersetzt, um eine Schwierigkeit zu akkomodieren – aber man beachte, daß die Schwierigkeit nicht vor der Ersetzung bekannt war, sondern erst im Verlauf der Ersetzung bekannt wurde – und *dieser* Zug des Falls geht bei JWs Darstellung ganz verloren.

Warum diskutiere ich einen pedantischen Schund wie JWs Aufsatz in so großem Detail? Um zu zeigen, wie groß der Abstieg ist, der seit dem Tode von Imre Lakatos bei seinen Schülern und Kollegen eingesetzt hat. Der kritische Rationalismus mag zwar heute sehr populär sein, aber die trübe Quelle, aus der er einst seine Kraft bezog und die sich während des Lebens von Lakatos ein wenig klärte, ist schon seit langem versiegt.

(4) Das gilt nicht von Autoren, die aus anderen Traditionen herkommen oder die ihre eigenen Wege gehen. So zum Beispiel halte ich Ian Hackings (abgekürzt IH) Aufsatz für eine ganz ausgezeichnete Kritik einer übertrieben intellektualistischen Auffassung der Wissenschaften und der menschlichen Erkenntnis. Auch ich habe viele Jahre lang eine solche Auffassung vertreten, und das trotz des Umstandes, daß ich die Wittgensteinsche Philosophie vor 30 Jahren eingehend studiert und zum Teil in mich

aufgenommen hatte. Meine ersten Zweifel an einem rein abstrakten Vorgehen entstanden zur Zeit dieser Studien und führten zu meiner allerdings wieder zu abstrakten Behandlung des Phänomens der Inkommensurabilität. Erst bei der Abfassung des 17. Kapitels von *WM* erweiterte ich den Umkreis meiner Betrachtungen und begann eine Untersuchung des Ursprungs der Rolle von Abstraktionen und der Gründe für den scheinbaren Erfolg abstrakter Methoden. Ich fand dabei zwei verschiedene Arten von Traditionen (d. h. Weisen des Behandelns von Begriffen, Gegenständen, Menschen, Welten etc.). In der einen Tradition werden Begriffe nach allgemeinen Regeln zusammengesetzt und der rohen Materie des menschlichen Handelns, Denkens, Fühlens etc. aufgezwungen (oder man versucht, diese Materie zu verstehen, indem man annimmt, daß sie von abstrakten, aber auf den ersten Blick unsichtbaren Begriffen von innen her geordnet ist – dies ist eben der alte Sinn des »Theoriengeladenseins«). Bei der anderen bedient man sich der vielen praktischen Fähigkeiten des Menschen, die es ihm ermöglichen, einen Sachverhalt auf direkte Weise zu erfassen und zu verstehen (wie auch das Kind eine komplizierte Sprache auf direkte Weise erfaßt und versteht und später als Poet sogar verändert), und zwar nicht auf Grund des Denkens allein, sondern im Verlauf eines Prozesses, in dem das behandelte Material nie zur Gänze getrennt wird von dem, der es behandelt und der daher stets »subjektive« Züge besitzt.[15a] In der einen Tradition spielen Grundsätze, Definitionen, Axiome eine große Rolle, denn sie allein sollen den Sinn der Begriffe bestimmen. In der anderen begnügt man sich mit Listen, informellen Erklärungen, Hinweisen, die die Begriffe nicht definieren, sondern nur illustrieren sollen – ihren Sinn erfährt man aus der Praxis ihrer Verwendung. Die beiden Traditionen stoßen schon sehr früh aufeinander.[16] In der Medizin, zum Beispiel, gibt es die Auseinandersetzung zwischen praktischen Heilkundigen, die das Kranksein wie auch andere Eigentümlichkeiten der Menschen aus dem persönlichen Umgang lernen, und Theoretikern, die ohne solchen Umgang eine abstrakte Grammatik des Krankseins entwickeln wollen (»Beobachtungen« stellen natürlich auch sie an – aber es sind Beobachtungen, die zusätzliche Kriterien erfüllen müssen; zahlreiche alltägliche Erkenntnisse werden nun nicht mehr zugelassen; vgl. *EfM*, S. 260 f.). Es stellt sich auch heraus, daß die Wissenschaften im Laufe ihrer Entwicklung mehr und mehr auf die Seite der zweiten Tradition rücken, und zwar ganz besonders während einer Periode von Revolutionen, während Philosophen aller Art sie noch immer als Instanzen, und höchst lobenswerte Instanzen der ersten, der abstrakten Tradition darstellen (vgl. dazu meine Bemerkungen zu Mach in Abschnitt 2 dieser Antwort). IHs Beitrag erläutert sehr klar die Folgen der Diskrepanz.

Anthony Perovich (AP) zeigt, wie ich bei meiner Diskussion der Inkommensurabilität allmählich von einer semantischen zu einer ontologischen Fassung übergegangen bin und wie ich beide Fassungen auf dem Wege vermengt habe. Er gibt eine befriedigende Erklärung der ontologischen Version. Ich würde hinzufügen, daß die »universellen Prinzipien« nicht zu intellektuell gedacht werden dürfen, nicht etwa als Prinzipien des Sprachgebrauchs allein, die man aus der Praxis lösen und getrennt darstellen könnte. Ich würde auch betonen, daß die Inkommensurabilität den Verkehr zwischen Traditionen nicht hemmt, wie das Hans Peter Duerr und Michael Franz im Anschluß an ihn glauben. Unmöglich gemacht wird nur ein *gelenkter* Austausch (*EfM*, S. 71) der fordert, daß eine Wechselwirkung zwischen Traditionen gewissen allgemeinen Prinzipien genüge.[17] Ich gebe weiterhin zu, daß die Inkommensurabilität in dem von mir intendierten und von AP explizierten Sinn einen Realismus im Sinne APs nicht ausschließt; was ich bei meiner Kritik des Rationalismus im Auge hatte, war aber nicht dieser Realismus, sondern ein wissenschaftlicher Realismus, der die phänomenalen Objekte für wirklich erkärt. Er allein spielt in den Wissenschaften eine Rolle, und mit seiner Hilfe allein kann der Wissenschaftstheoretiker hoffen, einen Beitrag zu wissenschaftlichen Diskussionen zu leisten. Alan Musgraves Analyse ist ein solcher Beitrag. Ich glaube, Musgrave hat richtige Argumente gegen die Duhemsche Auffassung gefunden, dabei aber nicht alle Seiten des Problems in Betracht gezogen. Meinen Hinweis, daß es wissenschaftliche und nicht nur philosophische Argumente für die instrumentalistische Deutung *besonderer* Theorien gibt, deutet er als einen Versuch, einen *allgemeinen* Instrumentalismus wissenschaftlich zu beweisen. Mein Ziel war aber die Konstruktion allgemeiner Argumente *für den Realismus.* Die existierenden Argumente sind zu schwach, denn sie werden in besonderen Fällen, eben in den von mir diskutierten, durch wissenschaftliche Argumente außer Geltung gesetzt. Man braucht stärkere Argumente – und ich biete sie, allerdings erst gegen Ende meines Aufsatzes. Bis dorthin ist Musgrave anscheinend nicht vorgedrungen. Auch tauchte der Instrumentalismus nicht nur in der Astronomie auf. Es spielte eine Rolle in der (irdischen) Physik/Psychologie, etwa in der Lehre vom Sehen. Die frühen Theoretiker auf diesem Gebiet versuchten die Natur des Lichtes und der Farbe zu erklären und gelegentlich auch die geometrische Struktur der Wahrnehmungsbilder. Sie befaßten sich sowohl mit dem (psychologischen) Prozeß des Sehens als auch mit dem (physikalischen) Prozeß der Lichtfortpflanzung und gaben von beiden eine zusammenhängende Darstellung. Die Darstellung war nicht immer vollständig. Bei Aristoteles *(Über die Seele)* erfährt man zum Beispiel, was Licht und Farbe sind und worin der Prozeß der Farbwahrnehmung besteht (dieser Prozeß wird als ein physikalischer aufgefaßt, genau wie jeder andere Prozeß der Wechselwirkung), man hört aber nichts über die geometrische Struktur des Wahrgenommenen. Steht diese Struktur in Frage, wie etwa bei Aristoteles' Diskussion des Regenbogens in der *Meteorologie*, dann werden ganz unbefangen geometrische Sätze herangezogen, und zwar ohne jede Angabe darüber, wie diese Sätze nun mit der Theorie von *Über die Seele* vereinigt werden sollen. Man kann von einem *praktischen* Instrumentalismus sprechen. Daß der Instrumentalismus ein praktischer war, d. h. einer Notlage entsprang, sieht man an den verschiedenen Versuchen, ihn durch eine einheitliche Theorie von Farbe und Gestalt zu überwinden. Diese Versuche sind nie ganz gelungen. Statt dessen gibt es seit Descartes und Kepler (und in gewisser Hinsicht schon früher, seit Alhazen) eine Aufspaltung des Sehproblems in ein physikalisches Problem – was geschieht zwischen dem Auge und der Lichtquelle und auch im Auge selbst? – und ein psychologisches Problem – wie wirkt der Prozeß, der schließlich im Auge entsteht, auf die Seele? Kepler, Descartes, Newton verbinden beide Teile durch eine Annahme, die ganz offenkundig falsch ist (*WM,* S. 180 f.), aber deren Falschheit nur von Berkeley *(New Theory of Vision)* als Hinweis auf die Notwendigkeit einer neuen Theorie des Sehens aufgefaßt wird (*WM*, S. 96 ff.). Die Schwierigkeit ist jetzt natürlich das Leib-Seele-Problem. Es hat die Überwindung des Aristotelischen praktischen Instrumentalismus auf diesem Gebiet bis heute verhindert.

Die Schwierigkeit wird meiner Ansicht nach auch in Grover Maxwells Aufsatz über das Leib-Seele-Problem nicht überwunden. Dieser Aufsatz ist sicher einer der klarsten Beiträge zu einem etwas dunklen Gebiet, und es ist ein Vergnügen, ihn zu lesen. Richtig sagt Grover, daß meine Absicht nicht darin bestand, den Materialismus plausibel oder sogar wahrscheinlich zu machen. Ich wollte einzig Argumente entfernen, die seine Unplausibilität oder seine Falschheit behauptet hatten. Ich gebe auch zu, daß mir die wissenschaftliche Entdeckung einer rein mentalistischen Lösung des Leib-Seele-Problems gar nicht so unmöglich erscheint. Schon Mach (und Berkeley vor ihm) haben darauf verwiesen, daß das Mobiliar unserer Welt und der Stoff, aus dem sie besteht, Sache der wissenschaftlichen Forschung sind und daß man nicht im vorhinein sagen kann, wohin die Forschung führen wird. Grover gibt sich aber mit Möglichkeiten nicht zufrieden – er will positive Argumente. Ein positives Argument, das ich erwähne, hat er nicht angeführt: Nur der Versuch, eine materialistische Theorie aufzubauen, führt zu entscheidenden Bestätigungen oder Widerlegungen von mentalistischen Theorien oder Doppeltheorien. Aber ich halte ihm das nicht vor: Rein methodologische Argumente haben geringe Überzeugungskraft. Grover besitzt ein anderes Argument, und, wie mir scheint, ein gutes. Er staunt mit Recht, daß ich das Argument nicht gefunden habe: Obwohl ich zur Zeit der Abfassung meines Artikels ein überzeugter Quineianer war (empirische, nicht »logische« Auffassung des Sinnproblems), habe ich diese Idee doch nicht weiter verfolgt. Aber der Materialismus, bei dem er schließlich ankommt und der eng mit Kripkes Analyse notwendiger Sätze verbunden ist, scheint mir von der wissenschaftlichen Praxis ebensoweit entfernt zu sein wie der Realismus, den AP verteidigt: Dinge an sich spielen keine Rolle in wissenschaftlichen Diskussionen.

Van der Vates subtile Arbeit schließlich hat eine sehr persönliche Bedeutung für mich. Joachim-Casimir Schmoller (nicht Schmöller, wie er irrtümlich angibt – das Papier des Manuskripts, das ihm vorliegt, hat anscheinend eine sehr grobe Granulatur, oder es ist durch Ablagerung von Insekten, vielleicht von Fliegen, gelegentlich verunstaltet; er nehme doch eine Lupe und sehe sich die Sache genauer an) ist nämlich ein ferner Verwandter von mir. Im Nachlaß meiner Tante mütterlicherseits, der Filomena Wetzendorfer, entdeckte ich vor einigen Jahren ein ziemlich verworrenes Schreiben aus seiner Hand, das jetzt endlich seine Erklärung findet. Ich kann bestätigen, daß sein Latein sehr schlecht ist, aber sein Deutsch klingt auch nicht besser. Schmoller war nämlich Pole (seinen polnischen Namen kann ich leider nicht eruieren, denn er scheint ihn streng geheim gehalten zu haben, was eine andere Hypothese van de Vates, nämlich seine Tätigkeit als Doppelagent, zu bestätigen scheint) und darauf bedacht, Kopernikus vor Galileis modernistischer Umdeutung zu retten. Er hatte aber noch viel mehr im Sinn. Er wollte nicht nur zeigen, daß Aristoteles, was Kopernikus nie bezweifelt hatte, in physikalischen Dingen unübertroffen war; er wollte auch beweisen, daß die Aristotelische Lebenskraft einen Einfluß auf die Bahn eines frei fallenden Organismus hat. Von einem vorübergehenden Wahnsinn ergriffen (den er in dem Brief in rührender Weise als einen übergroßen Drang zur Wahrheitsfindung beschreibt – ich habe den Brief vor mir und die fast unleserliche Handschrift Schmollers, die sich beim Wort *veritas* in ein spastisches Zucken verwandelt, zeigt sehr klar seine seelische Zerrüttung) umfaßte er, auf dem schiefen Turme stehend, seine sechsjährige Tochter, die neben ihm spielte, und nur das resolute Eingreifen einer braven und stämmigen Pisaner Bürgerin hielt ihn davon ab, das zarte Wesen in die Tiefe zu schleudern, um so den Ruhm seines geliebten Aristoteles zu vermehren. Beim Kampf lösten sich zwei Steine von sehr ungleicher Größe aus der Brüstung und fielen in die Tiefe, und sie verursachten wohl die Einbuchtungen, von denen van de Vate redet. Die Tochter war eine entfernte Vorfahrin meiner Mutter, und ich bin dem Schicksal dankbar, daß ihr Überleben es mir ermöglicht, dem gesunden, aber die Gesundheit Schmollers untergrabenden Gedanken von der grundlegenden Richtigkeit der Aristotelischen Lehre nun auf viel klarere Weise zum Tageslicht zu verhelfen.

(5) Mein zweites Thema ist die Autorität der Wissenschaften. Ich behaupte: Es gibt keine rationalen Gründe, den Wissenschaften und dem abendländischen Rationalismus größere Autorität und größeres Gewicht in einem Staatssystem zu geben als anderen Traditionen. Man kann sich natürlich vorübergehend entscheiden, diese beiden Dinge auszuprobieren; das Ausprobieren kann zum Aufbau von Institutionen führen, die ihrer Beseitigung Hindernisse entgegenstellen und sie fast unmöglich machen; man kann sich auch an sie gewöhnen und sie am Ende für unabkömmlich halten. Rationale Argumente für ihre Dauerstellung hat man aber

nicht. Die Versuche vieler Menschen, alte Traditionen zu beleben oder das wissenschaftliche und rationale Denken und Handeln und die daraus hervorgehenden Anschauungen von staatlichen Institutionen (Erziehung, Medizin etc.) zu trennen, sind also nicht einfach Symptome der Unvernunft; sie sind erste, zögernde Schritte auf eine Aufklärung hin, bei der der Bürger das Urteil der Fachleute nicht einfach schluckt, sondern es sich wie ein mündiger Mensch überlegt und dann zu einem eigenen Entschluß kommt.

Für meine Behauptung habe ich drei Gründe. Erstens, daß es die Einheit, die durch das Wort »Wissenschaft« oder das Wort »Rationalismus« nahegelegt wird, gar nicht gibt. Ohne eine solche Einheit hat aber die Rede von der Autorität »der« Wissenschaft und »des« Rationalismus keinen Sinn. Zweitens gründet sich jedes Argument für Wissenschaft und Rationalismus auf gewisse Werte. Es sind diese Werte, die uns veranlassen, wissenschaftliche Produkte zu akzeptieren und gut zu nennen. Unter den Werten findet sich der Wert der Effizienz und der Wert der rationalen Durchdringung (Eroberung der Welt) in Wort und Tat. Es gab und gibt aber ganz andere Werte (Beispiele bei Deloria und Naess). Mein dritter Grund ist, daß außerwissenschaftliche Traditionen, wenn man ihnen nur eine Chance gibt, die Wissenschaften oft schon im Bereich rationalistisch-wissenschaftlicher Werte übertreffen: Sie haben bessere Ergebnisse, die Ergebnisse werden leichter und vor allem billiger erreicht, und sowohl ihre Vorbereitung (Diagnose bei Patienten etwa) als auch ihre Ausführung ist mit viel geringeren Schäden verbunden (Medizin, Landwirtschaft, Psychiatrie). Details zum ersten und zweiten Grund finden sich in Teil 2, Abschnitt 8 und 9 von *EfM*, Details zum dritten Grund in der Einleitung.

Den zweiten Grund übersehen selbst jene Kritiker, die die Grenzen einer rein wissenschaftlichen Denkweise und einer sie nachahmenden Philosophie erkannt haben. So zum Beispiel hat der Versuch von Kekes, den Relativismus zu überwinden, nur darum den Anschein des Erfolgs, weil er bereits eine bestimmte Position bezogen hat, diese Position nicht bemerkt und ihre Gründe nun für objektive und traditionsunabhängige Gründe hält. Die Position (Tradition) enthält drei Annahmen, nämlich (1) daß es darauf ankommt, Probleme zu lösen; (2) daß es eine mehr oder weniger eindeutige Methode der Problemlösung gibt und (3) daß es Probleme gibt, die ganz unabhängig sind von der Tradition, der man angehört – diese Probleme nennt Kekes Lebensprobleme. Aber gewisse christliche Sekten entschlossen sich, solche Probleme nicht zu *lösen*, sondern zu *ertragen*, andere lösten sie auf dem Umweg über eine Eschatologie, wo sie nicht Probleme sind, sondern Vorbereitungen auf ein besseres Leben: »Lebensprobleme« spielen eine Rolle eben nur in Traditionen, die das irdische Wohlbefinden für wichtig und daher für eine mögliche Problemquelle halten. Selbst in diesen Traditionen aber ist Eindeutigkeit noch nicht erreicht, weil ja jede Lösung abhängt von Vorstellungen über die Qualität des Lebens. Das ist in der Psychiatrie sehr klar, reicht aber bis in die materialistischeren Teile der Medizin. So ist etwa der Begriff der Gesundheit kein »objektiver« Begriff, sondern ein Wertbegriff, und er ändert sich von Kultur zu Kultur und von einer Zeit zur anderen (vgl. dazu die Forschungen von Foucault). Natürlich sind viele Werte heute ausgestorben in dem Sinn, daß sie kaum von einem Menschen ernst genommen werden. Aber Kekes wollte eine theoretische, nicht eine praktische Lösung des Relativismusproblems – und eine solche, scheint mir, ist ihm nicht gelungen. – Auch Noretta Koertge, die im Praktischen ganz mit mir übereinstimmt (oder ich mit ihr – denn die Ideen, die ich beschreibe, habe ich ja nicht erfunden) unterscheidet noch immer zwischen Schein und Sein und behauptet, daß die Wissenschaften wenigstens im Sein zu autoritativen Ergebnissen führen können. Nun kann man es ihr gar nicht hoch genug anrechnen, daß sie dem Schein, d. h., wie die Sache den Bürgern vorkommt, in einer Demokratie eine zumindest ebenso große Rolle zuschreibt wie dem Sein (»not only must justice be done, but justice must be *seen* to be done«): Was in einer Demokratie gilt, ist die Sicht der Bürger, also ihre Subjektivität und nicht, was kleine Gruppen von unverständlich vor sich herredenden Menschen als seiend erklären (gefällt einem Experten die Sicht der Bürger nicht, dann kann er ja mit ihnen reden und sie umzustimmen versuchen, wobei er allerdings nicht in der Rolle eines Lehrers auftreten wird, der unintelligenten und renitenten Schülern die Wahrheit eintrichtern will, sondern in der Rolle eines Bittstellers, der seine Hörer erst von der Relevanz seiner Ideen überzeugen muß). Aber die Unterscheidung, die sie einführt, läßt sich leider nicht aufrechterhalten. Natürlich gibt es in den Wissenschaften so etwas wie eine Meinung von Fachleuten, aber die gibt es auch in anderen

Traditionen (vgl. etwa Griaules Buch über die Metaphysik der Dogon). Natürlich gibt es gelegentlich Konvergenzen solcher Meinungen, aber die treten auch auf in der Theologie, der Astrologie, es gibt sie in der Politik, und selbst in den Künsten entstehen Moden, die alle Künstler mit sich fortreißen. Konvergenz bedeutet also noch nicht objektive Autorität, und wenn ja, dann gibt es eben viele einander widersprechende Autoritäten: Die Unterscheidung zwischen dem Sein der Experten und dem, was einem Bürger erscheint, löst sich auf in das, was uns allen, den Experten wie auch den übrigen Bürgern, *erscheint*.

Zum Thema der gelegentlichen Überlegenheit alter Traditionen und des Vorteils ihrer Wiederbelebung hört man oft die Bemerkung, diese Traditionen hätten ja schon ihre Chance gehabt, seien aber im Wettkampf mit Wissenschaft und Rationalismus unterlegen. Die Frage ist: Sind sie aus sachlichen Gründen unterlegen oder aus militärischen (politischen, finanziellen etc.) Gründen? Etwa: Ist die indianische Medizin in den Vereinigten Staaten verschwunden, weil sie schlechte Medizin war oder weil es ihren Vertretern an politischer und finanzieller Macht fehlte? Oder: Sind traditionelle Methoden des Ackerbaus verschwunden und durch chemische Methoden ersetzt worden, weil man beide Methoden verglichen hat – und die chemische Methode stellte sich dabei eindeutig als die bessere heraus – oder weil man lokale Erfolge der Chemie ohne Untersuchung auf ganz andere Bereiche ausdehnte und die Macht hatte, diesem intellektuellen Sprung den praktischen Zwang folgen zu lassen? Die Antwort ist in vielen Fällen von der zweiten Art: Nicht eine sachliche Untersuchung, sondern unsachliches Machtspiel war verantwortlich für die Beseitigung nichtwissenschaftlicher Traditionen. Wie oberflächlich die Rede von der »schon gehabten Chance« ist, sieht man, wenn man sich daran erinnert, daß in den Wissenschaften selbst die faire Widerlegung eines Standpunktes noch nicht sein Ende bedeutet: Die Idee von der Bewegung der Erde wurde im Altertum untersucht, widerlegt, kehrte aber wieder und überwand ihre Überwinder (vgl. *WM*, S. 71 f. sowie *EfM*, S. 200 f.). Und schließlich ist es Sache der Bürger, welche Traditionen sie haben wollen, solche, die im Augenblick eine große Chance haben, oder andere Traditionen, die im Augenblick zwar nicht so populär sind, aber für sie doch Vorteile besitzen. Sowohl die Demokratie als auch die Einsicht in die fatale Unvollständigkeit aller Kritik als auch die Entdeckung der unsachlichen Natur vergangener Entschlüsse verlangt also, daß wir dem Versuch der Belebung alter Traditionen keinen Widerstand entgegensetzen, sondern ihn begrüßen als den Beginn einer neuen Aufklärung, in der Erkenntnisse, und nicht mehr fromme Phrasen, unsere Handlungen bestimmen.

(6) An dieser Stelle sind mir nun viele Kritiker weit voraus. Was ich eben gesagt habe, das geben sie zu, drängen mich aber, zu wichtigeren Dingen fortzuschreiten. Daß sich der Rationalismus nicht rational rechtfertigen lasse, sei schon wahr, locke aber keinen Hund hinter dem Ofen hervor. Der rein intellektuelle Nachweis seiner mangelnden Rationalität habe ja nicht den geringsten Einfluß auf die Macht der Institutionen, die ihn unterstützen. Umgekehrt reichten rein intellektuelle Überlegungen nicht aus, um die Macht der Wissenschaften zu verstehen und den Verlauf ihrer Geschichte zu erklären. Mein Bild der Wissenschaften und aller geistigen Phänomene sei also unvollständig und irreführend. Wie unvollständig, das zeige sich an meiner Politik. Denn hier habe ich entweder überhaupt nichts oder nur sehr kindliche Dinge zu sagen. Kehre zurück zu deinen Büchern, so rufen mir diese Kritiker zu, studiere, vor allem Marx (natürlich!), aber vielleicht auch den Weber, und komme erst wieder, wenn du dich aus einem Sonntagspolitiker in einen ernst zu nehmenden Erforscher der Gesellschaft verwandelt hast!

Ich gebe gerne zu, daß meine Ausführungen zu Wissenschaft und Politik sehr unvollständig sind, ja daß man an vielen Stellen überhaupt noch nicht von »Ausführungen« sprechen kann. Das hat seinen Grund zum Teil in dem Ziel, das ich mir setzte. Mein Ziel war ja nicht die Entwicklung einer neuen Erkenntnistheorie, sondern der Nachweis der fatalen Schwächen einer alten. Sie hat unser Denken über die Welt seit den Vorsokratikern auf unheilbringende Weise gelenkt und unser Leben auf unheilbringende Weise verzerrt. Bei der Kritik dieser Theorie (die nicht nur in den Köpfen von Philosophen herumgeistert) fand ich, daß ihr Fehler nicht im Gebrauch falscher Begriffe lag, sondern im falschen Gebrauch von Begriffen, und daß es nicht möglich ist, den Weg fruchtbarer Erkenntnis mit Hilfe universeller Prinzipien zu verstehen und zu beeinflussen. Damit ergab sich ein zweiter Grund für die Unvollständigkeit meiner Bemerkungen: Eine wissenschaftliche Theorie der Erkenntnis und der Wissenschaften ist unmöglich, und das auch dann, wenn man Alltag, Kapitalismus, Klassenstruktur, religiöses Klima (die ich alle erwähnt, aber nicht ausführlich behandelt habe: *WM*, S. 68, fn. 14; Kap. 12; Kap. 17) den zu berücksichtigenden Bedingungen hinzufügt. Ich leugne nicht, daß man sich von der Wirkung dieser Bedingungen auf den Verlauf der Wissenschaften ein Bild machen kann, und zwar ein sehr gutes, und ich habe gegen solche Bilder wenig einzuwenden, aber sie gehören in den Bereich der Künste. Ich will auch nicht behaupten, daß die Künste im Bereich wissenschaftlicher Erkenntnis keinen Platz haben – ganz im Gegenteil: es scheint mir, daß besonders die Sozialwissenschaften, und hier vor allem die Psychologie und die Soziologie, viel mehr von Künstlern lernen können als von auf Objektivität dringenden Untersuchungen. Künstler haben eine bessere Methode der Gegenstandserfassung, reichere Begriffe, bessere Methoden der Darstellung. An die Künste oder an als Künste aufgefaßte Geisteswissenschaften haben aber die Kritiker wohl kaum gedacht – was sie wollen, sind wissenschaftliche Theorien. Da scheint es mir nun, daß sich das Verhältnis zwischen der wissenschaftlichen Praxis und äußeren Einflüssen auf diese Praxis, seien es nun Gedanken oder konkrete Anstöße, wie etwa die Bedürfnisse der Kriegskunst, nur praktisch bestimmen lassen, von Wissenschaftlern und Generälen etwa, die zu einem bestimmten Zweck zusammenarbeiten, und daß man das Ergebnis einer solchen Zusammenarbeit nicht voraussehen kann. Man kann die Phasen beendeter Transaktionen gelegentlich genau beschreiben (vorausgesetzt, man sieht sie und verdeckt sie nicht mit ideologischem – etwa marxistischem – Nebel), aber jeder Versuch, die Beschreibung zu verallgemeinern und in eine Theorie der wissenschaftlichen Entwicklung zu verwandeln, mißglückt. Nicht ich habe also übergroßes Vertrauen in die Macht der Theorie und des Geistigen, sondern meine Kritiker. *Sie* schreiben Bücher, die die Wissenschaften und den Rationalismus von außen her theoretisch erfassen und dann auf Grund dieser Erfassung Reformen vorschlagen wollen. *Sie* glauben, daß es möglich sein müsse, die Wissenschaften, den Kapitalismus, den Imperialismus, den Alltag und noch viele andere Dinge mit Hilfe einer Supertheorie zu entwirren und zu beherrschen; *sie* raten mir, Bücher zu lesen, während ich doch schon bei so einfachen Dingen wie etwa der Physik das ständige Auseinanderfallen von Praxis und philosophischer Theorie bemerke. Wo es ganz nutzlos ist, da verlassen sich diese Autoren auf das abstrakte Denken – aber wo es hilft, da verkennen sie seine Macht.

Denn das Geistige hat doch einen größeren Einfluß, als sie annehmen. Mehr als 30 % aller Bürger der Vereinigten Staaten von Amerika gehen durch die Collegemühle. Die Indoktrination, die sie erhalten, hinterläßt deutliche Spuren. Sie stellt ihnen zwar nicht das Geistige selber vor, sondern nur noch seinen kaum zu vernehmenden Widerhall in akademischen Korridoren – aber es wird doch behauptet, und vor allem geglaubt, daß es eine bestimmte Weise des *Denkens* ist, dem das Abendland seine materielle Überlegenheit verdankt; daß man sich bemühen muß, diese Denkform zu verstehen und sodann zu imitieren; daß diese Denkform die Welt richtig spiegelt und gute Ratschläge gibt. Selbst jene Autoren, die auf soziale Kräfte hinweisen und dem Denken im Vergleich dazu eine nur geringe Rolle zuschreiben, suchen diese Kräfte selbst nur selten auf. Sie treten nicht hinaus in die Praxis, sie lassen sich nicht von ihr leiten, nein, sie bleiben an ihren Schreibtischen, in ihren Büros, in ihren Buden und senden von dorther wortgewaltige Denkprodukte in die Welt, die die fatale Unvollständigkeit eines rein intellektuellen Vorgehens mit blendenden Argumenten und beißendem Spott zeigen sollen. Wie groß der Respekt ist, den auch sehr kritische Menschen vor Fachleuten haben, und wie willig sie ihnen folgen, sieht man an der schicksalsergebenen Ehrfurcht, mit der viele von ihnen das Urteil ihrer Ärzte aufnehmen und ihre Anweisungen ausführen. Und hier setzt mein Argument ein. Eine Frau, die soeben gehört hat, daß ihre beiden Brüste entfernt werden müssen, oder sie stirbt; die diese Botschaft in der Gefängnisatmosphäre eines modernen Spitals empfängt, wo man nicht Fragen stellt, wo man nie genau weiß, was vorgeht, aber genau ausführt, was einem befohlen wird; der man einen Psychiater schickt[18], auf daß er ihr den Schicksalsschlag erleichtere (das Ärzteurteil als Gottesurteil!) – eine solche Frau ist kaum mehr eine Person – sie ist in ihrer Angst und Hilflosigkeit ein Objekt der Machinationen ihrer Folterer geworden. Erklärt man ihr, daß dieser ganze Schicksalszirkus nicht unentrinnbar ist, sondern brüchiges Menschenwerk, eindrucksvoll, aber auch geringe Vorstellungskraft verratend (warum so große und teure Maschinen, wenn einige sehr einfache Handgriffe genügen? Sind da vielleicht Faktoren am Werke, die mit dem Wunsch zu heilen nichts zu tun haben?), daß die Menschen, die den Zirkus bewohnen und in Gang halten, schon ganz nette Kunststücke aufführen können (Annähen abgetrennter Gliedmaßen etwa), daß sie aber diese Kunststücke oft weit über den Bereich ihrer Nützlichkeit ausdehnen (Operieren bei jeder Gelegenheit, auch wenn es gar nicht nötig ist), daß sie sehr häufig nicht wissen, wovon sie reden, diese Unwissenheit aber durch ein entschiedenes Vorgehen und schlechte Argumente (»schon gehabte Chance«) verdecken, daß sie ungefährliche Prozeduren (Diät etwa, im Fall von Krebs) ohne Untersuchung und ganz ohne Neugier übergehen, daß der Erfolg der wissenschaftlichen Medizin in dem Bereich, in dem sie Kompetenz beansprucht, eine sehr unsichere Sache ist, daß es Studien gibt, die ein völliges Versagen in Teilbereichen zeigen (etwa bei der Behandlung von Krebs), daß die »wissenschaftliche Methode«, mit der man den status quo stützen und alternative Verfahren zur Seite schieben will, einfach nicht existiert – erklärt man das alles einer solchen Frau, dann hat man damit die institutionelle Macht medizinischer Verbände und die Macht des Geldes, die dahintersteht, nicht um ein Iota vermindert, aber die Angst eines Menschen und den Eindruck der Unausweichlichkeit hat man vermindert, und man hat ihm geholfen, aus einem Objekt wieder zu einer Person zu werden. Sozialwissenschaftler verraten wenig Menschenkenntnis, wenn sie solche Vorgänge nicht in Betracht ziehen, und noch weniger Mitgefühl, wenn sie mit Ungeduld zu anderen und angeblich wichtigeren Themen fortschreiten wollen. In der heutigen Zeit, wo das »rechte Denken« eine so große Rolle spielt und seine angeblichen Ergebnisse eine so große Autorität haben, ist eine rein intellektuelle Aufklärung weit mehr als intellektueller Luxus. Sie macht die Leute nicht bloß klüger, sie hilft ihnen, sich in Notfällen allen Unterjochungsversuchen der Fachleute (Politiker, Kardinäle, Chirurgen, Kernphysiker etc.) zum Trotz als Personen zu behaupten. Und das ist nicht nur ein Gewinn fürs Individuum – denn spricht sich die Sache einmal herum, beginnen etwa mehr und mehr Menschen zu Heilkundigen statt zu wissenschaftlichen Ärzten zu gehen, dann ist damit auch die objektive Macht der wissenschaftlichen Medizin bedroht.

Nehmen wir ein anderes Beispiel. Ein Gefangener, dem ein Gerichtspsychiater seine asozialen Tendenzen vorhält und sie nun mit den teils schmerzlichen, teils unverstandenen Ereignissen seiner Jugend verbindet, steht unter großem psychischen und physischen Druck[19], und es scheint ihm vielleicht nötig, seine Persönlichkeit ganz grundlegend zu ändern. Auch hier verschafft eine rein intellektuelle Einsicht in die Lücken und vielleicht die gänzliche Leere des Verfahrens einen Spielraum für die Freiheit.[20] Denken wir dann an Menschen, die unter dem Einfluß zweier Kulturen stehen, wie Josephus Flavius, der Geschichtsschreiber, oder, in neuerer Zeit, die Intellektuellen von Haiti oder junge Indianer, deren Leben in den Gegensatz zwischen zwei Kulturen eingespannt ist und die darunter leiden.[21] Der Vorteil der einen Seite – der westlichen – scheint ihnen oft in einer einzigartigen Kombination von philosophischen Prinzipien und praktischen Erfolgen zu liegen: Das Geistige und das Materielle gehen eine Verbindung ein, und großartige Gedanken sowie großartige und furchterregende praktische Errungenschaften sind die Folge.[22] Zeigt man, daß die geistige Komponente viel weniger unüberwindlich ist, als es scheint, daß sie nicht auf eigenen Füßen stehen kann, daß die sogenannten Argumente für sie Täuschungen sind und die Prinzipien Mythen, zeigt man weiterhin, daß die praktischen Erfolge viel geringer sind als angekündigt und in jedem einzelnen Fall erst untersucht werden müssen (die Fähigkeit, Kanonen herzustellen, bedeutet nicht automatisch eine Fähigkeit zur Medizin; und die Fähigkeit, eine kleine Seuche auszurotten, impliziert nicht die Fähigkeit zum Heilen des Krebses), dann eröffnet sich die Möglichkeit einer Verwendung dieser Erfolge *ohne Aufgabe der eigenen Kultur*.[23] Man hat dann natürlich noch keine *Theorie* der Wissenschaften oder des Imperialismus, man hat auch nicht großartige Reformpläne, aber man hat etwas viel Wichtigeres erreicht: Man hat den *psychischen Druck* der Phänomene vermindert, man hat den Eindruck beseitigt, daß hier nur *ein* unerfreulicher Weg offensteht, und man hat damit den Wünschen und Träumen einzelner Bürger und ganzer Völker Gelegenheit gegeben, hervorzutreten und sich Gehör zu verschaffen.

Damit komme ich zum zweiten Vorwurf: Ich sage nichts oder nur sehr kindliche Dinge über den Weg, den diese Menschen und Völker nun einschlagen sollen. Das ist wahr, hat aber gute Gründe. Ich glaube nämlich nicht, daß man das Handeln mit Wünschen verbinden soll, die unabhängig von der zu bewältigenden Wirklichkeit im abstrakten, »objektiven« Reflektieren über sie entstanden sind, und ich glaube auch nicht, daß sich sachgerechte Vorschläge zum Handeln unabhängig vom Handeln selbst einfach auf Grund einer allgemeinen Theorie des Handelns, ausarbeiten lassen. Eine abstrakte Diskussion hat natürlich »Ergebnisse« – man hat jetzt eine Ansicht, einen Plan, Argumente, sogar eine Moral – aber der Versuch, die »Ergebnisse« durchzusetzen, führt immer zu unerwarteten Situationen oder, wenn man auf diese nicht achtet – weil man entweder zu blind ist oder zu eingebildet – zu einer Verstümmlung der am Unternehmen beteiligten Menschen. Schon das Beisammensein von zwei Menschen, die sich lieben, ändert sie auf unvorhergesehene Weise: Als diese Menschen haben sie begonnen, als ganz andere stehen sie jetzt da. Wer weiß von solchen Veränderungen? Wer kann sie verstehen? Wer bemerkt sie? Wer kann auf sie bauen? Freunde, Bekannte und nicht orts- und gefühlsfremde Theoretiker. Es zeigt sich hier ein meiner Ansicht nach sehr wichtiger Unterschied zwischen abstrakten Problemen, wie den Problemen, die ich in den Eingangsabschnitten behandelt habe, und den Problemen des praktischen Handelns. Abstrakte Probleme, die entstehen, wenn man abstrakte Prinzipien einführt, lassen sich innerhalb gewisser Grenzen abstrakt lösen. Auch abstrakte Ansprüche, wie der Anspruch des Wiener Kreises, passende und ergiebige Regeln für die Forschung gefunden zu haben, lassen sich allgemein widerlegen. Will man aber die Wissenschaften selbst fördern, dann hört das abstrakte Gerede auf: Man muß sich in die Praxis des Bereichs versenken, zu dem man einen Beitrag leisten will, man muß sich das in diesem Bereich nötige Fingerspitzengefühl erwerben, genauso wie ein Künstler sich die Kenntnis und die Fertigkeiten erwirbt, die zu seiner Kunst nötig sind – und erst dann beginnt die Forschung. Ähnlich in der Politik: Es ist leicht, imposante Theorien von der Natur des Menschen, der Gesellschaft, des historischen Prozesses zu entwickeln, und es ist ebenso leicht, solche Gedankengebäude durch einen Hinweis auf den Reichtum der Wirklichkeit und die unerschöpfliche Vielfalt menschlicher Wünsche, Gedanken, Gefühle zu kritisieren. An ihre Stelle tritt nach der Kritik nicht ein besseres Schema oder eine geriebenere Theorie, an ihre Stelle tritt wiederum das Handeln. (*Gedacht* wird dabei natürlich auch, und sogar sehr viel, aber immer im Zusammenhang mit der Stimmung, der Situation, dem Befinden der Handelnden – vgl. *EfM*, S. 153 ff.). *Das* ist also der Grund, warum ich, so im allgemeinen, über politische, ethische, ästhetische, wissenschaftliche etc. Probleme nichts zu sagen habe: Eine abstrakte Diskussion des Lebens Unbekannter ist einfach *Zeitverschwendung*.

Sie ist auch *impertinent*. Ich kenne ja weder die Bedingungen, unter denen diese Menschen leben, noch auch, wie diese Bedingungen ihnen erscheinen, ich weiß nichts von ihren Wünschen, ihren Ängsten, ihren Träumen, und ich weigere mich, meine Maßstäbe, meine Weise des Sehens, mein Bücherwissen (ob groß oder klein – das tut hier nichts zur Sache), kurz, ich weigere mich, meine eigene sehr beschränkte Menschlichkeit zur Grundlage »objektiver« Diagnosen und Vorschläge zu machen. Jutta, die zwar einen weiblichen Namen trägt, aber wie ein eingebildetes akademisches Mannsbild daherredet, sagt, es fehle mir an Herz und Imagination. Im Gegenteil: *Ich* kann mir vorstellen, daß es Lebenslagen gibt, die ich mir nicht vorstellen kann, die nicht in Büchern beschrieben werden und von denen die Wissenschaftler keine Ahnung haben, und ich glaube, daß solche Lebenslagen sehr oft auftreten; ich gebe zu, daß sie mir in ganz anderem Licht erscheinen können als jenen, die von ihnen betroffen sind, und ich habe das Herz, mein fernes Mißvergnügen ihren nahen Wünschen zu unterwerfen. Jutta sagt, daß ich »untersuchen« soll, und zwar mit »Ehrfurcht«, was ich nicht kenne. Untersuchen? Liebe ich eine Frau, will ich mein Leben mit ihr teilen, zu eigenem Gewinn und auch zu ihrem, dann werde ich sie nicht »untersuchen«, ob nun mit Ehrfurcht oder ohne; ich werde vielmehr versuchen, an ihrem Leben teilzunehmen (wenn sie mich läßt), so daß ich mich in dieses Leben einleben und es von innen her verstehen kann – und dabei werde ich ein anderer Mensch, mit einer anderen Sensibilität, ich reagiere dann anders auf meine Umwelt, sehe sie anders – und diese neue Sensibilität zu Rate ziehend, kann ich jetzt Pläne schmieden für meine Geliebte und mich. Von der Liebe ist die richtig verstandene Politik gar nicht so verschieden, zumindest sollte sie es nicht sein, sie betrifft zwar mehr Menschen, aber auch auf sie soll man eingehen, auch ihre persönlichen Wünsche soll man in Betracht ziehen, man soll sie als Individuen sehen und nicht nur als Elemente von »Klassen« oder anderen Abstraktionen. Auch hier muß man also zunächst am Leben der Menschen teilnehmen, man muß trachten, es von innen her zu verstehen, und politische Pläne wird man entwickeln, wenn dieses Verständnis vorliegt, und in genauer Abhängigkeit von ihm. Das Leben, an dem Jutta teilnimmt, ist ein Leben des Bücherlesens, der Seminardiskussionen, des akademischen Tratsches. Sie befasse sich also mit ihm, arbeite etwa an der Verbesserung akademischer Gehälter (diese scheinen ihr ja sehr am Herzen zu liegen, wie ihr Neid über meine Doppelanstellung Berkeley–Zürich zeigt) – aber sie bilde sich nicht ein, daß sie mit all ihrem Herzen und all ihrer Imagination nun auch schon etwas versteht vom Leben der Bauern in der Provence oder der Eskimos oder alternder bayerischer Hofräte.[24] Einem Außenseiter wie mir wird man es aber vergeben, wenn er sich aus Diskussionen, die ein solches Verständnis annehmen, es nicht bieten, aber dennoch endlos weiterrollen, so schnell wie nur möglich in die Wirklichkeit eines Films oder eines Fernsehkrimis flüchtet, wenn nötig unter Zuhilfenahme eines Taxis.

(7) Wie paßt diese Auffassung des Handelns zu den Ideen betreffend die Gleichberechtigung von Traditionen, die Polizei, die Trennung von Staat und Wissenschaft, die ich in *EfM* beschrieben habe? Die Antwort liegt schon in *EfM* vor: Die Ideen müssen erst das Filter jener Traditionen und Bürgerinitiativen passieren, für die sie gedacht sind – allgemeine Vorschläge also das Filter *aller* in einem Staatsverband existierenden Traditionen und Initiativen (*EfM*, S. 77 und passim). Ein Grundirrtum fast aller Beiträge, die sich mit diesem Aspekt meiner Schreiberei befassen – und dazu gehört auch der von Christiane van Briessen, die mich sonst ja sehr gut durchschaut – ist, daß sie meine Vorschläge genauso auffassen, wie Politiker und sogenannte Denker gewöhnlich ihre Vorschläge auffassen – als Grundrisse einer neuen sozialen Ordnung, die nun den Leuten aufgezwungen werden soll, mit Hilfe moralischer Erpressung (»seht ihr nicht, daß ihr die Pflicht habt . . .?«), mit Hilfe einer kleinen Revolution oder unter Verwendung bestehender Institutionen wie etwa der Erziehung. Aber Machtträume wie diese liegen mir ganz fern – nicht nur das, sie ekeln mich an. Die Pose des Erziehers, des Aufklärers, der wie eine strahlende Sonne das Leben anderer Menschen erhellt, des Lehrers, der den Appetit von Schülern weckt, bis sie sich vor Wollust grunzend in seiner Wahrheit wälzen, diese Pose ist mir im Grunde zuwider, zumal sie die Pose von Feiglingen ist, die ihre persönlichen Phantasien unter dem Mantel objektiver Werte verbergen und so die Verantwortung von sich auf ein Abstraktum abschieben. Viele meiner Leser scheinen solche Machtträume für eine sehr normale Sache zu halten – wie sonst kann man den

Umstand erklären, daß sie auch meine Vorschläge in diesem Sinn gelesen haben? Aber die losen und allgemeinen Bemerkungen zu Staat, Ethik, zum Betrieb der Wissenschaften, die ich vorlege, sind ja Gebilde, die erst einmal an der Subjektivität der Menschengruppen geprüft werden müssen, die man damit beglücken will. Nicht objektive Leitfäden und Programme biete ich, sondern subjektive Meinungen; nicht an einflußreiche Institutionen oder politische Verbände sind diese Meinungen gerichtet, auch nicht an geistige Führer und schon gar nicht an die Sklavenseelen potentieller Schüler – sie sind gerichtet an Menschen, die ich mehr oder weniger gut kenne, deren Probleme ich in gewissem Ausmaß zu verstehen glaube in der Hoffnung, daß eine Berührung mit den von mir vorgetragenen Ideen ihre subjektive Freiheit vis-à-vis der Welt vergrößern wird – *und diese Freiheit sollen sie dann verwenden, wie es ihnen gut erscheint.* Den Einwand, daß die Bürger erst zum richtigen Gebrauch ihrer Freiheit erzogen werden müssen, erkenne ich nicht an; er setzt ja voraus, daß schon bekannt ist, wer reden kann und wer kuschen muß, wer etwas weiß und wer voll ist von Unwissenheit – und gerade das ist in einer Demokratie die Frage: Verstehen die Fachleute etwas von ihrem Geschäft; wissen unsere Philosophen, unsere Wissenschaftler, unsere Politiker, wovon sie reden; haben vor allem unsere Erzieher eine angemessene Vorstellung vom Menschen oder sehen sie in ihm nur eine Wiederholung ihrer eigenen elenden Existenz; sind unsere Lehrer uns überlegen, oder haben sie sich bloß eine scheinbare Überlegenheit erschlichen auf Grund unserer Vertrauensseligkeit? Haben die »großen Geister«, haben Platon, Luther, Rousseau uns etwas zu bieten, oder zwingen sie uns nur ein verzerrtes Abbild ihrer eigenen Unmenschlichkeit auf? Das sind Fragen, die uns alle angehen, die von uns allen bedacht und gelöst werden müssen. Der dümmste Student und der gescheiteste Bauer, der mit akademischen Ehren reich behangene »Denker« und seine fast schon ausgelöschte Ehegattin, Hofräte und Straßenkehrer, Mörder und Heilige – sie alle haben das Recht zu sagen: schaut her, auch ich bin ein Mensch, auch ich habe Wünsche, aber meine Wünsche und meine Gedanken habt ihr in euren feinen Begriffsgebäuden ganz ausgelassen.[25] Die Relevanz der Fragen, den Gehalt der Antworten, ihre Lebensnähe oder Lebensferne lernt man also nur dann kennen, wenn man alle Menschen an ihrer Behandlung teilnehmen läßt, wie dies ja vor Geschworenengerichten schon zum Teil der Fall ist.

Kein Denker hat diese Position so einfach und so klar dargelegt wie Protagoras in seiner großen Rede im gleichnamigen Dialog Platons: Die Bürger Athens bedürfen eines Unterrichts weder in ihrer Sprache, noch in der Gerechtigkeit, noch in der Behandlung von Fachleuten – alles das lernen sie ja von klein auf durch Teilnahme am Gemeinwesen, vorausgesetzt die Teilnahme ist direkt und wird nicht durch das Dazwischentreten von »Vermittlern« gestört. Der weitere Einwand aber, daß Staatsverbände und Bürgerinitiativen nicht so ohne weiteres entstehen und daß zuerst einmal entschieden werden müsse, wie man sie einsetzt und wie schon bestehende Institutionen zu behandeln sind, ist leicht zu beantworten: Der Kritiker beginne eben mit einer Bürgerinitiative oder schließe sich einer solchen an, und dann wird er schon sehen, was zur Sache nötig ist, wie sie sich entwickelt, was sie fördert, was sie hemmt.[25a]

So beantworte ich also die Einwände gegen »mein« »Staatsmodell«. Das Modell ist vage – ganz natürlich, es soll ja »Raum machen« (*EfM*, S. 160) für die konkreten Entscheidungen der Menschen, die sich seiner bedienen. Es spricht von der Gleichberechtigung von Traditionen; das ist ein Vorschlag (die Grenzen, die ein viele Traditionen umfassendes Staatsgebilde den einzelnen Traditionen setzt, sollen soweit wie nur möglich gezogen werden), der erst durch das Filter von Traditionen und Bürgerinitiativen gehen muß – und niemand kann voraussagen, was dabei geschieht. Konflikte sollen nicht durch die Erziehung, sondern durch eine Polizei ausgeschlossen werden. Margherita von Brentano stellt den letzten Vorschlag so dar, als sei es den Bürgern nur erlaubt zu denken und zu reden, während eine Polizei ihrem Handeln von oben her genau bestimmte Schranken setzt. Das ist präzise der Irrtum, den ich zu Beginn dieses Abschnitts beschrieben habe. Denn die Polizei ist nicht eine über den Bürgern stehende Macht, sie wird von den Bürgern selbst eingeführt, besteht aus Bürgern und dient ihren Bedürfnissen (vgl. meine Bemerkungen zu den Schutztruppen der Schwarzen Muslims in *EfM*, S. 162, S. 297): Die Bürger räsonieren nicht nur, sie entscheiden über alle Vorgänge in ihrer Umgebung, die Polizei eingeschlossen. Ich gebe bloß zu bedenken, daß es humaner ist, gewisse *äußere* Einschränkungen einzuführen – diese lassen sich leichter wieder beseitigen –, als die *Seelen* auf das Gute hin zu trainieren. Denn ist die Seele erst einmal gut – wirklich gut –, wie kann sie dann je wieder böse werden?

(8) Damit komme ich zu einem Punkt, der viele Leser sehr erregt und die wohlwollenden unter ihnen sehr enttäuscht hat – meiner Weigerung, selbst einen extremen Faschismus zu verurteilen, und meinem Vorschlag, auch ihm eine Lebensmöglichkeit zu geben. Nun, eines hätte ja klar sein müssen: Der Faschismus liegt mir nicht (*EfM*, S. 156: »trotz meiner eigenen sehr weit entwickelten Sentimentalität und trotz meiner fast instinktiven Neigung zu ›humanitärem‹ Handeln«). *Das* ist nicht das Problem. Das Problem ist die *Relevanz* meiner Neigung: Ist sie eine bloße Neigung, der ich folge und deren Gegenwart ich bei anderen begrüße, oder hat sie einen »objektiven« Kern, der es mir gestatten würde, den Faschismus nicht nur darum aus einem Staatsgebilde auszuschließen, weil er *mir* nicht liegt, sondern weil er *in sich* böse und verdorben ist? Und zu diesem Problem sage ich: Mehr als eine Neigung (die allerdings mit sehr verwickelten Reden verbunden auftreten kann) liegt nicht vor. Und mehr als eine Neigung ist es daher auch nicht, die die Gegenseite verdammt. Stößt aber Neigung auf Neigung, dann behält am Ende der Stärkere recht – und das sind in Deutschland im Augenblick Menschen, die humanitäre Reden führen. Darin lag für mich übrigens die Lehre von der Geschichte des Remigius. Margherita von Brentano, die meinen Hinweis auf Remigius aufgegriffen hat, war freundlich genug anzunehmen, daß ich nicht für die Wiedereinführung von Hexenprozessen plädiere. Das tue ich natürlich nicht. Auch glaube ich nicht, daß ich neue Hexenverfolgungen so einfach hinnehmen würde. Aber – und jetzt kommt ein wichtiger Punkt – meine Erklärung wäre, daß mir die Sache nicht paßt, und nicht, daß sie ungerecht, inhuman, irrational etc. etc. ist und auf einer zurückgebliebenen Auffassung von Welt, Gott, Teufel und Mensch beruht. Solche Ausdrücke, so scheint es mir, haben eine Kraft, die weit über das hinausgeht, was tatsächlich vorliegt, und sie geben dem Menschen, der sie verwendet, eine Autorität, die er einfach nicht besitzt. Für eine »gerechtere« und »bessere« Welt scheint er zu kämpfen, wo er doch nur seinen eigenen Gefühlen folgt. Die Wahrheit selbst scheint ihn zu unterstützen, wo es doch nur eine *Meinung* ist, die er bieten kann, und dazu noch eine sehr schlecht untersuchte Meinung (gegen den Äther gab es wenigstens Argumente – und trotzdem ist er in anderer Form wiedergekehrt; bei Gott, Teufel und Hexen gibt man sich aber auf beiden Seiten mit bloßen Eindrücken zufrieden). Will ich also Remigius und seine

Zeit ausschalten, dann kann ich das zwar tun, muß aber zugeben, daß ich einzig subjektive Gründe habe. Genügen mir erst objektive Gründe, dann zwingt mich die Lage zur Toleranz, denn objektive Gründe gibt es in diesen und ähnlichen Fällen nicht (vgl. *EfM*, erster Teil und Kap. 3 des zweiten Teils). Remigius glaubt an den Himmel, er glaubt an die Hölle mit ihren Qualen, er glaubt, daß Hexenkinder, die nicht verbrannt werden, in die Hölle kommen. Er glaubt das nicht nur, er kann auch Argumente anführen. Er argumentiert nicht so, wie wir es gewohnt sind, und auch seine Evidenz (Bibelstellen, Kirchenväter) ist nicht die unsere. Er ist aber nicht einfach zurückgeblieben: Man hat ja die Idee der Hölle nicht *untersucht* und dann gefunden, daß es sie nicht gibt, man hat diese Idee *verloren*, genauso, wie die frühen Christen die wissenschaftlichen Errungenschaften der Antike verloren haben. Im Rahmen seines Denkens handelt Remigius als ein verantwortlicher, rationaler Mensch und ist also zu loben. Dem können wir kein Argument entgegensetzen, sondern nur unseren Widerwillen. Und vergessen wir nicht, daß es auch heute viele Menschen gibt, die genauso denken wie Remigius; nur finden wir sie nicht in der Theologie, sondern in den Wissenschaften, in der Medizin, in der Erziehung. Wieder, und manchem Leser vielleicht schon zum Überdruß, erwähne ich die Krebsforschung und die Krebsbehandlung. Man sehe sich doch die Opfer unserer modernen Inquisitoren an! Man sehe sich doch einst schöne Menschen an, jetzt aber grotesk verunstaltet, ohne Haare, mit dunkel verfärbter Haut, glanzlosem Blick, sich mühsam fortbewegend, und das, so sagen die Herrn Ärzte, war notwendig, *ohne alternative Behandlungsmethoden studiert zu haben*, die bekannt sind, die keine Gefahr mit sich führen, die Erfolge für sich beanspruchen. Lohnt sich nicht der Versuch, solche Methoden auszuprobieren? (Lohnt sich nicht der Versuch, Kinder von Hexen am Leben zu lassen?) Er lohnt sich! Aber für unsere modernen Inquisitoren ist der Ausflug in andere Ideenbereiche Häresie – also *anathema sit!* Oder man verfolge das Werk unserer Erzieher, die jahraus, jahrein auf die Jugend losgelassen werden und die heute ihre natürliche Dummheit, Indolenz und Einbildung durch Hinweis auf »wissenschaftliche Methoden« des Erziehens »sachlich unterbauen« können.[26] Der Geist des Remigius, liebe Margherita von Brentano, ist mitten unter uns, in der Wirtschaft, in der Energieerzeugung und Energiever(sch)wendung, in der Erziehung, in den Wissenschaften, mit dem einen Unterschied allerdings, daß Remigius aus humanitären Motiven handelte, seine neuen Nachfolger aber aus »professionellen« – d. h., es fehlt ihnen nicht nur die Weitsicht, sondern auch noch die Menschlichkeit. Auch ihr Vorgehen lehne ich ab, habe aber dafür wieder kein besseres Argument als meinen Widerwillen und einen Traum von einem besseren Leben. Verbindet man den Widerwillen mit einer Idee von objektiven Werten und nennt man das Ergebnis ein moralisches Gewissen, dann habe ich also kein moralisches Gewissen, *und ich halte das für gut so*, denn viel Elend in unserer Welt, Kriege, Verwüstungen des menschlichen Leibes und der menschlichen Seele sind das Werk nicht von schlechten Menschen, sondern von Menschen, die ihre ganz persönlichen Wünsche und Neigungen objektiviert und dadurch unmenschlich gemacht haben.

Das ist übrigens der einzige Punkt, den Agassi in seinem merkwürdigen Erguß richtig gesehen hat. Agassi betont, daß er die Wahrheit spricht. Das ist nett von ihm, kann uns aber nicht beruhigen. Denn wie Kritiker seiner wissenschaftlichen Arbeiten schon vor langer Zeit entdeckt haben, weiß er nur selten, wovon er redet, auch wenn er sich vorgenommen hat, die Wahrheit zu sagen.[27] Sein Beitrag zeigt das deutlich genug. Er sagt, ich hätte mich freiwillig zur deutschen Armee gemeldet – ich wurde eingezogen. Er sagt, ich hätte versucht, die politischen und moralischen Aspekte des Zweiten Weltkrieges zu vergessen – ich habe sie nicht bemerkt. Er sagt, ich hätte Popper idolisiert. Nun, idolisieren tue ich gerne – ich habe gerne Menschen, die ich bewundern und von deren Leben ich lernen kann. Bei Popper hat es dazu nie gereicht. Er sagt, ich sei ein Schüler Poppers gewesen. In einem allgemeinen Sinn ist das richtig – ich habe in der Tat Poppers Vorlesungen gehört, ihn gelegentlich besucht, mit anderen Studenten an der »London School of Economics« diskutiert. Aber erinnert sich Agassi denn nicht, wie oft er mich auf den Knien bat, meine reservatio mentalis aufzugeben, ein volles Bekenntnis zu Popper abzulegen und vor allem viele Popper-Fußnoten über meine Aufsätze zu verstreuen? Ich tat das zweite – ich bin eben ein netter Mensch – nicht aber das erste: Am Ende des Jahres (1953), von dem Agassi spricht, lud Popper mich ein, sein Assistent zu werden, um den klaren Wein seiner frohen Botschaft aus nächster Nähe in mich hineingießen zu können; ich lehnte ab, obgleich ich ohne finanzielle Mittel war und mit dem Verkauf meiner Möbel und meiner Bücher begonnen hatte. Agassi sagt, Popper habe gesagt, ich hätte tränenreich meine Teilnahme am Zweiten Weltkrieg bedauert. Das ist nicht unmöglich, denn ich bin ein emotionaler Mensch und habe schon viele dumme Sachen gemacht; *wahrscheinlich* ist es aber nicht. Persönliche Dinge bespreche ich nicht mit Fremden, und außerdem hatte ich mir ja nichts vorzuwerfen, ausgenommen vielleicht ungenügende Intelligenz beim Versuch, mich vom Militärdienst zu drücken. Die Tränen – das werden wohl Tränen der Langeweile gewesen sein, denn solche kamen mir bei Popperbesuchen häufig in die Augen. Und so geht es weiter fort. Es ist ein trauriges Indiz für den Verfall der Maßstäbe der Gelehrsamkeit im deutschen Sprachbereich, daß ein larmoyanter Schmarrn wie Agassis Aufsatz mit einem Stipendium geschrieben werden konnte, das den altehrwürdigen Namen Alexander von Humboldts trägt.[27a] Einzig in einem Punkt nähert sich Agassi der Wahrheit – nämlich in seiner Beschreibung unserer Diskussion über die Moral. Ich erinnere mich noch sehr genau an diese Diskussion. Agassi bedrängte mich, Farbe zu bekennen, d. h., moralische Arien im Brustton der Überzeugung zu singen. Ich fühlte mich sehr unbequem, denn einerseits kam mir die Sache ganz sinnlos vor (ich singe meine Arie, ein Nazi singt die seine – was nun?), andererseits aber fühlte ich doch den irrationalen erpresserischen Druck von Auschwitz, den Agassi wie viele moralische Bänkelsänger vor und nach ihm schamlos ausnützte. Was sage ich heute dazu? Ich sage, daß Auschwitz nicht das Problem ist. Das Problem ist die Behandlung von Minderheiten in Industriestaaten, das Problem ist die »Erziehung«, d. h. die Verwandlung wunderbarer junger Menschen in fade und selbstgerechte Kopien ihrer Lehrer, das Problem ist die Einbildung intellektueller »Führer«, schon ganz genau zu wissen, was die Menschen brauchen, darunter der monumentale Größenwahnsinn gewisser Ärzte, die ihre Patienten zuerst mit Angst und Schrecken erpressen, dann verstümmeln, dann mit Rechnungen jahrelang verfolgen. Das Problem ist die Gefühllosigkeit zahlreicher »Forscher«, die Tiere systematisch quälen, verstümmeln, ihren Schmerz mit Interesse verfolgen und die für solche Bestialität noch geehrt werden. Zwischen ihnen und den Henkern von Auschwitz sehe ich keinen Unterschied. Wie kann ich einen Menschen ernst nehmen, der über ferne Verbrechen heiße Tränen vergießt, schwört, daß er sie nie wieder zulassen wird, der aber die

Verbrechen, die tagein, tagaus in seiner Umgebung stattfinden, für wunderbare Errungenschaften hält? Und wie kann ich einen Fall in absentia entscheiden, ohne die Einzelheiten zu kennen? Wo doch die Wirklichkeit immer viel reicher ist als selbst die wunderbarste Phantasie? Ich weiß, viele meiner Freunde bringen das Kunststück so mit ihrer linken Hand fertig – sie haben eben ein wohlentwikkeltes moralisches Gewissen. Ich aber überlege mir gelegentlich eine etwas subtilere Menschenauffassung, in der das Böse ein Teil des Lebens wie ein Teil der Schöpfung Gottes ist. Man heißt es darum nicht willkommen – aber man gibt sich auch nicht mit infantilen Schreckreaktionen zufrieden und versucht auch nicht, es auszurotten. Man grenzt es ein, läßt es aber in seinem Bereich weiterbestehen. Man weiß ja nie, wieviel Gutes es noch in sich enthält und wieviel Gutes bei seiner Vernichtung verlorengeht (und ist es nicht möglich, daß das Gute bei der Ausrottung des Bösen zugleich mit diesem verschwindet? Vgl. Arne Naess zur Frage, auf welcher Seite man bei der Unterstützung des Kampfes der Arten eingreifen soll).

(9) Wie kam nun aber die merkwürdige Sammlung zustande, die hier vor den erstaunten Augen des Lesers liegt? Und warum habe ich ein Nachwort geschrieben?

Die Antwort auf die erste Frage ist leicht.

Vor mehr als einem Jahr wurde Hans Peter Duerr eingeladen, als Berater dem Suhrkamp Verlag beizutreten. Er lehnte ab, denn er hatte andere Verpflichtungen. Er hatte aber auch ein schlechtes Gewissen – denn die Leute so einfach vor den Kopf zu stoßen – das kann Hans Peter nicht.

zensiert

Ergebnis: Hans Peter versprach eine Aufsatzsammlung um mich herum zusammenzustellen, und er sandte Briefe in alle Richtungen. Einige kamen ungeöffnet zurück; andere mit ungehaltenen Bemerkungen der Art, was er sich denn einbilde, ob er übergeschnappt sei und dergleichen mehr; wieder andere mit dem üblichen Hinweis auf Zeitmangel – aber eine ganze Menge von Leuten entschloß sich, mich zu loben oder zu beschimpfen oder rhetorische Kreise um mich zu bauen. Nicht das Verdienst meines »Werkes« war es also, das zum vorliegenden Bande führte, sondern die Kraft des Alkohols.

Die zweite Frage läßt sich nicht so leicht beantworten.

Natürlich finde ich die ganze Geschichte sehr amüsant; sie bestätigt ja meine Vermutungen über die Art und Weise, in der sich (gute und schlechte) Reputationen bilden. Nicht jede Reputation hat so heitere Ursachen wie die meine; nicht jede Festschrift wird geboren in einer Flasche Wein*; viele verdanken ihre Existenz dem unstillbaren Drang, den angeblichen Erfinder einer Wahrheit zu loben und die angeblich von ihm gefundene Wahrheit zu verbreiten. Nun hat die Wahrheit mit dem Weine zwar das gemein, daß sie ihre Adepten in einen Zustand leichter Berauschtheit versetzt – und da erhalten sehr dumme Sachen gelegentlich den Schein der Tiefe. Andererseits ist der Unterschied nicht zu übersehen: Keine Runde froher Zecher hat es sich je einfallen lassen, diese dummen Sachen nun in Schulen zu lehren, in Universitäten forschend zu vermehren und zur Grundlage des Staatswesens zu machen.

Natürlich heiße ich die Gelegenheit willkommen, meinen polemischen Stil an zähem Material (wie zäh, das kann der Leser selbst feststellen) zu üben und da und dort einige wohlverdiente Watschen auszuteilen. Auch ist es gut zu sehen, daß ich einem Leser oder einer Leserin da und dort eine kleine Freude bereitet habe und daß einige Kritiker ihre Kritik als Freunde vortrugen und nicht als finstere Jäger räudiger Hunde. Ich habe gelernt von ihrer Milde, Gelassenheit und von ihrem feinen Humor, ich habe gelernt von Hans Albert, Margherita von Brentano, Christiane van Briessen, Vine Deloria, Arne Naess, daß mein Stil noch viel zu hektisch ist und daß es bessere Wege gibt, extreme Ansichten vorzutragen. (Ob die Lehre von dauernder Wirkung sein wird, das weiß ich allerdings nicht, denn trotz aller Versuche zur Milde und Harmonie regt sich bei mir doch immer wieder die Streitsucht.) Die Hans Petersche Flaschenpost war also ganz so übel nicht. Sie hat mich aber doch verlegen gemacht. Ich will erklären, warum.

Für viele Menschen ist ihr Beruf ein Teil ihres Lebens. Sie wachsen mit ihm, sie sind stolz auf ihn, sie identifizieren sich mit seinen Verpflichtungen. Schreiben sie einen Aufsatz oder ein Buch, dann ist das Teil eines »Werkes«, und auch dieses Werk ist Teil ihrer Person. Sie stellen es hinaus in die Welt und sie sagen: Das bin ich, das will ich, sagt mir nun, was ihr denkt oder, in weniger toleranten Fällen: Das ist die Wahrheit, die ich gefunden

* Es waren drei Flaschen. (Anm. d. Hrsg.)

habe, freßt sie! Man tut natürlich auch andere Dinge – man spielt Violine oder Karten, aber das alles dient nur der Vorbereitung auf die »eigentliche« Aufgabe. Selbst die Freunde, ja sogar die Frau Gemahlin (wenn man eine hat) erhält Bedeutung nur im Zusammenhang mit »dem Werk«. Die liebe Frau hat eben die richtige Atmosphäre geschaffen, sie hat den armen Denker aufgeheitert, ihn gut gefüttert, ihm Mut eingeflößt, als er fast schon aufgeben wollte, die Freunde haben ihm ermunternde Briefe geschrieben, sie haben ihn »verstanden« – und darin erschöpft sich ihr Wert. Daß es eine solche Einstellung gibt und die Rolle, die sie spielt, wird sonnenklar aus autobiographischen Skizzen, aus den Berichten von Schülern oder den Hymnen autorisierter Biographen. Sie findet sich bei wirklich großen Denkern, aber sie findet sich, im Kleinmaßstab, auch bei fast allen unserer Denkbeamten.

Diese Haltung ist mir sehr fremd, und es ist wenig an ihr, das ich verstehen kann; ich finde sie auch etwas unheimlich. Als Kind und dann als weltfremdem Teenager erschienen mir zwar Universitäten wie glänzende Glaspaläste, voll von wunderbaren Geheimnissen, und ich träumte davon, einmal selbst einen solchen Palast zu betreten und an bescheidener Stelle den Geheimnissen nachzuspüren. Heute bin ich ein Bewohner gleich von zwei Glashäusern – aber mein Eintritt in sie ist unbemerkt und ohne Bezauberung an mir vorübergegangen. Bemerkt habe ich nur, daß man sich in dieser Welt sein Geld verdienen muß und daß das akademische Leben eine bequeme Form des Geldverdienens ist. Ich versuche natürlich, meine Vorlesungen interessant und unterhaltsam zu gestalten, denn schließlich möchte ich nicht, daß die armen Menschen (und, in Berkeley, Hunde, Katzen, Affen, Waschbären), die bei mir im Hörsaal sitzen, sich zu sehr langweilen. Gelegentlich finde ich ein Thema auch selbst interessant, und es freut mich dann, mit anderen Menschen zwanglos darüber reden zu können. Es freut mich ganz besonders zu sehen, wie sich da und dort ein Gesicht entspannt und der tierische Ernst der Wahrheitssuche oder der Angst vor einer schlechten Note ersetzt wird durch das genußvolle Aufnehmen der Geschichten, die ich erzähle. Aber das sind alles Zufälle, und sie schaffen noch keine tiefere Verbindung zwischen mir und meinem Beruf. Von einem Berufsethos kann bei mir nicht die Rede sein.

Mit meiner Schreiberei, mit meinem »Werk« oder mit meiner »Position«, wie man solche Dinge in hochtrabender Weise nennt, steht es nicht anders. Ich habe immer gerne mit Freunden diskutiert – über die Religion, über politische Fragen, über das Theater, über sehr persönliche Angelegenheiten, auch über sehr abstrakte Dinge, wie etwa die Quantentheorie der Messung. Einen »Standpunkt« nahm ich dabei nur selten ein – ich griff Probleme bald auf diese, bald auf andere Weise auf, hielt mich oft an Ideen von Bekannten, denn schließlich redete ich mit ihnen und nicht mit anderen Leuten. Gelegentlich machte es mir Spaß, Gegenpositionen selbst zu sehr plausiblen Ideen zu beziehen – was Karl Popper einmal zu dem Seufzer veranlaßte: »Paul, you are countersuggestive« –, und damit hatte er recht, denn neben dem Spaß war da noch das Gefühl, daß jeder, auch der dümmste oder »inhumanste« Standpunkt einen brauchbaren Kern hat, und es ist interessant, nützlich und für die Menschheit förderlich, diesem Kern nachzuspüren (so habe ich mich damals allerdings nicht ausgedrückt). Gelegentlich bildete ich mir sogar ein, »eigene Ideen« zu haben – aber es wäre mir nie eingefallen, mich selbst mit diesen lokalen Meinungen zu verwechseln. Ich, so sagte ich mir, als ich über diese Dinge nachzudenken begann, bin doch etwas ganz anderes, als selbst die klügste Meinung und die zutiefst gefühlte moralische Arie, die ich singe; also muß ich mich vor dieser Meinung und vor dieser Arie hüten, und das ganz besonders dann, wenn sie von anderen Menschen gelobt und verwendet wird, um mich zu identifizieren.

Gerade eine solche Identifikation scheint aber den meisten Schriftstellern (und auch vielen Lesern) eine Lebensnotwendigkeit zu sein. Wie ihre Schriften – ihre Romane, ihre philosophischen Produkte, ihre wissenschaftlichen Abhandlungen sich artikulieren, wie ihr »Werk« wächst, so wachsen auch sie, und am Ende besteht nur mehr ein geringer Unterschied zwischen dem Autor und dem produzierten Papierberg (es gibt wunderbare Ausnahmen, wie Henry Miller – aber sie sind selten). Die Kritiker verhalten sich entsprechend: dieser Mensch, ja, das ist der Hauptvertreter, der Erfinder oder ein Nebenvertreter oder ein unbedeutendes, aber korrektes Sprachrohr jener Position, er verkörpert die Position, er ist zu beurteilen nach der Position, er *ist* die Position.

Für mich haben solche Reden überhaupt keinen Sinn. Erstens bin ich ja kein Philosoph, und die Ideen, die sich in meinen Schriften finden, sind nicht von mir (vgl. die Bemerkungen in Fußnote 12).

Es sind Ideen, die mir in Diskussionen und in der Literatur begegnet sind und die ich, als sie mir begegneten, für interessant und wichtig hielt und daher beschrieben und vielleicht sogar verteidigt habe. Zweitens läßt sich das, was ich mir unter einem guten Leben vorstelle, überhaupt nicht in den Begriffen philosophischer oder wissenschaftlicher Disziplinen ausdrücken. Man braucht Bilder, die Emotionen müssen ins Spiel gerufen werden, und zwar so, daß sie sich auf sehr komplexe Verhältnisse einspielen können; die Vorstellungskraft arbeitet auf Hochtouren, muß aber auch ständig überwacht werden, und dieses Überwachen bedarf selbst stets neuer Einfälle und Emotionen. Eine »Position« versucht alle diese Dinge auf eine Formel zu reduzieren – ein ganz lächerliches Unternehmen. Als man Akiro Kurosawa fragte, ob seine Filme einen ethischen Gehalt oder eine »message« hätten und was die »message« sei, antwortete er: »Sie fragen mich, ob ich den Inhalt meiner Filme in kurzen Sätzen beschreiben kann. Könnte ich das, dann hätte ich keine Filme gemacht.« Philosopische Diskussionen und »Positionen« haben genau diesen Nachteil: Sie wollen ausdrücken und mitteilen, was sich der Natur der Sache nach nicht im Medium einer »objektiven« Sprache ausdrücken läßt, sind also ganz lächerlich unvollkommen oder, falls einflußreich, Mörder eines menschlichen Lebens. Drittens haben sich selbst in dem engen Bereich des Hin- und Herschiebens von Begriffen, in dem ich mich in den letzten dreißig Jahren (leider) schriftstellerisch betätigt habe, meine Ideen ständig verändert, denn es fällt mir, wie bereits gesagt, sehr leicht, Verdienste selbst in den merkwürdigsten Dingen zu finden. Die meisten meiner Schriften, so wie sie jetzt vorliegen, haben also kaum etwas mit mir zu tun, so, wie ich jetzt bin. Sie sind Abfallprodukte eines etwas merkwürdigen Lebens, und ich bin froh, daß sie mich nicht mehr beschweren. Es versetzt mich in große Verlegenheit, wenn ich auf diese Abfallprodukte hin angesprochen werde – ich fühle mich dann immer wie ein Schauspieler, der einmal den Faust oder den Ubu Roi gespielt hat, und zwar durchaus mit großem Vergnügen, und von dem man nun erwartet, daß er sich für den Rest seines Lebens faustisch oder pataphysikalisch verhalte. Individuelle Menschen, die mir schreiben oder die mit mir sprechen, versuche ich so aufzuklären, daß ihre Enttäuschung nicht zu groß wird – der Schauspieler ist zwar keiner seiner Charaktere, aber er ist vielleicht auch ein nicht unebener Mensch (der allerdings gerne in Ruhe gelassen wird). Professionelle Kritiker aber, die verlangen, daß ich »zu meinen Ideen stehe« oder ähnlichen Blödsinn, kann ich nur auslachen.

Warum schreibe ich also ein Schlußwort?

Abgesehen von dem Spaß, den mir die Sache bereitet hat, war da einmal die reine Neugier am Werke: Wie hängen wohl die verschiedenen Teile meiner Schreibereien miteinander zusammen und wie ist es möglich, die Angriffe auf sie zurückzuschlagen? Dann war es aber beim Überblick auch überraschend zu sehen, daß ich trotz allen Widerwillens gegen voreilige Identifikationen doch gewisse sehr tiefliegende Überzeugungen habe – und die wollte ich den Lesern nicht vorenthalten. Ich habe eben zwei Aufsatzsammlungen von mir zusammengestellt, je in zwei Bänden, die eine für den Vieweg Verlag, die andere für Cambridge University Press. Die Arbeit gab mir nach langer Zeit wieder Gelegenheit, meine früheren Schreibereien zu lesen. Da sah ich, wie leicht es mir fällt, von einem Standpunkt zum anderen hinüberzuwechseln. Ich konnte auch einen Grund angeben für diese Flatterhaftigkeit: Das genaue Studium auch der seltsamsten Lebensformen enthüllt Elemente, die man nicht so leicht beiseiteschieben kann und deren Überwindung immer einen Verlust bedeutet: Die Entscheidungen, die wir im Verlauf unseres Lebens treffen müssen und die im Verlauf der Entwicklung unserer Kultur getroffen worden sind, sind viel schwerer und ihre Folgen viel katastrophaler als es jenen scheint, die selbstgefällig im Sumpf eines »rationalen« oder eines »humanitären« oder eines »christlichen« Lebens dahindösen, und die Ideengeschichte, die Geschichte der Philosophie eingeschlossen, ist voll von kindischen und *bösartigen* Vereinfachungen: Man begrüßt als Fortschritt, was doch auch eine grausame Verstümmelung der menschlichen Natur mit sich brachte. Ich habe eine große Bewunderung für Lessing, der in seinen »Rettungen« solche Vereinfachungen enthüllte und damit sowohl die Ehre verleumdeter Menschen als auch die Bedeutung verachteter Standpunkte wiederherstellte. Es reizt mich, seine Arbeit fortzusetzen, denn sie ist unterhaltsam – aber sie ist auch wichtige und unbedingt nötige *Aufklärungsarbeit*, und zwar aus dem folgenden einfachen Grunde.

Ein weitverbreiteter Zug der Lebensformen und Denkweisen, die heute die Welt beherrschen (und die kindlichen Geschichtsfälschungen produzieren, von denen eben die Rede war), ist ihre *Ausschließlichkeit:* Gewisse Dinge gehen, andere gehen nicht.

Gewisse Gedanken und Handlungen sind rational, gottgefällig, human, tragen bei zum Fortschritt der Menschheit (und haben natürlich auch in der Vergangenheit zu solchem Fortschritt beigetragen) – andere sind irrational, inhuman, gottlos, fortschrittsfeindlich, und daher ganz sicher zu verwerfen. Das war so zur Zeit Platons, das ist heute so, das wird wohl noch lange Zeit so bleiben. Unsere Denkbeamten, die wir mit unseren Steuergeldern bezahlen, auf daß sie unser Leben leichter machen, sehen ihre Aufgabe fast ausschließlich darin, abstrakte Gründe zu finden für die Ausschließlichkeit oder »Abgrenzungskriterien«, wie man das heute nennt. Das ist weiter nicht verwunderlich, denn eine umfassendere Betrachtungsweise würde ihre Gehälter sehr reduzieren. Aber diese modernen Fachleute haben große Vorläufer: Fast jeder abendländische Philosoph, politische Denker, Kirchenfürst hat zu zeigen versucht, daß es nur eine Art von Leben gibt, daß der Mensch sich diesem Leben widmen soll, daß andere Lebensarten verworfen werden müssen, mit dem Schwert, mit dem Feuer, mit der Guillotine oder, in milderen Zeiten, mit Hilfe staatlicher Verblödungsprogramme.

Ausschließlichkeit aber verletzt und unterdrückt. Menschen werden abgewiesen, ihre Tätigkeit wird geregelt, ihre Interessen werden eingeschränkt, ihre Träume werden verflucht oder der Lächerlichkeit preisgegeben. Lebende Menschen werden verwandelt in Sprachrohre oder Thermometer von auf Ausschließlichkeit bedachten Institutionen, sie werden *Objekte*, räsonierend resonierendes *Material*, sie hören auf, Personen zu sein. Dieses Phänomen, das dem lebendigen Streben sein feindliches und seniles *Nein* entgegensetzt, ist mir im Grunde zuwider, und ich hasse und verabscheue jene, die, ob nun in Gedanken oder in Taten, durch konkretes Handeln oder abstraktes Denken, mit Drohung oder mit zuckersüßer Überredung sein Wachstum fördern. Ich bin nicht stolz auf diesen Haß, den ich nicht immer fühle, der aber gelegentlich mit erstaunlicher Gewalt aus mir hervortritt, im Gegenteil, ich halte ihn für eine große Charakterschwäche, und ich bemühe mich, ihn zu überwinden. Die Welt, die wir vorbereiten, soll ja eine frohe Welt sein, und wenn der Frohsinn nicht schon am Anfang steht, dann wird er am Ende nie erscheinen. Andererseits hüte ich mich sehr, die Überwindung auf dem Wege über eine »objektive« Betrachtungsweise herbeizuführen, die nicht einfach meinen Gemütszustand in einen anderen verwandelt, sondern alle

Gemütszustände durch »objektive« Urteile ersetzt, die dann zur Grundlage weiterer Ausschließlichkeit werden. Der zauberhafte Übergang von »das kann ich nicht ausstehen« zu »das ist objektiv schlecht« ist für mich ein Teil des Phänomens, das ich eben beschrieben habe, und ist genauso abzulehnen wie dieses. Nicht mit Theorien, nicht mit »Argumenten« der üblichen, »gelenkten« Art (*EfM*, S. 71), nicht »rational« soll das Phänomen überwunden werden, nicht eine »objektive Erkenntnis« soll die Menschen in eine neue Richtung lenken, *sondern die Sympathie gemeinsamer Wünsche und Träume*, und zwar erstens, weil eine solche Sympathie einen viel größeren Teil des Menschseins ausdrückt, als ein Argument es je kann – und politische Organisationen sollen ja den ganzen Menschen beherbergen und nicht nur sein Großhirn – und zweitens, weil es bei einem solchen Vorgehen keine Richter gibt und keine Gerichteten, keine Wissenden und keine, die der Belehrung bedürftig sind, keine Herren und keine Sklaven – es gibt aber Freunde, die sich ihre Maßstäbe selbst erfinden im Verlauf des Einspielens der Wünsche aufeinander.

Es ist klar, daß bei einer solchen Art der Phänomenbewältigung den *Künsten* der Vortritt gelassen werden muß vor den Wissenschaften, und zwar nicht den speziellen und vielfach aufgespaltenen Künsten von heute, sondern den Künsten in dem alten Sinn, in dem Platon von einem »alten Streit zwischen Kunst und Philosophie« gesprochen hat. Für mich heißt das: *umlernen* und übergehen von der abstrakt-distanzierenden Behandlung von Dingen zur künstlerisch-nahen. Ich weiß nicht, ob ich zur letzten ein Talent habe. Ich weiß auch nicht, ob ich dieses Talent, falls ich es habe, jemals tätig einsetzen werde – Nichtstun ist schließlich auch ganz schön. Eines ist aber sicher: mit dem abstrakten Argumentieren ist es *für mich* zu Ende.

(10) Ich habe alle Beiträge gelesen bis auf jene, die erst nach Beendigung dieser Antwort eintrafen oder versprochen wurden* – zwei Monate Beschäftigung mit PKF, seinem »Werk« und dessen Reflexion in verschiedenen Köpfen sind mehr als genug.[28] Auch habe ich mich nicht explizit auf alle Autoren bezogen, habe aber viele ihrer Einwände und Vorschläge in der zusammenfassenden Darstellung berücksichtigt. Die explizit diskutierten Autoren sind

* Zwei Beiträge erhielt Paul nach Beendigung seines Rückblicks. Vier weitere Manuskripte wurden nicht geschrieben. (Anm. d. Hrsg.)

nicht unbedingt die besten. Margolis, Hannay, Munévar, Jantsch[29] zum Beispiel, auf die ich überhaupt nicht eingegangen bin, hätten eine besondere Behandlung nötig gemacht. Ich danke allen jenen Damen und Herren, die versucht haben, mit Geduld und manchmal sogar mit Freundlichkeit mich über meine Irrtümer zu belehren, und ich kann ihnen versichern, daß ihre Mühe nicht vergeblich war: Ich denke an sie und erinnere mich an ihre Ermahnungen (das gilt auch für dich, Opa Albert). Die weniger kompetenten und zornigeren Kritiker werden es mir aber vergeben, wenn ich sie, im Namen derselben Wahrheit, die sie so zäh verteidigen, nicht intelligenter gemacht habe, als sie sind.

Anmerkungen

1 Albert Einstein, der die Machsche Tradition im 20. Jahrhundert fortsetzt, schreibt (vgl. *WM*, S. 30): »Die äußeren Bedingungen, die (für den Wissenschaftler) durch die Erfahrungstatsachen gegeben sind, gestatten es ihm nicht, sich beim Aufbau seines Weltbildes zu stark durch die Bindung an ein erkenntnistheoretisches System einschränken zu lassen. Er muß daher dem systematischen Erkenntnistheoretiker als eine Art bedenkenloser Opportunist erscheinen ...« Oder, etwas heiterer ausgedrückt: »Einen guten Witz soll man nicht zu oft wiederholen« (Philipp Frank, *Einstein, His Life and Times*, London 1948, S. 261).

2 *Erkenntnis und Irrtum*, aus dem Englischen rückübersetzt.

3 Zahars Kritik dieser Behauptung wird in der Sommernummer 1980 des *BJPS* beantwortet. Zum ganzen Thema vgl. *EfM*, S. 263 ff. Zum Primitivismus des Wiener Kreises vgl. *EfM*, S. 266 ff.

4 Ich sehe also diese Entwicklung ganz anders als Jerry Ravetz.

5 Nach welchen Kriterien wird gemessen? Nach den Kriterien, die dem Forscher in der gegebenen Situation einfallen. Eine *Theorie*, die die Situation beschreibt, wäre der von Flickinger beschriebenen »Erkenntnistheorie des Fragmentarischen« wohl sehr ähnlich – falls sich eine solche systematisch ausarbeiten läßt.

6 Lakatos, Worrall und später Lenk haben darauf verwiesen, daß diese Bemerkung zwar auf erkenntnistheoretische Regeln zutrifft, die die Forschung vor ihrer Vollendung *leiten* wollen, nicht aber auf Maßstäbe, die sie nach ihrer Vollendung *bewerten*. Nun, eine solche Bewertung beeinflußt entweder die Forschung, oder sie beeinflußt sie nicht. Der erste Fall wird von Lakatos, Worrall und Lenk ausgeschlossen, und zwar auf Grund früherer kritischer Bemerkungen von Musgrave und mir. Bleibt also nur leeres und nutzloses Gerede. Denn was ist wohl der Sinn einer Ethik, die es einem Menschen gestattet, beliebige Verbrechen zu begehen, vorausgesetzt, er gibt sie zu, und die sowohl die Polizei als auch das allgemeine Publikum anleitet, ihn nicht zu bestrafen, sondern für seine Ehrlichkeit zu belohnen?

7 Von diesen Grundgesetzen muß man spezielle Gesetze unterscheiden, wie etwa das Gesetz der kreisförmigen Bewegung der Himmel.

8 In einem sehr schönen Buch hat John Heilbronn gezeigt, wie die Annahme »okkulter Qualitäten« auf seiten der Aristoteliker die Forschung gelegentlich mehr

gefördert hat als eine mehr auf »Tiefengehalt« dringende Einstellung. Vgl. *Electricity in the 17th and 18th Centuries*, Berkeley and Los Angeles 1979, S. 176 f.

9 Das hat schon Descartes eingesehen und er verwendet daher ein dem Aristotelischen Gesetz entsprechendes Gesetz Seite an Seite mit seinem eigenen Trägheitsgesetz.

10 Die Idee der Theorien*geladenheit* hat Hanson im Jahre 1958 eingeführt *(Patterns of Discovery)*. Im selben Jahr publizierte ich meinen Aufsatz *An Attempt towards a Realistic Interpretation of Experience*, wo die These vom *durch und durch theoretischen Charakter* aller Fakten vorgestellt, begründet und gegen Kritiker verteidigt wird. Dort findet JW auch die »wirklichen Argumente« gegen seine Unterscheidung von empirischen Fakten und theoretischen Fakten (falls sie mehr sein will als eine rein soziologische Unterscheidung) sowie eine Terminologie, die ihm helfen kann, seine eigenen Ideen etwas klarer darzustellen.

11 Vgl. etwa den Text zu den Fußnoten 15-17 von *Explanation, Reduction and Empiricism*.

12 Vgl. die erste Fußnote von *Reply to Criticism, Boston Studies* Band II (1965). Dieser Aufsatz und der in der vorigen Fußnote erwähnte finden sich wieder in *Probleme des Empirismus*, Braunschweig 1980.

Der Irrtum, daß von einer dezidierten Sprechweise auf einen Originalitätsanspruch geschlossen wird, findet sich bei vielen Kritikern. Ich wiederhole also, was ich schon oft in Schriften und Vorträgen gesagt habe: Keine einzige der von mir diskutierten Ideen ist von mir. Ich bin nicht ein Ideenbauer, ein Philosoph – dazu bedarf es weit größerer Talente, als ich sie besitze – sondern ein Verteidiger alter, aber mißverstandener und mißhandelter Ideen, also eine Art Journalist. Wer sind die Denker, von denen ich gelernt habe? Nicht Adorno, wie Jutta meint. Nicht Popper, wie Agassi in seinem wirren Elaborat schreibt. Philosophische Eintagsfliegen wie diese sind ohne Interesse für mich. Aber ich habe gelernt von Protagoras, der sogar Platon genügend beeindruckt hat, um ihm eine Darstellung abzunötigen, an der man seine, d. h. Platons, eigene Kritik widerlegen kann; ich habe gelernt von Kierkegaards wunderbarer Kritik an »objektiven« und rationalistischen Prozeduren (meine Kritik »objektiver« politischer Programme und Theorien ist ganz im Geiste Kierkegaards). Ich habe gelernt von Bakunin, der trotz seiner großen Achtung vor den Wissenschaften doch auf einer Demokratisierung aller Institutionen bestand; und von J. St. Mill, der trotz seiner streng rationalistischen Vergangenheit frei genug war, sich von einer Frau eines Besseren belehren zu lassen. Im 20. Jahrhundert zeigten mir dann viele (nichtakademische) Schriftsteller, Pirandello unter ihnen, wie oberflächlich und geradezu kriminell eine rein rationalistische Menschenauffassung doch ist. Unter den Wissenschaftsphilosophen haben Boltzmann, Mach, Duhem und Helmholtz und Maxwell vor ihnen alle jene Ideen formuliert, die heute zum brauchbaren Grundbestand unseres Verständnisses der Wissenschaften gehören. Ihre Errungenschaften wurden von den »Aufklärern« des Neopositivismus in solchem Ausmaß verdreht und trivialisiert, daß ihre Wiederholung heutzutage als eine echte Entdeckung eines angeblich »kritischen« Rationalismus gelten kann. So arbeitet historische Ignoranz Hand in Hand mit moderner Heldenverehrung und trägt bei zum intellektuellen Provinzialismus unserer Zeit. Vgl. Kap. 3, Abschnitte 6 und 7 von *Probleme des Empirismus*, Braunschweig 1980.

13 Vgl. etwa meine Erklärungen in Abschnitt 2 des in Fußnote 10 erwähnten Aufsatzes (deutsche Fassung in *Der Wissenschaftstheoretische Realismus und die Autorität der Wissenschaften*, Braunschweig 1977).

14 Details in Kap. 7 von *Der Wissenschaftstheoretische Realismus* etc.

15 Vgl. dazu Kap. 3, Abschnitt 4 von *Der Wissenschaftstheoretische* etc.

15a Im Verlauf dieses Prozesses findet man Wahrheit – »ohne daß zuvor oder zugleich so etwas wie die Idee der Wahrheit ins Bewußtsein gleitet«. Willy Hochkeppel, der diese Möglichkeit ohne Argumente einfach bestreitet (»weil die Wahrheit keine Alternative ist«), ist noch zu sehr von einem philosophischen Traum betört, um zu bemerken, daß das Denken, so wie es in ihm und in jedem anderen Menschen vorgeht, und das damit verbundene Reden und Handeln Begriffe, und darunter vor allem den Begriff der Wahrheit *konstituieren*, statt in allen seinen Einzelteilen von ihm *geleitet zu werden* (vgl. dazu wieder den ersten Teil von *EfM*, wo die Sache mehr im Detail erklärt wird). Auch hat sich der die Praxis vernebelnde philosophische Begriff der Wahrheit nicht »ontogenetisch oder phylogenetisch ... herauskristallisiert«, wie Hochkeppel meint – dazu stehen Stubengelehrte viel zu wenig unter Selektionsdruck –, sondern er ist erfunden worden, und er hat überlebt, weil man ihn nur selten direkt mit der Praxis der Wahrheitsgewinnung in Verbindung brachte oder weil man Verbindungen auf höchst komplexe Weise aufbaute und damit dem Begriff doch wieder seinen einheitlichen Gehalt nahm. Willy Hochkeppel hat natürlich recht, wenn er sagt, daß »die Wahrheit keine Alternative ist« – aber nicht in dem von ihm intendierten Sinn: Die abstrakte Wahrheit ist zum Schaffen einer brauchbaren Lebensform ganz ungeeignet. Was man hat, ist ein *Wort* und eine gewisse Ungeduld bei seiner Anwendung – das ist alles.

16 Vgl. meine Darstellung in Kap. 3 von *Probleme des Empirismus*, Braunschweig 1980. Margherita von Brentano hat betont, daß beide Traditionen Teile eines universellen Rationalisierungsprozesses sind, der bis in die Gegenwart andauert. Das ist schon wahr, beseitigt aber nicht den Antagonismus, den Wunsch der abstrakten Seite, die Oberhand zu gewinnen, sowie die Verzerrungen des Prozesses, die dieser Wunsch hervorbringt. Xenophanes, Parmenides, Heraklit und vor allem Platon sehen sich im Gegensatz zu Homer, dem »Erzieher aller Griechen« (Xenophanes) und »Feldherrn« (Platon) vieler Philosophen, sie kritisieren teils den Inhalt, teils die Form des Homerischen Denkens (viele der Einwände des Platonischen Sokrates, die auf den ersten Blick schülerhafte Irrtümer der Disputanten zu enthüllen scheinen, sind im Grunde Einwände gegen eine selbständige und unabhängige Tradition, die in Homer ihren Ausdruck fand, die aber noch zur Zeit Platons andauerte – vgl. Bruno Snell *Die Entdeckung des Geistes*, Göttingen 1975, sowie K. J. Dover *Greek Popular Morality*, Berkeley and Los Angeles 1974); die Begriffe, die bei dieser Kritik einander gegenübertreten, haben verschiedenen Inhalt und werden verschieden verwendet. Der Inhalt der neuen Begriffe, die von den Philosophen eingeführt werden, ist relativ arm, erlaubt aber gerade darum die Konstruktion von »objektiven« Beweisen; der Inhalt der älteren Begriffe ist viel reicher, hängt auch ab von den Besonderheiten der Verwendung (vgl. die Liste der Verben des Sehens bei Snell, Kap. 1, sowie die Liste der Erkenntnisbegriffe in Snell, *Die Ausdrücke für den Begriff des Wissens in der Vorplatonischen Philosophie*, Berlin 1924, Reprint New York 1976), gestattet also nicht *Beweise*, sondern nur *Plausibilitätsüberlegungen*. Die Beweismanie greift um sich und bestimmt die Entwicklung der Wissenschaften für lange Zeit, und mit ihr finden auch »objektive« Methoden größere Beachtung. Viele Auseinandersetzungen des 20. Jahrhunderts (klinische gegen statistische Methoden in der Psychologie; analytisches gegen ganzheitliches Vorgehen in der Medizin; Intuitionismus gegen Formalismus in der Mathematik und so weiter) sind späte Ausläufer dieses alten Gegensatzes zwischen verschiedenen Traditionen – und dazu gehört auch die

Auseinandersetzung zwischen den Philosophen der Alltagssprache und abstrakten Denkern. Es ist also durchaus nicht anachronistisch, wenn man eine Parallele herstellt zwischen Homer und dem common sense.

17 Die Prinzipien sind zumeist semantischer Art (Gehaltsvergleich; Stabilität des Sinnes) und werden bei jeder interessanten Diskussion verletzt. Andrerseits hat selbst Kuhn nie behauptet, daß eine Diskussion zwischen verschiedenen Paradigmen unmöglich ist – vgl. meine Rezension von Laudans *Progress and its Problems, BJPS* 1980.

18 Beschreibungen wie diese sind nicht erfunden – die Fälle finden sich tagaus, tagein in unseren Spitälern. Vgl. Gail Martin, *The Cancer Monopoly,* New York, im Erscheinen – hier eine eindrucksvolle Kritik der Krebsforschung und Krebsheilung, eingebettet in eine persönliche Geschichte und aufschlußreiche psychologische Beobachtungen zum Verhalten von Fachleuten. Norman Cousins, *The Anatomy of an Illness,* New York 1979, ist inzwischen bereits zu einem klassischen Buch geworden.

19 Wohin solcher Druck führen kann, zeigt Sartre in seiner Biographie des Genet.

20 Viele Ganoven durchschauen die wissenschaftlichen Prätentionen der Psychiater, sie führen sie an der Nase herum, erhalten ein gutes Zeugnis, werden früh aus dem Gefängnis entlassen und beweisen so, daß sie besser denken können als die gelehrten, aber im Grunde sehr dummen Lebensforscher.

21 Vgl. Erik Erikson, *Childhood and Society,* sowie Coles Biographie Eriksons.

22 Es war diese Annahme, die sowohl in Japan als auch in China zu einer Reform der Erziehung führte. Nur die Kommunisten waren klug genug, sich der Ideologie der Wissenschaften nicht ganz zu unterwerfen. Vgl. *WM,* S. 75 f, sowie Carmen Blacker, *The Japanese Enlightenment,* Cambridge 1969.

23 Margherita von Brentano schreibt, daß der Rationalismus nicht von Philosophen erfunden wurde, sondern im Verlauf eines viel umfassenderen Prozesses der Rationalisierung entstand, und sie hält die Aneignung westlicher Waffen und Gedanken durch unterdrückte Nationen für einen wesentlichen Teil dieses Prozesses. Gibt man das zu, (wie ich es tue – vgl. Kapitel 3 von *Probleme des Empirismus,* Braunschweig 1980), dann darf man aber die versäumten Möglichkeiten der Rezeption nicht übersehen, den Umstand nämlich, daß man bei der Beseitigung der eigenen Traditionen viel zu weit ging und daß man diesen Exzeß durch etwas mehr Nachdenken hätte entdecken und beseitigen können. Andrerseits habe ich selbst betont, daß Mythen, Religionen und andere Alternativen zur Wissenschaft nicht darum verschwanden, weil die Wissenschaften *besser* waren, *»sondern weil die Weißen die entschiedeneren Eroberer waren«* (*EfM,* S. 202, Hervorhebung von mir).

24 Eine weitere, mehrfach wiederholte Kritik Juttas ist, daß ich nichts Neues sage. Das ist ganz richtig – aber habe ich je behauptet, ein Philosoph oder ein Erfinder von Ideen zu sein (vgl. Anm. 12)? Und was liegt daran, ob meine Ideen neu sind oder nicht? Sie sind nicht bekannt. Also muß man wieder von ihnen reden, wie auch ein Elementarschullehrer jeder neuen Generation das kleine Einmaleins nochmals vortragen muß.

25 Eine Einstellung, die der eben erwähnten sehr ähnlich ist, hat einmal in Europa existiert. Sie überlebte nicht den auf Ausschluß von Alternativen drängenden Übergang zur Neuzeit. Vgl. Friedrich Heer, *Die Dritte Kraft,* Frankfurt 1959.

25a Viele Kritiker wenden ein, daß Bürgerinitiativen von sehr verschiedener

Qualität sind und daß sie oft grobe Irrtümer begangen haben. Das ist richtig, trifft aber auf alle Instanzen zu, eingeschlossen jene, die man gerne zur Überwachung der Gedanken und der Handlungen der Bürger einsetzen möchte. Auch wissenschaftliche Vorschläge sind ja von sehr verschiedener Qualität, auch Wissenschaftler oder wissenschaftlich beeinflußte Berufe, wie die Medizin, haben Vorschläge gemacht, die sich später als katastrophal herausstellten. Welches Vorgehen ist nun besser? Ein Vorgehen, bei dem man es geistigen und anderen »Führern« erlaubt, ihre Fehler auf dem Rücken der Bürger auszuspielen, wobei die Bürger unter den Fehlern leiden, aber nichts von ihnen lernen (außer vielleicht, daß man Fachleuten nicht trauen kann); oder ein Vorgehen, bei denen die Bürger ihre eigenen Fehler begehen und so daraus lernen können? Der weitere Einwand, daß »die Masse« nie aus ihren Fehlern lernt, ist angesichts des Mangels an Evidenz kaum ernst zu nehmen – und außerdem träfe er heute auch auf die Wissenschaftler zu. Diese sind ja schon seit langem nicht mehr Individuen, sondern eine ständig wachsende, gierige und anderen Ideen gegenüber nur Verachtung zeigende Masse.

26 Vgl. etwa I. Illich, *Deschooling Society* und, in einem spezielleren Bereich, J. Jegge, *Dummheit ist lernbar*, Bern 1976.

27 Vgl. etwa die Bemerkungen des Kopernikusgelehrten Edward Rosen in seiner großen Kopernikusbibliographie in *Three Copernican Treatises*, New York 1974.

27a Agassi gibt uns auch einen interessanten Einblick in die Innenpolitik des Popperkreises. Er sagt, daß er mir nicht traute und nichts mit mir zu tun haben wollte. Aber der Meister forderte ihn auf, mein Freund zu werden, auf daß sich der kritische Rationalismus vermehre – und Agassi wurde mein Freund. So leicht unterliegt ein israelischer Puritaner den Ruhmesträumen von Denkbeamten.

28 Eine Ausnahme ist Erckenbrechts amüsante Kritik, die heute (30. Sep. 1980) bei mir eintraf. Ich las Erckenbrechts Buch vor einem halben Jahr und war begeistert von der Fähigkeit des Verfassers, vertrackte Probleme durch konzise Beobachtungen blitzschnell zu erhellen, und zwar so, daß selbst die Langeweile, in richtige Perspektive gesetzt, an Interesse gewinnt. Ich stimmte ihm auch zu, als er mir Herrschsucht beim Vortrag und bei der Diskussion und Wiederholungen beim Schreiben vorwarf. Das erste Phänomen ist mir wohlbekannt; ich versuche es zu bekämpfen, aber der Erfolg stellt sich nur langsam ein. Der Grund ist wohl der, daß ich mir mein großes Maul als kleiner Student im Kampf mit allerlei »geistigen Führern« erwarb und es mir schwerfällt, mich daran zu gewöhnen, daß ich kein kleiner Student mehr bin und daß dasselbe Betragen, das mir einst den Ruf eines frechen Lausbuben eintrug, mich nun in den Augen der anscheinend viel weniger frechen kleinen Studenten von heute zum eingebildeten Dogmatiker stempelt. Andrerseits finde ich Erckenbrechts Verhalten doch etwas seltsam. Er schreibt, daß er an meinem Seminar teilnahm. Warum hat er mich nicht unterbrochen und kritisiert? Hatte er Angst? War ihm die Sache nicht wichtig genug? Oder lag ihm mehr daran, Material für sein Buch zu gewinnen, als das Seminar durch aktive Teilnahme zu verbessern? In Zürich hat mich ein Herr gleich in der zweiten Stunde meines Seminars ernsthaft zur Rede gestellt – ich war ihm dankbar dafür, habe mich (vorübergehend) gebessert, und heute ist derselbe Herr mein gutbezahlter Mitarbeiter. Auch die Wiederholungen habe ich bemerkt. Gelegentlich führe ich sie ganz bewußt ein. Die Lektüre einiger Kritiken hat mich nämlich gelehrt, daß vor allem akademische Leser einen Gedanken erst dann begreifen, wenn er ihnen zwei- oder dreimal vorgetrommelt wird – sonst laufen sie wie blinde Mäuse im Kreis herum. Abgesehen davon sind Wiederholungen gar nicht so schlecht. Bei Homer, der kein übler Geselle war, sind sie ein wichtiges Stilelement (Erckenbrecht scheint

derselben Meinung zu sein, denn er wiederholt in seinem Beitrag ein halbes Dutzend Witze und einige Seiten seines Buches). Schließlich gebe ich gerne zu, daß viele meiner Argumente nicht sehr tief gehen. Aber die Ideen, gegen die ich mich wende, sind meistens so einfältig, daß es stärkerer Geschütze nicht bedarf. Ein zweiter Grund für die Klage ist, daß gescheite Argumente gewöhnlich kurz sind und daher von an Langatmigkeit gewohnten Lesern nicht verstanden werden. Das Argument gegen die Identifikation von Opportunismus und Faschismus ist von dieser Art: Nicht der Opportunismus hat zum zweiten Weltkrieg geführt, sondern eine objektivierte Auffassung von der Natur historischer Prozesse, die sich des Opportunismus als einer wirksamen Waffe bediente, allerdings nicht konsequent genug, um von ihm voll und ganz profitieren zu können (Verhalten in der Ukraine, zum Beispiel). Für einen Wissenschaftler, und überhaupt für einen denkenden Menschen, ist der Opportunismus genauso wichtig wie seine Nase; ohne ihn kann er sich nicht an seine Umgebung anpassen (Erckenbrecht hat hier eine Analogie zur Identität umgebaut). Nicht die Ausrottung des Opportunismus macht uns zu guten Menschen – sie macht uns höchstens dumm – sondern die Ausrottung der Tendenz, unsere selbstischen Träume von einem guten oder »rationalen« oder »verantwortlichen« Leben sofort zu objektivieren und anderen Menschen in der Gestalt objektiver Werte aufzuzwingen. – Erckenbrecht und Brendgen meinen auch, ich solle nicht soviel Zeit auf Rechtfertigungsversuche verwenden – das werde mich isolieren. Nun, zu einem Rechtfertigungsversuch ist es bei mir leider noch nicht gekommen. Ein solcher Versuch liegt ja erst dann vor, wenn man es unternimmt, die eigene Rede gegen den Angriff eines Gegners zu verteidigen, *der sie gelesen und verstanden hat* und nun auf ihre Schwächen hinweist. Aber die kritischen Tänze meiner Gegner lassen sich schon mit dem Hinweis auf die eine oder die andere Stelle meiner Bücher beantworten, d. h., es handelt sich nicht um Kritik, sondern um die Schaustellung von Dummheit und Schlamperei. Mein Freund Erich Jantsch zieht es vor, eine solche Schaustellung mit würdigem Schweigen zu übergehen. Dazu fehlt mir leider die Geduld. Auch halte ich es für nicht unwichtig, der breiteren Öffentlichkeit zu zeigen, eine wie geringe Intelligenz sich hinter dem steifen Gehabe vieler Akademiker verbirgt – vor allem, wo ich so schöne Ausstellungsstücke habe wie Agassi, Schnädelbach und Worrall. Was aber das Isoliertsein betrifft – und Brendgen meint hier wohl Isolation vom breiten Strom professioneller Wahrheitssucher – so ist meine Antwort, daß ich auf die Gemeinschaft der Heiligen pfeife. Ich habe Freunde, die mich schätzen, ganz gleich, welche Torheiten ich begehe, ich höre, daß meine Schreiberei einigen Leuten Freude bereitet – das genügt mir.

29 Zu Jantsch vgl. *EfM*, S. 240, Fußnote.

Am 3. Januar 1981 erhielt ich von Paul Feyerabend die traurige Nachricht, daß Erich Jantsch ganz plötzlich und unerwartet gestorben ist. Hans Peter Duerr

Bio-bibliographische Hinweise

Wulf Rehder, geboren 1947 bei Hamburg, studierte Philosophie, Mathematik, Physik und Statistik in Hamburg und Freiburg, danach Assistent an der Universität Dortmund, 1973 bis 1974 PhD-Student an der University of California at Berkeley, Zweitstudium der Japanischen Sprache in Bonn und Tokio, seit 1976 Assistent am Fachbereich Mathematik der Technischen Universität Berlin. Er ist verheiratet mit Carol Ohashi und hat eine Tochter. Veröffentlichungen auf den Gebieten Geschichte der Mathematik, Wissenschaftstheorie, Mathematik, theoretische Physik und Quantenlogik, Linguistik der japanischen Sprache, darunter *»Sherlock Holmes – Philosopher Detective«* in: *Inquiry* 22, 1979. Promotion in Mathematik, Habilitation über *Untersuchungen zu einer Wahrscheinlichkeitslehre quantenmechanischer Systeme* in Vorbereitung.

Hans Lenk, geboren 1935 in Berlin, aufgewachsen in Ratzeburg, studierte 1955 bis 1961 Mathematik, Philosophie, Soziologie, Sportwissenschaft und Kybernetik in Freiburg und Kiel, wo er 1961 promovierte. 1960 Olympiasieger im Achter, vorher mehrfach Deutscher und Europameister im Vierer ohne und im Achter, 1966 Habilitation für Philosophie, 1969 Habilitation für Soziologie an der Technischen Universität Berlin, seit 1969 Professor für Philosophie an der Universität Karlsruhe, 1973 und 1976 Gastprofessor in Urbana, Illinois bzw. Amherst, Massachusetts. Veröffentlichungen (u. a.): *Kritik der logischen Konstanten,* Berlin 1968, *Leistungsmotivation und Mannschaftsdynamik,* Schorndorf 1970, *Philosophie im technologischen Zeitalter,* Stuttgart 1971, *Metalogik und Sprachanalyse,* Freiburg 1973, *Pragmatische Philosophie,* Hamburg 1975, *Sozialphilosophie des Leistungshandelns,* Stuttgart 1976, *Pragmatische Vernunft,* Stuttgart 1979, sowie Herausgeber von *Neue Aspekte der Wissenschaftstheorie,* Braunschweig 1971, *Technokratie als Ideologie,* Stuttgart 1973, *Normenlogik,* Pullach 1974 und *Handlungstheorien interdisziplinär,* München 1977 ff.

Joseph Margolis, geboren 1924 in Newark, New Jersey, lehrte während der letzten drei Jahrzehnte Philosophie an der City University of New York, New York University, Columbia University, University of Toronto, University of Western Ontario, University of Calgary, University of Minnesota, University of California at Berkeley, University of Cincinnati und an der University of South Carolina. Zur Zeit ist er Professor für Philosophie an der Temple University in Philadelphia, Herausgeber der *Philosophical Monographs* und Mitherausgeber der *Synthese Aesthetics Library*. Veröffentlichungen u. a.: *Values and Conduct*, Oxford 1971, *Knowledge and Existence*, Oxford 1973, *Negativities. The Limits of Life*, Merrill 1975, *Persons and Minds*, Reidel 1978, *Art and Philosophy*, Humanities & Harvester 1980 und *Philosophy of Psychology*, das in Kürze bei Prentice-Hall erscheinen wird, sowie zahlreiche Artikel, darunter *»Quine on Observability and Translation«*, in: *Foundations of Language* 1968, sowie *Don Juan as Philosopher*, in: *Seeing Castaneda*, ed. Daniel C. Noel, New York 1976, *»The Myths of Psychoanalysis«*, in: *The Monist* 1972.

Ulrich Erckenbrecht, geboren 1947 in Heidelberg, aufgewachsen bei Kassel, Studium der Philosophie in Frankfurt/M., Promotion, 1977 Gastdozent an der Gesamthochschule Kassel, danach zwei Jahre als Lektor in Italien, lebt als freischaffender Philosoph in Nordhessen. Veröffentlichungen: *Sprachdenken*, Kronberg 1974, *Mensch du Affe: Kritische Thesen zur Anthropologie und Verhaltensforschung*, Lampertheim 1975, *Das Geheimnis des Fetischismus*, Köln 1976, *Ein Körnchen Lüge*, Emstal ²1980, *Anleitung zur Ketzerei: Philosophische Essays*, Emstal 1980.

Anthony N. Perovich, Jr., geboren 1951 in Stockton, California, studierte zunächst an der University of California at Davis and promovierte 1978 an der University of Chicago mit einer Dissertation über *Conceptual Schemes, Incommensurability, and the Concept of an Object.* Danach Visiting Assistant Professor am Kenyon College in Gambier, Ohio und Lecturer an der University of Wisconsin in Milwaukee. Seit Herbst 1980 ist er Assistant Professor am Hope College in Holland, Michigan.

Noretta Koertge, geboren 1935 in den USA, ist Associate Professor am Department of History and Philosophy of Science der Universität von Indiana, USA. Sie studierte und lehrte Chemie, wechselte dann zur Wissenschaftstheorie über und promovierte 1969 am Chelsea College, London – der Zweitgutachter ihrer Dissertation war übrigens Paul Feyerabend. Ihre Arbeiten gelten besonders den Theorien der Bewertung wissenschaftlicher Leistungen, der Methodengeschichte und der Rolle der Metaphysik in den Sozialwissenschaften. Ihre Hobbies sind u. a. Segeln, Reiten und Gitarrespielen. Veröffentlichungen: Zahlreiche Beiträge zu Sammelbänden und Fachzeitschriften, darunter *Inter-Theoretic Criticism and the Growth of Science*, in: *Boston Studies in the Philosophy of Science*, ed. R. C. Buck/R. S. Cohen, Dordrecht 1971, *Theory Change in Science* in *Conceptual Change*, ed. G. Pearce/P. Maynard, Dordrecht 1973, *Popper's Metaphysical Research Program for the Human Sciences*, in: *Inquiry* 18 (1975), *Braucht die Sozialwissenschaft wirklich Metaphysik?*, in: *Theorie und Erfahrung*, ed. H. Albert / K. Stapf, Stuttgart 1979, *Ansätze zu einer neuen Theorie der wissenschaftlichen Forschung*, in: *Fortschritt und Rationalität der Wissenschaft*, ed. G. Radnitzky/G. Andersson, Tübingen 1980, sowie *A Study of Relations Between Scientific Theories: A Test of the General Correspondence Principle*, Diss., University of London 1968.

Karl-Heinz Brendgen, geboren 1956 in Düsseldorf, studierte seit 1974 Philosophie und Geschichte an der Universität Düsseldorf, 1979 Staatsexamen mit der Arbeit »Neue Strukturen der Wissenschaftsphilosophie? Paul Feyerabend und seine Kritiker.« (Vervielfältigt als *Dadaistischer Empirismus – Holzwege jenseits der Wissenschaftstheorie*). Zur Zeit schreibt er an einem Buch über den Relativismus in der Philosophie.

Ian Hacking, geboren 1936 in Vancouver, Kanada, studierte zunächst Mathematik und Physik an der University of British Columbia, dann Philosophie in Cambridge, England, wo er ab und an unterrichtet. Zur Zeit ist er Professor für Philosophie an der Stanford University. Veröffentlichungen (u. a.): *Logic of Statistical Inferrence*, 1965, *The Emergence of Probability*, 1975, *Why Does Language Matter to Philosophy?*, 1975 und zahlreiche Artikel in Fachzeitschriften, darunter *A Language Without Particulars*, in: *Mind* 1968.

Gunnar Andersson, geboren 1942 in Schweden, studierte Mathematik, Philosophie und Wissenschaftstheorie und ist wissenschaftlicher Mitarbeiter an der Universität Trier. Veröffentlichungen u. a.: *The Problem of Verisimilitude*, in: *Progress and Rationality in Science*, ed. G. Radnitzky/G. Andersson, Dordrecht 1978, *Praxisbezug und Erkenntnisfortschritt. Zur Kritik der Idee einer emanzipatorischen Alternative in der Wissenschaft*, in: *Konsequenzen kritischer Wissenschaftstheorie*, ed. C. Hubig/W. v. Rahden, Berlin 1978, *Presuppositions*,

Problems, Progress, in: *The Structure and Development of Science,* ed. G. Radnitzky/G. Andersson, Dordrecht 1979.

Grover Maxwell, geboren 1918 in Rockvale, Tennessee, während des Krieges Dienst bei der Marine in der Südsee, promovierte 1950 an der University of Tennessee in Chemie, 1953 Assistant Professor für Chemie am Adelphi College in Garden City, N. Y., seit 1958 Professor für Philosophie an der University of Minnesota in Minneapolis, seit 1971 Direktor des Minnesota Center for Philosophy of Science, Gastprofessor in Berkeley, Hawaii und an der LSE. Er ist verheiratet und hat fünf Kinder. Veröffentlichungen: *Science, Mind, and Psychology,* Brighton 1980, sowie zahlreiche Artikel, darunter *The Ontological Status of Theoretical Entities,* in: *Minnesota Studies in the Philosophy of Science* III, 1962, *Why Ordinary Language Needs Reforming* (mit Herbert Feigl), in: *Journal of Philosophy* 1961, *Scientific Methodology and the Causal Theory of Perception,* in: *Problems in the Philosophy of Science,* ed. I. Lakatos/ A. Musgrave, Amsterdam 1968, *Russell on Perception,* in: *Bertrand Russell,* ed. D. Pears, New York 1972, *Corroboration Without Demarcation,* in: *The Philosophy of Karl Popper,* ed. P. A. Schilpp, LaSalle 1974, *Scientific Results and the Mind-Brain Issue,* in: *Consciousness and the Brain,* ed. Maxwell/Globus/Savodnik, New York 1976, *»Unity of Consiousness« and Mind-Brain Identity,* in: *Proceeding of International Conference on Unity of Science* 6, 1978, *The Schizophrenic Character of the Foundations of Psychology,* in: *Model Theory,* ed. R. Stearn/L. Horowitz, New York 1980. Er ist Herausgeber zahlreicher Sammelbände, darunter *Mind, Matter, and Method* (mit Paul Feyerabend), Minneapolis 1966, der Festschrift für H. Feigl.

Mariano Bianca, geboren 1945 in Novi Ligure, promovierte 1969 mit einer philosophischen Dissertation über Automatentheorie in Genua, von 1970 bis 1973 Studium und Forschungsarbeit an der University of Michigan, dort M. S. im Jahre 1972, und am Department of Philosophy der Wayne State University. Gegenwärtig ist er Professor für Wissenschaftstheorie an der Universität von Siena. Zahlreiche Veröffentlichungen zur Philosophie und Wissenschaftstheorie, darunter *Elementi di teoria degli automi, Note epistemologiche sulla storiografia dei sistemi sociali; The Philosophy of the Mind-Body Problem; Alcune osservazioni sull' ús di modelli fisici ed iconici e sulle metafore ed analogie nella formulazione di teorie scientifiche; Dalla natura alla società (Saggio sulla filosofia politico-sociale di Hobbes).*

John Kekes, geboren 1936 in Ungarn, 1956 Emigration nach Kanada, wo er an der Queen's University in Kingston studierte, danach Studium an der Australian National University in Canberra, wo er promovierte. Seit 1965 lehrte er Philosophie an der California State University at Northridge, von 1971 bis 1974 als Professor für Philosophie an der University of Saskatchewan in Regina, Kanada, seit 1974 als Professor für Philosophie an der State University of New York at Albany. Seit 1967 ist er verheiratet. Veröffentlichungen: *A Justification of Rationality,* Albany 1976, *The Nature of Philosophy,* Oxford 1980, *The Examined Life* (in Vorbereitung), sowie zahlreiche Artikel in Fachzeitschriften, darunter *Physicalism, the Identity Theory, and the Doctrine of Emergence,* in: *Philosophy of Science* 1966; *Transcendental Arguments and the Sceptical Challenge,* in: *The Philosophical Forum* 1973; sowie *Popper in Perspective,* in: *Metaphilosophy* 1977, *Rationalismus und Relativismus,* in: *Der Wissenschaftler und das Irrationale,* Bd. I, ed. H. P. Duerr, Frankfurt/M. 1981.

Rolf Herken, geboren 1954 in Berlin, begann 1964 zu malen, 1969 stark beeinflußt durch Schriften der Surrealisten, 1970 bis 1977 überwiegend künstlerisch tätig, dabei Studien zu Theorien und Geschichte der »Avantgarden« und der Maltechnik. Ausbildung in den sogen. künstlerischen und druckgraphischen Techniken, Kupfertiefdrucker, Studium der Physik an der Universität Berlin ab 1973. Seit 1978 zunehmend theoretische Arbeiten, zur Zeit über Quantentheorie, Raum-Zeitstruktur und Nichtstandardrotverschiebung sowie über Erkenntnistheorie.

Alan Musgrave, geboren 1940, studierte Philosophie und Ökonomie an der London School of Economics, wo er 1969 promovierte. Seit 1970 ist er Professor für Philosophie an der University of Otago in Dunedin, Neu Seeland. Er ist verheiratet und hat fünf Kinder. Veröffentlichungen: Herausgeber (mit Imre Lakatos) von *Problems in the Philosophy of Science*, Amsterdam 1968 und *Criticism and the Growth of Knowledge*, London 1970 (dt.: *Kritik und Erkenntnisfortschritt*, Braunschweig 1974), *Kuhn's Second Thoughts*, in: *British Journal for the Philosophy of Science* 22 (1971), *George Boole and Psychologism*, in: *Scientia* 107, 1972, *Falsification and its Critics*, in: *Logic, Methodology, and Philosophy of Science IV*, ed. P. Suppes et al., Amsterdam 1973, *Logical Versus Historical Theories of Confirmation*, in: *British Journal for the Philosophy of Science* 24 (1974), *The Objectivism of Popper's Epistemology*, in: *The Philosophy of Karl Popper*, ed. P. Schilpp, La Salle 1974, *Why Did Oxygen Supplant Phlogiston?*, in: *Method and Appraisal in the Physical Sciences*, ed. C. Howson, Cambridge 1976, *Method or Madness?*, in: *Essays in Memory of Imre Lakatos*, ed. R. S. Cohen, Dordrecht 1976, *Logicism Revisited*, in: *BJPS* 28, 1977, *Falsification, Evidential Support, Heuristics and Anarchism*, in: *Progress and Rationality in Science*, ed. G. Radnitzky/G. Andersson, Dordrecht 1978, *How to Avoid Incommensurability*, in: *The Logic and Epistemology of Scientific Change*, ed. I. Niiniluoto/R. Tuomela, Dordrecht 1979, etc.

Dwight Van de Vate, Jr., geboren 1928 in Rochester, New York, studierte an der Wesleyan University und an der Yale University, wo er 1956 promovierte. Bis 1963 war er Professor für Philosophie an der University of Mississippi, danach an der Florida State University und an der Memphis State University. Seit 1966 ist er Professor für Philosophie an der University of Tennessee in Knoxville. Veröffentlichungen in Fachzeitschriften, vor allem im *Southern Journal of Philosophy, Review of Metaphysics, The Monist, American Philosophical Quarterly, Philosophy and Phenomenological Research, Philosophy & Rhetoric* und *Savremene Filosofske Teme* (Belgrad), darunter *Other Minds and the Uses of Language*, in: *APR* 1966, *Strawson's Concept of a Person*, in: *SJP* 1969, *The Problem of Robot Consciousness*, in: *PPR* 1971, und *The Appeal to Force*, in *P&R* 1975. Er ist Herausgeber des Sammelbandes *Person, Privacy, and Feeling*, Memphis 1970.

Willy Hochkeppel, geboren 1927 in Düsseldorf, studierte Theaterwissenschaft, neuere deutsche Literaturgeschichte, Psychologie und Philosophie in München, dort Promotion 1959. Seit 1956 ständiger Mitarbeiter für verschiedene ARD-Sender. Seit 1981 Wissenschaftsredakteur im Bayerischen Rundfunk. Veröffentlichungen: *Modelle des gegenwärtigen Zeitalters: Thesen der Kulturphilosophie im 20. Jahrhundert*, 1973, *Mythos Philosophie*, 1976, sowie zahlreiche Aufsätze in Zeitungen, Zeitschriften und Sammelbänden. Er ist Herausgeber von *Die Antworten der Philosophie heute*, 1967, *Soziologie zwischen Theorie und Empirie*, 1970, und Übersetzer des Popper-Parts in K. R. Popper/J. C. Eccles: *Das Ich und sein Gehirn*.

John Worrall, geboren 1946 in Lancashire, studierte in London bei Sir Karl Popper, nach dem Examen bei Imre Lakatos. Zur Zeit ist er Lecturer an der London School of Economics, begeisterter Cricket-Spieler sowie Anhänger des F. C. Liverpool und der Vernunft. Von 1974 bis 79 Mitherausgeber, seit 1979 Herausgeber des *British Journal for the Philosophy of Science*. Veröffentlichungen: Artikel zur Wissenschaftstheorie, darunter *Thomas Young and the »Refutation« of Newtonian Optics*, in: *Method and Appraisal in the Physical Sciences*, ed. C. Howson, und *The Ways in Which the Methodology of Research Programmes Improves on Popper's Methodology*, in: *Progress and Rationality in Science*, ed. G. Radnitzky/G. Andersson. Mit Elie Zahar ist er Herausgeber von Lakatos' *Proofs and Refutations*, Cambridge 1976 (dt. *Beweise und Widerlegungen*, Braunschweig 1979) und der Philosophischen Schriften Lakatos', die posthum 1978 in Cambridge erschienen.

Paul Feyerabend, geboren 1924 in Wien, studierte nach der Teilnahme am Zweiten Weltkrieg Astronomie, Mathematik und Geschichte in Wien, Theaterwissenschaften in Weimar, Philosophie in London und Kopenhagen. Danach Dozent am Wiener Institut für Wissenschaft und Kunst und an der Universität Bristol, seit 1958 Professor für Philosophie an der University of California at Berkeley, seit 1980 zugleich Professor für Wissenschaftstheorie an der Eidgenössischen Technischen Hochschule in Zürich, Gastprofessor in verschiedenen Staaten Amerikas, Europas und Ozeaniens. Veröffentlichungen: *Knowledge Without Foundations*, Oberlin 1962, *Against Method*, London 1975 (deutsch: *Wider den Methodenzwang*, Frankfurt/M. 1976), *Science in a Free Society*, London 1978 (deutsch: *Erkenntnis für freie Menschen*, Frankfurt/M. 1979, veränderte Ausgabe 1980), sowie zahlreiche Artikel in Fach- und anderen Zeitschriften, darunter *Ludwig Wittgenstein*, in: *Merkur* 1954, *Carnaps Theorie der Interpretation theoretischer Systeme*, in: *Theoria* 1955, *A Note on the Paradox of Analysis*, in: *Philosophical Studies* 1956, *An Attempt at a Realistic Interpretation of Experience*, in: *Proceedings of the Aristotelian*

Society 1958, *Explanation, Reduction, and Empiricism,* in: *Minnesota Studies in the Philosophy of Science,* ed. H. Feigl/G. Maxwell, Bd. 3, Minneapolis 1962, *Problems of Microphysics,* in: *Frontiers of Science and Philosophy,* ed. R. G. Colodny, Pittsburgh 1962, *How to Be a Good Empiricist,* in: *The Delaware Seminar* 2, ed. B. Baumrin, New York 1963, *Materialism and the Mind-Body Problem,* in: *Review of Metaphysics* 1964, *Problems of Empiricism I,* in: *Beyond the Edge of Certainty,* ed. R. G. Colodny, Englewood Cliffs 1965, *Reply to Criticism. Comments on Smart, Sellars, and Putnam,* in: *Boston Studies in the Philosophy of Science,* ed. R. S. Cohen/M. Wartofsky, New York 1965, *On a Recent Critique of Complementarity,* in: *Philosophy of Science* 1968 und 1969, *Classical Empiricism,* in: *The Methodological Heritage of Newton,* ed. R. E. Butts / J. W. Davis, Oxford 1969, *Problems of Empiricism II,* in: *The Nature and Function of Scientific Theories,* ed. R. G. Colodny, Pittsburgh 1970, *Consolations for the Specialist,* in: *Criticism and the Growth of Knowledge,* ed. I. Lakatos/A. Musgrave, Cambridge 1970 (dt.: *Kuhns Struktur wissenschaftlicher Revolutionen – ein Trostbüchlein für Spezialisten?,* in: *Kritik und Erkenntnisfortschritt,* ed. I. Lakatos/A. Musgrave, Braunschweig 1974), *In Defence of Classical Physics,* in: *Studies in History and Philosophy of Science* 1970, *Die Wissenschaftstheorie – eine bisher unbekannte Form des Irrsinns?,* in: *Natur und Geschichte,* ed. K. Hübner/ A. Menne, Hamburg 1973, *Popper's Objective Knowledge,* in: *Inquiry* 1974, *Wie die Philosophie das Denken verhunzt und der Film es fördert,* in: *Unter dem Pflaster liegt der Strand* 1975, *Über einen neueren Versuch, die Vernunft zu retten,* in: *Kölner Zeitschrift für Soziologie und Sozialpsychologie* 1975, Sonderheft, *Experten in einer freien Gesellschaft,* in: *Unter dem Pflaster liegt der Strand* 1976, *Changing Patterns of Reconstruction,* in: *British Journal for the Philosophy of Science* 1977, *In Defence of Aristotle,* in: *Progress and Rationality in Science,* ed. G. Radnitzky/G. Andersson, Dordrecht 1979, *Bemerkungen zur Angst vor der Irrationalität,* in: *Der Wissenschaftler und das Irrationale,* Bd. I, ed. H. P. Duerr, Frankfurt/M. 1981. Zu seinen Hobbies gehört das Schreiben von Postkarten.

Namenregister
zu Band 1 und 2

Ades, Dawn *I*, 100
Adler, Alfred *I*, 18
Adorno, Theodor W. *I*, 162, 286, 328, 397, *II*, 69, 368
Adrastos *II*, 276, 277
Agassi, Joseph *I*, 178, 411, *II*, 15, 16, 23, 25, 223, 357 f., 368, 371, 372
Albert, Hans *I*, 145, 181, 313, 412, *II*, 174, 360, 367
Alhazen *II*, 339
Allen, Roy F. *I*, 96
Anaximander *II*, 119, 123, 237
Andersson, Gunnar *II*, 327 ff., 334, 378
Andreski, *I*, 160
Anscombe, Elizabeth *I*, 234 f.
Apollonius *II*, 233 ff.
Archimedes *II*, 276
Arendt, Hannah *I*, 155, *II*, 289 f., 297
Aristarch v. Samos *II*, 255, 258, 276, 278
Aristophanes *I*, 311, *II*, 24
Aristoteles *I*, 113 f., 117, 120, 125 f., 155, 193, 285, 333, 335, 337, *II*, 139, 167 ff., 210 f., 232, 237, 239 ff., 273 ff., 281, 283, 299, 328, 331, 339, 341
Arp, Hans *I*, 75, 76 f., 99 ff.
Ashby, Ross *I*, 268
Avantissimi, F. *II*, 280 f.
Ayer, Alfred Jules *II*, 123, 223

Baader, Johannes *I*, 37, 94, 99 ff.
Bacon, Francis *I*, 190, 358, *II*, 18, 142, 149, 191
Baier, Lothar *I*, 415
Bakke, Allen *I*, 172
Bakunin, Michail *II*, 368
Ball, Hugo *I*, 35, 57, 77 ff., 95, 99, 100
Barbo, F. R. *I*, 145
Bateson, Gregory *I*, 185, 242, 269
Baryschnikow *I*, 255
Baudelaire, Charles *I*, 102
Baumgarten, Eduard *I*, 100
Bayes *II*, 97, 107, 113
Bazelon, D. E. *II*, 115
Beckett, Samuel *I*, 401
Bellarmin, Roberto *II*, 270, 282
Benjamin, Walter *I*, 102
Bennett, Jonathan *I*, 313
Bergius, Hanne *I*, 99, 102
Bergmann, Gustav *II*, 98, 115
Berkeley, George *II*, 140, 272, 339 f.
Bernard, Claude *II*, 128
Bianca, Mariano *II*, 380
Biermann, Wolf *I*, 352
Big Soldier *I*, 354
Black, Max *II*, 222
Blacker, Carmen *II*, 370
Blake, R. M. *II*, 274, 276, 279
Blanke, Bernhard *I*, 330
Bloch, Ernst *I*, 286, 332, 353
Blumenberg, Hans *I*, 405
Bohm, David *I*, 269
Bohr, Niels *I*, 152, *II*, 46, 79, 225, 229
Boltzmann, Ludwig *II*, 46, 321 f., 331, 368
Bonset, I. K. *I*, 100
Bookchin, Murray *I*, 352, 353
Boscovich, Roger J. *II*, 130
Boulding, Kenneth *I*, 185
Boyer, C. B. *I*, 199
Brahe, Tycho de *II*, 16, 234, 318
Braithwaite, Richard *II*, 140
Brecht, Bertolt *I*, 50, 89, 95, 103, 396, *II*, 24 f.
Brendgen, Karl-Heinz *I*, 94, *II*, 372, 378
Brentano, Margherita v. *I*, 416, *II*, 354 ff., 360, 369, 370
Breton, André *I*, 67, 98, *II*, 24
Bridgman, Percy *II*, 97, 192
van Briessen, Christiane *I*, 414, *II*, 352, 360

Brinkmann, Richard *I*, 101
Bryant, Anita *II*, 99
Buber, Martin *I*, 260, 267
Buchwald, J. Z. *II*, 158
Buckminster-Fuller *I*, 232, 269
Bürger, Peter *I*, 99, 102
Bulthaupt, Peter *I*, 340
Burckhardt, Jacob *II*, 283
Burnet, J. *II*, 273
Burt, Cyril *II*, 106

Cabenne, Pierre *I*, 103
Campbell, N. R. *II*, 147
Carnap, Rudolf *I*, 63, *II*, 49, 65, 301, 323, 330, 331, 333
Carson, Rachel *I*, 185
Carter, Jimmy *I*, 176, 260
Cartwright, Nancy *II*, 140
Cassirer, Ernst *II*, 144, 158
Castaneda, Carlos *I*, 141 f., *II*, 72, 227
Cavendish, Henry *II*, 151 f.
Caws, Mary Ann *I*, 99
Chalkidios *II*, 273
Chalmers, A. *I*, 33
Charbonnier, Georges *I*, 270
Chimsky, Nim *II*, 106
Chomsky, Noam *II*, 222
Clagett, M. *II*, 276
Clausewitz, Karl v. *II*, 211
Cohen, M. R. *II*, 274
Cohn-Bendit, Daniel *II*, 116, 122
Cole *II*, 370
Coleman, J. A. *II*, 274
Compton, A. *II*, 140
Copi, Irving M. *II*, 171, 174
Corneille, Pierre *I*, 224
Cortés, J. Donoso *I*, 161
Coulter *I*, 137
Cousins, Norman *II*, 370
Creek *I*, 129
Curthoys, J. II, 23, 25

Däniken, Erich v. *I*, 305
Dahrendorf, Ralf *I*, 153
Darwin, Erasmus *II*, 142
Deloria, Vine *I*, 418, *II*, 342, 360
Dericum, Christa *I*, 353
Derkyllides *II*, 277
Descartes, René *I*, 190, 213, 228, 290, 358, 398, *II*, 123, 191, 299, 318, 325, 339, 368
Diederich, Werner *I*, 417, *II*, 323
Dienst, Rolf-Dieter *I*, 103
Dijksterhuis, E. J. *II*, 162, 174, 277
Dilthey, Wilhelm *II*, 314
Döhl, Reinhard *I*, 99 f., 103
Dölle, Ernst August *I*, 159, 162
van Doesburg, Theo *I*, 100, 102 f.
Douglas, William O. *I*, 185
Dover, K. J. *II*, 369
Drabkin, I. E. *II*, 274
Drake, Stillman *I*, 34, *II*, 25
Dreyer, J. L. E. *II*, 274, 277
Dubos, René *I*, 185
Duchamp, Marcel *I*, 80, 102, 103
Duerr, Hans Peter *I*, 94, 95, 98, 100, 138 ff., 144 ff., 158, 241, 253, 256, 269, 270, 272, 278, 413, *II*, 25, 122, 124, 230, 338, 359, 360
Duhem, Pierre *II*, 103 f., 145 f., 153, 233 ff., 272 ff., 300, 302 ff., 316 ff., 330, 333 f., 338, 368

Ebert, Barbara *I*, 411
Eccles, John *I*, 269, *II*, 25, 187
Ehrenhaft, Felix *I*, 233
Eigen, Manfred *I*, 251, 268
Einstein, Albert *I*, 18, 19 ff., 193, 328, 333, *II*, 30, 36, 46, 66, 229, 299, 309 f., 313, 367
Einstein, Carl *I*, 99
Eisenstein, Sergej *I*, 227, 239
Eliade, Mircea *I*, 245, 268

Ellul, Jacques *I*, 185
Engels, Friedrich *I*, 339
Enzensberger, H. M. *I*, 180
Erasmus v. Rotterdam *I*, 311, 358
Erckenbrecht, Ulrich *II*, 371 f., 376
Erhard, Werner *I*, 269
Erikson, Erik *II*, 370
d'Espagnat, B. *II*, 229
Eudemos *II*, 239, 274
Eudoxos *II*, 233 ff., 274 f.
Euklid *II*, 209
Euler, Leonhard *I*, 23
Evans-Pritchard, E. E. *I*, 181
Everitt, C. W. F. *II*, 126
Exner *II*, 310, 334

Fähnders, Walter *I*, 96
Farrington, B. *II*, 276
Ferrari, Luigi *I*, 184
Fiedler, Leonhard *I*, 103
Figal, Günther *I*, 405
Finkelstein, D. *II*, 230
Fizeau, Hippolyte *II*, 151 ff.
Flamsteed, John *II*, 303 f.
Flickinger, Hans-Georg *I*, 419, *II*, 367
Fonda, Jane *I*, 261, 270
Foucault, Michel *II*, 343
Frank, Philipp *II*, 367
Frank, Waldo *I*, 103
Franz, Michael *I*, 410, *II*, 338
Frege, Gottlob *II*, 65
Fresnel, Augustin *II*, 298
Freud, Sigmund *I*, 18, *II*, 69
Friedman, Jonathan *I*, 270
Friedman, Milton *II*, 109
Friedman, R. C. *II*, 115
Friedrich II. *I*, 224
Friedrich, Hugo *I*, 102
Fulgiatti, J. *II*, 283
Fuller, J. F. C. *I*, 43

Gabor, Dennis *I*, 264, 271
Gabriel, Leo *I*, 246
Gadamer, Hans-Georg *I*, 404
Galilei, Galileo *I*, 29, 34, 41, 51, 119, 126 ff., 236 274 ff., 333 ff., 358, *II*, 16 ff., 30, 45 f., 49, 67, 103, 120, 159 ff., 234, 280 ff., 298, 306 ff., 325, 327 ff., 33 ff., 341
Galtung, Johan *I*, 185
Garcia, Inez *I*, 173
Gardner, Earl S. *I*, 242
Gehlen, Rolf *I*, 411
Gellner, Ernest *I*, 34, 151, 185, *II*, 15, 23, 25
Geminus *II*, 239, 273
Genet, Jean *II*, 370
Gilligan, C. *II*, 115
Ginsberg, Allen *I*, 265
Ginsburg, Theo *I*, 270
Glacken, Clarence *I*, 185
Glauser, Friedrich *I*, 102
Glymour, Clark *II*, 64
Gödel, Kurt *I*, 145
Goethe, J. W. v. *I*, 265, 299, *II*, 166, 331
Goldsmith, Edward *I*, 185
Goldstein, B. R. *II*, 268, 277 f.
Goodenuff *II*, 130
Goodfield, J. G. *I*, 34
Goodfield, Jane *II*, 277
Goodman, Nelson *I*, 180, *II*, 223
Gombrich, Ernst *I*, 76, 100
Gomperz, Theodor *II*, 247, 274
Gomringer, Eugen *I*, 103
Gontard, Susette *II*, 15
Gorilla Monsoon *I*, 328 f.
Goudsmit *II*, 141
Gould, S. J. *II*, 102, 115
Gouy *II*, 310, 334
Griaule, Marcel *II*, 344
Groh, Klaus *I*, 101
Grosz, George *I*, 45, 75 f., 88, 96, 99, 103
Guardini, Romano *I*, 163
Günther, Gotthard *II*, 297

Haack, Susanne *II*, 222
Haas, Verena *I*, 95, 100
Habermas, Jürgen *I*, 181, 272, 405, *II*, 63
Hacking, Ian *II*, 336, 338, 378
Hajek, F. A. v. *I*, 233
Haken, Hermann *I*, 268
Hall *II*, 140 f., 150 f.
Hall, M. B. *II*, 274, 277
Hall, Rupert A. *II*, 173, 274, 277
Hamann, Johann Georg *I*, 218
Hamburger, Michael *I*, 99
Hannay, Alastair *I*, 414, *II*, 367
Hanson, Norwood R. *I*, 343, *II*, 128, 131 f., 236, 238 f., 272, 273 f., 276f., 318, 368
Harris, Marvin *II*, 110, 112 f., 115
Hartley, Marsden *I*, 65 f., 98, 103
Hartmann, Nicolai *II*, 283
Harvey, D. *I*, 33, 358
Hausmann, Raoul *I*, 99 ff.
Hearnshaw, L. S. *II*, 106, 115
Heartfield, John *I*, 45, 96
Heath, T. L. *II*, 273 f.
Heer, Friedrich *II*, 370
Hegel, G. W. F. *I*, 23, 161 f., 299, 312, 318, 323, 337, 395, 400, *II*, 23, 108, 293, 323
Heiberg *II*, 277
Heidegger, Martin *I*, 159 f., 162, 178, 286
Heilbronn, John *II*, 367
Heine, Heinrich *I*, 311, 328, *II*, 74, 75
Heisenberg, Werner *I*, 232, 249, 269, 360, *II*, 46
Heißenbüttel, Helmut *I*, 103
Helmholtz, Herrmann v. *II*, 321, 368
Henrich, Dieter *I*, 405
Herakleides *II*, 254 f.
Heraklit *II*, 83, 369
Herken, Rolf *II*, 381
Hermand, Jost *I*, 96, 98, 100, 103
Herrmann, Theo W. *I*, 160
Herodot *I*, 290, *II*, 66
Herschel, Caroline *II*, 133 f.
Herschel, William *II*, 133 ff., 150 f.
Herzfelde, Wieland *I*, 76, 99, 103
Heydorn, Thomas *I*, 138
Hilbert, David *II*, 149
Hiller, Kurt *I*, 102
Himmelfarb, Gertrude *II*, 15
Hipparch *II*, 233 ff., 276
Hitler, Adolf *I*, 43, 96, 99, 260, *II*, 29, 70, 124
Hobbes, Thomas *I*, 319, 321
Hochkeppel, Willy *II*, 25, 369, 382
Hoebel, E. Adamson *I*, 98
Hölderlin, J. C. F. *II*, 15
Hoffmann, E. T. A. *II*, 13, 24
Hofmann, Werner *I*, 96, 98, 103
Hollitscher, Walter *I*, 239
Holton, Gerald *I*, 34
Holzhey, Helmut *I*, 35
Homer *I*, 289, *II*, 290, 294, 369 f., 371
Honka *I*, 180
Hope, Bob *I*, 311
Horkheimer, Max *I*, 328
Horrox *II*, 298
Hoskin, Michael *II*, 133
Howson, Colin *II*, 319
Hübner, Kurt *II*, 25
Huelsenbeck, Richard *I*, 99 ff.
Humboldt, Alexander v. *II*, 358
Huygens, Christian *II*, 152

Illich, Ivan *I*, 137, 185, 196, 198, *II*, 371
Ingarden, Roman *I*, 405
Ionesco, E. *I*, 200 f., 207, 219, 222

Iser, Wolfgang *I*, 405

Jantsch, Erich *I*, 183, 415, *II*, 367, 371, 372
Jardine, Nicholas *II*, 139, 271, 279
Jarvie, Ian C. *I*, 60, 98
Jauss, H. R. *I*, 404 f.
Jegge, J. *II*, 371
Jensen, Arthur *I*, 168, *II*, 104
Jesus Christus *I*, 235, 311, 337
Johnson, Lyndon B. *I*, 167
Jong, Erica *I*, 141
Josephson, Brian *I*, 269
Josephus Flavius *II*, 349
Jürgens-Kirchhoff, A. *I*, 103
Jung, Carl G. *I*, 270, 359

Kagan, M. *I*, 404
Kalinowski *I*, 405
Kallippos *II*, 244 ff., 274 f.
Kandinsky, Wassily *I*, 101
Kant, Immanuel *I*, 77, 81, 285, 297, 301, 311, 313, 323, 328, 333, 337, 340, 368, 382 ff., 399, *II*, 25, 36, 40, 63, 90, 158, 204, 222, 289, 323, 331
Karmapa *I*, 269
Kelvin, Lord *II*, 154, 158
Kemper, Hans-Georg *I*, 101, 102
Kennedy, E. S. *II*, 278
Kennedy, John F. *II*, 130
Kepler, Johannes *I*, 358, *II*, 16, 25, 139, 165, 174, 234, 298, 318, 339
Kekes, John *II*, 342 f., 380
Kierkegaard, Søren *I*, 193, 195, *II*, 14, 287 f., 368
Koch, Robert *II*, 70
König, Gert *II*, 124
König, Helmut *II*, 339
Koertge, Noretta *II*, 25, 343, 377
Koestler, Arthur *I*, 24, *II*, 25, 29
Kohlberg, Lawrence *II*, 101, 115
Kokoschka, Oskar *I*, 45
Kopernikus, Nicolaus *I*, 129, 274, *II*, 19, 25, 159 ff., 234, 237, 270 f., 273, 277 f., 307 f., 325, 333, 341, 371
Kopfermann, Thomas *I*, 103
Koyré, Alexandre *II*, 25, 172, 273
Kracauer, Siegfried *I*, 103
Kraft, Victor *I*, 231
Kraus, Karl *II*, 74
Kripke, Saul *II*, 340
Krishnamurti *I*, 269
Krockow, Christian v. *I*, 97
Kropotkin, Pjotr *I*, 195, 348
Kühn, Joachim *I*, 100, 102
Kühn, Sophie v. *II*, 15
Küng, Hans *I*, 163, 300
Kuhn, Thomas S. *I*, 22, 24 ff., 96, 116, 118, 134, 249, 252, 268, 332, 340, 343, 356 ff., 400, 405, *II*, 144, 151, 154 f., 158, 163, 173 f., 236, 318, 322 f., 370
Kvaløy, Sigmund *I*, 185

Laermann, Klaus *I*, 96
Lagrange, Joseph L. *II*, 145
Lakatos, Imre *I*, 14, 21 ff., 48, 59, 96, 98, 112, 116 f., 134, 199, 204, 214, 218, 306, 343 ff., *II*, 15, 24, 47 ff., 63 f., 104, 107, 109, 123 f., 163, 223, 313, 323, 333, 336, 367
Lamarr, Hedy *I*, 147
Lambert. J. H. *II*, 136
Landauer, Gustav *II*, 124
Langer, Susanne K *I*, 101
Lanzone, Modesto *I*, 179 f.
Laplace, Pierre Simon *II*, 144 ff.
Laudan, Larry *II*, 223, 370
Lavoisier, Antoine *II*, 317
Laymon, Ronald *II*, 318 f.
Lebel, Robert *I*, 102

Lee, Madame *II*, 99
Lefèbvre, Monsignore *I*, 310
Leibniz, G. W. *I*, 285, 358
Lenin, W. I. *II*, 23, 55, 57
Lenk, Hans *II*, 367, 375
Leopold, Aldo *I*, 185
Leslie, John *II*, 138
Lessing, G. E. *I*, 163, 218, 311, 328 f., *II*, 11, 74, 364
Lévi-Strauss, Claude *I*, 258
Lewis, Flossie *I*, 412
Lichtenberg, G. C. *II*, 15
Liddell Hart, B. H. *I*, 43
Liebig, Justus v. *II*, 142, 158
Lippard, Lucy R. *I*, 100, 103
Lissitzky, El *I*, 75, 99
Littlewood, J. E. *II*, 158
Lloyd, G. E. R. *II*, 271, 274, 279
Locke, John *I*, 297, 319, *II*, 210, 223
Löwith, Karl *I*, 98
Loftus, E. F. *II*, 115
Lorenz, Konrad *I*, 268
Luther, Martin *I*, 311, 337, 352, *II*, 353
Lyman *I*, 173

MacArthur, Douglas *I*, 169
Mach, Ernst *I*, 17, 34, *II*, 36, 46, 227, 230, 272, 321 ff., 330 f., 338, 340, 367, 368
Machamer, P. K. *II*, 23
Mad Dog *I*, 328
Magini *II*, 162
Maharishi Yogi *I*, 268
Mahlow, Dietrich *I*, 103
Maimonides, Moses *II*, 270, 276
Mannheim, Karl *II*, 98, 108, 115
Marcuse, Herbert *I*, 273
Margolis, Joseph *II*, 325, 367, 376
Marinetti, Filippo *I*, 87
Martin, Gail *II*, 370
Martin, Marianne *I*, 96
Martin, Robert L. *I*, 145
Marx, J. L. *II*, 115
Marx, Karl *I*, 18, 159, 171, 178, 311, 319, 323, 333, 337 ff., *II*, 345
Massey, G. J. *II*, 223
Maturana, Humberto *I*, 268
Maxwell, Grover *II*, 339 f., 379
Maxwell, J. C. *II*, 146, 150 f., 368
McEvoy, J. G. *II*, 25
McHarg, Ian *I*, 185
Mednelejew *II*, 115
Meeker, Joseph *I*, 185
Melloni, Macedonio *II*, 138
Melville, Herman *I*, 174
Merleau-Ponty, M. *I*, 278
Merton, Robert *II*, 95, 115
Michelson, A. A. *II*, 129, 146
Milgram, Stanley *I*, 102
Mill, John Stuart *I*, 132 f., 136 f., 161, 163, 189, 215 ff., 297, *II*, 15, 17, 25, 222, 331, 368
Miller, D. C. *II*, 129
Miller, Henry *II*, 362
Millikan, R. *II*, 151 f.
Milton, K. *II*, 115
Mishan, E. J. *I*, 185
Mößer, Andeheinz *I*, 100 ff.
Molden, Otto *I*, 160
Mon, Franz *I*, 103
Moon, S. M. *I*, 269
Morley, E. W. *II*, 129
Morowitz, Harold *I*, 269
Morse, Jedidiah *I*, 366
Moser, Simon *II*, 37
Moszkowski, A. *II*, 116, 122
Motherwell, Robert *I*, 100
Müller, R. W. *I*, 340
Munévar, Gonzalo *I*, 410, *II*, 367
Musgrave, Alan *I*, 34, 183, *II*, 338 f., 367, 381
Musil, Robert *I*, 95, 96

Nader, Ralph *II*, 96
Naess, Arne *I*, 16, 34, 199, 413, *II*, 123, 124, 342, 359, 360
Nash, Roderick *I*, 185
Nestroy, Johann *I*, 328, *II*, 65
Neugebauer *II*, 277
Neurath, Otto *I*, 16 f., 33, 63, *II*, 331
Newton, Isaac *I*, 19, 358, *II*, 20, 30, 77, 136, 144 ff., 248, 259, 283, 298 f., 303 ff., 318, 325, 331, 339
Neyman *II*, 20
Nicolis, Grégoire *I*, 268
Nietzsche, Friedrich *I*, 10, 306 f., 313 f., *II*, 124, 229, 230, 286, 296
Nikolaus v. Cues *II*, 270
Nixon, Richard *I*, 167
Noether, Emmy *II*, 99
Novalis *II*, 15
Nozick, Robert *I*, 161
Nurejew, Rudolf *I*, 255

d'Occhieppo, Ferrari *I*, 246
Oetjens, Hermann *I*, 138
Oetzel, Klaus-Dieter *I*, 340
Ohler, Peter *I*, 138
Oppenheimer, Robert *I*, 267
Oresme, Nicholas *II*, 170
Orwell, George *I*, 172
Osiander, Andreas *II*, 161, 270

Parmenides *II*, 83, 369
Pascal, Blaise *I*, 163, 185
Patterson, Pat *I*, 182
Pauling, Linus *II*, 95
Pearson, E. S. *II*, 20, 154, 158
Peccei, Aurelio *I*, 270
Peirce, Ch. S. *II*, 45
Perovich, Anthony *II*, 338, 340, 377
Per Vilayat Khan *I*, 269
Petersen, O. *II*, 273, 276 f., 279
Peucer, Kaspar *II*, 271
Philipp II. *I*, 369
Philoponoos *II*, 276
Piaget, Jean *I*, 136, *II*, 193, 222
Pihl, M. *II*, 273, 276 f., 279
Pilatus, Pontius *II*, 285
Pilot, Harald *I*, 419
Pirandello, Luigi *II*, 368
Plato *I*, 117, 311, 337, *II*, 24, 234 ff., 273 f., 289, 299, 331, 353, 354, 365 f., 368, 369
Pledge, H. T. *II*, 283
Podolsky *II*, 229
Pörtner, Paul *I*, 96, 100
Poincaré, Henri *II*, 192, 300, 302, 306 f., 310, 318, 330
Polanyi, Michael *I*, 116
Polemarchos *II*, 252
Polya, Georg *I*, 23, 34
Popkin, R. H. *II*, 123
Popper, Karl R. *I*, 15, 18, 19 ff., 38 ff., 114, 117, 144 f., 152 f., 156, 160, 162, 179, 181, 201 ff., 232, 250, 277 f., 281, 301 f., 330 ff., 344 f., 351, 398, *II*, 15, 21, 48, 50, 65, 97 ff., 142, 145, 149 f., 160 f., 163, 169 f., 172 ff., 175, 177, 182, 187, 192 f., 197, 223, 237, 273, 287, 299, 309, 311, 318, 323, 327, 330, 331, 334, 357, 362, 368, 371
Porter, Cole *I*, 138
Pretorius *II*, 271
Pribram, Karl *I*, 269
Price, D. J. *II*, 277
Priestley, Robert *II*, 317
Prigogine, Ilya *I*, 268, *II*, 328
Prior, Arthur N. *I*, 394
Proklos *II*, 270 f., 276, 278
Protagoras *I*, 302, *II*, 214 ff., 223, 354, 368
Proxmire, William *I*, 241
Ptolemäus, Claudius *II*, 19, 160 f., 167 f., 233 ff., 274, 276 ff., 298

Putnam, Hilary *II*, 76 ff., 91 ff.
Pythagoras *II*, 237, 273

Quine, W. V. O. *I*, 145, *II*, 134, 135, 158, 222, 223, 340

Racine, Jean *I*, 224
Rasmussen, Knud *I*, 144
Ravetz, Jerry *I*, 409, *II*, 367
Rector, Martin *I*, 96
Rehder, Wulf *II*, 375
Reinhold *II*, 271
Remigius, N. *I*, 284, 325, 327, *II*, 355 f.
Rescher, Nicholas *II*, 223
Rey, William H. *I*, 100
Richter, Hans *I*, 97 ff.
Riedl, Rupert *I*, 268
Riha, Karl *I*, 100
Ritter *II*, 138
Robson, J. M. *II*, 25
Roché, H. P. *I*, 102
Rockefeller, Nelson *I*, 176
Rodman, John *I*, 185
Römer, Ole *II*, 152
Roncagli, Ciprino de *I*, 330
Rorty, Richard *II*, 177, 187
Rosen, Edward *II*, 229, 278, 371
Rosenberg, Harold *I*, 98
Roszak, Theodore *I*, 185
Rousseau, Jean-Jacques *I*, 317, 319, *II*, 353
Rowland *II*, 150
Rubin, William S. *I*, 100
Rufener, R. *II*, 273
Ruse, M. *II*, 115
Ruskin, John *I*, 64
Russell, Bertrand *I*, 145, *II*, 65, 176, 178, 183, 185, 187
Rutherford, Ernest *II*, 79
Ryle, Gilbert *II*, 222, 223

Sahlins, Marshall *I*, 185
Salmon, Wesley *II*, 107
Sambursky, S. *II*, 274, 277
Sander, Hans-Dietrich *I*, 99
Santillana, Giorgio di *II*, 274, 277, 283
Sarosi, Dr. *I*, 269
Sartre, Jean-Paul *I*, 98, 286, *II*, 370
Savio, Mario *I*, 171
Savioli, Benno *I*, 138
Scheffler, Israel *II*, 89, 93
Schiaparelli, Giovanni *II*, 274
Schifferli, Peter *I*, 100
Schjelderup-Ebbe *I*, 196
Schlick, Moritz *I*, 15
Schluchter, Wolfgang *I*, 98
Schmidt, Siegfried J. *I*, 103
Schmitt, Carl *I*, 40, 72 f., 95 ff., 161
Schmo(ö)ller, J.-C. *II*, 282, 340 f.
Schnädelbach, Herbert *I*, 416, *II*, 372
Schrödinger, Erwin *I*, 232, 233, 235
Schumacher, E. F. *I*, 185
Schuster, Peter *I*, 268
Schwarz, Arturo *I*, 103
Schwitters, Kurt *I*, 94 f., 100, 102
Seitz, William C. *I*, 101, 103
Sensat, Julius *II*, 94
Serner, Walter *I*, 94, 96
Sessions, G. *I*, 199
Shakespeare, William *I*, 224, *II*, 26
Shapere, Dudley *II*, 89, 92 f.
Shepard, Paul *I*, 185
Shibuya, Kenji *I*, 182
Shockley *I*, 269
Sibley, George *I*, 354
Simmel, Georg *I*, 65, 88, 98, 162
Simplicius *II*, 235, 239 ff., 272, 275
Sinatra, Frank *I*, 178
Sinowjew, A. *II*, 123
Skinner, B. F. *I*, 144

Snell, Bruno *II*, 369
Sohn-Rethel, Alfred *I*, 340
Sokrates *II*, 241, 369
Sontag, Susan *I*, 103, *II*, 24
Sorel, Georges *I*, 148
Sosigines *II*, 248, 252, 275
Souchy, Augustin *I*, 104
Spinner, Helmut *I*, 145, 148, 180, 409, *II*, 124
Spinoza, Baruch de *I*, 156 f.
Stalin, Josef *I*, 240, *II*, 124
Stapf, Aiga *I*, 162
Stechard, Maria D. *II*, 15
Ste. Croix, G. E. M. *II*, 277
Stegmüller, Wolfgang *I*, 313, 353, *II*, 25
Stein, Charlotte v. *II*, 14
Steinvorth, Ulrich *I*, 417
Sternglass, Ernest *II*, 106, 115
Stirner, Max *II*, 123
Stokes, George Gabriel *II*, 129
Strawson, Peter *II*, 63
Strehler, Giorgio *I*, 265
Stumpf, W. E. *II*, 115
Suchting, W. *II*, 23, 25
Sudarshan, E. *I*, 269
Symons, D. *II*, 109 f., 115

Tanner, Alain *I*, 248
Tarski, Alfred *I*, 145
Tartaglia, Niccolo *I*, 184
Taubes, Jacob *II*, 27
Taylor, Harriet *II*, 15
Teilhard de Chardin *I*, 360
Teller, Edward *II*, 27 f.
Terrace, Herbert *II*, 106
Theon v. Smyrna *II*, 273, 276
Thomas v. Aquin *I*, 166, *II*, 270, 276
Thompson, William *II*, 158
Tillich, Paul *I*, 295
Tolstoi, Leo *I*, 150
Topitsch, Ernst *I*, 181, 232
Toulmin, Stephen *I*, 182, 343, *II*, 277
Trommler, Frank *I*, 96
Trotzki, Lew *I*, 152
Tzara, Tristan *I*, 35, 78 ff., 99 ff., *II*, 24

Uhlenbeck, G. *II*, 141
Urbach, Peter *II*, 318
Ursus *II*, 270

Van de Vate, Dwight *II*, 340 f., 382
Velikovsky, Immanuel *I*, 355
Verkauf, Willy *I*, 100
Verne, Jules *I*, 243
Vietta, Silvio *I*, 103
Vlastos, Gregory *II*, 273
Volta, Alessandro *II*, 146
Voltaire *I*, 224, 317, 319, *II*, 66
Vulpius, Christiane v. *II*, 15

Waddington, Conrad H. *I*, 271
Waetzold, Stephan *I*, 95, 100
Walser, Martin *I*, 94
Warnock, G. J. *II*, 223
Watkins, John *I*, 144, 178, *II*, 15, 318
Watson, Lyall *I*, 129, 270
Weber, Max *I*, 36, 38, 72, 76, 95, 101, 288 f., 293, 308, 314, 318 f., 324, 333, 340, *II*, 345
Weizsäcker, Adam v. *I*, 270
Wendorf, Fred *I*, 268
Wescher, Hertha *I*, 103
Wessel, H. *II*, 123
Wetzendorfer, Filomena *II*, 340
Whewell, William *II*, 298, 299, 318
White, Lynn *I*, 185
Whitehead, Alfred North *I*, 266, 354 f., 366
Wiehl, Rainer *I*, 405
Wiener, Oswald *II*, 229
Wieser, Wolfgang *I*, 268
Wigner, Eugene *I*, 269

Willett, John *I*, 96
Wilson, Edmund *I*, 103
Wittgenstein, Ludwig *I*, 137, 140, 143 ff., 159 f., 162, 185, 274, 323, *II*, 38, 65, 123, 222, 321, 323, 336
Woesler, Christian *I*, 340
Wolf, Bernd *I*, 411
Wong, Henry *I*, 183
Worrall, John *II*, 327, 330 ff., 367, 368, 372, 383
Wright, Larry *II*, 248 f., 275

Xenophanes *I*, 289, *II*, 369

Yarmey, A. D. *II*, 115
Young, Thomas *II*, 137, 298

Zahar, Elie *II*, 367
Zehrfasel, Igor *I*, 159 ff.
Zeeman, P. *II*, 140